医学信息检索与利用

朱冰柯 陶 兴 主 编
林宏伟 桂晓苗 陈婧欣 曹 坡 副主编

清华大学出版社
北京

内 容 简 介

本书在系统阐述医学信息检索的基本理论和方法的基础上，通过图文结合的方式，针对医学信息资源检索应用实践性强的特点，详细讲解了医学信息检索实例的具体操作，并介绍了常用的医学信息检索工具及其使用方法。本书的主要内容涵盖了绪论、信息检索基础知识、信息检索语言、信息检索实施、图书馆信息资源利用、网络信息资源检索、中文数据库检索、外文数据库检索、引文检索、特种文献和专类信息检索及医学信息资源管理与利用等。通过系统的学习和实践操作，读者可以提高医学信息资源的综合利用能力。

本书适合作为医学高等院校临床医学、护理学、口腔医学、药学、医学检验技术、生物科学、制药工程、应用心理学、健康服务与管理等相关专业的教材或教学参考书，同时也可供医疗健康领域的从业者参考学习。为方便学习，本书读者可扫描前言末尾左侧二维码下载思考题参考答案等资源，教师可扫描前言末尾右侧二维码获取教学大纲、教案及 PPT 课件等教学资源。

本书封面贴有清华大学出版社防伪标签，无标签者不得销售。

版权所有，侵权必究。举报：010-62782989，beiqinquan@tup.tsinghua.edu.cn。

图书在版编目(CIP)数据

医学信息检索与利用 / 朱冰柯，陶兴主编. -- 北京：清华大学出版社，2024.9（2025.1 重印）-- ISBN 978-7-302-66941-8

Ⅰ. G252.7

中国国家版本馆 CIP 数据核字第 2024V4J393 号

责任编辑：	桑任松
封面设计：	李 坤
责任校对：	么丽娟
责任印制：	丛怀宇

出版发行：清华大学出版社
网　　址：https://www.tup.com.cn, https://www.wqxuetang.com
地　　址：北京清华大学学研大厦 A 座　　邮　编：100084
社 总 机：010-83470000　　邮　购：010-62786544
投稿与读者服务：010-62776969, c-service@tup.tsinghua.edu.cn
质量反馈：010-62772015, zhiliang@tup.tsinghua.edu.cn
课件下载：https://www.tup.com.cn, 010-62791865

印 装 者：三河市东方印刷有限公司
经　　销：全国新华书店
开　　本：185mm×260mm　　印　张：21.75　　字　数：529 千字
版　　次：2024 年 9 月第 1 版　　印　次：2025 年 1 月第 2 次印刷
定　　价：59.80 元

产品编号：104870-01

前　言

随着医学知识的不断更新与信息技术的迅速发展，有效地获取、评价和利用医学信息成为医学生和医学工作者面临的重要挑战之一。医学信息的检索与利用不仅是医学科学发展的重要推动力，而且是提升医疗服务质量的关键环节，通过医学信息检索，能够及时获取最新的医学研究成果、临床实践经验和政策指导，为医学决策提供可靠依据；而有效利用医学信息，则能将检索到的信息转化为实用的知识和技能，提升个人的专业素养和综合能力。本书旨在帮助读者系统地掌握医学信息检索的基本原理、方法与技巧，熟练运用常用的医学信息检索工具，提高信息资源的管理与应用能力。通过提高读者的医学信息素养，为医学实践、科研和教学提供有力的信息支持。

本书以"实用和易懂"为主要原则，以支持高等院校医学教育为出发点构建医学信息检索内容框架和体系，由多年从事医学信息检索课程教学的资深教师共同编写。全书共分3部分，包括11章。其中，第一部分(第1章至第4章)为医学信息检索理论基础。从信息素养的概念引入，介绍当前信息环境、信息人才培养的重要变化；从信息、信息源、信息检索的概念出发，介绍了检索工具、检索系统等信息检索基础知识；重点讲解了医学领域中著名的《医学主题词表》，以描述医学信息的特征；介绍了目前常见且常用的计算机检索与网络检索相关检索技术与检索策略。第二部分(第5章至第10章)为检索实践部分。本部分涵盖了医学信息检索中比较常用的中外文数据库及使用方法，同时也包括了图书馆信息资源利用、网络信息资源检索、中文数据库检索、引文检索、特种文献和专类信息检索等。第三部分(第11章)为信息资源管理与利用部分。本部分不仅介绍了常用的文献管理工具，而且对与科研有关的课题研究、项目申报、科技查新与论文撰写等内容作了重要讲解。

本书由朱冰柯、陶兴、桂晓苗、林宏伟共同制定编写大纲，由湖北医药学院公共卫生与健康学院信息学教研室教师及湖北医药学院图书馆工作人员共同编写。其中，陈玉顺撰写第1章；关锐撰写第2章2.1、2.2、2.3节；姚振坤撰写第2章第2.4、2.5节；桂晓苗撰写第3章；董丽撰写第4章；林宏伟撰写第5章；朱冰柯撰写第6章；肖先丽和陈婧欣分别撰写了第7章的7.1和7.2；蒙媛撰写第8章；孙燕撰写第9章；曹坡撰写第10章10.1~10.3节；李亚君撰写第10章10.4~10.6节；陶兴撰写第11章。全书由朱冰柯、陶兴、桂晓苗、林宏伟、陈婧欣、曹坡负责审校、汇总和统稿。

我们真诚地希望本书能够成为医学学习者和从业者的重要参考资料，引导他们在信息时代更加有效地获取、评估和利用医学信息，为推动医学事业的发展和提升医疗服务水平作出贡献。

我们衷心地感谢所有为本书的编写付出辛勤劳动的作者和编辑人员，感谢支持我们工作的读者和同行，在本书撰写过程中，我们借鉴和参考了大量文献，在此对文献作者一并表示由衷的感谢。

由于编者水平有限,书中难免会存在疏漏或欠妥之处,敬请读者赐教指正。我们将继续努力,不断完善和更新教材内容,以适应医学领域不断变化的需求。

编 者

读者资源下载

教师资源服务

目 录

第1章 绪论 1
  1.1 信息社会与信息素养 2
    1.1.1 信息社会 2
    1.1.2 信息素养 2
    1.1.3 医学人才培养与信息素养教育 6
  1.2 医学信息检索与利用课程 7
    1.2.1 信息检索课程在高等医学教育中的重要意义 7
    1.2.2 医学信息检索与利用课程的教学目标与教学内容 8
  1.3 信息道德与学术规范 8
    1.3.1 信息道德与信息法律 8
    1.3.2 学术规范与学术不端 11
  本章小结 12
  思考题 12

第2章 信息检索基本知识 13
  2.1 信息、知识、情报和文献 14
    2.1.1 信息概述 14
    2.1.2 知识 16
    2.1.3 情报 17
    2.1.4 文献 17
    2.1.5 信息、知识、情报和文献的关系 18
  2.2 信息源概述 19
    2.2.1 信息源的概念 19
    2.2.2 信息源的类型 20
  2.3 信息检索概述 23
    2.3.1 信息检索的发展历程 23
    2.3.2 信息检索的概念 25
    2.3.3 信息检索的基本原理 25
    2.3.4 信息检索的类型 26
    2.3.5 信息检索的意义 27
  2.4 信息检索工具概述 29
    2.4.1 信息检索工具的概念 29
    2.4.2 信息检索工具的作用 29
    2.4.3 信息检索工具的类型 30
  2.5 信息检索系统 32
    2.5.1 信息检索系统的构成 32
    2.5.2 信息检索系统的数据库结构 33
    2.5.3 信息检索系统数据库的类型 34
  本章小结 35
  思考题 36

第3章 信息检索语言 37
  3.1 信息检索语言概述 38
    3.1.1 检索语言的概念 38
    3.1.2 检索语言的构成 38
    3.1.3 检索语言的作用 38
    3.1.4 检索语言的分类 39
  3.2 《中国图书馆分类法》概述及应用 42
    3.2.1 《中图法》概述 42
    3.2.2 《中图法》的类目体系 43
    3.2.3 《中图法》在医药学信息检索中的应用 44
  3.3 《医学主题词表》概述及使用 45
    3.3.1 《医学主题词表》概述 45
    3.3.2 《医学主题词表》的结构 45
    3.3.3 《医学主题词表》的使用 49
  3.4 主题标引概述 49
    3.4.1 标引概述 49
    3.4.2 主题标引的基本规则 50
  本章小结 53
  思考题 53

第4章 信息检索实施 55
  4.1 信息检索技术 56
    4.1.1 布尔逻辑检索 56
    4.1.2 邻近检索 57
    4.1.3 精确检索 58

	4.1.4	截词检索 58
	4.1.5	字段限定检索 59
	4.1.6	加权检索 61
	4.1.7	扩展检索 61
	4.1.8	智能检索 61

4.2 信息检索方法和步骤 62
    4.2.1 检索方法 62
    4.2.2 检索步骤 63

4.3 信息检索效果评价 67
    4.3.1 信息检索效果的评价指标 67
    4.3.2 信息检索效果的影响因素 68
    4.3.3 信息检索效果的改进措施 69

本章小结 70
思考题 70

第5章 图书馆信息资源利用 71

5.1 图书馆概况 72
    5.1.1 图书馆的定义 72
    5.1.2 图书馆的简史 72
    5.1.3 图书馆的类型 73
    5.1.4 数字图书馆 73
    5.1.5 馆藏资源的组织与利用 79

5.2 图书馆信息服务 81
    5.2.1 文献借阅 81
    5.2.2 参考咨询与读者培训 81
    5.2.3 科技查新 82
    5.2.4 馆际互借与文献传递 82
    5.2.5 学科服务 83

5.3 信息资源共享 83
    5.3.1 中国高等教育文献保障系统 83
    5.3.2 国家科技图书文献中心 86
    5.3.3 中国科学院文献情报中心 88

5.4 图书馆馆藏书刊检索和电子图书
    利用 88
    5.4.1 馆藏书刊排架 88
    5.4.2 馆藏目录查询 89
    5.4.3 电子图书与利用 91

本章小结 95
思考题 96

第6章 网络信息资源检索 97

6.1 搜索引擎概述 98
    6.1.1 搜索引擎的定义 98
    6.1.2 搜索引擎的工作原理 98
    6.1.3 搜索引擎的分类及特点 99

6.2 综合性搜索引擎 100
    6.2.1 百度 100
    6.2.2 微软必应搜索引擎 109
    6.2.3 超星发现 110

6.3 医学专业搜索引擎 116
    6.3.1 外文专业搜索引擎 116
    6.3.2 中文专业搜索引擎 119

6.4 开放获取资源 120
    6.4.1 开放获取资源概述 120
    6.4.2 国外主要开放获取资源 121
    6.4.3 国内主要开放获取资源 125

6.5 免费生物医学图像、视频资源 130
    6.5.1 综合性搜索引擎的
          图像栏目 131
    6.5.2 专业图像数据库、搜索引擎、
          网站 131

本章小结 133
思考题 133

第7章 中文数据库检索 135

7.1 中文文摘型数据库 136
    7.1.1 中国生物医学文献服务
          系统 136
    7.1.2 其他中文文摘型数据库 154

7.2 中文全文型数据库 157
    7.2.1 万方数据知识服务平台 157
    7.2.2 中国知网数据库 170
    7.2.3 维普中文期刊数据库 179
    7.2.4 维普经纶知识资源系统 186

本章小结 190
思考题 190

第8章 外文数据库检索 193

8.1 外文文摘型数据库 194

  8.1.1 PubMed 检索系统 194
  8.1.2 泉方本地 PubMed 检索系统 ... 204
  8.1.3 美国化学文摘数据库 210
 8.2 外文全文型数据库 216
  8.2.1 ProQuest 数据库 216
  8.2.2 Elsevier ScienceDirect
     全文库 224
  8.2.3 SpringerLink 数据库 227
 8.3 其他外文数据库 231
  8.3.1 EBSCO host 数据库 231
  8.3.2 ACS 电子期刊平台 232
  8.3.3 CALIS 西文期刊目次数据库 .. 232
  8.3.4 INSPEC 科技文摘数据库 233
 本章小结 233
 思考题 233

第 9 章 引文检索 235
 9.1 引文检索概述 236
  9.1.1 文献引证现象 236
  9.1.2 基本概念 236
  9.1.3 引文索引的作用 237
 9.2 Web of Science 检索平台 238
  9.2.1 概况 238
  9.2.2 Web of Science 核心合集 ... 241
  9.2.3 检索方式与实例 242
 9.3 中文引文索引 249
  9.3.1 中国科学引文数据库 249
  9.3.2 中文社会科学引文索引 252
  9.3.3 中国引文数据库 253
  9.3.4 中文科技期刊数据库
     (引文版) 254
  9.3.5 中国生物医学引文数据库 ... 254
 本章小结 255
 思考题 255

第 10 章 特种文献和专类信息检索 257
 10.1 会议文献检索 258
  10.1.1 会议文献概述 258
  10.1.2 会议信息检索 259
  10.1.3 会议文献检索 264

 10.2 学位论文检索 266
  10.2.1 学位论文概述 266
  10.2.2 国内学位论文信息检索 267
  10.2.3 国外学位论文信息检索 270
 10.3 专利文献检索 272
  10.3.1 专利文献概述 272
  10.3.2 国内专利文献检索 274
  10.3.3 国外专利文献检索 277
 10.4 标准文献信息检索 278
  10.4.1 标准文献概述 278
  10.4.2 常用标准数据库及主要
     网站 280
 10.5 药学信息检索 281
  10.5.1 药物发现阶段数据库资源 282
  10.5.2 临床前研究数据库资源 284
  10.5.3 临床研究数据库资源 286
  10.5.4 药物申报和审批数据库
     资源 287
 10.6 循证医学证据检索 289
  10.6.1 循证医学的概述 289
  10.6.2 常用循证医学证据资源
     介绍 291
 本章小结 299
 思考题 300

第 11 章 医学信息资源管理与利用 301
 11.1 文献管理工具 302
  11.1.1 云笔记 302
  11.1.2 思维导图 303
  11.1.3 个人文献管理软件 305
 11.2 科研课题研究 307
  11.2.1 科研选题 307
  11.2.2 课题检索 308
  11.2.3 信息整理与分析 310
 11.3 科研项目申报 311
  11.3.1 科研项目申报概述 311
  11.3.2 科研项目类别 311
  11.3.3 科研项目申报的注意事项 ... 312
 11.4 科技查新 314

11.4.1 科技查新概述 314
11.4.2 科技查新的程序 317
11.5 医学论文写作与投稿 320
11.5.1 医学论文的特征及种类 320
11.5.2 医学论著的撰写 322
11.5.3 医学综述的撰写 328

11.5.4 病例报告的撰写 333
11.5.5 医学论文投稿 334
本章小结 336
思考题 337

参考文献 338

第 1 章 绪论

本章要点

- 信息环境与当代人才培养要求
- 国家高等教育主管部门对学生信息素养养成的要求
- 信息道德与学术规范

学习目标

- 掌握信息素养的能力要求
- 熟悉现代医学人才培养对医学生信息素养的要求
- 掌握学术规范的主要要求

1.1 信息社会与信息素养

1.1.1 信息社会

信息社会也称信息化社会、后工业社会，是工业化社会之后，信息将起主要作用的社会。在人类社会发展的三要素(物质、能源、信息)中，社会越发展，信息的作用就越突出，就越受到重视和关注。人类通过对接收到的信息进行分析和研究，不断深化对自然界和人类社会本质性、规律性的理解，逐渐加深对世界的认识，拥有了更高效认识世界、改造世界的能力。知识作用于生产力的全要素，使人类可以利用物质和能源实现更多的想法，并显著提升生产效率。信息社会阶段，知识、信息比以往更受重视，被视作重要的资源和财富，信息产业成为国民经济的重要增长点。

知识因素更深入地融入生产力全要素，掌握必要、充分的知识已成为劳动者素质的基本要求，难以想象一个缺乏相应知识背景的人能完成当代社会高度复杂的仪器操作、项目实施，乃至科研创新活动。获取足够、可靠的信息以便能正确、高效地应对和解决问题成为当前社会对个体素质的基本要求。同样，单位、企业等组织也必须提升信息能力，保障组织发展的正确方向和高效运行。

1.1.2 信息素养

1. 信息素养的概念

信息素养的概念源于第二次世界大战后美国科技发展对图书检索技能演变的认识。第二次世界大战后的信息呈爆炸性增长，计算机技术被应用于解决这一挑战并在其中表现突出，同时大量的信息被存储在计算机的存储介质中，这些肉眼不可直接查看的信息需要借助计算机技术才能被检索、被显示并被利用。在检索、利用此类信息时，结合传统的图书检索技能与计算机技能的综合能力称为信息素养、信息文化、信息素质等，在这个意义上，信息素养概念被认为是从传统的图书检索技能及计算机技能基础上演变而来的。现在普遍认为，美国信息产业协会主席保罗·泽卡斯基(Paul Zurkowski)率先提出了"信息素养"这一概念，他将信息素养解释为：利用大量的信息工具及主要信息源使问题得到解答的技能。他在1974年向全美图书馆与信息学委员会提交的一份报告中建议，在未来的几十年要达到全民具备获取信息的能力。

信息素养概念一经提出，就受到广泛关注和应用。在科技信息应用的实践与研究中，人们对其认识更加深入，也在不断修订对它的阐释。1989年美国图书馆协会的报告中将信息素养解释为：具有信息素养的人知道何时需要信息，并具有寻找、评价和有效利用所需信息的能力。1992年《信息素养全美论坛的终结报告》中将信息素养解释为，一个具有信息素养的人，他能够认识到精确的和完整的信息是做出合理决策的基础，确定对信息的需求，形成基于信息需求的问题，确定潜在的信息源，制定成功的检索方案，从包括基于计算机和其他信息源获取信息、评价信息、组织信息用于实际的应用，将新信息与原有的知识体系进行融合，以及在批判性思考和问题解决的过程中使用信息。

2005年由联合国教科文组织(UNESCO)、国际图书馆协会联合会(IFLA)和美国全国信息素养论坛联合召开了国际高级信息素养和终身学习研讨会(High-Level International Colloquium on Information Literacy and Lifelong Learning)，并发表了《信息社会灯塔：关于信息素养和终身学习的亚历山大宣言》，该宣言宣称：信息素养和终身学习是信息社会的灯塔，照亮了通向发展、繁荣和自由之路；信息素养是终身学习的核心，它使人们在一生中都能够有效地搜索、评估、使用和创建信息，以实现其个人、社会、职业和教育目标；信息素养是数字时代一项基本的人权，促进社会对所有国家、民族的包容。为方便公众更好地理解信息素养，UNESCO于2008年出版了《理解信息素养：启蒙读本》(Understanding Information Literacy: A Primer)。

随着与信息素养相关的术语不断增多，如媒介素养、数字素养、信息通信技术(ICT)素养等，UNESCO认为需要使用一个综合概念涵盖上述多种素养。2008年6月，UNESCO在法国巴黎会议上正式提出"媒介与信息素养"(Media and Information Literacy，MIL)，将MIL定义为一组能力，使公民有能力使用一系列工具，以批判的、合乎道德的、有效的方式获取、检索、理解、评估和使用、创造、分享所有格式的信息和媒体内容，从而参与和开展个性化、专业化和社会化的活动。为了给成员国制定信息素养教育政策提供一个有效和可靠的框架，UNESCO于2013年发布了两份重要报告：《媒介与信息素养：政策和战略指南》(Media and Information Literacy: Policy and Strategy Guidelines)和《全球媒介与信息素养评估框架：国家准备与能力》(Global Media and Information Literacy Assessment Framework: Country Readiness and Competencies)，并成立了联合国教科文组织的媒体与信息素养联盟。

为便于学生理解和掌握，本书继续使用1992年《信息素养全美论坛的终结报告》中的解释作为"信息素养"的定义并以此为基础解释本书的相关要求。

2. 信息素养的内涵

信息素养是人在面临问题时能够判断何时需要何种信息，并且能有效对信息进行检索、评价、管理和利用的能力。医学是直接关系每一个人健康的学科领域，一直受到社会的高度重视，在当今世界科技领域发展最为迅猛。社会大众希望随着社会发展医学能够取得重大突破，使人们能够掌握更好的生命与健康知识，享受到更优质的医疗服务，提升生活质量。这对医学从业人员提出了更高的职业要求，同时也对医学生信息素养的培养及层次提出了严格要求。

信息素养的内涵包括信息意识、信息知识与信息能力、信息道德与信息法律三个方面。在医学领域，这三个方面的具体内容如下。

1) 信息意识

信息意识是指人们凭借对信息及其价值的敏感性和亲和力，主动利用信息技术去捕捉、判断、整理和利用信息的意识。它是人们从信息的角度去理解、感受和评价自然、社会现象时，表现出的对信息的敏感性与关注程度、对信息价值的判断力与洞察力，以及捕捉、分析、判断、吸收借鉴与利用信息的自觉程度。我国医学情报专家王松俊认为，医学生的信息意识可具体分为三个方面：领域意识、前沿意识和线索意识。领域意识是指医学生对其所学的学科信息或专业领域信息的关注程度；前沿意识是医学生对学科或专业领域及其相关的学科或专业领域发展的前沿信息的关注程度；线索意识是医学生对学科或专业领域的呈现事实或事件保持线索、关联记忆和再发现的能力。著名循证医学与知识服务专家、英国国家卫生数字图书馆馆长米勒·格雷(Muir Gray)教授 2004 年在其论文中指出,在未来十年,知识将成为疾病的主要敌人,其对健康和疾病的影响将比新药和新技术更为显著,医生也将更加依赖信息和知识的更新来战胜疾病和残疾。当代医学的发展也证实了对新信息、新知识的敏锐洞察力在很大程度上决定了医学生未来的职业发展。

2) 信息知识与信息能力

信息知识是指涉及信息活动(确定信息问题,获取、评价、利用、交流信息的活动)所必须具备的基本原理、概念和方法性知识。信息知识包括信息及相关概念的含义与特点,信息源,信息加工的层次,信息检索的原理、方法、步骤,信息检索技术,信息的评价与分析,信息工具及其对信息特征的描述,广义上还应包括文化知识和外语水平。信息能力主要表现在:信息需求的表达能力,包括发现问题、问题特征描述及清晰地表达需求的能力;信息获取能力,包括选择合适的信息源和制定合适的检索策略;信息管理与筛选能力,包括依据问题需求和获取信息的内外特征对信息进行选择与再组织的能力,也包括对信息渠道的管理能力;信息分析与评价能力,如从相关度、可靠性、新颖性等方面对获取的信息进行评价,以便后续的利用;信息交流与沟通的能力,比如与病人及其家属交流与沟通的能力;信息的发布、利用与创新能力;循证实践能力,这是医学生最具特色的一种能力,选择恰当证据以满足患者特定的治疗需求。

3) 信息道德与信息法律

信息道德是人们在信息活动中应该遵守的伦理道德规范,合理使用信息及信息技术的活动不应损害他人利益。信息法律是调整人类在信息的采集、加工、存储、传播和利用等活动中发生的各种社会关系的法律规范的总称。学术界有对学术规范的普遍认识,并采取一定措施惩罚学术不端行为。在信息道德之外,从世界各国在信息立法的进展情况及社会信息化构建的需要来看,信息法律一般应包括以下基本内容:①信息作品著作权、专利权;②信息传播的相关法律制度;③信息获取和信息消费相关的法律制度;④信息安全与计算机犯罪防治相关法律。有关信息道德和法律的详细介绍可在本章节 1.3 部分进行查看。

在医学领域,不仅需要遵守一般的信息道德与信息法律的要求,还有一些特定的要求,如在医学研究与实践活动中能自觉保护病人、尊重病人隐私等职业道德中与信息道德有关的要求。

总之,从成为一名医学生开始,就需要逐渐培养专业领域的信息素养:①适应社会信息环境的变化,学会发现问题和尝试独立解决问题,为职业发展做好适应性准备;②广泛获取与筛选信息知识的能力,从授课、教材、教辅材料等各种信息源中吸收发展所需的知识内容,搭建自己的知识架构;③不断提升专业领域内知识的能力,从专业信息源中获取专业问题的新认识和新能力;④从各种问题与思路中梳理学术发展的路径,创新专业知识;⑤尊重道德与法律约束,逐渐树立自己的学术声誉和信任度,持续开展医学研究与实践活动。提高医学生的信息素养,必然是培养高质量医学人才的要求。一名社会需要的医学人才,不仅是高质量的医学人才,还要使他们能适应信息时代的发展要求,能及时感知社会需求的变化,不断更新知识与技能去应对新出现的问题。

3. 信息素养评价

1) 国外对信息素养评价的研究

国外较早开展了高等教育信息素养评价标准研究。美国 ACRL 标准、澳大利亚与新西兰 ANZIIL 标准和英国 SCONUL 标准最为著名，也称为经典信息素养评价标准。其中，ACRL 标准的影响力最大，它在 2000 年发布的《高等教育信息素养能力标准》和 2015 年发布的《高等教育信息素养框架》在世界范围内有较大的影响，成为许多国家高校相关教育的指导性标准。

2000 年 1 月，美国大学和研究型图书馆协会(Association of College & Research Libraries，ACRL)董事会通过了《高等教育信息素养能力标准》(*Information Literacy Competency Standards for Higher Education*)。该标准在 1999 年 10 月和 2004 年 2 月也分别得到美国高等教育协会和独立学院理事会的认可。ACRL 标准共包括 5 个一级指标、22 个二级指标和 86 个三级指标，较全面地反映了信息素养的内涵要求。此处简要介绍 5 个一级指标。该标准认为具有信息素养的学生应满足以下条件。①能够明确信息需求的内容与范围；②能够高效并有效地获取所需信息；③能够客观、审慎地评价信息与信息源，并将其纳入知识体系和评价系统中；④能够有效地利用信息完成特定的任务；⑤能够理解有关信息使用的经济、法律及社会因素，获取与使用信息要符合道德与法律规范。

2) 国内对信息素养评价的研究

国内不少研究机构或研究者根据自身对信息素养的理解设计编制了一些指标体系。专门信息研究机构在各学科专家参与下制定的 3 项指标体系，在国内具有一定的影响，分别是《北京地区高校信息素质能力指标体系》(2005)、《我国高校学生信息素质综合水平评价指标体系》(2005)和《高校大学生信息素质指标体系(讨论稿)》(2008)。中国医学科学院医学信息研究所自 2007 年起开展了医学生信息素养评价的相关研究，初步建立了《医学生信息素养能力指标体系》，主要包括 7 个一级指标、19 个表现指标和 66 个指标描述。随着对大学生信息素养的重视，国内也有高校尝试建立医学生信息素养评价的指标体系。教育部在 2018 年印发的《教育信息化 2.0 行动计划》中也提出要"制定学生信息素养评价指标体系"。目前，国内采用的信息素养指标体系尚无统一意见。

3) 《高等教育信息素养框架》

大数据时代，人们越来越认识到数据本身的价值，逐渐形成用数据说话、管理、决策和创新的大数据思维。大数据对现有的信息素养提出了巨大的挑战。高等教育发展目标和社会信息生态系统正经历着复杂的演变，其要素相互间产生了复杂的关系，这种复杂变化对信息素养教育也提出了新的挑战。为应对各种挑战，信息素养教育的要求和标准也在持续研究之中。ACRL 特别工作组基于阈值概念和元素养等理念制定了《高等教育信息素养框架》(以下简称《框架》)。2015 年 2 月，ACRL 理事会签署通过并正式发布了该《框架》。同年 5 月，清华大学经授权全文翻译并在互联网上公布。

《框架》特意使用"框架"(framework)一词，是为了体现与 ACRL 标准完全不同的实质性改变，其核心是将许多信息、研究和学术的相关概念和理念整合起来，从而构建新的信息素养模式。它基于互相关联的核心概念体系，且可以灵活地实施，以应对高等教育环境和信息生态系统快速、动态和不确定的变化。《框架》的核心是一些概念性认识，它们将许多信息、研究和学术方面的相关概念和理念融汇成一个连贯的整体。

《框架》按 6 个框架要素(frame)编排，每一个要素都包括一个信息素养的核心概念及其概念描述、一组知识技能，以及一组行为方式。

代表这些要素的 6 个概念按其英文字母顺序排列如下。

① 权威的构建性与情境性(Authority Is Constructed and Contextual)。
② 信息创建的过程性(Information Creation as a Process)。
③ 信息的价值属性(Information Has Value)。
④ 探究式研究(Research as Inquiry)。
⑤ 对话式学术研究(Scholarship as Conversation)。
⑥ 战略探索式检索(Searching as Strategic Exploration)。

6个框架要素的概念、相应的知识技能和行为方式可参见网上公开的全文详细了解。

1.1.3 医学人才培养与信息素养教育

1. 国际上对医学人才信息素养的认识

21世纪是知识与信息的时代，获取、利用、保存、创造和分享信息与知识的能力是促使个人、团体和公众实现自我发展的最强大的武器。美国马里兰州立大学的图书馆员得出的结论是，一个成功的大学生首先必须具备良好的信息素养，同时也要有熟练的技术，只有这样，才能完成基本课程的学习并满足获得学位的要求。对于医学生来说更是如此，因为医学领域从业人员更加依赖信息和知识更新来战胜疾病和伤残；尤其是循证医学、循证护理及循证卫生保健等循证实践在医学领域的应用和拓展，对传统的临床思维方式和工作模式提出了严峻的挑战，时代呼唤更新和变革。从业人员信息素养和终身学习能力的重要性已日益凸显，并已成为全球执业医师的金标准。有志于医学研究与临床实践的大学生必须充分认识到信息素养的价值，全方位提高自身的信息素养。

医学教育的最高标准是满足社会的需要。随着世界经济和科技的发展，全球化的力量在医学教育中的作用变得日益明显，医学正在成为一门全球性的专业，医学知识和科学研究已经超越了传统的国界，医生可在不同的国家学习医学和提供卫生保健服务。此外，人类的创造力也需要包括知识和文化领域活动的全球化。各种多边协议和条约为全球交流打开了方便之门，促进了建立共同教育标准和相互承认的专业执业资格及执照的颁发过程。

1999年，受美国纽约中华医学基金会(China Medical Board，CMB)资助，国际医学教育组织(Institute for International Medical Education，IIME)在纽约成立，其主要工作是在定义"全球医学教育最基本要求"(Global Minimum Essential Requirements，GMER)方面发挥领导作用。该最基本要求，使不管在任何国家培养的医生都达到在医学知识、技能、职业态度、行为和价值观等方面的最基本要求。经过3年多的努力，GMER终稿于2002年4月正式发表在 *Medical Teacher* 杂志上，在全球范围产生了很大影响。它主要包括7个宏观领域：职业价值、态度、行为和伦理；医学科学基础知识；交流与沟通技能；临床技能；群体健康和卫生系统；信息管理；批判性思维和研究。总体来看，IIME的标准是针对医学本科毕业生制定的，因此对作为今后从事医生职业所要求的各基本(核心)要素，予以了详尽规定。该标准有时代性、全球性、系统性强、人文社会、职业特色鲜明等特点，较充分地体现了医学模式转变、卫生保健国际化、医学教育的人文性与医学科学教育紧密结合的医学教育改革和发展的趋势。

由 GMER 的内容可以看出，社会进步和医学发展对医学生的信息素养提出了明确的要求。在培养符合社会需求的医学人才过程中，信息素养相关课程与训练在其中起着重要作用。

2. 信息素养教育在我国的开展

我国在高校教育领域对信息素养相关课程的重视可追溯至 1984 年。1984 年，教育部下发了《关于在高等学校开设文献检索与利用课的意见》，此后又下发过两次文件，单独就此课程在高校的开设情况做出指示。2002 年教育部高等学校图书情报工作指导委员会在黑龙江大学召开全国高校信息素养学术研讨会，会议呼吁各高校要重视信息素养教育，提出要加快改革以文献课教学为主体的信息素养教育课程。

2018 年 4 月，教育部印发《教育信息化 2.0 行动计划》(以下简称《计划》)。《计划》提到，教育信息化 2.0 行动计划是加快实现教育现代化的有效途径，是"教育现代化 2035"的重点内容和重要标志。《计划》提出，"面向新时代和信息社会人才培养需要，以信息化引领构建以学习者为中心的全新教育生态，实现公平而有质量的教育，促进人的全面发展"，"全面提升师生信息素养，推动从技术应用向能力素质拓展，使之具备良好的信息思维，适应信息社会发展的要求，应用信息技术解决教学、学习、生活中问题的能力成为必备的基本素质"。《计划》的"实施行动"部分第 8 项"信息素养全面提升行动"中，明确加强学生信息素养培养，"制定学生信息素养评价指标体系"。2018 年 6 月，教育部高等学校图书情报工作指导委员会信息素养教育工作组又与其他单位共同举办了 2018 年全国高校信息素养教育研讨会，研究探讨全球信息化时代背景下促进人们自主学习、问题解决、知识创新的信息素养教育问题。

2021 年 3 月，为深入贯彻落实党的十九大和十九届二中、三中、四中、五中全会精神，扎实推进《计划》，积极发展"互联网+教育"，推动信息技术与教育教学深度融合，提升高等学校信息化建设与应用水平，支撑教育高质量发展，教育部印发《高等学校数字校园建设规范(试行)》。其中明确：高等学校应积极开展信息素养培养，融合线上与线下教育方式，不断拓展教育内容，开展以学分课程为主、嵌入式教学和培训讲座为辅、形式多样的信息素养教育活动，帮助学生不断提升利用信息及信息技术开展学习、研究和工作的能力。

2023 年 9 月，教育部高等学校图书情报指导委员会在沈阳组织全国高校信息素质教育研讨会，共商"数""智"时代背景下高校信息素质教育。

综上所述，信息社会背景下国家教育主管机构和高校日益重视大学生信息素养教育的开展，并从新时代人才培养的高度在师生群体中推动信息素养教育的实施。

1.2 医学信息检索与利用课程

大学的信息检索课程是信息素养教育的主要形式，辅之以嵌入式教学、培训讲座等方式，以形式多样的教育活动提升大学生信息素养。

1.2.1 信息检索课程在高等医学教育中的重要意义

(1) 提高大学生的适应能力，为其在信息时代的发展打好基础。教育应当促进每个人的全面发展，作为社会的人，首先需要适应社会的发展要求。进入后工业化社会以来，信息对社会发展的影响力越来越强，渗透到社会的方方面面并发挥其作用。高度信息化的社会要求生活在其中的每个人都具有适应能力，接受高等教育的学生还需适应更复杂、更专业化的信息环境，在具体的工作环境中，能自觉、有意识地应用信息能力，借鉴他人的思想精髓去分析、解决面临的问题。

(2) 提高大学生的学习能力，为其自主学习和终身学习打好基础。大学的学习应更多地激发学生的思维，在教师的引导与启发下，大学生要学会从多个角度、多个侧面来认识和解决问题。除了教师传授知识外，还要培养学生以问题为导向，围绕问题学习独立寻找相关信息来解释问题或解决问题的能力。这将帮助大学生获得自主学习、终身学习的关键技能，既能提高其在校的学习效果，也能帮助其更快过渡到进入社会后的学习状态。

(3) 提高大学生的创新能力，为其发现问题和创新解决问题打好基础。教师通过教学，使学生学会针对问题收集资料与观点的能力，在文献阅读中强化吸收和借鉴已有研究成果的能力，在观点碰撞中增强知识的评价与筛选能力，在问题的解决中锻炼科学思维与动手能力，在经验总结与系统整理中培养理论阐释能力。在对他人科研过程的学习中培养分析现象、提出问题、发现关键、特征描述的能力，锻炼和提高大学生的科研创新能力。

1.2.2　医学信息检索与利用课程的教学目标与教学内容

医学信息检索与利用课程旨在培养医学专业学生的信息素养。通过课程的教学，使学生认识到社会信息环境及医学人才培养在信息素养方面的要求，增强学生的信息意识，了解并遵守学术规范和相关法律的要求，掌握获取信息所需的理论知识和操作能力，以期提高学生的学习能力、创新能力和社会适应能力。对医学生来说，更加强调对医学信息资源的了解和检索利用能力。达到上述教学目标，教学内容应满足以下基本要求。

(1) 能够认识到社会信息环境变化对自身学习成长的影响。适应信息社会对人才培养的具体要求，学会利用社会信息渠道及主要工具解决自身面临的问题。

(2) 能够认识到高等教育信息素养评价标准的要求及医学人才培养信息素养的具体要求，达到现代人才培养及医学专业人才培养所需信息素养的基本要求。

(3) 能够在对问题的分析与描述过程中学习具体、明确地表达信息需求。基本确定需求所需的信息性质、范围、主要信息来源。

(4) 能够了解信息源的多样性，以及生物医学主要信息源的特点及其利用方式。根据信息需求，选择合适的信息源，根据检索工具的特点构建检索策略，并利用检索工具提供的辅助功能对检索结果进行调整。

(5) 对所获信息进行批判性评价和利用。按其特征进行整理和筛选，比较并选择可信、相关度高、重要的信息，对信息中反映的重要观点进行梳理，并利用到问题分析与问题解决中。

(6) 了解并遵守信息相关的学术规范、道德要求及法律知识。

1.3　信息道德与学术规范

1.3.1　信息道德与信息法律

1. 信息道德

信息道德也称信息伦理。伦理和道德的目标是建立一种秩序，使个体和社会能够和谐共处，伦理侧重于行为规范，道德侧重于价值评判与选择。信息道德是指在信息需求、信息收集、信息加工、信息利用、信息反馈等信息活动中应遵守的伦理要求、伦理准则和伦理规范。学术界对信息道德的概念存在多种表述，但遵守一定的信息行为规范或准则，避免或减轻个人、组织、社会间的价值与利益冲突这一目标是相同的。

信息道德的兴起与发展基于信息社会的形成及建立信息社会道德秩序的需要。合理、有序、适度的信息活动是人类社会不断进步、健康发展的保障，是人类社会走向繁荣与和谐的前提。进入信息社会后，信息鸿沟、信息污染、信息超载、信息的跨国界传播、信息的保密或非法获取、信息的无限制传播等现象，引起了人们对信息活动中伦理规范、价值传承、利益调和等问题的关注。信息道德往往不是由国家强行制定和强制执行的，而主要是通过传统、习惯、信念、教育的力量，依靠职业、行业约束与社会舆论，使人们形成一定的信念、价值判断和职业习惯，从而自觉地通过自己的判断规范自己的信息行为。

信息道德的内容包括个人信息道德和社会信息道德两个方面，以及信息道德意识、信息道德关系、信息道德活动三个层次。

1) 两个方面

(1) 个人信息道德是指人类个体在信息活动中以心理活动形式表现出来的道德观念、情感、行为和品质，如对信息劳动的价值认同、对非法窃取他人信息成果的鄙视等。

(2) 社会信息道德是指社会信息活动中人与人之间的关系及反映这种关系的行为准则与规范，如扬善抑恶、权利义务、契约精神等。

2) 三个层次

(1) 信息道德意识，包括与信息相关的道德观念、道德情感、道德意志、道德信念、道德理想等。它是信息道德行为的深层心理动因，集中体现在信息道德原则、规范和范畴之中。

(2) 信息道德关系，包括个人与个人的关系、个人与组织的关系、组织与组织的关系、个人与社会的关系、组织与社会的关系。这种关系是建立在一定的权利和义务的基础上，并以一定的信息道德规范形式表现出来的。

(3) 信息道德活动，包括信息道德行为、信息道德评价、信息道德教育和信息道德修养等。信息道德行为即人们在信息交流中所采取的有意识的、经过选择的行动；而根据一定的信息道德规范对人们的信息行为进行善恶判断即为信息道德评价；按一定的信息道德理想对人的品质和性格进行陶冶就是信息道德教育；信息道德修养则是人们对自己的信息意识和信息行为的自我剖析、自我提升。

2. 信息法律

信息法律是对信息活动中的重要问题进行调控的法律措施，这些措施涉及信息系统、处理信息的组织和对信息负有责任的个人等。

世界各国都在致力于建立各种与其信息技术发展相适应的法律规范。参照其他国家的信息法规，结合国内信息活动规范的现实需要，我国在信息产权、信息安全与保护、信息市场、计算机网络管理、信息产业发展等方面，也制定了《电信条例》《计算机信息网络国际联网管理暂行规定》《保守国家秘密法》《著作权法》《技术合同法》等法律法规。

3. 我国法律对信息合理使用的相关法律法规

根据世界各国著作权法的规定，著作权在行使上的限制主要分为：合理使用、强制许可、法定许可三种方式。根据我国的具体国情，我国《著作权法》主要规定了有关"合理使用"和"法定许可"两种限制条款。

1) 合理使用

著作权合理使用是重要的著作权限制机制，它是指在特定的条件下，法律允许他人自由使用享有著作权的作品，而不必征得权利人的许可，不向其支付报酬的合法行为。2020年11月第三次修正的《著作权法》第二十四条规定，在下列情况下使用作品，可以不经著作权人许可，不向其支付报酬，但应当指明作者姓名或者名称、作品名称，并且不得影响该作品的正常使用，也不得不合理地损害著作权人的合法权益。

(1) 为个人学习、研究或者欣赏，使用他人已经发表的作品。

(2) 为介绍、评论某一作品或者说明某一问题，在作品中适当引用他人已经发表的作品。

(3) 为报道新闻，在报纸、期刊、广播电台、电视台等媒体中不可避免地再现或者引用已经发表的作品。

(4) 报纸、期刊、广播电台、电视台等媒体刊登或者播放其他报纸、期刊、广播电台、电视台等媒体已经发表的关于政治、经济、宗教问题的时事性文章，但著作权人声明不许刊登、播放的除外。

(5) 报纸、期刊、广播电台、电视台等媒体刊登或者播放在公众集会上发表的讲话，但作者声明不许刊登、播放的除外。

(6) 为学校课堂教学或者科学研究，翻译、改编、汇编、播放或者少量复制已经发表的作品，供教学或者科研人员使用，但不得出版发行。

(7) 国家机关为执行公务在合理范围内使用已经发表的作品。

(8) 图书馆、档案馆、纪念馆、博物馆、美术馆、文化馆等为陈列或者保存版本的需要，复制本馆收藏的作品。

(9) 免费表演已经发表的作品，该表演未向公众收取费用，也未向表演者支付报酬，且不以营利为目的。

(10) 对设置或者陈列在公共场所的艺术作品进行临摹、绘画、摄影、录像。

(11) 将中国公民、法人或者非法人组织已经发表的以国家通用语言文字创作的作品翻译成少数民族语言文字作品在国内出版发行。

(12) 以阅读障碍者能够感知的无障碍方式向其提供已经发表的作品。

(13) 法律、行政法规规定的其他情形。

2) 法定许可

法定许可是指依照法律的规定，可不经作者或其他著作权人的同意而使用其已发表的作品。根据法定许可使用他人作品时，应向作者或其他著作权人支付报酬，并应注明作者姓名、作品名称和出处。

著作权法定许可的情形包括：报刊转载、制作录音制品、电台或电视台播放、编写出版教科书、制作课件并通过网络发布、农村网络扶贫。法定许可的优点在于既满足了公众广泛利用作品的愿望，又保障了著作权人的经济利益，鼓励了其创作和投资的积极性，从而在一定程度上合理地分配了著作权人与社会公众的利益。需要注意的是，在具体应用过程中应详细参考法律相关规定内容。

1.3.2 学术规范与学术不端

1. 学术规范

对于学术规范，学术界并没有统一的定义。大体来说，学术规范是指人们在长期的学术研究实践过程中总结出来的，用来保障学术研究活动正常有序进行的一系列规章制度、行为准则和约束条件。2010年，教育部科学技术委员会学风建设委员会编写了《高等学校科学技术学术规范指南》(以下简称《指南》)，并在2017年出版了第2版。《指南》指出，学术共同体是指一群志同道合的学者，遵守共同的道德规范，相互尊重、相互联系、相互影响，共同推动学术的发展，从而形成的群体。学术共同体既是学术活动的主体和承担者，主要担负着创造和评价学术成果的功能，也是学术规范的制定者和执行者。学术规范是从事学术活动的行为规范，是学术共同体成员必须遵循的准则，是保证学术共同体科学、高效、公正运行的条件，它在学术活动中约定俗成地产生，并成为相对独立的规范系统。学术规范是在学术共同体内部所构建的一种自觉的约束机制。学术规范要求学术研究人员依靠自律和自觉普遍遵守，严格执行。学术共同体成员必须熟悉和掌握学术研究的行为规则(即学术规范)，并在实际行动中遵守这些规范。只有遵守学术规范，才能在学术共同体中得到认可，如果违反，就要受到否定甚至严肃处理。

学术规范应对学术研究的全过程进行规范。对于科技工作者应遵守的学术规范，《指南》主要明确了以下5项基本准则及8个方面的规范。

5项基本准则：①遵纪守法，弘扬科学精神；②严谨治学，反对浮躁作风；③公开、公正，开展公平竞争；④相互尊重，发扬学术民主；⑤以身作则，恪守学术规范。

8个方面的规范：①查新和项目申请规范；②项目实施规范；③引文和注释规范；④参考文献规范；⑤学术成果的发表与后续工作规范；⑥学术评价规范；⑦学术批评规范；⑧人类及动物作为实验对象的规范。

2. 学术不端

学术界对学术不端的认定，看法各异。1992年，由美国国家科学院、美国国家工程院和美国国家医学研究院组成的22位科学家小组给出的学术不端行为的定义为，在申请课题、实施研究和报告结果的过程中出现的伪造、篡改或抄袭行为。这个定义将不端行为主要限定为"伪造、篡改、抄袭"(fabrication、falsification、plagiarism，FFP)。也有将如恶意的一稿多投等主观故意干扰学术规范的行为定义为学术不端的情形。科技部2006年颁布的《国家科技计划实施中科研不端行为处理办法(试行)》对学术不端行为的定义是"违反科学共同体公认的科研行为准则的行为"。中国科协2007年1月在七届三次常委会会议中审议通过的《科技工作者科学道德规范(试行)》对学术不端行为的定义是：学术不端行为是指在科学研究和学术活动中造假、抄袭、剽窃和其他违背科学共同体惯例的行为。其列出了下列七种表现形式。

(1) 故意作出错误的陈述，捏造数据或结果，破坏原始数据的完整性，篡改实验记录和图片，在项目申请、成果申报、求职和提职申请中做虚假的陈述，提供虚假获奖证书、论文发表证明、文献引用证明等。

(2) 侵犯或损害他人著作权，故意省略参考他人出版物，抄袭他人作品，篡改他人作品的内容；未经授权，利用被自己审阅的手稿或资助申请中的信息，将他人未公开的作品或研究计划发表或透露给他人或为己所用；把成就归功于对研究没有贡献的人，将对研究工作作出实质性贡献的人排除在作者名单之外，僭越或无理要求著者或合著者身份。

(3) 成果发表时一稿多投。一稿多投是指同一作品被同时或者先后发给不同的出版单位或其他媒体，作品的篇名、内容、作者或有变化，但作品内容主体相同。

(4) 采用不正当手段干扰和妨碍他人研究活动，包括故意毁坏或扣押他人研究活动中必需的仪器设备、文献资料，以及其他与科研有关的财物；故意拖延对他人项目或成果的审查、评价时间，或提出无法证明的论断；对竞争项目或结果的审查设置障碍。

(5) 参与或与他人合谋隐匿学术劣迹，包括参与他人的学术造假，与他人合谋隐藏其不端行为，监察失职，以及对投诉人打击报复。

(6) 参加与自己专业无关的评审及审稿工作；在各类项目评审、机构评估、出版物或研究报告审阅、奖项评定时，出于直接、间接或潜在的利益考虑而做出违背客观、准确、公平的评价；绕过评审组织机构与评议对象直接接触，收取评审对象的馈赠。

(7) 以学术团体、专家的名义参与商业广告宣传。

本 章 小 结

本章主要介绍了当前的信息环境对人才培养的要求，特别是高等教育对信息素养教育的评价标准，以及我国高等教育对信息素养教育的相关要求。从"全球医学教育最基本要求"中了解对医学人才相关素质的要求，以此引起医学生对信息素养相关知识与技能的重视和学习。同时，初步介绍了信息道德、信息法律、学术不端等相关知识，帮助有志于医学领域的大学生认识到遵守学术规范的重要性。

思 考 题

1. 如何认识信息社会要求提高个体的信息素养？
2. 具备信息素养的人有什么能力？
3. 自行查找并学习《高等教育信息素养框架》的全文，思考新时代大学生在信息素养方面应达到的能力及其标准。
4. 简述学术共同体中要求遵守的学术规范的具体内容。
5. 什么是著作权合理使用？具体包括哪些内容？
6. 什么是学术不端？如何避免出现学术不端行为？

第 2 章 信息检索基本知识

本章要点

- 信息、知识、情报和文献的定义与关系
- 信息源的概念与类型
- 信息检索的概念与原理
- 信息检索系统数据库的构成

学习目标

- 了解信息的定义
- 理解信息、知识、情报和文献的关系
- 掌握信息源的定义与类型
- 理解信息检索的概念与原理
- 掌握信息检索系统数据库的构成

2.1 信息、知识、情报和文献

2.1.1 信息概述

1. 信息的定义

"信息"一词在我国最早存在于古代书籍中,当时将"信息"一词多理解为"音信、书信、气息、消息、迹象、征兆"等意思。例如,西晋时陈寿所著《三国志》中有"正数欲来,信息甚大"。唐朝诗人李中在《暮春怀故人》一诗中写道:"梦断美人沈信息,目穿长路倚楼台。"宋朝诗人陈亮在《梅花》一诗中也写道:"欲传春信息,不怕雪埋藏。"

现代意义上对"信息"的系统研究,始于 20 世纪 20 年代中后期。1928 年,美国学者哈特莱(L. R. V. Hartley)在《贝尔系统电话杂志》上发表的《信息传输》(Transmission of Information)一文中,首次区分了"消息"和"信息"。该文将信息解释为选择通信符号的方式,并以选择的自由度衡量信息的大小,由此为信息论的创立奠定了基础。1948 年,美国通信专家香农(Claude Elwood Shannon)在《贝尔系统技术杂志》(Bell System Technical Journal)上发表了对后世具有深远影响的《通信的数学理论》,并于 1949 年,又在该杂志上发表《噪声下的通信》,以上两篇论文系统地阐述了信息的基本原理,阐述了信道、编码、变换、存储、传递等规律,为信息论的飞速发展奠定了理论基础。1950 年,美国控制论创始人维纳(Norbert Wiener)在其著作《控制论与社会》一书中详细地描述了信息熵。他发现,任何信息都存在冗余,冗余的大小与信息的每一个符号出现的概率和理想的形态有关。

信息可以说是当今社会使用最多、最广、最频繁的词汇之一。随着信息在越来越多的学科、领域中使用,"信息"一词也产生了多种定义,有典型意义上的定义就有上百种。归纳起来,对信息的定义有以下四种主要视角。

(1) 从信息的作用来解释,认为信息是"不确定性之消除""负熵"等。这是较早的观点,产生于 1948 年。信息论的创始人香农在《贝尔系统电话杂志》上发表的《通信的数学理论》一文认为:在定量测试信息时,把信息定义为随机不确定性的减少,即信息是用来减少随机不确定性的东西。基于这一思想,布里渊(L. Brillouin)直接指出,信息就是负熵。控制论创始人维纳曾指出,"正如熵是无组织(无序)程度的度量一样,消息集合所包含的信息就是组织(有序)的度量。事实上,完全可以将消息所包含的信息解释为负熵"。此种解释描述了信息所能产生的作用,但并未对信息本身进行说明。

(2) 从信息的范围来定义信息,认为信息是消息、知识、情报、数据等。这是日常比较多见的定义方式。我国《辞海》中对"信息"的注释是:"信息是指对消息接收者来说预先不知道的报道。"《简明自然辩证法词典》的解释是:信息一般泛指我们所说的消息、情报、指令、资料、信号等有关周围环境的知识。《牛津简明英语词典》对信息的解释是:名词,告知,告知的事物;知识,需要的知识条目;消息,信息检索,对图书与计算机所存储的信息的跟踪查找;信息论,通过信号传递信息的定量研究。美国学者 A.N.Smith 等人在所著的《信息资源管理》一书中认为,信息是数据处理的最终产品,是经过收集、记录和处理，以可检索形式存储的事实或数据。此种解释指出了信息概念的外延，即信息的范围，但未能表达出概念的内涵。此外，仅列出了人类社会中的一些信息，不能反映对自然信息、非生物信息的认识。

(3) 从信息的内容来定义信息，认为信息是"交换的内容"。维纳把信息概念引入控制论，在其《人有人的用处——控制论与社会》一文中指出，"人通过感觉器官感知外部世界"，"我们支配环境的命令就是给环境的一种信息"，将信息概念与人的认识、动物的感知活动联系了起来。因此，"信息这个名称的内容就是我们对外界进行调节并使我们的调节为外界所了解时而与外界交换来的东西。"我国武汉大学学者严怡民教授认为："信息是生物以及具有自动控制系统的机器通过感觉器官或相应设备与外界交换的一切内容。"此类定义为我们正确定义信息提供了路径，但并未全面划定信息的范围，对"交换内容"到底是什么，信息在本源上具有怎样的特质也没有表述清楚。

(4) 从本体论和认识论角度来定义信息，认为信息是物质的属性、规律、运动状态、存在标志等。哲学家们发现信息的普遍性和广泛性也引起哲学界的关注，人类社会、自然界、思维，乃至宇宙中的一切事物的存在方式及运动都有其固有的规律和特征，由相应的信息来表现这种运动的状态和方式。信息可以说是事物的一种普遍属性。我国学者钟义信从本体论角度来定义信息，他认为，信息是事物存在方式或运动状态，以及这种方式和状态的直接或间接表述。但是信息与认知主体又有着密切的关系，它必须通过主体的主观认知才能被反映和揭示。岳剑波认为，在信息概念的诸多层次中，最重要的有两个层次：一个是没有任何约束条件的本体论层次；另一个是受主体约束的认识论层次。从本体论层次上来考察，信息是一种客观存在的现象，是事物的运动状态及其变化方式，即"事物内部结构和外部联系的状态及状态变化的方式"。世间一切事物都在不停地运动，因此都在不断地产生着本体论意义上的信息。从认识论层次上看，信息就是主体所感知或所表述的事物运动状态及其变化方式，是反映出来的客观事物的属性。

本书采用认识论层次的定义，即作为认识主体的人类，正是通过对客观世界存在的万物发出的信息，进行捕捉、感受、提炼、加工，才产生了对它们的认识，并进一步掌握其中规律性、本质性的东西，形成了人脑中对于客观世界的认识。

2. 信息的特征

根据对信息概念的分析，可以归纳出信息的特征和性质。根据本书的目的，主要从以下特征进一步加深对信息的认识。

1) 普遍性和客观性

信息是事物存在方式和运动状态的表现。事物的存在和运动无处不在，因而信息是普遍存在的。信息与物质、能量一起，构成了客观世界的三大战略资源。客观性表现为，信息不是虚无缥缈的东西，它的存在可以被感知、获取、存储、处理和利用。而且，事物的客观存在先于认识主体而存在，信息由其本身特性及运动而产生，不依主体感知而改变。

2) 依存性和传递性

信息源于事物的存在和运动，其产生对事物及其运动具有依存性。但信息一旦产生，就可以独立于其发生源而相对独立，通过其物质载体携载在时间或空间中相对独立地传递。

同样内容的信息可以在不同物质载体之间转换，但信息的传递对载体也有依存性，必须依附于一定的物质形式(声音、光线、电流、电磁波、纸张、磁性材料等)。信息在时间上的传递即信息的存储，在空间上的传递则是通信。信息在时间和空间中的传递的性质十分重要，它不仅使人类社会能够进行有效的信息交流和沟通，而且能够进行知识和信息的积累与传播。

3) 可知性与共享性

信息作为客观事物的反映，可以被人类通过各种手段和方式感知和认识。世界是可以被认识的，基于这一前提，信息的存储、加工、传递和利用成为人类认识世界的基础，信息因此成为人类认识世界的基础与前提。但人们的观察能力、认识能力、理解能力和利用信息的目的不同，或者他们观察事物时选择的角度不同、侧面不同、关注点不同，他们从同一事物中所获得的信息内容和信息量也各不相同，从而形成了人类对客观世界丰富、多样、各异的认识。

由于信息可以脱离其发生源或独立于其物质载体，并且在利用过程中不被消耗，因此可以在同一时间或不同时间提供给众多用户使用，这就是信息的共享性。信息能够共享是其不同于物质和能量的排他性占有的重要特征。共享性是信息的一种天然属性(本质属性)，它既有积极方面，也有消极方面。其积极方面在于信息在时间和空间上可以实现最大限度的共享，提高信息利用效率，节约生产成本；消极方面在于共享给现代信息管理中信息产权的安排和控制带来很大难度。

4) 时效性与价值性

从信息产生的角度来看，信息所表征的是特定时刻事物存在的方式和运动状态，由于所有的事物都在不断变化，过了这一时刻，事物的存在方式和运动状态就会发生变化，表征这一"方式"和"状态"的信息也会随之改变，即所谓时过境迁。从信息利用的角度来看，某些信息仅在特定的时刻才能发挥其效用。因此，从信息的产生到被利用的过程中，时间越短，其利用价值越大；反之，则越小，特别是商业类信息，往往能够带来巨大的经济效益和社会效益。

2.1.2 知识

知识(knowledge)是信息接收者通过人脑对信息的提炼、推理、总结和归纳而获得的结论，它是人的大脑在认识世界和改造世界的过程中通过思维对自然界、人类社会及思维方式与运动规律的重新组合，并在此过程中形成对客观事物的现象、本质及规律的认识和经验。从这个意义上讲，知识也是信息，是信息的高级形态。简而言之，知识是人类认识的结果或精华。运用知识，实际上就是遵循了事物的客观规律，这是进一步认识与改造客观世界的最基本的前提和基础，知识蕴含着推动社会发展、人类进步的巨大力量。

知识的获取只能通过实践或学习。知识借助于一定的语言形式，或物化为某种劳动产品的形式而存在，可以通过交流与学习传递给下一代。学习接收到的信息能够转化为知识的关键在于信息接收者对信息的理解能力，这取决于接收者的信息与知识储备。例如，一位患者的各种化验单据，对非医护人员仅仅是数据或信息，而医生结合患者的其他症状和体征，则能基本判断患者可能的疾患。一位医学生如果缺乏必要的理论知识基础与临床见习经验，是无法理解医生的思维与行为的。正是如此，华罗庚说过："知识在于积累。"养成自觉积累知识的习惯，学会积累知识的科学方法，勇于在实践中验证与学习，可以提高知识学习的质量与效率。

掌握知识的目的在于应用，在于交流，使知识发挥更大的作用。知识交流是知识创造的有效方式，也是知识积累、共享、交流3个原则中的最高层次。知识积累和共享为知识发挥提供了基础，交流则是使知识体现其价值的关键环节。只有在交流过程中才能更好地完成知识的学习、利用和创新。知识交流的途径多种多样，网络是现在利用最多，也是发展最为迅速的一种途径。我们学习信息检索就是为了能在网络环境下快速地实现知识的交流。

知识的魅力在于能够给予人类智慧和力量。然而，其所具有的价值及其实现并不仅仅取决于知识的本身，更有赖于人类对知识的有效利用。适合需要的知识才有价值，利用得当的知识才能称其实现了应有价值。

2.1.3 情报

"情报"(intelligence)一词首先产生于军事领域。19世纪后，人们将情报概念引入科技领域，将情报定义为"人和人之间传递的一系列符号""在特定时间、特定状态下，对特定人提供的有用知识""情报是判断、意志、决心、行动所需要的能指引方向的知识和智慧""被激活了的知识"等，给情报的内涵赋予了更为广泛的内容，使情报成为科学技术、科学研究不可或缺的重要一环。利用所谓的情报手段，从社会信息环境中去发现、挖掘和利用知识，在具体问题的解决过程中充分实现知识的价值。

情报具有知识性，因为只有知识才能真正发挥作用；情报具有有用性，情报特指为指定用户提供利用的那部分知识，人们创造情报、交流情报的目的在于充分利用其价值来开阔眼界、改变知识结构、提高认知能力，帮助人们认识和改造世界；情报具有动态性，该属性往往是指那些在指定时间和范围内发挥作用的知识，知识若不进行传递交流，供人们利用，就不能构成情报。

因此，可以将情报定义为：情报是指用不同的方法或手段，在有效的时间内所获取的有针对性的、符合预期价值要求的知识或信息内容，其具有知识性、有用性和动态性，而动态性是情报区别于知识的根本属性。

2.1.4 文献

在我国，"文献"(literature，document)一词有两千多年的历史，最早见于《论语·八佾》："夏礼吾能言之，杞不足徵也；殷礼吾能言之，宋不足徵也。文献不足故也，足则吾能徵之矣。"宋代朱熹解释为："文，典籍也；献，贤也。""文献"一词被认为是宿贤和典籍的合称。随着科学技术的发展，"文献"一词的内涵和外延还在进一步扩展。比如，《文献情报术语国际标准(草案)》(ISO/DIS 5127)将文献表述为：在存储、检索、利用或传递记录信息的过程中，可以作为一个单元处理的，在载体内、载体上或依附载体而存储有信息或数据的载体。而《国际标准书目著录(总则)》[ISBD(G)]则将文献定义为"文献是指以任何实体形式出现的，作为标准书目著录的书目文献实体"。由这两个权威定义可知,文献包含以下 4 个要素。

(1) 记录知识的具体内容。
(2) 记录知识的手段。
(3) 记录知识的物质载体。
(4) 记录知识的表现形态。

其中,知识构成了文献的内容,是文献的本质特征;知识的记录手段是指记录文献时所用的技术形式,如文字、图像、符号、视频、音频等技术形式;知识的物质载体则是指文献的形态,如纸张、光盘、录像带等;知识的表现形式则是文献的形式,如图书、期刊、磁盘等。简单地说,文献就是记录有知识和信息的物质载体。

从定义来看,文献与信息和知识明显的区别是其物质载体,文献载体形式有石头、甲骨、竹简、布帛、纸张、胶片、磁带、磁鼓、光盘等,而文字、数字、图形、符号、音频、视频等表现知识和信息的方法或技术的发展和应用,使无形的信息和知识能够转变为有形的物质形式,以文献形式记录的信息与知识方便了人的交流,并且使人类在生产实践中所积累的认识经验和认识成果的传递和保存成为可能。文献的特点为数量庞大、增长迅速、分布不均、内容交叉重复、载体类型多样、更新速度快、语种多元化、交流速度快等。

物质载体保障了知识或信息在时间上或空间上的有效传递与交流,有利于知识或信息在一代一代人之间继承,并有利于知识和信息传递到更广的范围。现代人能知道过去几千年的人类社会发展历史及状况,除了考古发掘的实物外,其主要依据就是历代流传下来的文献。英国皇家学会曾宣称"科技在其公开出版的记录中栖息",其中"公开出版的记录"就是科技文献。文献是人类社会非常宝贵的精神财富和物质财富。

在科学活动中,为避免浪费或无效投入,科研人员不能简单以道听途说的信息作为科研决策的依据;文献,特别是由科研人员经过科学、严谨的研究为基础撰写的文献,以实物证据形式呈现,更能符合科研论证的需要。

当前,数字化文献得到了迅猛发展,大量信息、知识以数字化文献形式保存和传递。借助于互联网的发展,以其信息更新速度快、网络传递与共享成本低、检索方便的优点,极大提高了信息和知识传递与利用的范围与效率。如今,通过网络在线交流,获取数字化图书、电子期刊等已经成为科技人员获取信息的重要来源。

2.1.5 信息、知识、情报和文献的关系

信息、知识、情报和文献四者之间既有联系又有区别。

信息广泛存在于自然界和人类社会,是一种客观存在的事物现象,是事物发出的信号和消息总和,其涵盖范围最大、最广。

知识是人们在社会实践中积累起来的经验,是对客观世界物质形态和运动规律的认识。人们在社会实践中不断接收客观事物发出的信号,经过人脑的思维加工,进而逐步认识客观事物的本质,这是一个由表及里、由浅入深、由感性到理性的认识过程。所以,知识来源于信息,是通过信息传递,并对信息进行加工的结果。由此可以看出,知识是信息的一部分。

情报是被传递的知识，它是针对一定对象的需要进行传递的，在生产实践和科学研究中起到继承、借鉴或参考的作用。情报是知识的一部分，即被传递的部分。知识要转化为情报，必须经过传递并被使用者所接收，从而发挥其使用价值。

文献是记录有用知识的一种载体，凡是用文字、图形符号、音频视频记录下来，具有储存和传递信息的功能的一切载体都称为文献。

信息、知识、情报和文献四者形成的递进关系如图 2-1 所示，四者的包含关系如图 2-2 所示。

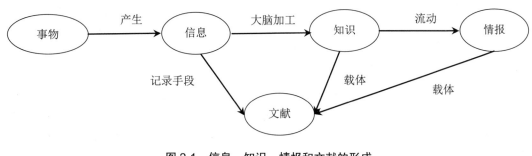

图 2-1　信息、知识、情报和文献的形成

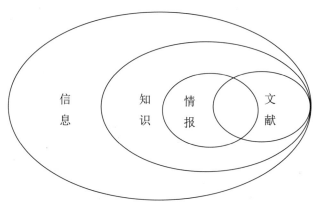

图 2-2　信息、知识、情报和文献的包含关系

2.2　信息源概述

2.2.1　信息源的概念

联合国教科文组织 1976 年出版的《文献术语》将"信息源"定义为：个人为满足其信息需要而获得信息的来源。一切产生、存储、整理、组织、传播信息的源泉都可以被看作信息源，也称为情报源。信息源的内涵非常广泛，不仅包括各种信息载体，也包括各种信息机构；不仅涵盖传统纸质版文献，也囊括现代电子文献；不仅包括信息生产机构，也包括信息储存、信息组织和信息传递机构。

2.2.2 信息源的类型

1. 按信息源产生的时间顺序划分

按信息源产生的时间顺序划分，可分为先导信息源、即时信息源、滞后信息源。先导信息源是指产生于社会活动之前，如天气预报。即时信息源是产生于社会生产过程之中，如工作记录，实验报告等。滞后信息源是指过时的信息源，如期刊、报纸等。

2. 按信息的加工深度及功能作用划分

按信息的加工深度及功能作用划分，可分为零次信息源、一次信息源、二次信息源、三次信息源。零次信息源，是未经过任何加工处理的信息源，也称为灰色型文献，通常形式有手稿、书信、笔记、实验记录、会议纪要等。一次信息源，是人们依据自己在社会生产过程中产生的经验和总结、科研活动中得到的科学性和规律性的认识而形成的文献，也称为原始型文献，其形式有期刊论文、会议论文、图书、标准、学位论文、政府工作报告等。二次信息源，是通过一次信息源综合、浓缩、提炼而形成的信息源，并为用户查找一次信息源提供线索或检索途径，因此也称为检索型文献，其形式有索引、目录、题录等。三次信息源，是在一次信息源、二次信息源的基础之上，经过深度的综合分析形成的文献，为决策提供参考和咨询，因此，也称为参考型文献，其表现形式有百科全书、辞典、手册、指南、年鉴等。

3. 按信息源传播形式划分

按信息源传播形式划分，可分为口传信息源、实物信息源和文献信息源。口传信息源，是非正式性交流，通过讨论、报告会等方式进行传播。实物信息源存在于自然界和人工制品中，通过社会生产、实践、劳动等方式进行传播。文献信息源存在于具体的文献中，通过阅读、视听、观看、触摸等方式传播。

对于科学实践中常见的信息源，可按下列标准进行分类。

1) 根据载体形式划分

(1) 书写型。书写型一般指以龟甲、青铜器、竹简、绢、帛、纸张等为载体，通过人工抄写、刻写或铸造而形成的文献类型。

(2) 印刷型。印刷型主要以纸张为载体，通过印刷、刻录等技术手段而产生的文献类型，如传统的图书、期刊、报纸等。该类文献能够直接阅读、触摸，也是人们知识交流和文化传承最重要、最常用的媒介。

(3) 缩微型。缩微型是以感光材料为载体，利用缩微摄影技术制成的文献，如缩微胶卷等，其特点是体积小、容量大，易于复制、携带和保存。

(4) 视听型。视听型是以磁性或感光材料为载体，借助特殊技术直接记录声音和图像而形成的一种文献形式，该文献类型能够直接记录历史，保留历史影像，场景再现。

(5) 数字型。数字型是指利用数字化技术把信息存储在磁盘、光盘等介质上，通过计算机及现代通信手段传播利用的一种信息类型，如电子图书、数字化期刊等，其特点是存储密度高，读写速度快，出版与传播速度快，检索便捷，能够突破时空限制。

2) 根据出版形式划分

此种划分方式一般将文献分为十大类,也称十大科技情报源。其中除图书、期刊公开发行,易于获取外,其他八种在出版发行和获取途径上相对特殊,常统称为特种文献。特种文献特色鲜明,内容广泛,数量庞大,参考价值高,也是非常重要的信息源。

(1) 图书(book)。图书是对某一领域的知识或已有的研究成果及生产经营等做系统性论述,具有形式规范和内容可靠、全面、系统、科学、完整及稳定等优点,因其目的是传授知识和文化传承,而不是传递最新的情报,所以出版周期长,更新速度慢。

(2) 期刊(periodical)。期刊是指具有相对固定的刊名、编辑出版单位、出版周期和报道范围,有统一的出版形式,按一定顺序编号逐期刊行的连续出版物。其特点是种类多,数量大,出版周期短,报道速度快,传递内容新颖,信息量大(约占整个信息量的70%),等等,因此它是获取最新的科技动态和科技情报的重要来源。与图书相比,科技期刊能更快速地反映当前的研究前沿与科技发展水平,是学术交流和传播活动中最重要和最稳定的媒介之一。判断学术期刊质量的一个重要方法是看其是否为核心期刊。

核心期刊(core periodical)是指针对某一学科或专业领域而言,刊载大量专业论文,且利用率较高的少数重要期刊,该类期刊能够反映该学科的最新成果和研究动态。目前,国内核心期刊主要包括中国科技信息研究所编辑的《中国科技期刊引证报告》、南京大学中国社会科学研究评价中心出版的《中文社会科学引文索引》及北京大学图书馆编辑出版的《中文核心期刊要目总览》,国外核心期刊主要包括美国科学信息研究所(Institute for Scientific Information)出版的《科学引文索引》(*Science Citation Index*^{TM},SCI)和美国工程信息公司出版的《工程索引》(*Engineering Index*,EI)。

(3) 会议论文(conference papers)是指在学术会议上发表、宣读或交流的论文、报告、会议纪要等资料,其形式可以是会议前预印本、会间文献和会后论文集,还有的以大摘要方式以增刊或专辑形式刊发于某些学会刊物上(国外期刊中常见),其特点有内容创新程度高,专业性强,出版速度快,时效性强,等等。

(4) 学位论文(dissertation)。根据现行国家标准《学位论文编写规则》(如 GB/T 7713.1—2006),学位论文是指作者提交的用于其获得学位的文献,分博士学位论文、硕士学位论文和学士学位论文。在英文中,学士(本科)、硕士学位论文用 Thesis,博士学位论文用 dissertation。一般而言,硕士学位论文、博士学位论文因其具有选题新颖、论述严谨、实用性强、篇幅灵活、附有详尽的参考文献等特点,且涉及某一研究主题的研究背景、技术路线、实验方法、数据获取、分析结论,深入地探讨和论述该领域的现状、问题及对策,所以,具有重要的阅读价值和参考价值。

(5) 专利文献(patent literature)是指受到法律保护的技术发明,是知识产权的一种具体体现形式。具体来说,专利文献是指实行专利制度的国家及国际性专利组织在审批专利过程中产生的官方文件及其出版物的总称,是受《专利法》保护的有关技术发明的法律文件。专利文献记载着发明创造的详细内容及被保护的技术范围的各种说明书(即专利说明书),是集技术、法律、经济信息于一体的特殊类型的科技文献。其特点是内容新颖,涉及技术领域广泛,实用性强,等等,能反映科技的最新水平。

(6) 科技报告(scientific and technical report)。根据国家标准《科技报告编写规则》(GB/T 7713.3—2014)的定义为:科技报告是进行科研活动的组织或个人描述其从事的研究、设计、工程、试验和鉴定等活动的进展或结果，或描述一个科学或技术问题的现状和发展的文献。科技报告旨在呈送给科学技术工作主管机构或科学基金会等组织或主持研究的科研工作者，以便有关人员审查和评价，并对报告中的结论和建议提出修正意见。科技报告旨在提供系统、翔实的信息，不以发表为目的，是科研历程及其成果的完整记载，其内容比期刊论文更新颖、更详尽和更深入。同时，科技报告在一定范围内发行，具有一定的保密性。

(7) 标准文献(standard literature)是指由政府或有关部门，以及权威机构批准下发的标准化技术性法规性文件，简称标准。它是从事生产、设计、管理、产品检验、商品流通、科学研究的共同依据，在特定条件下具有某种法律效力，有一定的约束力。其特点是具有法律约束力，适用范围明确，时效性强等。

(8) 科技档案(technical records)是指在科研活动中所形成的一系列技术性文件，包括规划、方案、任务书、协议书、工程图纸、图表、实验记录、总结等，是科研活动的真实记录，能反映科研活动的全过程和最终结果。其内容真实可靠、详尽具体，具有较高的参考价值。

(9) 产品资料(product data)是厂商为其产品的性能、构造、规格、用途、使用方法等所作说明的相关技术资料，包括产品样本、产品说明书、产品目录和厂商介绍等。

(10) 政府出版物(government publication)是各国政府部门及所属机构发表的各类文件的总称，一般分为行政性文献和科技性文献。前者主要包含政府法令、方针政策和统计资料等，涉及政治、法律、经济等多个方面；后者主要包含政府部门的研究报告、标准、专利文献、科技政策、公开的科技档案等。政府出版物对了解各国的方针政策、经济状况和科技水平具有较高的参考价值。

3) 根据信息加工深度及功能作用划分

(1) 一次文献(primary documents)，也称原始文献，是人们以社会生产过程中形成的经验、科学研究活动中产生的科学和规律性认识，社会活动中获得的可靠、有价值的素材为依据撰写出来的文献。常见形式有专著、期刊论文、科技报告、专利说明书、学位论文等。一次文献是目前数量最大、种类最多、内容最新、使用最广、影响最大的一类文献类型。

(2) 二次文献(secondary documents)，也称检索型或工具型文献，是对大量零散无序的一次文献进行收集、整理、加工和组织，提炼出一次文献的外部特征(题名、作者、出处等)和内容特征(分类号、主题词等)，并按一定的方法将以上形式和特征进行编目，使零散无序的一次文献有序化，形成用来报道和检索一次文献的检索工具或检索系统，为用户查找一次文献提供线索和途径，为科研人员节约宝贵的查阅文献时间。常见的有目录、题录、索引、文摘等。

(3) 三次文献(tertiary documents)，也称参考型文献，是专业人员对零次文献、一次文献和二次文献的内容进行系统性的整理、综合分析，经过浓缩和提炼而编写的新的文献类型。其具有信息量大、综合性强和系统性、参考价值高等特点，具体包括综述、述评、进展、现状、发展趋势等期刊文献类型和百科全书、年鉴、手册等参考工具书，其中，综述和述评是三次文献最基本的两种形式。

(4) 零次文献(zero documents)，也称灰色文献，是指未经加工而直接记录在载体上的原始信息，如实验记录、观察记录、调查材料、书信、手稿等。这些未融入正式交流渠道的信息，往往能够反映出现有的研究工作取得的新发现、新问题、新想法等，是启发科研人员思路，形成创造性思维的优良素材。

综上所述，文献加工的深度及其关系如图 2-3 所示。

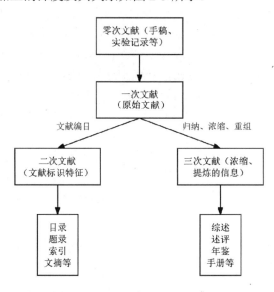

图 2-3　文献加工的深度及其关系

2.3　信息检索概述

2.3.1　信息检索的发展历程

最早的信息检索(information retrieval，IR)主要依靠信息分类，如两千多年以前，我国汉代的《七略》一书，是最早的图书分类法。随着现代信息技术的飞速发展，产生了海量信息，传统的手工分类已不能满足用户的信息需求，尤其是科技期刊的大量出现，就大多数科研人员而言，已不可能将刊登在相关领域内的期刊上的所有文献都阅读或浏览一遍。文献索引在这个大环境下应运而生：读者可以按照一定的方法和需要查找相关文献。信息检索人员根据文献的外部特征(题名、作者、出版社等)和内容特征(分类号、主题词等)编制而成的二次文献(题录、索引、文摘、目录等)，为便于用户查找一次文献提供了检索工具和检索途径。

随着文献的激增、用户需求的增长和信息技术的迅猛发展，传统的线性检索(先组式索引检索、穿孔卡片检索、缩微胶卷检索、脱机检索)很快被非线性的超媒体检索(联机检索、光盘检索和网络检索)所代替。

1. 手工检索阶段(1876—1954)

信息检索起源于对传统纸质文献进行的手工检索和图书馆参考咨询。文献信息日益多样化，用户信息需求也愈加个性化，手工检索在文献编目等方面取得了丰硕成果，主要表现在两个方面。一是一批高质量的文献型检索工具的出现。如 1884 年美国工程信息公司的《工程索引》、1898 年英国电气工程师学会的《科学文摘》(Science Abstracts，SA)、1907 年美国化学文摘社的《化学文摘》(Chemical Abstracts，CA)、1926 年美国生物学会联合会的《生物学文摘》(Biological Abstracts，BA)、1961 年美国科学信息研究所的《科学引文索引》(Science Citation Index，SCI)等。二是手工检索分类方法和分类语言的相继出现。在手工检索分类方法方面，例如，1876 年美国学者杜威创造的《图书馆图书小册子排架及编目适用的分类法和主题索引》，也就是后来的《杜威十进分类法》(Dewey Decimal Classification，DDC)，该分类法也是目前世界上应用最广泛的分类法；1901 年在美国国会图书馆馆长普特南的主持下编制而成的《美国国会图书馆分类法》(Library of Congress Classification，LLC)；1907 年由比利时学者奥特莱和拉锋丹在《杜威十进分类法》的基础上改编而成的《国际十进分类法》(Universal Decimal Classification，UDC)。在手工检索分类语言方面，先后出现了先组式语言、后组式语言、叙词语言等，以上成果为计算机信息检索的发展奠定了坚实的理论基础。

手工检索虽然具有操作简单、费用廉价、查准率高等优点，但也存在着检索效率低、查全率低等缺点，并且随着科学技术的迅速发展，对传统的纸质文献进行手工检索方式早已不能满足用户个性化的信息需求，该检索方式很快被计算机检索所取代。

2. 计算机检索阶段(1954 年至今)

20 世纪 40 年代，诞生了世界上第一台计算机。计算机在信息检索领域的应用，使传统的手工检索被取代，由此进入了计算机检索阶段。计算机凭借着强大的信息存储能力、快速的检索能力、稳定可靠的信息输入能力，使人们能够快速、准确地从海量信息中获取满足自身需求的特定信息。

计算机信息检索是将信息组织并保存在数据库中，存储在硬盘或光盘上，用户利用计算机技术从数据库文档中找出所需的信息。广义的计算机信息检索包括信息存储和信息检索两个过程，狭义的计算机信息检索仅包括信息检索过程，而不论是广义的信息检索还是狭义的信息检索，其检索原理都是将用户检索提问标识输入计算机检索系统，将检索标识与数据库中的存储特征标识进行匹配，若检索标识与数据库中的存储特征匹配，即为命中信息，并由计算机检索系统通过一定形式反馈给用户。与手工检索方式相比，计算机检索方式的特点主要表现在以下几方面。

(1) 检索速度快。传统手工检索方式在查找一个课题时往往需要花费几天时间，甚至十几天时间，而计算机检索只需几秒或几分钟即可完成。随着计算机处理技术和网络传输性能的提升，检索速度会更快，效率会更高。

(2) 检索范围广。计算机检索可以更加全面地浏览任何学科的信息，可以同时检索到各学科的各类型信息。

(3) 检索途径多样化。限于篇幅，手工检索工具一般提供索引、目录、文摘、年鉴、手册等检索方式，而计算机检索系统可以对所有外部特征和内容特征进行标引，并且后者还提供布尔逻辑检索、截词检索(或通配符检索)、字段检索、词组检索、加权检索等多种技术方法。

(4) 交互性好。计算机检索拥有友好的交互界面，可以随时随地实现互动和反馈。

(5) 更新速度快。计算机检索是通信技术、高密度存储技术和计算机技术的高度融合，实现了实时更新。

(6) 资源共知共享。借助网络，用户可以不受任何时空限制，联机查询网上信息资源，检索世界上网络主机上的免费数据库，开放获取(OA)资源，实现全球资源的共享。

(7) 输出方式多样。对于检索结果，计算机可提供屏幕浏览、打印、存盘等多种输出方式。同时，还可以对结果进行再次筛选和排序。另外，对每一条记录也可以限定输出某些具体字段。

但是，计算机检索方式同样存在以下较为明显的弊端。

(1) 检索准确率低，信息垃圾较多。

(2) 回溯性文献少，尤其是对于较早的文献，不能及时检索到。

(3) 用户需要掌握一定的信息检索方面的知识。计算机检索阶段，尤其是互联网检索，不仅要求用户具备一定的信息检索相关理论知识，还要求其熟练掌握检索策略，而这些都会增加用户的负担。

(4) 投资相对较高，需要用户拥有一定的检索设备，如网络、个人电脑或者公共电脑等，会额外增加用户的经济压力。

2.3.2 信息检索的概念

信息检索的定义有狭义和广义之分。广义的信息检索既包括信息存储，又包括信息检索或信息查询，即信息的"存"和"取"两个部分。狭义的信息检索只包括信息检索，也称为信息查询。

广义的信息检索是指信息工作人员将信息按一定方式组织和储存起来，并根据信息用户的需求找出有关信息的过程，包括信息的存储和检索两个过程(information storage and retrieval)，因此也称为"信息存储与检索"。信息存储和信息检索两方面的内容是由两个方向相反而又相互依存的工作过程构成的，即存储是检索的基础，检索是存储的目的。而狭义的信息检索仅仅是指信息检索或信息查询，即信息用户根据自身需求查找相关信息的过程。对于信息用户而言，更加关注如何快速地获取所需的信息，因此，狭义的信息检索对信息用户而言更为重要。

信息存储过程是指由信息工作人员将大量无序的、零散的信息集中起来，根据信息源的外部特征和内容特征，将信息进行整理、组织、分类、标引等处理，使其有序化、系统化和集中化，并按相关信息要求构建具有检索功能和反馈功能的检索工具或检索系统，以便用户检索和利用信息。

信息检索过程是指信息用户根据自己的信息需求，并依据一定的方法和策略，借助相关设备和工具，从已构建好的信息检索工具或检索系统中，查询所需要的信息，即信息查询。

信息检索的本质是将用户的信息需求与检索系统或检索工具中的文献标识特征(外部特征和内容特征)进行匹配的过程。

2.3.3 信息检索的基本原理

从信息存储过程与信息检索过程可以看出，信息检索是将检索需求与存储标识进行匹配，选出符合需要的文献信息。若想获取最佳的信息，首先，需要对相关文献信息进行收集、整理、组织、标引等处理，通过相关规则和策略对其进行集中存储，使之从无序到有序、从零散到集中，从而形成检索工具或检索系统(检索工具或检索系统通常也称为数据库)。其次，需要对用户提出的文献信息需求进行内容分析，提取主题概念和属性。最后，利用与文献信息集合相同的标识系统来表达用户信息需求中的主题概念和属性，使后者与检索工具或检索系统中的信息进行匹配，若匹配一致，则检索工具或检索系统返回相关信息，即检索结果。信息检索的基本原理如图2-4所示。将信息存储中的存储标识与信息检索中的用户提问标识进行相似度计算，相似度最高的结果最有可能符合用户的信息需求。

为保证用户检索需求与文献存储标识两者之间尽可能相关，以提高匹配成功率，要求文献信息存储的规则与文献信息检索的规则都要遵循相同的原则和方法，检索语言和名称规范也需尽可能相同，只有这样，用户才能获得符合需求的检索结果。

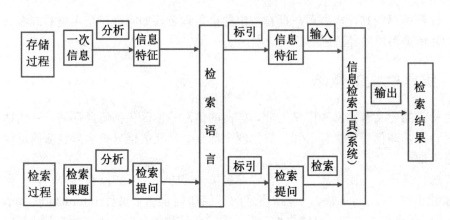

图 2-4　信息检索的基本原理

2.3.4　信息检索的类型

用户信息需求存在多样性，为满足不同用户相同的信息需求或同一用户不同程度的信息需求，信息检索技术也在不断地发展和更新，由此产生了不同的信息检索类型。根据不同的划分标准，可将其分为以下几种类型。

1. 按信息检索的对象划分

(1) 文献检索(document retrieval)是依据用户的信息需求，确定相关领域内的文献或文献线索，并利用一定的检索方法和策略，从检索系统或检索工具中快速、准确地获取满足用户需求文献的一种检索类型。例如，在撰写综述论文之前，需要对数据库中大量相关文献进行检索和阅读；在申请专利之前，为保证其新颖性，需要查阅大量的相关专利资料；等等。

(2) 事实检索(fact retrieval)是以事实为依据，从检索系统中查找有关某一事物所发生的时间、地点、过程和结果等信息。事实检索是信息检索中最为复杂的一种检索，其要求检索系统不仅要包括数据和事实，还要包括各知识单元(数据和事实)的语义关系、语法结构、词间关系等内容，具有能够理解用户所使用的自然语言从而检索文献的能力。例如，用户可以从百科全书、年鉴等中查询符合自己需求的信息。

(3) 数据检索(data retrieval)是从检索系统存储的大量图表、数据之中获取数值型信息。例如，从中国国家统计局中获取各行各业的统计数据，从气象局获取气象数据，从企业报表中获取企业财务数据，等等。获取相关数据后，对其进行处理和评价，可用来进行比较分析或定量分析。

2. 按信息检索的组织方式划分

(1) 文本检索(text retrieval)是以检索系统中存储的整篇文章或整本图书为检索对象，用户可以根据自身信息需求获取文章的全部内容，抑或文章中的相关章、节、段、句等部分信息，还可阅读文章的全部内容或部分内容，进行内容分析。例如，国内三大全文数据库——中国知网(CNKI)、万方、维普，以及知识发现系统——超星、读秀等。

(2) 超文本检索(hypertext retrieval)。传统的文本检索是顺序或线性的结构化形式，但超文本是非线性、交互性的非结构化形式。超文本检索是指以互联网中的节点为基础来表达信息，通过节点之间的链接关系实现联想式检索。医学信息的超文本检索一般采用综合型或医学专业型搜索引擎来进行，如谷歌、必应、中医药搜索等。

(3) 超媒体检索(hypermedia retrieval)既包含了文本检索，也涵盖了超文本检索，检索对象不仅包括传统的文本信息，还包括图形、图像、音频、视频、动画等多种媒体信息，以上信息通过不同的超链接来检索，并提供浏览式查询，如中国大学慕课(MOOC)、网易云课堂等。

3. 按信息检索的操作方式划分

(1) 手工检索(manual retrieval)是利用传统的纸质版检索工具(目录、索引、文摘等)，通过人的手动、眼观、大脑等方式，以及查找、评价和利用等途径来完成检索，最终获取所需信息。其优点是查准率较高，回溯周期长，但其也存在着较为明显的缺点，如检索速度慢，范围小，等等。

(2) 计算机信息检索(computer information retrieval)是指用户利用计算机网络或网络终端，使用一定的检索词、检索策略和方法，从相关数据库中获取所需信息，最终再经过网络终端设备反馈给用户的过程。计算机检索的优点包括速度快、检索途径多、查全率较高、交互性好、实时性、突破时空限制等，缺点包括查准率低、回溯周期短等。

2.3.5 信息检索的意义

信息、物质、能源是人类社会生存和发展的基础。信息是比物质和能源更为重要的资源，作为知识性要素，信息能作用于生产力的各个要素，提高生产者的认识与实践能力。提高劳动工具的效率，提升生产者对劳动对象的认识和利用程度。信息急剧增长，远远超过了人类个体智力与寿命增长的可承受界限。掌握信息检索技术，有效的搜索和使用信息，无论对个人的发展，还是对科技的进步、社会的发展都具有重要的意义。

1. 信息检索是科学决策的前提

科研项目的确定和实施，同样需要全面、准确的信息来支持。科学技术的发展具有连续性和继承性，闭门造车只会重复别人的劳动或者走弯路。比如，我国某研究所用了约十年时间研制成功"以镁代银"新工艺，满怀信心地去申请专利，可是美国某公司早在 20 世纪 20 年代末就已经获得了这项工艺的专利，而该专利的说明书就收藏在当地的科技信息所。科学研究最忌讳重复，因为这是对资源的一种浪费。在研究工作中，任何一个课题从选题、试验直到出成果，每一个环节都离不开信息。研究人员在选题开始就必须进行信息检索,了解其他研究人员在该项目上已经做了哪些工作、哪些工作目前正在做、谁在做、进展情况如何等。这样既可以避免重复研究,少走或不走弯路,也能帮助用户在他人研究的基础上进行再创造,加快科研进度,提高科研效率。

2. 节省研究人员的时间

信息检索是科学研究的重要环节。科技工作者在科学研究中,从选题、立项、试验、撰写研究报告、研究成果鉴定到申报奖项,每一步都离不开信息检索。据统计,科研人员在整个研究过程中,用于查阅文献信息的时间要占全部科研时间的 60%左右。只有大量收集、整理、分析与利用信息,才能弄清楚古今中外进行过哪些研究、运用什么理论、采用何种方法、取得什么成果、达到何种水平、哪些研究领域还没有涉及,以及哪些研究项目具有可行性、重要性和发展前景。掌握了这些信息,可以了解国内外科技发展水平与动向,利用已有的科研成果,避免重复他人的劳动,把自己的研究工作建立在一个较高的起点上,提升科研的水平与价值。信息检索是研究工作的基础和必要环节,成功的信息检索无疑会节省研究人员的大量时间,使其能用更多的时间和精力进行创新性的研究。

3. 信息检索能够开阔思路

知识是经过长期观察、实验、实践而总结出来的规律性的或本质性的认识成果。知识不仅直接指明了对某些现象或事物的认识结果,也在过程中展示了认识的背景、经历、教训、经验,向我们提供了学习他人认识与思维方式的机会。每个人的思维受其经历、教育、环境等因素影响,都有其局限性。在科研或其他活动中,通过信息检索获取同行工作的信息,如科研论文、项目申报等,可以帮助我们了解我们所不熟悉的内容,开阔思路,拓宽视野,启迪创造力,提高创新能力,开拓更新的、更高层次的、更广阔的研究领域。

4. 信息检索是开发信息资源的有效途径

人类从工业经济时代进入信息经济时代,信息成为社会生产所需要的中心资源。正如美国未来学家奈斯比特所说,在我们的新社会里,战略资源已是信息。它不是唯一的资源,但却是最重要的资源。因为物质资源提供的是各种各样的材料,能源提供的是形形色色的动力,而信息资源提供的是知识和智慧。几千年的人类文明,为人类留下了无数宝贵的知识财富,科学、高效地利用这些知识财富,对生产力的发展与社会的进步意义重大。早期的人们积累的知识,已经向我们展示了正确研发可能的方向,在新的理论与技术条件下,这些知识仍有极大的发展空间。当我们在面临难以解决的问题时,文献中可能就已经有了类似问题解决的成功案例的记载,对这部分信息资源的有效开发也有着信息检索的用武之地,如抗疟药物青蒿素的开发。我国科研人员在对西方引入药物的各种实验未能取得预期效果时,通过文献检索了解了古代中国对疟疾的治疗方案,发现了晋代文献中记载的青蒿治疗应用,继续研究开发出了今天世界公认效果最好的抗疟药物。

随着科学技术迅猛发展,一方面信息数量激增,另一方面信息老化加速。据有关专家估计,20 世纪 40 年代以来产生和积累的信息量已经大大超过了在这之前人类历史积累的所有信息量之和。自 19 世纪以来,人类知识信息每 50 年增长一倍,20 世纪中叶每 10 年增长一倍,20 世纪 70 年代以后每 5 年增长一倍。进入 20 世纪 90 年代以来,人们在社会上实际面对的正式出版物和各种非正式渠道传播的信息几乎每隔一年就要翻一番。急剧增长的海量信息迫使人们利用选择性的知识学习方式，但如果不掌握信息检索技术、方法与途径，人们就会陷入找不到、读不完的困境。信息检索技术就是从信息的集合中识别和获取信息的技术。利用这种技术人们可以有效地开发和利用各种信息资源，更广泛、更快捷、更全面地吸收和获取信息。因此，信息检索的知识与技能是现代人有效、合理利用人类积累知识财富的关键。

5. 提高国民素质

信息就是财富，谁优先掌握了有价值的信息，谁就能在激烈的竞争中立于不败之地。信息的获取和使用已成为国家兴衰和个人成败的关键。社会越发展，信息或知识对经济、社会的推动力就越强。信息的获取、占有、应用和创造在很大程度上反映了一个人从事工作与创新的能力。21 世纪是经济信息化、社会信息化的时代。终身教育、开放教育、能力导向学习成为教育理念的重要内涵。为满足知识创新和终身学习的需求，培养适应 21 世纪现代化建设需要的新型人才，发达国家和地区纷纷将信息素养或信息能力教育作为 21 世纪人才能力的重要内容。目前，美国从小学、中学到大学都已全面将信息素养纳入正式的课程设置中。信息素养是一个根本性的、重要的教育议题，是未来信息社会衡量国民素质和生产力的重要指标。1999 年在国务院召开的第三次全国教育工作会议上，中共中央、国务院颁布了《关于深化教育改革全面推进素质教育的决定》。信息检索知识的普及不仅提升了国民个体素质，也提升了国家竞争力。

2.4 信息检索工具概述

2.4.1 信息检索工具的概念

信息检索工具是对信息进行收集、加工、整理后形成的一种资源，它通过分析大量文献并按照一定的特征顺序组织成文献集合体，文献检索就是根据一些既定的标志(识)从文献集合体中选出有关的文献。它使原本杂乱无序的信息变得有序化，是收集、报道、存储和查找文献线索的工具，为查找信息提供了方便。它包括印刷型检索工具、缩微型检索工具、各种计算机检索系统(光盘检索系统、联机检索系统等)，以及基于互联网的网络信息检索系统、搜索引擎等。

2.4.2 信息检索工具的作用

信息检索工具主要具有存储、报道和检索的作用。

(1) 存储作用。它是指检索工具汇集大量、零散、无序的有关信息，按其相应特征描述成为一条条信息线索，并将它们按一定的规则和方法组织成一个有机体系，使其集中化、系统化，方便用户从庞大和分散的信息中找到所需的信息。

(2) 报道作用。它是指检索工具将某学科领域内的大量相关信息线索进行汇总，并集中展示其类型、数量、质量，从而使这些信息按照特定的流向、流速和流量输送给用户，促进文献传递和利用,提高文献利用率,方便用户利用这些数据进行深入分析与预测。

(3) 检索作用。检索工具可以提供一定的检索途径和方法,让存储在检索工具中的信息资料可以根据用户需求,通过检索工具提供的特征序列,方便地检索出来。

信息检索工具的这三种作用决定了它与传统纸质型文献不同,它更注重知识的解释性、资料的可参考性、文献的可检索性及信息的准确性。但无论是传统印刷型的检索工具还是计算机类型的检索工具,作为存储、报道和检索文献信息的工具,都具有以下基本特征:①详细而完整地对文献的外部特征和内容特征进行描述和表达,形成具有检索功能的线索记录(即款目);②为每条记录提供可用于排序和检索的存储标识,即描述记录的字段,如外部特征(标题、作者、刊名)和内容特征(主题词、关键词、特征词、分类号)等;③按照一定的规则和方法,科学地、系统地对记录和存储标识进行组织,使两者更加有序化,进而形成便于检索的文献集合,如目录、索引等;④为用户提供多种检索途径或检索字段,满足其个性化需求,如主题途径、题目途径、作者途径、作者单位、关键词途径、摘要途径、数字对象唯一标识符(DOI)、基金、期刊名称等。

2.4.3　信息检索工具的类型

信息检索工具类型多样,根据不同的分类标准,可以将其分为多种类型。其中,根据信息加工的方式,可以分为手工检索工具、机械检索工具和计算机检索工具等;根据信息载体形式,可以分为纸片式、缩微式、胶卷式、机读式等检索工具;根据文献的收录范围,可以分为综合性、专业性、专题性和单一性等检索工具;根据语种,可以分为中文、英文、俄文、日文等检索工具。

此外,还可以根据检索工具提供的文献信息特点,将其分为线索型、事实型、全文型、引文型检索工具。这种分类方式着重于检索工具对文献内容的揭示,体现了检索工具的性质,也是目前检索工具最主要的分类方式,具体介绍如下、

1. 线索型检索工具

线索型检索工具提供获取原始文献的线索。线索型检索工具按著录方式和对文献揭示程度又分为目录、题录、索引、文摘。

(1) 目录。目录是对图书或其他单独出版的资料的系统化记载及内容揭示,通常以一个完整的出版或收藏单位(图书、期刊)作为著录单元,可为用户检索具体的出版单位、收藏单位或者出版物的其他外部特征(书名、作者、出版社、ISBN 号、版次号、页数、字数等),并附有简短的内容摘要。

目录是历史上最早出现的检索工具,也是查找图书、期刊等完整出版物线索最常用的一种检索工具,如国家书目、联合目录、馆藏目录等。其按照职能划分有出版发行目录、馆藏目录、资料来源目录等;按收录文献种类划分有图书目录、报刊目录、标准目录、专利目录等;按物质载体形式可分为卡片目录、书本式目录、磁带式目录(机读目录)等。

(2) 题录。题录是以单册图书或单篇期刊等独立文献为基本著录单位,只用来描述文献的外部特征(文献篇名、著者、著者单位、原文出处、语种、专利号、合同号等)的各项内容,其并无内容摘要,是便于用户快速查找文献出处的检索工具。

题录与目录的主要区别是著录的对象不同,目录著录的是一个完整的出版单元,而题录著录的只是一个完整的出版物的某一部分,如期刊中的论文、图书中的章节等。

(3) 索引。索引是将书籍、期刊等文献中的具体内容(篇名、刊名、书名、作者、学科、地名、名词术语、参考文献等)摘录出来,按照一定的方法和方式(字顺或分类)进行编排,并指明其出处,以便用户获取文献线索的一种检索工具。

索引是揭示出版物中的信息的钥匙,用户借助索引能够获取潜藏在文献中的其他文献资料的出处。索引的种类繁多,按对文献的揭示对象和程度可将其分为两种:篇目索引与内容索引。其中篇目索引是用来揭示期刊、报纸、论丛、会议录等所包含的论文,提炼出这些论文的外部特征进行分析和著录(题名、作者、出处、刊名、卷期、页码等,一般无简介或摘要),并将其按分类、主题、著者、篇名的字顺排序,以便为用户获取原始文献提供途径。而内容索引是将图书、论文等文献中的实物、人名、地名、学术性名词术语等主要内容摘录出来而编成的索引。它常常附于年鉴、手册和专著的后面,也可以单独成书。它是帮助查阅文献中所包含的各项知识的有效工具,是揭示文献内容的钥匙,如《全国报刊索引》《中文科技资料目录》《医学索引》等。

(4) 文摘。文摘是在题录的基础上增加了文献的内容摘要,标引人员依据一定的分类方法和自身经验,将文献中的主要观点、方法、原理、研究对象、数据来源、研究结果等部分内容摘录出来,对文献的实质性内容进行准确、简要地揭示,最后形成便于用户快速、准确地阅读和检索的检索工具,它除了描述文献的外部特征之外,还对文献的内容特征作了较深入的报道,即带有文献的摘要。文摘的标引难度远大于目录、题录和索引,因此编制速度相对较慢,其所包含的信息量和价值也远高于其他类型的检索工具,且它对查全率和查准率的要求也较高,如中国的《医学文摘》、荷兰的《医学文摘》等。

根据文摘揭示的详细程度而言,可将其分为两种:指示性文摘和报道性文摘。指示性文摘主要是对原文的主题范围和内容进行简要概述,也就是通常所说的"简介",它只概括原文,而不对具体的研究对象、目的、方法、数据分析和结论等进行详细叙述,但可帮助用户理解原文的主要思想,减少误解,从而决定是否需要阅读原文。而报道性文摘则是较为全面、准确地对原文内容进行报道,是对原文内容的浓缩,不仅包括原文的主题范围和内容,还包括了研究对象、研究目的、研究方法、条件、手段和主要结果等其他重要内容,其涵盖的信息量极大,因此有着较高的信息价值。用户通常可以通过阅读报道性文摘,在一定程度上代替阅读全文。

2. 事实型检索工具

事实型检索工具致力于挖掘特定的事实和数据,将其作为主要检索目标。这些事实和数据可能包括专业术语、人物简介、史实资料、名人档案、病历等,范围广泛且内容丰富。与其他的检索工具不同,事实型检索工具更注重提供事实本身的知识,而不提供查找知识的线索。

使用事实型检索工具,用户可以快速、准确地获取真实且有效的知识、数据和事实,为工作、学习和决策提供有力支持,获得更加详尽、准确的信息。无论用户是在研究某个专业领域的问题,还是想要了解某个名人的生平事迹,或者想要找到最新的医疗健康信息,事实型检索工具都能帮助用户快速获取所需的事实和数据,从而帮助用户进行决策分析。

3. 全文型检索工具

全文型检索工具是以原始文献的全部内容为检索目标，提供的是原始文献的完整内容。使用全文型检索工具，不仅可以获取文献的标题、摘要、关键词等基本信息，同时也能阅读和下载全文内容。这种类型的检索工具非常适合需要深入了解特定文献细节的场景，如学术研究、论文写作等。全文型检索工具的检索对象非常广泛，可以是一篇期刊论文、一本书的整体内容或其中的部分章节，也可以是博士学位论文、硕士学位论文或会议论文等。

其中，比较知名的全文检索工具有：国内的三大全文数据库——中国知网、万方和维普，以及国外的 PubMed、IEEE Xplore 等。这些全文数据库通常包含了大量来自学术期刊、学术会议、学术机构等权威渠道的文献资源。通过使用全文型检索工具，用户可以轻松地搜索和获取这些宝贵的学术信息资源，为学术研究提供全面支持。

4. 引文型检索工具

引文型检索工具专注于挖掘文献之间的引用和被引用关系，其检索对象主要是原始文献最后的参考文献。使用引文型检索工具，可以快速找到与特定文献相关的其他重要文献，有助于用户快速、全面了解学科领域的来龙去脉、研究现状和未来发展趋势。

世界上有三大权威引文索引，分别是《科学引文索引》《工程索引》和《科技会议录索引》(CPCI)。而在国内，也有中国科学引文数据库(CSCD)和南京大学中国社会科学研究评价中心开发的中文社会科学引文索引(CSSCI)等优秀的引文数据库。这些引文数据库涵盖了广泛的学科领域，不仅提供了大量的学术期刊、会议论文等文献资源，还能够帮助用户快速、全面地追踪特定领域的研究进展和学术动态。

2.5 信息检索系统

信息检索系统(Information Retrieval System，IRS)是指根据特定的信息需求而建立起来的一种有关信息收集、加工、存储和检索的程序化系统，其主要是为用户提供信息服务。因此，任何具有信息存储与信息检索功能的系统都可以称为信息检索系统。信息检索系统可以理解为一种可以向用户提供信息检索服务的系统。

2.5.1 信息检索系统的构成

信息检索系统主要由两大部分构成：物理结构和逻辑结构。

1. 信息检索系统的物理结构

信息检索系统的物理结构由检索系统的硬件设备(计算机、通信网络)、软件(操作系统)和信息资源集合(数据库)构成。

(1) 硬件设备。硬件是维持系统运行的各种硬件设备的总称，包括计算机主机、通信网络及其外围设备，如中央计算机、存储设备(硬盘)、输入输出设备(键盘、鼠标、音箱等)和显示终端(显示器、打印机等)。通信网络是连接计算机存储终端与用户检索终端的桥梁，包括电话通信网、数据通信网和卫星通信网等，其作用是确保信息传递的畅通。

(2) 软件。软件是计算机使用的各种程序的总称，包括系统操作程序(Windows 操作系统、MacOS 操作系统、安卓系统等)、数据库管理程序(Oracle、MySQL 等)、应用程序(Office 等)。

(3) 信息资源集合。其主要指数据库,数据库是计算机存储设备上由一个或多个文档组成的相互关联的数据集合,以满足用户的特定信息需求和目的。它是计算机检索系统的核心,也是信息检索的重要资料来源。

硬件设备是维持系统运行的基础,软件是控制和管理硬件设备的工具,而信息资源集合则是满足用户信息需求的核心。

2. 信息检索系统的逻辑结构

从逻辑结构的角度来看,信息检索系统通常由 6 个子系统构成:信息采集子系统、信息标引子系统、词表管理子系统、数据库创建和维护子系统、提问处理子系统和用户交互子系统。每个子系统都有其特定的功能和作用,它们共同协作,实现了信息检索系统的整体功能,如图 2-5 所示。

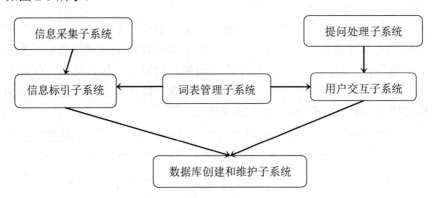

图 2-5　信息检索系统的逻辑结构

总的来说,信息检索系统的构成是一个复杂的系统工程,需要多方面的技术和人员的支持。随着信息技术的不断发展,信息检索系统的构成也在不断地演变和升级,以满足用户不断变化的信息需求。

2.5.2　信息检索系统的数据库结构

根据《信息与文献术语》(ISO/DIS 5127)标准,数据库(database)是"至少由一种文档组成,并能满足某一特定目的或某一特定数据处理系统需求的数据集合"。简单来说,数据库就是数据按照一定方式存储在信息检索系统的硬件设备中的信息集合,其主要由字段、记录、文档三部分组成。

1. 字段

字段(field)是构成数据库的最小存储单位,也是组成记录的数据项。每个字段都与信息内外的某个特征相对应。通常情况下,"字段"与数据库中的"列"相对应,每个字段都描述了文献的某一特定特征。例如,一篇期刊论文的书目记录主要包括篇名、作者、作者的工作单位、来源、文摘、主题词等字段。每一字段通常由两个字母所组成的代码表示,如 TI(题名)、AU(作者)、SO(文献的出处)、AB(文摘)、AD(作者所在的机构)、AN(记录顺序号)、MH(主题词)等。有些字段下还划分了子字段，例如，来源字段被划分为刊名、出版年等子字段，这些字段一起构成了记录。对于提高检索效率，字段起到了至关重要的作用，它也是检索系统的入口。数据库的检索事实上就是通过对字段的检索从而获得一条条文献记录。

2. 记录

记录(record)是构成数据库的基本信息单元，是由若干字段组成的文献单元，是各字段的组合。通常情况下，记录对应数据库中的"行"。每条记录都描述了原始信息的外部特征和内容特征。在文献数据库中，记录通常包含一篇文献的题录、文摘和主题词等特征。在其他类型的数据库中，记录也是某种信息单元的组合，如一篇期刊论文或一本专著等。与文献数据库不同的是，记录包含了数据库标引人员添加的人工字段，如医学主题词字段、文献类型字段等。而文献的内容完全由作者提供，对应的是文献的原文。

3. 文档

从数据库的内部结构来看，文档是数据库中某个学科或专题文献记录构成的有序信息集合，是数据库内容组成的基本形式。数据库里数以万计的记录通常被划分为若干文档。文档中每篇文献是一条记录，而篇名、作者、刊名、摘要、主题词等外部特征和内容特征就是一个个字段。数据库可以由一个或多个文档构成。信息检索系统的数据库结构，即字段、记录和文档三者之间的关系，如图2-6所示。

图2-6 信息检索系统的数据库结构

从结构上来说，一个能够进行信息存储和查询的数据库至少包含两个部分：顺排文档(记录)和倒排文档(索引)。顺排文档是将文献记录按照入藏的存取号从小到大的顺序排列而成的目录式文档，它包含了完整的顺序信息记录。而倒排文档则是将数据库记录中反映文献外部特征和内容特征的字段值(主题词、书名、作者、出版社等值)，按照一定顺序重新组织而形成的文档，这样能够更好地适应检索需求。虽然数据库通常以顺排文档为基础，但在进行检索时，一般会先检索倒排文档，然后再从顺排文档中提取文献记录的内容。

2.5.3 信息检索系统数据库的类型

数据库的类型有多种划分标准，按照数据库所含文献的信息内容主要分为以下5种类型。

1. 文献型数据库

文献型数据库是指以各类型文献为内容的数据库，包括书目数据库和全文数据库。

(1) 书目数据库。系统主要检索的对象是目录、题录、文摘等二次文献，因此也称为二次文献数据库。它主要是为检索者提供文献的出处，通常检索结果只是文献的线索而非原文，包含文献的外部特征和部分内容特征，是科研人员常用的检索工具，如专业的生物医药数据库 PubMed、CBM 等。书目检索服务通常包括回溯检索和定题检索两种类型。回溯检索是查询过去某个时间到目前为止的所有文献,而定题检索是对最新资料定题报告的检索。

(2) 全文数据库。全文数据库是存储原始文献的全部内容或其中主要部分的数据库,主要为检索者提供文献原文服务。最早的全文数据库是法律条文方面的,但现在很多领域都出现了全文数据库,如国内最有名的三大全文数据库:中国知网、万方和维普。全文数据库集文献检索和全文提供于一体,实现了"一站式"的信息传递服务,可以方便地直接获取原始文献的全部内容。

2. 数值数据库

数值数据库是用来存储和查询各种有关数值、数据、参数、公式等的数据库。这类数据库的数据是从文献中分析提取出来,或是经实验、统计、观测直接得到,经核实、检验、整理而成,可以为用户直接提供解决问题时所需的数据,是用户进行各种统计分析、定量研究、管理决策和预测的重要工具,如美国国立医学图书馆编制的化学物质毒性数据库(registry of toxic effects of chemical substances,RTECS)包含 10 万多种物质的急性、慢性毒力试验数据,以及各类人口、经济等统计数据。

3. 事实数据库

事实数据库又称为指南型数据库或指示型数据库,主要用于存储关于人物、机构、课题研究动态等一般事实性资料信息。这些信息来源于电子版词典、百科全书、年鉴、手册、名人录、机构指南、产品目录、科研成果目录、研发或开发项目目录及大事记等,如美国的 MEDLARS 系统的医生咨询数据库(PDQ 数据库)。该数据库为医生提供了有关癌症治疗和临床试验最新研究进展的内容,包括肿瘤的类型、预后、各种治疗方案,以及从事肿瘤治疗方案研究的医生和保健机构的名称。

4. 图像数据库

图像数据库是一种用于存储图像或图形信息及相关文字说明资料的数据库。它主要用于建筑、设计、广告、产品目录、图片或照片等领域的计算机存储与检索。而在医学领域,图像数据库还包括解剖图谱和影像诊断图谱等资料。

5. 多媒体数据库

多媒体数据库是一种将文本、图像、声音等多种媒体信息综合存储在一起的数据库。这类数据库不仅限于处理文本数据,还能将声音、图像和视频等多媒体数据一并存入其中。目前,这类数据库在医疗等高科技领域应用非常广泛,如美国的蛋白质结构数据库(PDB),该数据库可以检索和查看蛋白质大分子的三维结构。

本 章 小 结

本章主要介绍了信息、知识、情报和文献的定义与关系,信息源的概念与类型,信息检索的概念与原理,并在此基础上深入讲解了信息检索过程中使用的信息检索工具、信息检索系统,为后续信息检索语言与信息检索的实施打下了基础。

思 考 题

1. 什么是信息、知识、情报、文献？它们之间是什么关系？
2. 十大科技情报源是什么？根据加工深度及功能作用，可将信息划分为哪几类？
3. 什么是信息检索？信息检索的本质和原理分别是什么？
4. 信息检索的类型包括哪些内容？
5. 什么是信息检索工具？信息检索工具的作用包括哪些内容？
6. 信息检索系统的数据库结构是什么？数据库的类型包括哪些内容？

第 3 章
信息检索语言

本章要点

◎ 信息检索语言的概念与分类

◎ 《中国图书馆分类法》的构成和使用规则

◎ 《医学主题词表》的构成、编排规则和使用方法

学习目标

◎ 理解信息检索语言的概念、构成、作用与分类

◎ 理解《中国图书馆分类法》的类目体系

◎ 掌握《医学主题词表》的构成与作用

◎ 了解标引的概念与原则

3.1 信息检索语言概述

3.1.1 检索语言的概念

文献信息检索语言简称检索语言(retrieval language),是在文献检索领域内用来描述文献特征和表达检索提问的一种专用语言,即根据信息检索需要而创建的统一文献标引用语和检索用语的一种人工语言。它用于检索工具的编制和使用,并为检索系统提供统一的、基准的、用于信息交流的一种符号化或语词化的专用语言。检索语言因其使用的场合不同有不同的称呼。例如,在文献存储过程中用于文献的标引,称作标引语言;用于文献的索引,则称作索引语言;在文献检索过程中则为检索语言。

检索语言是文献信息检索的重要组成部分,检索效率的高低在很大程度上取决于所采用的检索语言的质量及对它的使用是否正确。因此,检索者有必要学习其中的主要规则、基本原理,减少漏检和误检,提高检索效率。

3.1.2 检索语言的构成

为了将文献中使用的自然语言转换成检索时使用的检索语言,并用一定的文字形式予以标准化记录,则需要建立检索词典。检索词典(retrieval thesaurus)是文献标引用语和检索用语的语源和依据性文本。它是对各学科的名词术语、概念、代码、分类号等进行规范化的记录,起着规范控制自然语言的作用。最常见的检索词典是各种分类表和主题词表。

无论是何种检索词典,构成检索语言通常应具备 3 个基本要素。①有一套用于构词的专用字符。专用字符是检索语词的具体表现形式,它可以是自然语词中的规范化名词或名词性词组,也可以是具有特定含义的一套数码、字母或代码。②有一定数量的基本词汇用来表述各种基本概念。基本词汇是组成一部分类表、词表、代码表等的全部检索语词标识之总汇,如分类号码的集合就是分类语词的词汇,一个标识(分类号、检索词、代码)就是一个语词。③有一套专用语法规则来表达由各种复杂概念所构成的概念标识系统。标识是对文献信息特征所做的最简洁的描述。标识系统是对全部标识按其一定的逻辑关系编排组合成的有序的整体。语法是指如何创造和运用那些标识来正确表达文献信息内容和信息需要,以有效实现信息检索的一整套规则。

任何一种信息检索语言,都要采取一定的方法和手段,将它的各种要素按照一定的结构结合成一个有机的统一体,以便发挥其最佳功能。

3.1.3 检索语言的作用

检索语言是信息检索系统存储与检索共同遵循的一种专用语言,它既是汇集、组织、存储文献的标准,也是检索提问时所利用的手段及工具。文献信息检索包括信息的存储和查找两个过程,它们有着密不可分的关系,互为依存,而它们的实现有赖于检索工具(系统)的存在。因此,信息检索的基本原理就是围绕检索工具的形成和使用过程使文献信息的存储与查找所采用的检索语言达到一致性。

作为文献特征标识与检索提问标识共同使用的检索语言，它规范了文献信息标引人员和检索人员都要用相同的语言来表达同一主题概念内容，即排除了自然语言中不适合于检索的部分，从而使信息存储和查找二者之间所依据的规则保持一致性，这样才能使文献信息既存得进，又取得出，实现信息检索的全过程。否则，信息检索可能无法顺利实现，甚至根本不能实现。可见，检索语言是信息标引人员和检索人员之间进行思想交流的媒介，也是人与检索系统之间交流的桥梁，在信息检索过程中起着语言保障的作用，主要表现在：①对文献的各种特征标引，是文献信息的组织、存储和检索的基础与前提；②对文献内容进行集中处理，揭示其相同点和相关性；③对大量文献信息系统化或组织化，建立各种标识系统或索引系统；④便于将标引用语和检索用语进行相符性比较。

3.1.4 检索语言的分类

全世界有数以千计的信息检索语言，但任何一种检索语言都是一套用于表达文献信息内容及其概念间关系的标识系统，它们可用于对文献信息的内容进行主题标引、逻辑分类或特定信息的揭示与描述。因此，构成各种检索语言的基本原理是一致的，只是在表达各种概念及其相互关系时和解决对它们提出的共同要求时所采用的方法不同，才形成了不同类型的检索语言，构成了不同的标识系统和索引系统，从而提供了不同的检索途径。

文献信息检索语言可以按不同的方式和标准划分为以下类型。

1. 按照标识的组合方法划分

(1) 先组式语言。先组式语言是文献标识在编表时就预先组合好，或绝大部分已预先组合好的一类检索语言，如体系分类语言、标题词语言均属于这种类型。这种语言标识明确，系统性较好，适用于传统的文献单元方式的目录索引，是检索用户比较习惯的形式。

(2) 后组式语言。后组式语言是文献标识到检索时才组配起来的一种检索语言类型，如单元词语言、叙词语言均属此类。这种语言采用概念分析和综合的原理，适用于标识单元方式的检索系统，可实行多途径、多因素检索乃至精确检索，相当灵活，检索效率较高。但是，标识明确性可能存在不足，用户也不习惯使用。

2. 按照检索语词规范化程度划分

(1) 规范语言(controlled language)，也称为人工语言(artificial language)，是人为地对标引词或检索词加以控制和规范，使每一个词只能表达一个概念。这些语言经过规范化处理，词和概念之间具有一一对应的关系，排除了自然语言中同义词、多义词、近义词和同形异义词的现象。例如，"肿瘤"这一概念在英语中有多个表达方式：cancer，tumor，tumour，carcinoma，neoplasm 等，但在规范化语言中，假如人为规定以"neoplasm"来表达"肿瘤"这一概念，无论在原始文献中使用哪一个词，只要使用"neoplasm"一词进行检索，在检索结果中将包括全部含有"肿瘤"概念的信息。可见，使用规范语言检索既可省略对该概念的全部同义词或近义词的考虑，也可避免多次输入检索词的麻烦和出错的可能，实现了比较高效并能有效地避免漏检、误检的查找，但对文献标引人员和检索人员在选词上的要求比较严格。分类语言中的分类类目、主题语言中的叙词和标题词都属于规范语言的范畴。

(2) 非规范语言(uncontrolled language)，也称为自然语言(natural language)，是以未经人工控制的、直接从原始文献信息中抽取出的自由词(语词或符号等)作为检索词。这些自由词具有较大的弹性和灵活性，能及时反映最新的概念和规范词难以表达的特定概念，检索者可以使用自拟词语进行检索。但这类检索语言缺乏对词汇的控制能力，也无法揭示概念之间的关系，存在大量同义词、多义词，以及含义模糊现象。主题语言中的关键词和单元词就属于此类语言。

3. 按照所描述的文献信息特征划分

1) 文献外部特征检索语言

文献外部特征检索语言是依据文献外部特征作为文献存储的标识和文献检索提问的出发点而设计的检索语言。常见的有：①以文献上记载的书名、刊名、篇名等作为检索标识的文献名称索引系统，如书刊目录等；②以文献中署名的著者、译者、编者等姓名或团体机构名称作为检索标识的著者索引系统，如著者索引等；③以文献特有的序号作为检索标识的文献序号索引系统，如专利号索引、科技报告号索引等；④以文献末尾所附的参考文献或引文的外部特征作为检索标识的引文索引系统，如引文索引等(详见第9章)。

2) 文献内容特征检索语言

文献内容特征检索语言是依据文献所论述的主题、观点、见解和结论及构成原理作为文献存储的标识和文献检索提问的出发点而设计的检索语言(系统)。其主要有以下3种。

(1) 分类检索语言，是把各种概念按学科性质进行分类和系统排列的一种语言体系。具体而言，分类语言是以分类法的形式来体现的，分类法是将代表各种概念的类目用号码来标识，以学科属性为主并加以系统排列来组织文献的体系。它能集中体现学科的系统性，反映事物之间的从属、派生和平行等关系，并从总体到局部分层、分面展开，是一种等级分明的语言。这种语言一般是用分类号(数字或数字与字母组合)作为检索标识来表达各种概念，使同一学科专业文献集中，提供从学科专业角度查找文献信息的途径(详见3.1.2)。

(2) 主题检索语言，是用语词作为检索标识来表达各种概念，并按字顺组织起来的一种检索语言。主题检索语言具有专指性和直接性的特点。根据其表达概念的不同形式又分为标题词语言、单元词语言、关键词语言和叙词语言，其中应用较多的是关键词语言和叙词语言。

标题词语言是最早使用的检索语言，其使用的词汇不是书名或篇名，而是来自文献内容特征并是规范化的检索语言。标题词语言属于先组式语言，因此灵活性较差。

单元词语言亦称单元词，是指概念上最小的语词单位，是一种非规范化语言。例如"肺功能"不是单元词，分割为"肺""功能"才是单元词。单元词语言是通过若干单元词的组配来表达复杂的主题概念，具有灵活的组配功能，因此该语言属于后组式检索语言。

关键词语言是指从文献题目、文摘或正文中提取出来的并具有实质意义的、能代表文献主题内容的语词。关键词未经规范处理(属于自然语言的范畴)。它在检索工具中常以"关键词索引"作为索引标识系统。关键词语言具有灵活性强、易于掌握、查检方便等特点，尤其广泛应用于计算机检索及某些最新出现的专业名词术语的检索。但其未经规范化处理，用词不统一，因而有时会出现同一主题内容的文献由于使用不同的关键词而被分散，容易造成漏检，影响查全率。

叙词(descriptor)亦称主题词(subject headings)，是指能代表文献内容实质的经过严格规范化的专业名词术语或词组。叙词语言是采用表示单元概念(规范化语词)的组配来对文献主题进行描述的检索语言。两个或两个以上的叙词组配在一起，形成一个新概念，数量不多的叙词可组成许多概念，从而提高了文献标引的专指性和检索的灵活性。叙词语言属于后组式语言，它是目前使用最广泛的主题语言。该检索语言在检索工具中常以"主题词索引"作为索引标识系统。主题词语言的主要特点有：①它对一个主题概念的同义词、近义词等适当归并，以保证语词与概念的唯一对应，避免多次检索；②采用参照系统揭示非主题词与主题词之间的等同关系及某些主题词之间的相互关系，以便正确选用检索词；③根据主题词之间的隶属关系，可编制主题词分类索引，从而选择更专指的主题词；④同一篇文献的每个主题词都可以作为检索词，从而提供多个检索入口，便于查找。基于主题词的特点，需要构建一部供标引和检索使用的主题词表，以保证对主题词语言的正确使用。最常用的医学主题词表是美国国立医学图书馆(National Library of Medicine，NLM)出版的《医学主题词表》(*Medical Subject Headings*，MeSH)。

(3) 代码检索语言，即各种代码系统，它是对文献所论述事物的某一方面特征，用某种代码系统加以标引和排列的一种检索语言，如美国《化学文摘》的化学物质分子式索引系统。

4. 本体语言

随着计算机技术和网络技术的迅速发展，现代信息组织特别是网络信息组织对信息检索语言提出了新的要求与挑战，依赖于传统文献信息检索语言的信息组织方法已不能完全满足新的信息环境和检索要求，本体(ontology)语言的出现则为这一问题的解决提供了新的思路。

本体是一个源于哲学的概念，原意指关于存在及其本质和规律，后来被计算机科学领域引入，并赋予了新的内涵。本体能够将某个领域中的各种概念及概念之间的关系显性地、形式化地表现出来。它强调领域中的本质概念，也强调这些概念之间的关联。在互联网飞速发展的今天，本体语言是由经过精确定义的可供计算机识别的概念和概念之间的关系构成，是对领域知识的共同理解与描述，它可以更好地用于共享、交流和重复使用。

从本体的概念及其功能特点来看，本体具有与信息检索语言相类似的一些功能特点：①具有与信息检索语言相一致的本质特征，都是对文献内容的概念及相关关系的描述；②信息检索语言的基础也是本体的基础，即本体本身也是基于信息检索语言中的概念逻辑和知识分类的；③具有与信息检索语言同样的职能与作用，本体与信息检索语言一样可以起到对信息的存储和检索作用，是沟通标引人员与检索人员双方思想的桥梁。可见，本体包含或具有与信息检索语言相一致的本质特征、基础、作用和功能。因此，当本体应用于信息检索领域，发挥信息检索语言的作用与功能时，可以将本体看作一种全新的信息检索语言。

本体是网络信息组织的核心概念，本体方法作为一种全新的信息组织方法，具有传统信息检索语言和信息组织方法所无法比拟的一些功能和特点。作为一种能在语义和知识层次上描述信息系统的概念模型的建模工具，本体已被广泛应用于知识工程、系统建模、信息处理、数字图书馆、自然语言理解、语义 web 等领域之中，为信息组织特别是网络信息组织带来了许多新的变革。

3.2 《中国图书馆分类法》概述及应用

3.2.1 《中图法》概述

《中国图书馆分类法》(第 1 版至第 3 版原名为《中国图书馆图书分类法》，以下简称《中图法》)，是新中国成立后编制出版的一部具有代表性的大型综合性图书分类法。

《中图法》的编制始于 1971 年，由北京图书馆向全国发出编制《中图法》的倡议，得到全国图书情报界的积极响应，组成了由 36 个单位参加的编制组，1973 年以试用本发行，经过征求意见和修订后于 1975 年正式出版了《中图法》第 1 版。《中图法》问世后迅速在全国推广应用，成为我国应用最广泛的分类法，不仅图书情报部门用于分类文献使用，而且在图书发行、各类数据库乃至互联网领域也得到了应用。分类法的应用是推动其不断发展的重要因素，根据用户的意见和科学发展的需要，多年来《中图法》进行了四次版本更新，作了如下修订。

1980 年出版第 2 版，改变了按政治观点列类的方法，改变了教育类先按国家分的体系，合理安排了新中国成立前有关中国的类目，增补了管理学、系统学、遥感技术、遗传工程等重要学科类目。

1990 年出版第 3 版，对各级类目及标记进行全面的检查、调整和扩充，把"安全科学"与"环境科学"合并为一个类组，使用双表列类法建立了法律类第二分类体系，扩大了冒号组配的使用范围，等等。

1999 年出版第 4 版，由于使用的范围不断扩大，第 4 版将《中国图书馆图书分类法》更名为《中国图书馆分类法》，确定英文名为"*Chinese Library Classification*"(CLC)；把经济、通信、计算机技术等作为重点修订的类目，进行了全面扩充和局部体系的调整；修订中利用数据库调查的方法对类目的文献保证情况进行了分析，并据此合并、删除过时的类目，补充新学科类目；将类分图书和类分资料的类目合并为一个版本；增加了"沿革注释"；增设了"世界种族与民族"复分表；尝试把交替类展开为完整的类列；全面对类名和注释进行规范化处理；在修订阶段，《中图法》机读数据格式 CLCMARC 已研制成功，为适应电子版的需要，增加了"指示性类目"等。

2010 年出版第 5 版，这次修订的幅度较大，新增 1631 个类目，停用或直接删除了约 2500 个类目，修改了约 5200 个类目。重点修订了"F 经济""TP 自动化技术、计算机技术""U 交通运输"大类，局部调整了"D 政治、法律""G 文化、科学、教育、体育""TS 轻工业、手工业、生活服务业"等与政治、经济、文化、生活、计算机技术相关大类。合并了使用频率过低的类目，增加了复分标记和"一般性问题"的禁用标记，完善了类目的参见注释，补充了类目的反向参照，完善了附表类型，补充了共性复分的新主题，并通过主表类目注释解决附表连续复分的使用问题。还有一些其他常规性修订，如修改了类目名称，增强了类目的容纳性，增加了注释，控制了类目划分深度；等等。这次修订使《中图法》第 5 版文献分类体系与学科发展、知识发展体系保持同步，类目体系的规律性增强，类表的实用性提高，使用难度降低，更具有实用性和时代的特征，能更好地满足文献标引、信息检索的需求。

《中图法》不仅系统地总结了我国分类法的编制经验，而且借鉴了国外分类法的编制理论和技术。

3.2.2 《中图法》的类目体系

一部完整的分类表由基本部类、基本大类、简表、详表和复分表组成。《中图法》按知识门类分为五大部类，在五大部类的基础上，按照从总到分、从一般到具体的编排原则，建成了一个包含22个大类，每一大类下又分成若干小类，如此层层划分的类目体系。《中图法》用一个字母标志一个大类，以字母的顺序反映大类的序列。在字母后用数字表示大类下级类目的划分。

1. 基本部类

基本部类构成了《中图法》的体系结构。它是以辩证唯物主义和历史唯物主义为依据，以一定的思想观点为指导，以科学分类为基础，采取从总到分、从一般到具体的逻辑系统，同时结合图书资料的特点形成的。五大部类为：①马克思主义、列宁主义、毛泽东思想、邓小平理论；②哲学、宗教；③社会科学；④自然科学；⑤综合性图书。

2. 基本大类

基本大类是分类表中的一级类目，它是在基本部类的基础上根据当前学科状况区分形成的一组具有独立体系的纲领性类目。《中图法》在5个基本部类的基础上设置了22个基本大类，如表3-1所示。

表3-1 《中图法》的基本大类

基本部类	基本大类	基本部类	基本大类
马克思主义、列宁主义、毛泽东思想、邓小平理论	A 马克思主义、列宁主义、毛泽东思想、邓小平理论	自然科学	N 自然科学总论
哲学、宗教	B 哲学、宗教		O 数理科学和化学
社会科学	C 社会科学总论		P 天文学、地球科学
	D 政治、法律		Q 生物科学
	E 军事		R 医药、卫生
	F 经济		S 农业科学
	G 文化、科学、教育、体育		T 工业技术
	H 语言、文字		U 交通运输
	I 文学		V 航空、航天
	J 艺术		X 环境科学、安全科学
	K 历史、地理	综合性图书	Z 综合性图书

3. 简表

简表是图书分类法的基本类目表。它是由基本大类进一步区分的类目组成，担负着承上启下的作用。简表一般区分到二级类目。例如，医药、卫生一级类目又细分为17个二级类目，如图3-1所示。

R1	预防医学、卫生学	R74	神经病学与精神病学
R2	中国医学	R75	皮肤病学与性病学
R3	基础医学	R76	耳鼻咽喉科学
R4	临床医学	R77	眼科学
R5	内科学	R78	口腔科学
R6	外科学	R79	外国民族医学
R71	妇产科学	R8	特种医学
R72	儿科学	R9	药学
R73	肿瘤学		

图 3-1 R 医药、卫生类简表

4. 详表

详表是按照类目之间的等级关系列出的分类表，它是分类法的正文。《中图法》整个类目表以基本大类为起点，依次逐级区分为二级、三级、四级……直到不宜再区分为止。如图 3-2 所示。

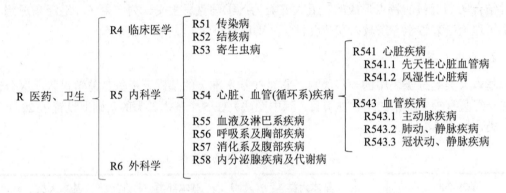

图 3-2 R5 内科学详表

5. 复分表

为了将分类法编制得系统、简练，同时达到详细分类的目的，对分类系统中出现的共性类目，采取仿照复分的办法单独编制，供有关类目进一步区分时共同使用。第 5 版《中图法》的通用复分表有 8 个：总论复分表；世界地区表；中国地区表；国际时代表；中国时代表；世界种族与民族表；中国民族表；通用时间、地点表和环境、人员表。此外，根据各类文献分类的需要而编制有专类复分表，供分类表中某大类或某大类中的部分类目，作进一步区分用。例如，专供 R5～R8 的复分表如图 3-3 所示。又如，甲状腺疾病的分类号是 R581，甲状腺疾病诊断分类号是 R581.04。

01	预防、控制和卫生
02	病理学、病因学
03	微生物学、免疫学
04	诊断学
05	治疗学
059.7	急症、急救处理
06	并发症
07	预后
08	诊疗器械、用具
09	康复

图 3-3 专类复分表(部分)

3.2.3 《中图法》在医药学信息检索中的应用

我国绝大多数高校图书馆、学术图书馆、公共图书馆都采用《中图法》进行馆藏文献的分类排架和编制分类目录，例如，图书馆依据索书号对图书进行排架。图书馆索书号由分类号与著者号(或种次号)两部分组成。"索书号"第一部分是根据图书的学科主题所取的分类号,这样就可以将同一学科主题的图书集中排列在一起,起到方便读者查找的作用;"索书号"第二部分是按图书作者姓名编排的著者号,或者按入馆顺序编排的种次号。如果采用著者号码,同一作者所著的同一学科主题的图书会被集中在一起。

索书号是图书馆赋予每一种馆藏图书的号码,具有唯一性,利用索书号可准确地确定馆藏图书在书架上排列的位置,是读者查找图书最重要的代码信息。除上述功能外,《中图法》也是各大中文数据库、网站等对文献进行分类组织的依据。

3.3 《医学主题词表》概述及使用

3.3.1 《医学主题词表》概述

《医学主题词表》是美国国立医学图书馆编制的用于标引、编目和检索生物医学文献的英文受控词表。它是对生物医学文献进行主题标引及检索生物医学文献数据库的指导性工具,对提高查全率及查准率具有十分重要的意义。

目前,NLM 使用 MeSH 表为 MEDLINE/PubMed 数据库收录的 5200 多种世界一流的生物医学期刊进行标引,同时,也对 NLM 包含的图书目录、文档和视听资料的数据库进行标引。通常数据库中每条书目信息是和一组描述其内容的 MeSH 词相连,因此可以使用这些 MeSH 词汇来查找这些特定主题的文献。另外,MeSH 表在全世界其他多个国家也得到了广泛的应用,如中国医学科学院医学信息研究所等机构将英文版的 MeSH 表翻译成了中文,并在中国生物医学文献数据库中提供 MeSH 表的中文及英文的电子版,从而便于中文文献的主题标引和检索。

NLM 提供以下 4 种方式免费获取其电子版及相关信息。

(1) MeSH Browser。

(2) UMLS Metathesaurus(超级叙词表) 。

(3) MeSH 网站(http://www.nlm.nih.gov/mesh),包括 MeSH 表的全部内容及 MeSH 相关信息。

(4) MeSH databases,为用户检索 MEDLINE/PubMed 提供帮助。

3.3.2 《医学主题词表》的结构

《医学主题词表》主要由主题词变更表、字顺表、树状结构表等部分组成。

1. 主题词变更表

医学科学的不断发展和进步带来了医学概念的变化与发展,进而用来标引医学文献的医学主题词也会随之变化,因此医学主题词表具有动态性的特点。NLM 每年都要给词表增加一些新主题词,同时还要删掉一些文献量萎缩、不经常使用的旧主题词,即通过"新增主题词""删除的主题词"和"被代替的旧主题词"来反映主题词的增删情况。

2. 字顺表

字顺表(alphabetic list)是 MeSH 的主表，所有的词按照英文字顺进行编排。所选词均经专家推荐和审定，选择有一定使用频率，具有独立检索意义和组配意义的术语，用以表达生物医学基本概念，包括名词、形容词等，形成词表。

1) 词的形式

字顺表收录的词有单个词，如 liver，也可以是词组，如 liver neoplasm。词组一般采用顺置的形式，但有时为便于族性检索，也采取倒置的形式使同属某一概念的词相对集中在一起，被修饰的名词放在前面，起修饰限定的形容词放在后面，并用"，"隔开，如图 3-4 所示。

LEUKEMIA, EOSINOPHILIC, ACUTE	(白血病，嗜酸性粒细胞，急性)
LEUKEMIA, HAIRY CELL	(白血病，毛细胞)
LEUKEMIA, LARGE GRANULAR LYMPHOCYTIC	(白血病，大颗粒淋巴细胞)
LEUKEMIA, MONOCYTIC, ACUTE	(白血病，单核细胞，急性)
LEUKEMIA, NEUTROPHILIC, CHRONIC	(白血病，嗜中性粒细胞，慢性)

图 3-4 倒置式词组

2) 词的类型及参照系统的应用

词表所选词主要包括主题词(叙词)、款目词和副主题词三类词汇。

(1) 主题词(叙词)。主题词(叙词)是用于描述主题事物或内容的规范化词汇，除医学概念外，还包括出版类型词、特征词、地理主题词(主要用于机检)及类目词(NON MeSH，非医学主题词，用于集中某一类主题词，主要在机检扩检时使用)。每个叙词下标有树状结构号、参照系统、历史注释等信息。MeSH 中叙词注释格式如图 3-5 所示。

```
①ACQUIRED IMMUNODEFICIENCY SYNDROME
②C02.782.815.616.400.040        C02.800.801.400.040
  C02.839.040                    C20.673.480.040
③83
④see related
      AIDS ARTERITIS, CENTRAL NERVOUS SYSTEM
      AIDS DEMENTIA COMPLEX
      HIV SEROPOSITIVITY
      HIV SEROPREVALENCE
      LYMPHOMA, AIDS-RELATED
⑤X     AIDS
  X     IMMUNODEFICIENCY SYNDROME, ACQUIRED
⑥XR   AIDS REWRITES, CENTRAL NERVOUS SYSTEM
  XR   CD4-POSITIVE T-LYMPHOCYTES
  XR   HIV-1
⑦ACQUISITION, HEALTH FACILITY see HEALTH FACILITY MERGER
```

图 3-5 MeSH 叙词注释格式

在该叙词注释中，①表示主题词；②表示树状结构号；③表示历史注释，即该主题词启用年份；④表示相关参照；⑤表示用代参照逆参照，X 表示"代"；⑥表示相关参照逆参照；⑦表示相关款目词及其对应的主题词。

相关参照符号为"see related—XR"，用于揭示某些叙词间存在比较密切的相关性，在扩大检索范围时可以使用，如图 3-6 所示。

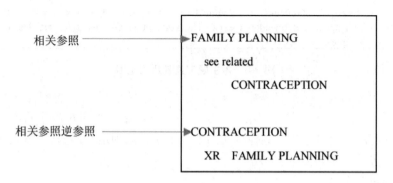

图 3-6　叙词与相关参照

参照符号前后都是主题词，词义虽有差异但有非常密切的关系，二者对应的文献可互相参考，用于在其中一词检索结果较少时扩大检索范围使用。

(2) 款目词。款目词又称为入口词，是叙词的同义词、近义词或下位词，即对于一个主题概念的多种表达形式，在 MeSH 中进行规范化处理时，只采用其中一个科学且通用的词作为规范化主题词(叙词)，其他词作为款目词同时列在表中，以用代参照方式指引检索者找到对应的叙词。

用代参照是用于处理款目词与叙词间的使用和替代关系，其符号为"see—X"，如图 3-7 所示。

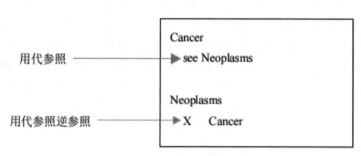

图 3-7　款目词与用代参照

其中，Cancer 为款目词，Neoplasms 为对应的叙词。如需使用规范主题词检索与 Cancer 相关文献时应换用 Neoplasms 进行检索。

(3) 副主题词。副主题词(subheadings)是限定主题概念的一类规范化词汇。副主题词没有独立的检索意义，只同主题词组配使用，对主题词进行限定，增加主题概念的专指性，提高检索效率。如检索"高血压"方面的文献，主题词为"Hypertension"，可以根据不同的内容组配"diagnosis(诊断)""therapy(治疗)"等副主题词，组配形成的检索词"Hypertension/diagnosis""Hypertension/therapy"表达的概念更为专指，检索的文献内容更准确。

字顺表中收录了 92 个副主题词，每个副主题词都规定了使用范围和可组配的主题词类别，并不是每个副主题词都能同任何主题词进行组配，两者之间要有必然的逻辑关系，如图 3-8 所示。

```
therapy(C1-23，F3):
    Used with diseases for therapeutic interventions except drug therapy，diet therapy，radiotherapy，and surgery，for which specific subheadings exist. The concept is also used for articles and books dealing with multiple therapies.
```

图 3-8　副主题词及其适用范围

副主题词"therapy"其后括号中表示可以进行组配的主题词的树状结构号，下面的段落为该主题词的使用注释，即该词用于与疾病主题词组配，表明对疾病的治疗，不包括药物疗法、饮食疗法、放射疗法及其他疾病的治疗干预，因为这些疾病已有相应的副主题词。但可用于涉及多种疗法的文献和书籍。

3) 字顺表的作用

综上所述，字顺表将所有与生命科学有关的概念词按字母顺序进行排列，其主要作用是便于人们从已知的概念拼写方式找到对应的叙词，通过概念的规范化处理，选择能达到更佳的查全与查准效果的检索词。

3. 树状结构表

1) 树状结构表的等级结构关系

树状结构表(tree structure)又称范畴表，是将字顺表中的全部主题词按照学科属性分门别类地归入 16 个大类，用英文字母 A～N 和 Z 表示。每个大类根据需要划分为若干个下级类目，最多可达 10 级。主题词按等级从上位词到下位词，用逐级缩排方式表达逻辑隶属关系。同一级的词按字顺排列，每个词后列出一至多个对应的树状结构号。树状结构号用一组阿拉伯数字表示，级与级之间用"."隔开，有"+"号表示该词还有下位词。树状结构表将主题词从广义到狭义，从大类到细类逐级展开，体现了主题词概念间的隶属、平行、派生关系，可以满足族性检索的需要。主题词树状结构表的等级结构如图 3-9 所示。

```
Digestive System Diseases        C06
    Liver Diseases               C06.552
        Hepatitis                C06.552.380
            Hepatitis, Alcoholic     C06.552.380.290    C21.739.100.087.645.490
            Hepatitis, Animal(+3)    C06.552.380.315    C22.467
            Hepatitis, Chronic(+5)   C06.552.380.350
```

图 3-9　主题词树状结构表的等级结构

2) 树状结构表的作用

第一，可帮助从学科体系中选择主题词。树状结构表是按学科体系汇集编排的术语等级表，检索时若找不到适当的主题词，可根据检索课题的学科范围，在结构表中查到满意的主题词。

第二，可帮助进行扩检和缩检。在检索过程中如需要扩大或缩小检索范围，可根据树状结构表中主题词的上下位等级关系选择主题词。需要扩大检索范围时，选择其上位概念的主题词；需要缩小检索范围时，选择其下位概念的主题词。

第三，可帮助确定词的专业范围。如要了解某一词的学科属性和专业范围，首先在字顺表里找到该词，然后从这一主题词下的有关注释得知其树状结构号，再通过树状结构表查该词的上下位及邻近词了解其专业范围和学科属性。

3.3.3 《医学主题词表》的使用

MeSH 的作用主要是通过其相互联系的两个表——字顺表与树状结构表的综合利用来实现。树状结构表与字顺表是 MeSH 的两个主要组成部分，它们之间既相对独立，又互相联系。字顺表按字母顺序排列主题词，从横向角度反映主题词之间的关系；树状结构表按学科分类排列主题词，揭示了主题词之间的纵向隶属关系。两者间通过树状结构号相互联系。

检索的一般顺序是，检索者先在字顺表中找到相关主题词，再通过该词的树状结构号，在树状结构表中获得与该主题词有隶属、平行、派生关系的主题词族。通过比较、分析，可选择专指的叙词进行检索，如对较少的结果不满意时可通过选定检索主题词的相关参照，或者树状结构表的隶属关系扩大检索范围，以得到满意程度较高的结果。

字顺表和树状结构表通过对主题词的横向关系和纵向隶属关系的相互配合，使所有主题词既有主题法的专指性、灵活性和直接性，又有分类法的系统性和稳定性，从而满足检索者对文献查准和查全的要求。

3.4 主题标引概述

3.4.1 标引概述

标引是根据文献特征，对文献进行主题分析，并赋予文献某种检索标识的过程。我国国家标准局发布的《文献主题标引规则》(GB/T 3860—2009)对标引的定义是"标引是对文献进行主题分析，从自然语言转换成规范化的检索语言的过程"。

标引的原理就是从信息的内容出发，对信息进行分析，找出符合信息表达的核心思想并用特定标识表示，最终达到用特定标识及其组合形式来揭示信息内容的效果。标引的目的是建立检索系统，而检索系统的建立也必须依赖于标引。因此，标引是手段，检索是目的，标引是为检索服务的。标引又分为分类标引和主题标引。

1. 分类标引

分类标引，又称为归类，是指依据一定的分类语言，对信息资源的内容特征进行分析、判断，赋予分类标识的过程。

分类标引工作是对信息资源进行分类组织的基础和前提，对信息资源的开发和利用具有重要的意义。通过对信息资源赋予分类标识，信息机构就可以将各种信息资源纳入相应的知识门类，建立起相应的分类检索系统。这样，用户只要根据一定的信息资源特征，就可以按照系统提供的途径进行查找，从资源集合中检索出需要的文献，如图书馆的分类、排架与查找。

分类标引是许多文献单位用来进行文献组织的依据，直接关系到文献单位各项工作的开展。对文献的分类标引主要是从文献的主要内容特征或从文献单位对文献的主要归类要求进行的。

2. 主题标引

1) 主题标引的概念

主题标引就是按照文献的主题内容，对文献进行主题分析，在主题词表中选取符合其内容的主题词，对文献进行标识的过程。

对信息进行主题标引时，按照对信息内容揭示的特点和程度，又有整体标引(也称浅标引)、全面标引(也称深度标引)、对口标引(也称重点标引或部分标引)、综合标引、分析标引等几种标引方式。其中，整体标引是一种概括揭示信息内容中具有检索价值的主题，不揭示信息主要内容以外的其他从属主题的标引方法。而全面标引除充分揭示信息论述的所有重要主题概念外，还需揭示信息论述的符合检索需要的其他从属主题概念。对口标引具有较强的针对性，只对信息中符合专业需要的主题内容进行揭示和标引，不符合专业需要的主题内容则放弃标引。综合标引是对某一专题或某一组信息集中进行揭示和标引的方法，其目的是方便用户检索某专题或某问题的完整信息。分析标引是整体标引和综合标引的一种补充标引，是在对信息进行整体标引和综合标引的同时，也充分揭示信息中其他有检索价值的主题内容。

2) 主题标引的实质

主题标引的基本成分是主题词，其具体体现是各种主题词表。在主题词表中，主题词之间存在两种基本关系：语义关系和句法关系。因此，主题标引的实质是对主题词表所收录的词汇及词汇之间的组合关系进行控制，即词汇控制和句法控制。

(1) 词汇控制。主题标引语言是一种人工语言，非自然语言。自然语言是人类社会在交际中自然演变形成的，存在一义多词、一词多义、词汇表达概念模糊和不确定、词间关系不明晰等缺陷。如果不加以控制，很难满足信息检索系统的多种要求。因此，对主题词进行控制是主题法的核心内容，是主题词表质量的关键。主题词表控制词汇的方法包括两个方面，一是选词控制，就是根据文献标引和检索的需要，对自然语言中的词汇进行选择、规范并揭示其相关性的过程。其目的是使主题标识表达意义准确、单义、相关、适用、兼容。二是词汇的范围控制，即词量控制、词类控制(名词、形容词)、词形控制、词义控制、词间关系控制、专指度控制、先组度控制。

(2) 句法控制。句法控制就是根据文献标引和检索的需要，通过一定的组词造句规则，对检索语词的组合方式作出规定。要准确、专指地揭示信息，仅对词汇控制是不够的，还需要对词汇进行科学的组合，使主题词与主题词之间形成一定的句法关系，以正确揭示标引与检索语句的含义，达到准确标引和检索的目的。

3.4.2 主题标引的基本规则

1. 一般原则

(1) 客观性。充分遵循、忠实于原文的实质内容，不掺杂标引人员的观点，同时不能只根据文献篇名或摘要来标引。忠实于原文，准确表达原文的内容，不对文献妄加评论，更不能掺杂个人观点和褒贬。

(2) 准确性。准确性包括准确提炼主题，准确选择主题词。一是分析文献，准确提炼主题，包括隐含主题，隐含主题指隐含在主题中的概念。例如，烟囱排烟隐含环境污染主题，为癌患者服务的工作组织隐含癌监控组织主题，等等。二是正确选用主题词。

(3) 专指性。主题词专指性越准越好，专指主题词可为检索者提供更多的检索入口，使之既能用专指主题词检索，又能用泛指主题词检索。例如，抗生素类主题，尽量选用专指 MeSH 词或专指的副主题词与主题词相配。

(4) 全面性。全面标引可以避免文献被漏检的情况。

(5) 一致性。标引文献的规范性与检索提问时的规范性要达到一致，也就是存储文献与检索文献时的主题词二者匹配。对内容相同的文献，无论标引人员是否一致，也不论标引时间是否一致，标引时所用的主题词和副主题词应力争保持一致。

2. 选词原则

1) 规范化主题词

文献主题标引必须选用词表中的正式主题词标引，词表中的非正式主题词只起指向正式主题词的作用，本身不得直接用于标引。值得注意的是词表将一些俗名、近义词、多义词等转换成规范化词汇，避免同一主题的文献因标引不同造成分散，影响查全率。

(1) 先组主题词。根据专指性原则，应首选先组主题词。例如，关于肝糖原方面的文章，词表中有"肝糖原"一词就直接使用，不要标成"肝+糖原"。

(2) 靠词标引。某些文献主题过于专指，如词表中既无专指主题词，又无法组配标引，则可采用靠词标引。

① 上位词标引：选用最直接的上位主题词标引。例如，甲基莲心碱→生物碱类；P-B 抗体→抗体，嗜异性。

② 近义词标引：选择含义相近的主题词标引。例如，上消化道出血→肠胃出血，红细胞存活→红细胞衰老。

2) 组配标引

在主题标引过程中，将两个或两个以上的主题词按照一定的逻辑关系加以组织以表达文献主题的，叫作组配标引。组配是标引的灵魂，MeSH 词表中的叙词约有 18000 个，不能满足许多复杂或词表中没有的概念，因此必须通过主题词与主题词、主题词与副主题词的组配才能表达，使有限的主题词能反映出更多的生物医学概念。

(1) 主题词—主题词组配。主题词—主题词组配也称概念组配或交叉组配，指能够确切表达复杂概念构成成分的各个主题词的组配。其不是简单的字面组配，而是概念组配，是由两个或两个以上主题词组合而成的复合概念。例如，腿骨折用"腿损伤+骨折"，而不是"腿+骨折"。

(2) 主题词—副主题词组配。主题词—副主题词组配也称方面组配或限定组配，该组配是将主题词用副主题词加以限定，以加强专指性，这是最常用的标引方式，当能选用副主题词组配时，则尽量不用主题词—主题词组配。例如，检索"肾损伤"方面的文献，如有先组主题词"肾损伤"则最好，但词表中没有，故应选"肾/损伤"，这样的含义是肾在损伤方面的文献，比"肾+损伤"主题词—主题词组配更恰当。

(3) 自由词标引。随着生物科学、医学科学的飞速发展，许多新的技术名称、新概念、新药物等因未被收为主题词而需要靠上位类进行标引，但检索时需要花费更多时间从上位类对应的文献中进行筛选。而现在的计算机检索一般支持在全文中进行自由词检索，如果选择计算机检索，可以直接使用自由词标引，检索时也能准确地找到所需文献。

（4）选词的一般顺序。选词的一般顺序为首先选择先组主题词；其次选择主题词—副主题词组配；最后选择主题词—主题词组配。

3. 配对标引模式

主题词—副主题词组配在实际检索中应用广泛，用配对标引模式可以极大提高检索效率。在某些特定内容的标引和检索中，应用两个以上的主题词—副主题词组配共同限定，表达文献主题或信息需求的专指性会更强，在实际应用中可以显著提高检索的查准率，这称之为配对标引。以下为常用的配对标引模式。

1）当某种药物治疗某种疾病或某药物对疾病有作用时

疾病/药物疗法　　　　药物/治疗应用

疾病/预防和控制　　　药物/治疗应用(仅疫苗不用组配治疗应用)

例：尿激酶治疗心肌梗死

心肌梗死/药物疗法　　尿激酶/治疗应用

例：乙肝疫苗预防新生儿乙肝

乙肝/预防和控制　　　病毒性肝炎疫苗　　　婴儿，新生

2）当一种疾病引起另一种疾病时

(1) 两种疾病之间存在因果关系。

疾病 A/并发症　　　　疾病 B/病因学

例：甲状腺功能亢进导致充血性心衰

甲状腺功能亢进/并发症　　心力衰竭，充血性/病因学

(2) 两种疾病之间没有明显因果关系。

疾病 A/并发症　　　　疾病 B/并发症

例：Poland 综合征伴发肺错构瘤

Poland 综合征/并发症　　肺疾病/并发症　　　错构瘤/并发症

3）当某种化学物质引起疾病时

疾病/化学诱导　　　　化学物质/副作用或中毒

例：甲醛中毒引致失明

盲/化学诱导　　　　　甲醛/中毒

4）当实施某种治疗技术产生的某种疾病时

(1) 与手术有直接关系。

疾病/病因学　　　技术操作(或物理作用剂)/副作用

例：门腔静脉分流术后肝昏迷

门腔静脉分流术，外科/副作用　　　肝性脑病/病因学

(2) 某手术与并发症之间没有直接关系。

疾病　　手术名称　　　手术后并发症

例：胆囊切除术后并发肺炎

肺炎　　胆囊切除术　　手术后并发症

5) 当化学药物对器官、组织或生理功能、生理过程、代谢的影响和作用时
器官、组织等/药物作用　　　　药物或化学物质/药理学
例：甘露醇对冠状动脉超微结构的影响
甘露醇/药理学　　　冠状动脉/药物作用　　　冠状动脉/超微结构
6) 疾病状态下，检测血液、尿液、脑脊髓液中化学物质
疾病/血液(尿液、脑脊髓液)　　　　化学物质/血液(尿液、脑脊髓液)
例：孕妇血液中血清素的含量
妊娠/血液　　　　血清素/血液
7) 疾病状态下：血液、尿液、脑脊髓液中的酶变化
疾病/酶学　　　　酶/血液(尿液、脑脊髓液)
例：脑膜炎病人血中的醛缩酶
脑膜炎/酶学　　　醛缩酶/血液
8) 疾病状态下：某器官对某药物、化学物质或酶的代谢
疾病/代谢(酶学)　　　器官/代谢　　　药物、化学物质/代谢
例：精神分裂症病人脑血清素代谢
精神分裂症/代谢　　　脑/代谢　　　血清素/代谢

本 章 小 结

本章主要介绍了信息检索语言的概念、构成与分类，包括《中图法》的构成和使用规则，《医学主题词表》的构成、编排规则和使用方法，以及主题标引的基本规则。信息检索语言包括文献外部特征检索语言和文献内容特征检索语言，其中《中图法》和《医学主题词表》是常用的文献内容特征检索语言。《中图法》是按照文献内容特征进行分类的，而《医学主题词表》则是按照文献主题特征进行标引的。在主题标引过程中，需要遵循一般原则、选词原则和配对标引模式等基本规则。

思 考 题

1. 简述检索语言的概念，以及按照所描述的文献信息特征划分为哪些类型。
2. 简述《医学主题词表》字顺表的参照系统。
3. 简述树状结构表与字顺表的关系。
4. 简述标引的概念及其原理。
5. 简述主题标引的概念及其实质。
6. 简述主题标引的一般原则，选词的一般顺序。
7. 简述组配标引的概念及其类型。

第 4 章 信息检索实施

本章要点

- 信息检索技术
- 信息检索步骤
- 信息检索效果评价与改进措施

学习目标

- 掌握常用的信息检索技术
- 理解信息检索方法与步骤
- 了解信息检索效果的评价指标
- 掌握提升信息检索效果的方法

4.1 信息检索技术

信息检索技术是指借助计算机技术和网络技术，对大量的信息资源进行分析、分类、存储和检索的技术方法。信息检索过程是将检索提问词与信息检索系统文献记录中的标引词进行匹配的过程，而在进行信息检索时，往往难以用一个检索词来准确完整地表达检索需求，需要采用一些运算方法和算符来编制较为复杂的检索表达式，即信息检索的实施需要利用信息检索技术将用户的检索需求转换为计算机系统能够识别和处理的检索表达式，从而让计算机能够按照用户的意图在信息检索系统中查找与之相匹配的文献。

熟练掌握常用的信息检索技术，可以在信息检索过程中达到事半功倍的效果。常用的信息检索技术包括：布尔逻辑检索、邻近检索、精确检索、截词检索、字段限定检索、加权检索、扩展检索、智能检索等。

4.1.1 布尔逻辑检索

布尔逻辑检索是指运用布尔逻辑运算符将多个检索词进行逻辑组配检索的检索技术。在检索实践中，检索需求涉及的概念往往不止一个，同一个概念又往往涉及多个同义词、近义词或相关词，为了正确地表达这些词语之间的逻辑关系，可以选择布尔逻辑运算符进行逻辑组配。布尔逻辑检索是最常用的检索技术，不管是使用搜索引擎还是数据库，其都广泛应用于信息检索过程中。

布尔逻辑运算符有三种：逻辑"与"、逻辑"或"和逻辑"非"，分别用"AND""OR""NOT"来表示。需要注意的是，在不同的检索系统中，对布尔逻辑运算符的写法有具体的规定，使用前需了解所选检索系统的使用规则。

1. 逻辑"与"

逻辑"与"，是表达概念间交叉关系和限定关系的一种组配。运算符为"AND"，一些信息检索系统中也可用"*"或空格表示。检索表达式为"A AND B"，表示检索词 A 与检索词 B 必须同时出现在同一条记录中，该记录才会被命中。图 4-1 所示黄色部分为命中文献。

例如，查找有关"糖尿病的预防"的文献，检索表达式为糖尿病 AND 预防。

逻辑"与"的作用是缩小检索范围，增强专指性，提高查准率。

2. 逻辑"或"

逻辑"或"，是表达概念间并列关系的一种组配。运算符为"OR"，一些信息检索系统中也可用"+"或"|"表示。检索表达式为"A OR B"，表示检索词 A 与检索词 B 只要有一个出现在同一条记录中，该记录就会被命中。图 4-2 所示黄色部分为命中文献。

例如，查找有关"乙肝"的文献，检索表达式为：乙肝 OR 乙型肝炎。

逻辑"或"的作用是扩大检索范围，提高查全率。

3. 逻辑"非"

逻辑"非"，是表达概念间不包含关系或排斥关系的一种组配。运算符为"NOT"，一些信息检索系统中也可用"—"表示。检索表达式为"A NOT B",表示包含检索词A,但不包含检索词B的记录才会被命中。图4-3所示黄色部分为命中文献。

例如,查找有关"关节炎(不要类风湿)"方面的文献,检索表达式为关节炎 NOT 类风湿。逻辑"非"的作用是缩小检索范围,提高查准率。

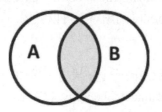
图4-1 逻辑"与"运算

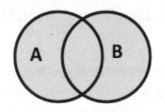
图4-2 逻辑"或"运算

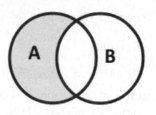
图4-3 逻辑"非"运算

在一个检索表达式中,可以同时使用多个布尔逻辑运算符,构成一个复合逻辑检索式。当一个检索表达式含有多个布尔逻辑运算符时,不同的信息检索系统对运算符的优先顺序有不同的规定。常见的运算优先顺序为:NOT>AND>OR,或者不区分优先级,按照自左向右、自上而下的输入顺序依次执行,如果想要改变运算顺序,可以使用括号提高优先级别。需要注意的是,同一个布尔逻辑检索表达式,不同的运算顺序会有截然不同的检索结果。

4.1.2 邻近检索

邻近检索(proximity search),又称为位置限定检索,是通过位置运算符对检索词之间的相邻位置进行限制的检索技术,包括词序和词距。词序是指检索词出现的前后顺序,词距是指检索词之间间隔的词的数量。需要注意的是,不是所有的检索系统都支持邻近检索,不同的检索系统对位置运算符的使用方法也会有所不同,使用前需了解所选检索系统的使用规则。常用的位置运算符有:WITH、NEAR、PRE、Field 等。

1. WITH

WITH(W)表示该运算符两侧的检索词相邻,且除空格和标点符号外,不允许插入其他词或字母,两侧检索词的词序不可以颠倒。

nWITH(nW),也可写作 W/n,表示该运算符两侧的检索词之间最多允许插入 n 个词,两侧检索词的词序不可以颠倒。例如,输入 treatment 3W obesity,可以检索出包含 treatment 和 obesity 的文献,且 treatment 和 obesity 两词相隔不超过 3 个词,treatment 和 obesity 的顺序不可以颠倒。

2. NEAR

NEAR(N),表示该运算符两侧的检索词相邻,且除空格和标点符号外,不允许插入其他词或字母,两侧检索词的词序可以颠倒。

nNEAR(nN),也可写作 NEAR/n,表示该运算符两侧的检索词之间最多允许插入 n 个词,两侧检索词的词序可以颠倒。例如,输入 treatment NEAR/3 obesity,可以检索出包含 treatment 和 obesity 的文献,且 treatment 和 obesity 两词相隔不超过 3 个词,treatment 和 obesity 的顺序可以颠倒。

3. PRE

PRE /n 或 P/n，表示该运算符两侧的检索词之间最多允许插入 n 个词，两侧检索词的词序不可以颠倒。其中，P/0 表示除空格和标点符号外，两侧的检索词之间不允许插入其他词或字母。例如，输入 treatment PRE/3 obesity，可以检索出包含 treatment 和 obesity 的文献，且 treatment 和 obesity 两词相隔不超过 3 个词，treatment 和 obesity 的顺序不可以颠倒。

4. Field

Field(F)，表示该运算符两侧的检索词必须出现在文献记录的同一个字段中。例如，输入 treatment (F) obesity，可以检索出在同一字段中同时包含 treatment 和 obesity 的文献。

邻近检索可以缩小检索范围，提高查准率。

4.1.3 精确检索

精确检索(exact search)是指所检信息与输入的检索词完全一致，多用于词组，包括机构名称、人名、地名、专有名称等，常用双引号来表示。例如，输入"stem cell transplantation"，表示将"stem cell transplantation"作为一个不可拆分的单元进行精确匹配，只有包含与"stem cell transplantation"完全相同的词串的文献才能被检索出来。精确检索是与模糊检索相对的一种检索技术，模糊检索允许所检信息与检索词之间存在一定的差异，例如，输入"stem cell transplantation"，可以检索出"stem cell transplantation""stem cell inner ear transplantation""transplantation of stem cells"等，即只要包含 stem、cell 和 transplantation 的词串都能被检索出来。

精确检索的作用是缩小检索范围，提高查准率。

4.1.4 截词检索

截词检索(truncation search)是指在检索词的合适位置使用截词符进行截断检索，主要用于同词根、单复数词、词性变异和拼法变异词等一类词的检索，既可避免漏检的情况，又可避免逐词输入的麻烦。

在不同的检索系统中，截词符往往也会有所不同，常用的截词符有"*""？""%"等。截词检索通常有以下两种类型。

1. 有限截词符和无限截词符

按截断的字符数量，可分为有限截词符和无限截词符。有限截词符是指一个截词符只代表 0 到 1 个字符，通常可用"？"表示。例如，输入血？动力，可以同时检索出包含血液动力、血流动力的文献。

无限截词符是指一个截词符可代表 0 到无数个字符，通常可用"*""%"表示。例如，输入肝%疫苗，可以同时检索出包含乙肝疫苗、肝炎疫苗、肝炎灭活疫苗、甲肝减毒活疫苗等的文献。

2. 前截词、中间截词和后截词

按截断的位置,可分为前截词、中间截词和后截词。

1) 前截词

前截词是指把截词符放在检索词的前端,例如,输入*ology,可以同时检索出所有以 ology 结尾的词,包括 psychology、immunology、pharmacology、microbiology 等。

2) 中间截词

中间截词通常是指有限截断,是指把截词符放在检索词的中间,例如,输入 wom?n,可以同时检索出 woman、women 等。

3) 后截词

后截词是指把截词符放在检索词的末端,如:输入 transplant*,可以同时检索出所有以 transplant 为开头的词,包括 transplants、transplanting、transplanted、transplantation 等。

截词检索的作用是扩大检索范围,提高查全率。

4.1.5 字段限定检索

字段限定检索(field limit search)是指把检索词指定在某一个字段或某几个字段中进行检索,使检索结果更加精准,减少误检的情况。常用的中英文检索字段如表 4-1 所示。

表 4-1 常用的中英文检索字段

字段名称(中文)	字段名称(英文)	字段名称(中文)	字段名称(英文)
题名	Title	文献来源	Source Title
摘要	Abstract	文献类型	Document Type
关键词	Keywords	出版年	Publication Year
主题词	Subject	语种	Language
主题	Topic	国际标准刊号	ISSN
全字段	All fields	国际标准书号	ISBN
作者	Author	作者单位	Affiliation
DOI 号(数字对象标识符)	DOI	基金资助机构	Funding Agency

字段限定检索通常有以下两种方式。

一是通过检索系统提供的下拉框选择所需字段,例如,检索标题中含有"糖尿病"的文献,在万方数据库中,可选择"题名"字段,输入:糖尿病;在知网数据库中,可选择"篇名"字段,输入:糖尿病。具体如图 4-4~图 4-5 所示。

二是通过字段限定符把检索词限定在指定字段,例如,检索标题中含有"糖尿病"的文献,在 PubMed 数据库中,可输入:diabetes mellitus[TI];在 Embase 数据库中,可输入:'diabetes mellitus'[TI]。具体如图 4-6~图 4-7 所示。

字段限定检索的作用是缩小检索范围,提高查准率。

图 4-4　万方数据库字段限定检索

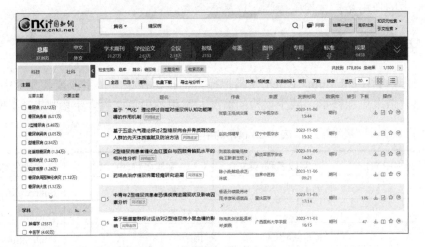

图 4-5　知网数据库字段限定检索

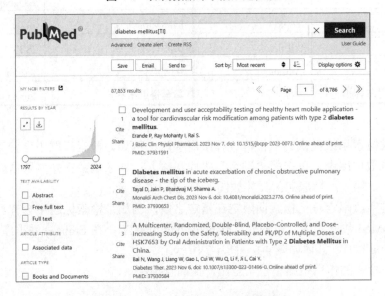

图 4-6　PubMed 数据库字段限定检索

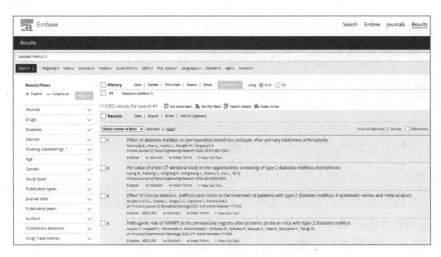

图 4-7　Embase 数据库字段限定检索

4.1.6　加权检索

加权检索(weighing search)是指在检索运算时不仅要查找检索词，还要计算检索词的权值总和，当某检索词的权值之和超过用户指定阈值时才能被检索出来。加权检索强调的是对检索词在记录中重要性的判定。

需要注意的是，不是所有的信息检索系统都提供加权检索这种检索技术，而提供加权检索的系统，对权的定义、加权方式、权值计算和检索结果的判定等又有不同的技术规范。有些数据库中表现为词频加权，即根据检索词出现的频次来判断其重要性，如中国知网；有些数据库中则仅检索主要概念主题词，如中国生物医学文献数据库、PubMed 数据库。

加权检索的作用是缩小检索范围，提高查准率。

4.1.7　扩展检索

扩展检索(expand search)是指对检索词与其下位类别或下位概念一并进行检索，多用于主题词、副主题词、类名等，如中国生物医学文献数据库中对主题词、类名的扩展检索及 PubMed 数据库中对主题词、副主题词的扩展检索。

扩展检索的作用是扩大检索范围，提高查全率。

4.1.8　智能检索

智能检索(smart search)是指自动实现检索词、检索词的同义词、检索词对应主题词及该主题词所含下位词的一并检索，如中国生物医学文献数据库的智能检索和 PubMed 数据库的自动词语匹配。

智能检索的作用是扩大检索范围，提高查全率。

4.2 信息检索方法和步骤

4.2.1 检索方法

信息检索方法是指根据现有条件,为快速、准确、有效、省时地检索出所需文献而采取的方法。在信息检索中,常用的检索方法主要有以下三种。

1. 追溯法

追溯法是以原始文献后面所附的参考文献为线索,即利用文献之间的引用和被引用关系,进行追溯查找的方法。追溯法又可分为向前追溯与向后追溯。向前追溯是以一篇相关文献为检索起点,根据文后的参考文献,逐一追踪查找之前的相关研究,这样可以得到越来越多的相关文献,越查越深。向后追溯是以一篇相关文献为检索起点,根据其引用文献,逐一追踪查找之后的相关研究,这样也可以得到越来越多的相关文献,越查越新。

追溯法的优点是简单、方便;缺点是查全率不高。

2. 工具法

工具法是指使用检索工具查找文献信息的方法,这是文献信息检索最常用的一种方法,也称为常用法。工具法又可分为顺查法、倒查法和抽查法。

1) 顺查法

顺查法是指根据检索课题所要求的时限,按照时间的顺序,由远及近、由旧到新地利用检索系统查找文献的方法。

顺查法能收集到某一课题的系统文献,适用于了解课题的历史背景和发展状况。这种方法的优点是可以逐年向近期查找,查全率高,系统全面;缺点是工作量大,费时费力,检索效率不高。

2) 倒查法

倒查法是指根据检索课题所要求的时限,逆着时间的顺序,由近到远、由新到旧地利用检索系统查找文献的方法。

倒查法多用于查找新课题或有新内容的老课题,更多地关注最近一个时期内的较新文献,可保证文献信息的新颖性。这种方法的优点是花费时间少;缺点是不太关注历史渊源和全面系统性,易产生高漏检率,影响检索的全面性。

3) 抽查法

抽查法是指针对学科或课题的发展特点,抓住其发展较快和文献发表数量较多的一段时间逐年查找文献的方法。

抽查法的优点是针对性强,省时省力,检索效率较高,能用较少的时间检索到较多具有代表性的文献;缺点是使用者必须了解有关学科或课题的发展状况,否则就会影响检索的全面性和准确性。

3. 综合法

综合法,又称分段法或循环法是指综合利用多种检索方法的方法。文献信息检索的理想效果是以最快的时间、最少的精力精准获取自己所需的文献,因此在实际检索过程中,往往需要综合使用多种检索方法，比如，先利用顺查法或倒查法检索出相关文献后，再以这些文献末尾的参考文献为线索进行查找，获得更多的相关文献，如此循环进行，分期、分段地交替使用多种方法，直到满足要求为止。

文献检索的方法多种多样，究竟采用哪种方法更便捷、有效，需要根据学科特点、检索要求和检索条件来确定。一般应做到"四先四后"，即时间先近后远，语种先国内后国外，先专业后广泛，先综述后其他。

4.2.2 检索步骤

信息检索的目的是解决提出的问题，信息检索的一般步骤就是一个问题从提出到解决的过程。这个过程要求信息检索人员必须掌握并运用一定的信息检索知识和信息检索技术，会使用相关的方法，从检索到的信息中甄别出能够解决问题的文献，最终解决问题。信息检索的过程一般包括六个步骤，如图4-8所示。

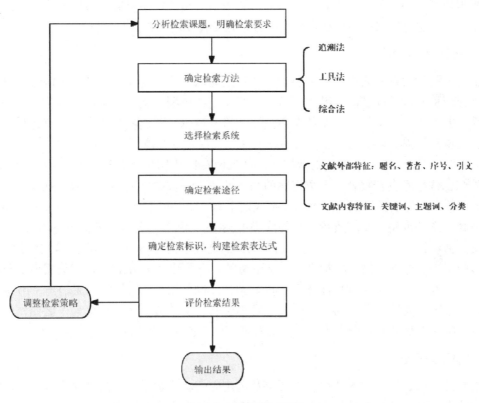

图 4-8　信息检索步骤

1. 分析检索课题，明确检索要求

在着手查找所需文献前，应先分析检索课题，全面了解课题内容，确定检索要求，即本课题需要解决的问题。这对检索策略的制定和检索效果的实现起着基础性作用。分析检索课题时应从以下三个方面进行。

(1) 明确检索课题的目的。明确检索课题的目的是科研立项、科技成果鉴定，还是撰写科研论文，或是查找医疗信息辅助医疗决策等，是要求查全、查准还是查新，是需要题录、文摘还是原始文献。

(2) 分析课题的主题内容所属学科，明确研究课题所需的信息内容，提取能准确反映课题核心内容的主题概念，确定有实质检索意义的关键词。这一环节非常重要，难度也较大，要求检索者除了能对一目了然的概念进行分析外，更要学会结合学科背景、专业知识，进一步挖掘隐性的概念。如果对课题涉及的内容不够熟悉，一般首选手册、百科全书、专著、综述等作为分析课题的手段，因为这些类型的文献是课题相关领域的学术专家和权威机构对以往研究的总结，既有高度，又有深度和广度，可以对该领域的研究有一种全局的了解和把握，同时可以了解基础知识、名词术语(同义词、近义词、英文缩写、全拼等)、专家学者、研究进展等情况，以便更好地确定检索词。

(3) 确定课题所需信息的特征，即限定条件。其主要包括文献类型、出版类型、时间范围、语种、机构等。

2. 确定检索方法

根据检索目的与要求，确定最适合的检索方法。信息社会以数据库检索为主，最常用的是工具法，也可以采用综合法，分期、分段地交替使用工具法与追溯法。

3. 选择检索系统

根据分析检索课题所得的检索要求，选择最能满足需求的检索系统。正确选择检索系统，是保证检索成功的基础，熟悉了解各检索系统的类型、文献收录情况等又是正确选择检索系统的前提。常用的检索系统有数据库和搜索引擎，它们各有特点，各有优势，在检索时应根据具体需要解决的问题来选择其一使用，或者综合使用。

对于医学学科而言，有专门的数据库，如 PubMed、中国生物医学文献数据库(CBM)等，国内外综合数据库也有收录，因数据库的系统性较强、数据权威性有保障，推荐首选使用数据库。数据库的选择原则一般可以概括成四个 C，即"4C"：一是内容(content)，指数据库的内容、学科范畴、文献质量、数据库类型(事实、数值、文摘、全文等)和出版类型(期刊论文、会议论文、专利文献、科技报告等)；二是覆盖范围(coverage)，指数据库的规模，涉及时间范围、地理范围、机构来源、文献量等；三是更新(currency)，指数据库更新的频率；四是成本(cost)，即所需的检索费用，如数据库的使用费用、检索结果输出费用等。

在检索时，要选择合适的数据库，通常也会利用多个数据库进行检索，比如，题录型数据库与全文型数据库结合使用、中外文数据库结合使用，以达到更高的查全率。

4. 确定检索途径

根据检索课题的已知条件和检索要求及选定的信息检索系统所提供的检索功能，确定合适的检索途径。检索途径是进入检索系统的入口是指用户在检索时，把所需文献的某种特征标识转换为检索标识，信息检索正是根据这些检索标识，从各个不同角度和检索途径将相关文献查找出来的过程，因此，检索途径与文献信息的特征密切相关。而不同的信息检索系统提供各自不同的检索途径，因此，检索途径又与一定的信息检索系统有关。

尽管各种信息检索系统所提供的检索途径不尽相同，但就整体而言，其文献特征却是具有一定的共同性。因此，根据文献信息的特征，检索途径可分为两大类：文献外部特征的检索途径和文献内容特征的检索途径。

1) 文献外部特征的检索途径

(1) 题名途径：是通过题名(书名、刊名、篇名等)查找文献的检索途径。题名途径常用于查找某一具体文献的信息，方便、直接、查准率较好，但需要检索者准确记忆题名，且不利于族性检索，一般的信息检索较少使用。

(2) 著者途径：是通过文献署名的著者(个人、团体、机构)名称来查找文献的检索途径。著者途径的特点是可以通过检索某专业领域的知名学者，来查阅某领域代表性的文献，对了解国内外科研团体、机构、企业的新技术、新成果及最新科研进展有很大的帮助，快捷又实用。

(3) 序号途径：是通过文献的序号查找文献的检索途径。数据库中的文献一般都编有序号，而且序号具有唯一性，如专利说明书的专利号、标准文献的标准号、科技报告的报告号、图书的 ISBN 号、期刊的 ISSN 号、Web of Science 数据库中的 WOS 号、PubMed 数据库中的 PMID 号、馆藏文献的索书号等。序号途径简单、便捷又准确，但要以准确掌握文献序号为前提，文献的序号往往需要先检索才能获得，因此序号途径不是信息检索的主要途径，只是一种辅助性的检索途径。

(4) 引文途径：是以一篇文献为检索起点，查找该文献引用及被引情况，即通过文献之间的引证关系查找文献的检索途径。通过引文途径可查到一个相关联的文献集合，可以追溯以往的文献(越查越深)，也可以循环后续的文献(越查越新)，可以有效地揭示过去、现在及将来科学研究之间的内在联系，揭示科学研究中所涉及的各个学科领域的交叉联系，协助研究人员快速地把握科学研究的历史、发展动态与研究趋势，可以较真实、客观地反映作者的论文在科研活动中的影响力。

2) 文献内容特征的检索途径

(1) 关键词途径：是将表达文献主题内容的关键词作为检索标识查找文献的检索途径。关键词是直接从文献的标题、摘要或正文中抽取出来的能代表文献主要内容的具有实际意义的词语，是作者所使用的自然词语。关键词途径是一种特性检索，具有直观、专指、方便、灵活等特点，符合人们使用自然语言检索文献的习惯，是主要的检索途径之一。需要注意的是，使用关键词途径时应考虑同一概念的同义词、近义词等，否则容易漏检。

(2) 主题词途径：是将表达文献主题内容的主题词作为检索标识查找文献的检索途径。与关键词类似，主题词也是从文献内容中抽取出来的能代表文献主要内容的具有实际意义的词语，二者的区别在于，主题词是经过专业的规范化处理的专业名词术语。规范化处理是指在文献存储时，对文献中的同义词、近义词、多义词等加以严格的控制和规范，使同一主题概念的文献相对集中在一个主题词下，使用该主题词即能检索到关于这一事物的相关文献。主题词还可以组配副主题词，表征主题词的某一方面，使主题词具有更高的专指性。主题词途径也是一种特性检索，具有多维、灵活、专指等特点，通常比关键词途径有更好的查全率和查准率，是主要的检索途径之一。需要注意的是，人工标引费时费力，当一些最新论文还未标引主题词时，一些新词、专指性很强的概念没有对应的主题词，会发生漏检现象，因此可以结合关键词途径进行检索。

(3) 分类途径：是以文献内容所属的学科知识体系为线索查找文献的检索途径。分类途径是一种族性检索，可以反映一定学科体系之下各种概念的相互关联，显示其从属关系、并列关系和相关关系，系统性较好。分类途径族性检索性能较好，但要求检索者熟悉待检课题的学科隶属关系,熟悉分类语言的特点,熟悉所选检索系统使用的分类体系。需要注意的是,对于一些新兴学科、边缘学科、交叉学科和综合性学科的文献,难以找到合适的类目及分类号,建议使用关键词途径、主题词途径进行检索。

综上所述,从文献内容特征着手的关键词途径、主题词途径、分类途径是信息检索的主要检索途径,关键词途径、主题词途径特性检索性能较好,分类途径族性检索性能较好;从文献外部特征着手的题名途径、著者途径、序号途径、引文途径等,都要求在检索之前准确掌握文献的题名、著者、序号等信息,具有一定的局限性,同时又在不同的方面具有便捷、准确的优点,是重要的辅助检索途径。因此,在实际的检索过程中,需要结合检索课题的目的与要求,结合不同检索系统提供的各种检索途径,综合使用多种检索途径,以达到更好的检索效果。

5. 确定检索标识,构建检索表达式

根据检索要求,结合检索系统与所选定的检索途径,确定检索标识。检索标识必须与所选定的检索途径相对应,是整个检索过程中较难把握且需要反复调整的环节。题名途径、著者途径、序号途径、引文途径比较直接,相对容易把握检索标识,而分类途径、关键词途径、主题词途径则较难把握检索标识。例如,分类途径主要使用分类号或分类名作为检索标识,需要检索者对使用的分类体系比较熟悉;关键词途径在确定关键词时,要注意同一事物的不同表达方式,即同义词、近义词、上下位词等都需要考虑;主题词途径则要注意选取合适的主题词及副主题词。

确定检索标识后,需构建检索表达式,即将选定的作为检索标识的著者、序号、关键词等,用运算符(布尔逻辑运算符、位置运算符等)进行组合,构建既可被检索系统识别,又可体现课题检索要求的表达式。

6. 评价检索结果,调整检索策略

按照预定的检索策略进行检索,对检索结果的数量和相关性进行判断和评价,如果能够满足自己的检索需求,就可以根据需求输出检索结果,获取原始文献;如果不满意,就需要不断地调整检索策略,直至达到满意的检索效果为止。

调整检索策略即重新操作之前的步骤,检查是哪个环节出现了问题,需要修改和完善。例如,分析检索课题,确定检索需求是否全部了解,确定检索方法、检索系统、检索途径是否合适,而重点则是调整检索标识,修改检索表达式。

检索策略的调整一般分为两个方向:扩大检索范围和缩小检索范围。

1) 扩大检索范围

当检索出的文献数量偏少时,需要扩大检索范围,此时需要使用提高查全率的检索技术。

(1) 检索字段减少使用题名、关键词、摘要,选择范围大一些的,如全文。

(2) 尽量将检索词拆分成表达完整意义的最小单位的词,即单元词,如糖尿病护理,检索时应拆分为糖尿病、护理两个词。

(3) 减少逻辑"与"运算,删除某些不重要的检索词。

(4) 增加逻辑"或"运算,关键词检索时增加同义词、近义词;主题词检索时选择扩展检索,减少副主题词的组配。

(5) 放宽检索范围和检索条件限制，例如，选择全部年限、所有文献类型、所有学科、使用截词符，调整位置运算符，等等。

2) 缩小检索范围

当检索出的文献数量偏多，或相关性较差时，需要缩小检索范围，此时需要使用提高查准率的检索技术。

(1) 使用字段限定检索，如题名、关键词、摘要字段。

(2) 增加逻辑"与"运算，增加检索词；或使用结果聚类、"在结果中检索"；主题词检索时选择加权检索、下位词不扩展检索、组配副主题词。

(3) 使用逻辑"非"运算，排除某些无关或者关联性小的检索词。

(4) 缩小检索范围和检索条件限制，如进行年限、文献类型、学科、语种等限定检索。

(5) 使用精确检索。

4.3 信息检索效果评价

4.3.1 信息检索效果的评价指标

信息检索效果(retrieval effectiveness)是指在信息检索过程中，利用检索系统开展检索服务时所产生的有效结果，即检索结果满足用户需求的有效程度。检索效果直接反映检索系统的性能，同时也是对检索者关于检索技能的掌握和应用的综合测评。对检索效果进行评价的主要目的是分析影响检索效果的各种因素，研究提高检索效果的有效措施，以便有效地满足用户信息检索的需求。

检索效果的评价主要从质量、成本和时间三方面来衡量，常用的评价指标有：查全率(recall ratio)、查准率(precision ratio)、漏检率(miss ratio)、误检率(noise ratio)、收录范围(coverage)、响应时间(response time)、用户负担(user efforts)和输出形式(form of output)。其中查全率和查准率是判定检索效果的主要指标。

1. 质量标准

质量标准由检索系统完成其功能的能力确定是指系统的性能和可操作性等，也就是满足用户的信息需要时所能达到的满意程度，主要通过查全率和查准率这两个指标进行评价。这是广泛应用于信息检索领域的两个度量值。

信息检索结果如表 4-2 所示：a 表示此次检索任务检索出的相关文献数量；b 表示此次检索任务检索出的非相关文献数量；c 表示此次检索任务未被检索出的相关文献数量，d 表示未被检索出的非相关文献数量。

表 4-2 信息检索结果

检出情况	相关文献	非相关文献	总计
检索出的文献	a	b	$a+b$
未被检索出的文献	c	d	$c+d$
总计	$a+c$	$b+d$	$a+b+c+d$

1) 查全率

查全率是指在进行某一检索任务时,检索出的相关文献数与检索系统中相关文献总数的比率,它反映该检索系统中实有的相关文献在多大程度上被检索出来。公式为:

查全率 $R=$(检索出的相关文献数/检索系统中相关文献总数)$\times 100\%=a/(a+c)\times 100\%$

例如,利用某个检索系统检索某课题的文献,假设在该系统中共有相关文献 200 篇,检索出 150 篇,那么本次检索的查全率为 75%。

2) 查准率

查准率是指在进行某一检索任务时,检索出的相关文献数与检索出的文献总数的比率,它反映从该检索系统中实际检出的全部文献中有多少是相关的。公式为

查准率 $P=$(检索出的相关文献数/检索出的文献总数)$\times 100\%=a/(a+b)\times 100\%$

例如,利用某个检索系统检索某课题的文献,假设在该系统中共有相关文献 200 篇,检索出 150 篇,其中检索出的相关文献为 120 篇,那么本次检索的查准率为 80%。

3) 查全率和查准率为互逆关系

理想的信息检索效果,是能无遗漏、无误差地检索出用户所需要的全部信息,即查全率和查准率均为 100%,实际上这是很难实现的。英国学者克里维顿(C.M.Cleverdon)在他著名的第二次克兰菲尔德试验(Cranfield Ⅱ)试验中提出,查全率和查准率呈反变关系。通常情况下,查准率和查全率无法同时优化。在同一个检索系统中,在排除人为因素的情况下,当查全率和查准率相对平衡时,查全率提高,检出的相关文献量增加,同时也会导致检出的不相关文献量增加,查准率会随之降低;反之亦然。

在实际的检索过程中,需要根据课题的实际需求,确定是以查全为主还是以查准为主,或是寻求查全与查准的相对平衡。不同的课题,检索信息相关性的目标要求不同,即使同一课题,研究的时期不同,对检索信息相关性要求的侧重点也会不同。例如,在进行一项新的研究计划初期,对查全率的要求比较高,尽量不漏掉任何一个有关研究项目的信息;而随着研究的推进,又需要在保证查全率的基础上逐步增加限定条件来提高查准率。

2. 成本标准

成本标准是指检索者为检索课题所投入的费用,主要涉及用户负担这一指标。不同的系统检索的费用是不同的,有的按照下载页数收费,有的按照下载篇数收费。

3. 时间标准

时间标准是指检索者检索课题花费的时间,主要涉及响应时间这一指标。它包括检索的准备时间、检索过程中的时间及获取全文的时间等。

4.3.2 信息检索效果的影响因素

查全率和查准率与信息的存储和检索是直接相关的,与检索系统的功能与质量、信息检索者的信息素养都有着非常密切的关系。对信息检索效果的影响,既有信息检索系统的因素,也有信息检索者的因素。

1. 信息检索系统的因素

信息检索系统的质量是影响信息检索效果的重要因素。其包括以下几点。

(1) 信息检索系统的收录范围。收录范围包括收录的学科范围、年代范围、语种范围、文献类型范围等。

(2) 信息检索系统的更新周期。更新越及时,越能检索到最新的文献信息。一般有日更新、月更新等。

(3) 信息检索系统的标引质量。标引质量是很关键的影响因素,标引得越全面、越准确、越规范,检索效果越好。

(4) 信息检索系统提供的检索途径。提供的检索途径、检索功能越完备,对检索结果的处理方式越便捷,检索者使用起来也越方便。

2. 信息检索者的因素

信息检索者是检索过程的具体实施者,信息检索者自身的信息素养,以及其对检索方法、技术的掌握与合理运用,直接影响信息检索的效果,包括以下几点。

(1) 对课题内容的分析是否到位。

(2) 检索词使用是否得当,检索词是否缺乏广泛性或专指性。

(3) 检索工具的选择是否恰当。

(4) 检索方法与途径是否恰当。

(5) 组配是否恰当或正确。

4.3.3 信息检索效果的改进措施

要提高检索效果,可以从检索系统和检索者这两个影响因素着手。

1. 提高检索系统的服务质量

促进信息资源的开发与利用,提高信息资源质量,提高信息检索系统的性能与可操作性,这是保证检索效果的重要环节之一。主要措施包括:提高信息资源编辑质量,使检索系统中收录的信息范围更广、内容更专、质量更高,能切合相应学科或专业的需要;提高信息资源分类组织标准,对海量数据进行挖掘,精确分类,兼备科学性和灵活性;提高信息标引质量,对检索系统中的海量信息进行专业的深度加工和标引,提高用户的检索质量和效率。

2. 提高信息检索者的信息素养

除了检索系统这一客观因素外,检索效果主要取决于检索者对信息检索知识与技术的掌握程度与应用能力。培养信息检索者的信息敏感度、信息判断能力、信息检索能力、信息辨析能力等,使其熟练掌握信息检索知识与技术,提高综合信息素养,是保证检索效果的另一个重要环节。

1) 选择合适的检索系统

根据课题检索目的和要求,选择最恰当的检索系统。每一个检索系统在文献回溯时间、收录学科范围、文献类型、索引语言、标引深度与准确性、检索标识匹配等方面都有自己的特点和偏向性,清楚掌握不同检索系统的特点、性能及使用方法,既要选择高质量的检索系统,又要选择最适合本课题的检索系统。

2) 优化检索步骤与策略

检索的每一步骤都要求检索者具备相应的知识储备与能力,包括全面分析检索课题的要求,正确选择检索系统与检索途径,准确确定检索标识;科学使用各种检索技术,构建正确的检索表达式;准确分析、判断检索结果。

3) 有效鉴别检索结果,合理调整查全率和查准率

检索者应根据课题的目的和要求,准确地分析、判断检索结果多大程度符合课题需求,运用各种信息检索技术,优化检索策略,适当调整查全率和查准率,以达到最佳检索效果。

本 章 小 结

信息检索的实施是信息检索过程中的核心环节,它不仅涉及检索策略的调整和优化,而且需要根据具体需求选择合适的检索工具和检索方法。通过实施信息检索,用户可以快速、准确地获取所需信息,从而提升信息利用的效率。在实施信息检索时,有几个关键因素需要注意,如信息源的选择、检索语言的使用及检索方法的确定等。同时,为了根据实际情况选择最合适的技术和工具,还需要深入了解各种信息检索技术和工具的特点和使用方法,掌握逻辑运算符、截词符、字段限定等信息检索技术。另外,信息检索的实施还需要不断优化和改进,了解提升信息检索效果的改进措施以适应信息环境和用户需求的变化。

思 考 题

1. 计算机信息检索技术主要包括哪些内容?
2. 布尔逻辑运算符有哪些及其作用?
3. 什么是工具法?
4. 信息检索的一般步骤包括哪些内容?
5. 根据文献信息的特征,如何划分检索途径?
6. 分类途径、关键词途径和主题词途径的特点是什么?
7. 评价检索效果的主要指标是什么?
8. 影响检索效果的因素包括哪些内容?
9. 提高查全率、查准率的措施分别包括哪些内容?
10. 查找 2010 年以来,核磁共振成像(NMRI)技术运用于小儿结核性脑膜炎的诊断方面的文献,如何编写最佳检索表达式?

第 5 章

图书馆信息资源利用

本章要点

◎ 图书馆的发展简史及其类型

◎ 图书馆的主要信息服务

◎ 信息资源的共享

◎ 图书馆馆藏书刊检索和电子图书利用

学习目标

◎ 了解图书馆的发展简史及其类型和数字图书馆

◎ 掌握图书馆的信息服务

◎ 了解信息资源共享资源网站

◎ 掌握读秀和百链云数据库的使用与操作

5.1 图书馆概况

5.1.1 图书馆的定义

根据《辞海》的解释,图书馆是收集、整理、保管、传递和交流人类知识和信息,以供读者参考、利用的文化机构或服务体系。图书馆不仅是储藏知识的场所,而且是一个促进文化传播和交流的多功能机构,通过传递、分享和利用知识和信息资源,以满足人们的各种需求,是人类文明成果的集散地。

5.1.2 图书馆的简史

图书馆作为知识保存、传播和交流的机构,有十分悠久的历史。我国图书馆的发展经历了古代图书馆、近代图书馆和现代图书馆三个时期。

1. 古代图书馆

我国古代的藏书机构历史悠久,名称多样,有府、阁、殿、院、堂、楼、宫、观、斋等,著名的有西周时期的故府、秦朝的阿房宫、隋朝的观文殿、宋朝的崇文院、明代的澹生堂及清代的岳麓书院等。

中国古代图书馆的主要作用是"集藏",即把散落于社会各处的传统典籍聚集到一处保存起来,使之传承有序。它包括"官府藏书""书院藏书""寺观藏书"和"私人藏书"四个分支。官府藏书只能为皇帝、仕人等极少的人所见;书院藏书多为官吏的行馆或供院内学子阅览;寺院藏书收藏了佛经、经典文献和宗教著作,以供僧侣和信徒研读和学习;而私人藏书则只能为主人所用。

2. 近代图书馆

中国近代图书馆事业开始于晚清时期,是在西方近代图书馆和中国古代藏书楼的共同影响下逐渐孕育而成的。1904年,徐树兰在浙江绍兴筹建的古越藏书楼正式对公众开放。古越藏书楼是我国图书馆史上最早对公众开放且具备近代公共图书馆特征的藏书楼。同年,湖南省图书馆和湖北省图书馆也先后成立。辛亥革命前后,许多省城效仿此举,纷纷成立省公共图书馆。1912年,我国国家图书馆——北京图书馆的前身京师图书馆正式对外开放。自此,旧时以楼、府、阁、院、殿等为名的藏书楼也纷纷改称图书馆,掀开了我国近代图书馆发展的新的一页。

3. 现代图书馆

现代图书馆是指利用现代化技术手段,为读者提供全面、高效、个性化的信息服务和知识传承的机构。计算机技术和信息技术的应用促使现代图书馆从一个侧重文献收集、整理和利用的相对封闭的系统,逐渐演变为强调信息传递和知识普及的开放式信息系统,这是现代图书馆发展的显著特点。这一变革极大地推动了文献信息的加工、整理、传播和利用,使图书馆朝着现代化和信息化的方向快速发展。现代图书馆的开放性也得到了强化,通过网络技术,用户可以远程访问图书馆资源,从世界各地获取所需的知识,这进一步拓宽了图书馆的服务范围。因此，现代图书馆不仅是传统书籍的存储和借阅场所，还包括了数字化资源、多媒体材料、电子书籍、数据库、互联网接入等现代化技术和信息服务。

5.1.3 图书馆的类型

中国目前的图书馆，按其管理体制、馆藏文献范围、服务对象等不同，可以划分为多种不同的类型。按管理体制(隶属关系)划分，图书馆可分为文化系统图书馆、教育系统图书馆、科学研究系统图书馆、工会系统图书馆、军事系统图书馆等类型；按馆藏文献范围划分，图书馆可分为综合性图书馆、专业性图书馆、盲文图书馆、特藏图书馆等类型；按服务对象划分，图书馆可分为公共图书馆、学校图书馆、少儿图书馆、盲人图书馆、少数民族图书馆等类型；按行政等级划分，图书馆可分为国家图书馆、省级图书馆、市级图书馆、县级图书馆等类型；按馆藏文献的性质及载体形式划分，图书馆可分为纸质图书馆、复合图书馆、数字图书馆等类型。

在实际情况中，图书馆的分类并非采用单一标准，而是通过综合考虑多种因素来进行的，这样更能准确地描绘图书馆的性质。目前，一般认为我国图书馆事业的三大支柱包括公共图书馆、高等院校图书馆及科学和专业图书馆，这三类图书馆在整个图书馆体系中各司其职，共同构成了我国丰富而多元的图书馆网络。

公共图书馆是指向社会公众免费开放，收集、整理、保存图书报刊、音像制品、缩微制品、数字资源等文献信息，并提供查询、借阅及相关服务，开展社会教育的公共文化设施。公共图书馆按照平等、开放、共享的要求向社会公众提供服务，担负着为大众服务和为科学研究服务的双重使命。其中，推动、引导、服务全民阅读是公共图书馆的重要任务。公共图书馆的藏书范围一般较为广泛，内容涉及各个学科，兼顾通俗性与学术性。另外，收藏具有当地特色的文献也是公共图书馆的任务之一。

高等院校图书馆是隶属于高等教育机构的图书馆，为大学生、教职员工及研究人员提供丰富的学术资源和服务，是学校的文献情报中心，担负着教学和科研服务的双重任务。高等院校图书馆承担着提供学术资源、数字化服务、信息检索与参考咨询、文献传递服务等多重职能，旨在为师生提供广泛而深入的学术资源，支持教学和研究工作。因此，高等院校图书馆不仅是校园文化的中心、学校的文献情报中心，也是素质教育的重要基地。

科学和专业图书馆是科学研究的重要组成部分，包括中国科学院、中国社会科学院系统及各研究所的图书馆，政府部门及其所属研究院(所)与大型厂矿企业的技术图书资料室，以及一些专业性的图书馆。这类图书馆主要是以收集科技文献资料为主，以广大科研技术人员为服务对象，是我国科技事业发展的主要信息资源保障体系，其藏书的学科专业性很强，尤其注重国外最新文献资料的收集，直接为科研和生产服务。

5.1.4 数字图书馆

1. 数字图书馆概述

数字图书馆(digital library)是利用数字技术和网络技术，将传统图书馆的文献资源数字化、网络化，以实现更广泛、更便捷的信息获取和传播的一种图书馆形态，实质上是一种多媒体制作的分布式信息系统，涉及信息资源加工、存储、检索、传输和利用的全过程。

通俗地说，数字图书馆就是虚拟的、没有围墙的图书馆，是基于网络环境下共建、共享的可扩展的知识网络系统，是超大规模的、分布式的、便于使用的、没有时空限制的、可以实现跨库无缝链接与智能检索的知识中心，以求最大限度地满足用户个性化需求。它不仅包括数字化的图书、期刊、论文等印刷文献，还包括多媒体、数据库、电子地图等多种形式的数字资源。数字图书馆的起源和提出与计算机技术、互联网的普及和数字化技术的发展密切相关，是信息社会发展的产物，为图书馆服务的数字化和网络化奠定了基础。和传统图书馆相比，数字图书馆具有如下特点。

1) 信息资源数字化

信息资源数字化是数字图书馆的基础。数字图书馆的本质特征体现在充分利用现代信息技术和网络通信技术，对各类传统介质的文献进行压缩处理并转换为数字形式。数字图书馆的数字资源信息不再依附于实体纸质媒介，而是以数字的形式呈现，具有可存储、可检索、可传播的特性，为用户提供了更便捷、更灵活的访问途径，进一步推动了信息社会中图书馆服务的创新发展及信息资源的共享和利用。

2) 信息传递网络化

数字图书馆通过网络化的信息传递方式，打破了传统图书馆中的时间和地域限制。用户可以通过互联网迅速访问数字图书馆的资源，实现了信息的全球传递。这种网络化的传递方式不仅提高了信息的时效性，同时也为远程学习、在线研究提供了便利。研究人员、学生、学者无须亲临图书馆，就能够利用数字渠道获取所需的学术资料，加速了学术研究的进程，促进了知识的迅速传播。

3) 信息利用共享化

在数字化与网络化的基础上，数字图书馆的信息利用共享化特点，体现出了跨地域、跨国界的资源共建的协作化与资源共享的便捷性。数字图书馆通过全球协作机制，能够整合来自不同地区和机构的丰富资源。这种跨界合作推动了全球范围内学术和文化信息的共享，为用户提供了更广泛、多元的学术视野。这种共享化的理念促进了全球范围内学术和文化信息的流通，为各个领域的研究者提供了更广泛、更多元的资源，使用户不再受实体馆藏的地域限制，可以自由获取和利用来自世界各地的学术研究成果，推动了知识的全球性合作和共同发展。

4) 信息提供知识化

数字图书馆不仅提供了大量的数字资源，更通过知识化的信息服务，为用户提供了更加智能、个性化的体验。数字图书馆将图书、期刊、照片、声像资料、数据库、网页、多媒体资料等各类信息载体与信息来源，在知识单元的基础上有机组织并链接起来，以动态分布的方式为用户提供服务。通过先进的搜索引擎、推荐系统及个性化定制服务，数字图书馆能够根据用户的兴趣、学科需求等因素，精准地推送相关的学术资源。这种知识化的信息服务使用户能够更快速地找到所需信息，提高了信息的利用效率，促进了用户对知识的深度探索。数字图书馆通过智能化的信息服务，进一步丰富了信息的提供层次，使用户能够更全面地获取学科知识。

2. 数字图书馆产品

我国数字图书馆系统已经有了很大的发展，比较有影响的有：超星电子图书馆、方正Apabi 数字图书馆、书生之家数字图书馆等。国外的数字图书馆产品虽然规模小，但是收录的文献质量高，从中可以获取一些经典的医学文献。

1) 超星电子图书馆

超星数字图书馆(https://www.sslibrary.com)是全球最大的中文数字图书馆，成立于1993年，由北京世纪超星信息技术发展有限责任公司创建，是国家"863"计划中国数字图书馆示范工程项目。2020年12月，超星数字图书馆在互联网上正式升级为超星电子图书馆，提供更加丰富和高质量的数字资源服务。超星图书馆是全球最大的中文电子图书资源库，提供大量的电子图书资源以供阅读，其中包括文学、经济、计算机等50余大类，目前电子图书总量超过150万种，涵盖中图分类法22个大类，每年的新增图书超过15万种，同时拥有来自全国700多家专业图书馆的大量珍本及民国图书等稀缺文献资源。

超星电子图书馆提供快速检索、二次检索、高级检索、主题导航等检索途径。页面左侧是全部图书目录，按照《中图法》将图书分为22个大类。逐级单击分类进入下级子分类，同时页面右侧显示该分类下图书的详细信息。

在快速检索输入框中输入检索词，点选检索途径(书名、作者、目录等)，选择检索类别，单击检索进行图书的快速查找。检索结果的图书详细信息在页面的中间部分显示，包括图书的标题、主题词、作者、出版日期、出版社、页数及中图分类号。每级分类均有热点链接，通过链接可直接浏览该分类中其他电子图书的详细信息。超星电子图书馆搜索界面，如图5-1所示。

图5-1 超星电子图书馆搜索界面

高级检索提供书名、作者、主题词、年代、分类、中图分类号等条件的布尔逻辑组合检索，还可以将检索结果按照出版日期、书名的升序或降序进行排序。

主题导航提供按不同主题领域进行精准定位和推荐的功能，用户可以根据自己的兴趣和需求选择合适的主题进行浏览和阅读。

此外，超星电子图书馆提供多种阅读方式，不仅可以在超星电子图书馆内置阅读器及 PDF 在线阅读，也可以下载到本地，通过超星阅读器进行本地阅读。

2) 读秀学术搜索

读秀学术搜索(https://www.duxiu.com/)也是由北京世纪超星信息技术发展有限责任公司创建，由全文数据及元数据组成的超大型数据库。读秀将图书馆馆藏纸质图书、中文图书数据库等各种资料整合于同一平台上，并且提供原文传送服务，集图书搜索、图书试读、文献传递、参考咨询等多种功能于一体，为用户提供目录查询和全文知识点的检索。此外，读秀学术搜索将检索结果与各种馆藏资源库对接。读者检索任何一个知识点，都可以直接获取图书馆内与其相关的纸质图书、电子图书全文、期刊全文及论文内容等。读者通过读秀平台可以一站式获取所需信息，既方便了读者的使用，也节省图书馆的人力、物力，提高了工作效率及图书馆的管理水平和服务水平。读秀学术搜索主页，如图 5-2 所示，具体检索方法详见 5.4.3 小节。

图 5-2　读秀学术搜索主页

3) 方正 Apabi 数字图书馆

方正 Apabi 中的五个英文字母分别数字图书馆(http://www.apabi.com/)是由北京大学方正电子有限公司开发，Apabi 中的五个英文字母分别代表 author(作者)、publisher(出版者)、artery(分销渠道)、buyer(购买者，读者)及 internet(互联网)。Apabi 以因特网为纽带，将传统出版的供应链有机地连接起来，实现完全数字化的出版。Apabi 技术采用了原版式和流式结合的阅读体验，以及安全稳妥的版权保护技术、数据挖掘和知识标引，确保用户在阅读过程中获得安全、舒适的体验。该平台在网络上重现了出版流程，使出版社、报社、杂志社能够以低成本快速进入数字出版领域。同时，图书馆也可以迅速建成数字图书馆，各方能够充分发挥在产业链中的优势和特点，实现多方共赢。

作为信息资源管理与交流平台，方正 Apabi 数字图书馆具有全文检索、网上借阅和个人图书馆管理等功能。其核心数字资源来自 CALIS 教学参考书、高校与科研图书馆推荐的图书、相关奖项获奖图书、特聘顾问推荐图书、出版社推荐图书等 5 个方面，形成了中文文本电子图书资源库。这些电子图书大部分是 2000 年以后出版的新书，与纸质书同步出版，并与 500 余家出版社全面合作，确保内容的多样性和权威性。方正 Apabi 数字图书馆致力于成为数字出版领域的综合性平台，推动数字阅读的发展。

方正 Apabi 数字图书馆提供三种灵活的用户检索方式，包括分类查询、快速查询和高级检索。在分类查询方面，用户可以选择两种分类方法：常用分类和《中图法》。这两种分类方法涵盖了大量的图书类别，每个大类下再细分若干小类，总共分为四级。使用分类查询时，用户首先根据图书内容确定其所属类别，然后按分类体系逐级选择相应类目，右侧就会显示该类目所包含的所有图书。快速查询提供了多个字段的检索选项，包括书名、责任者、出版社、摘要、年份等，使用户能够迅速找到所需图书信息。这种方式的检索更加直观和方便。高级检索则提供了更为灵活的检索选项。用户可以在字段间使用逻辑"与"和逻辑"或"的组合，高级检索分为本库检索和跨库检索，进一步满足用户不同的检索需求。这三种检索方式的结合使用户能够根据个人需求灵活选择，提高了在方正 Apabi 数字图书馆中查找信息的效率和便捷性。

方正 Apabi 数字图书馆的资源阅览需要使用专门的 Apabi 阅读器——Apabi Reader，该阅读器集成了在线阅读、下载收藏等功能，并且具备 RSS 阅读器和本地文件夹功能。此外，Apabi Reader 增加了语音朗读功能，并增加了一些快捷键操作。使用 Apabi 阅读器，用户可以阅读 CEB、XEB、PDF、HTML 格式的图书和文件。阅读器内置的文档管理器使用户能够方便地管理已借图书，提供了便捷的图书管理功能。在检索结果列表中，用户可以直接单击书名或图书封面图片，实现快速直观的阅览体验。阅览时间限制为 2 小时，为了满足用户的灵活需求，借阅功能也是可选的。用户还可以利用阅读器的借阅功能下载图书，借阅期限为 7 天。下载后的图书可在本机离线状态下使用，提供了更便利的阅读选择。值得注意的是，被借阅的图书在借阅期间其他人不能借阅，但可以通过在线阅览的方式进行浏览。

4) 书生之家数字图书馆

书生之家数字图书馆由北京书生科技有限公司创办，主要提供中文图书的全文电子版，是一个全球性的中文图书报刊网上开架交易平台。书生之家数字图书馆馆藏图书涉及社会科学、人文科学、自然科学、医药卫生、工程技术等各个类别，下设中华图书网、中华期刊网、中华报纸网、中华 CD 网等子网，集成了大量图书的(在版)书(篇)目信息、内容提要、精彩章节及全文等，可以为专业图书情报机构提供数字图书馆服务，为读者在该平台上进行检索、读书、摘录提供便利。

书生之家数字图书馆系统提供分类检索、字段(书名、丛书名、出版机构、作者、ISBN、提要、主题)检索、目次检索、组合检索、全文检索、二次检索等多种检索功能。其全文检索功能可实现对所有图书内容的检索。安装书生阅读器之后也可以利用其借阅系统进行在线阅读或收藏到藏书阁，还可以下载到本地进行本地阅读。

5) 国外医学电子图书简介

(1) Thieme Electronic Book Library。Thieme Electronic Book Library(https://medone-education.thieme.com/)是一个由德国具有百年历史的国际医学出版社(Thieme 出版社)出版的电子图书库，它提供其出版的在学术界享有盛名的 Color Atlas 系列图书，是一个内容持续增加的在线参考书资料库，目前拥有 Flexibook Color Atlases 和 Textbooks 系列，所收录优秀的基础科学和医学内容，共计四大类：解剖学、放射学、临床科学、基础科学。Thieme Electronic Book

Library 功能非常强大,机构用户可在书内进行内容搜索、字体大小调整、阅读器内插入笔记、视频浏览等,所有的图例和图片都可以下载到 PowerPoint 中。电子图书还可以按照学科、题名、作者和版本进行分类,以方便查找,如图 5-3 所示。各种书籍内附精美图片、清晰的文字介绍,内容主题鲜明,不但图文并茂而且图文相互对照。Thieme Electronic Book Library 还提供浏览、简单检索和高级检索等功能,采用 PDF 格式,方便下载与打印。

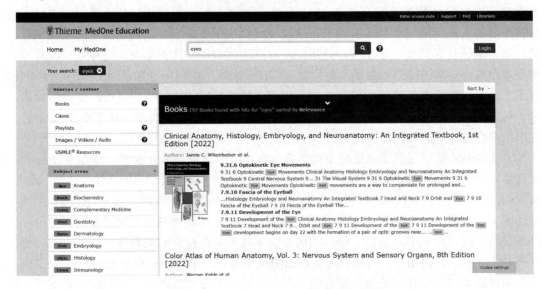

图 5-3 Thieme E-book library 搜索界面

(2) McGraw-Hill 在线医学图书。McGraw-Hill Education(https://www.mheducation.com)是一家总部位于美国纽约的全球性教育出版公司,致力于提供全方位的教育产品和服务。其业务涵盖学前教育至高等教育及职业培训领域,包括印刷教材和数字化教材、在线学习平台、教育技术工具等,通过其多领域的产品影响全球教育,强调在语言艺术、数学、科学和社会科学等学科领域的全面覆盖。

McGraw-Hill Education 的 Access 系列涵盖了多个医学领域,为医学生和专业人员提供了全面的学习资源。AccessMedicine 提供了 USML(United States Medical License,美国执业医师资格)在线测试、CASEFILE(实际病例教育)、丰富翔实的药品信息和疾病的鉴别诊断及数字化的医学教科书、参考书和临床资源;AccessSurgery 专注于外科学科,提供外科手术的权威教科书、教学录像以及在线测试和疾病的鉴别诊断,所有数据动态更新;AccessEmergency Medicine 专注于急诊医学,包括急诊医学教科书和病例研究;AccessPharmacy 致力于药学,提供药学教科书、药物信息和治疗指南。此外,还有 AccessNeurology、AccessBiomedical Science、AccessPhysiotherapy 等多个医学图书在线产品,每个平台都提供独特的学科内容,满足相关专业领域的学习需求。

(3) LWW Doody's All Reviewed Collection。LWW Doody's All Reviewed Collection (https://www. doody.com)是一个由 Doody's Review Service 和 Lippincott Williams & Wilkins(LWW)合作提供的医学和健康科学图书的评价和收藏开发工具。它包含了超过 2000 本医疗专业人员和医学图书馆员选定的必备图书,涵盖了各个学科的基础知识。每本图书都根据五个标准进行评分,包括作者和出版社的权威性、主题的范围和覆盖度、内容的质量(包括及时性)、使用性和目的及性价比。

LWW Doody's 电子图书是由 LWW Doody's All Reviewed Collection 甄选 LWW 出版社的 200 余本电子书组成的合集，涉及的内容包括医学、护理和保健等领域。LWW Doody's 的图书都是 Doody's Core Titles，即核心书目，而 LWW Doody's All Reviewed Collection 的图书包括 Doody's Core Titles 和 Doody's Essential Purchase Titles，即核心书目和必购书目。

(4) Springer-Ebook。Springer-Ebook (https//link.springer.com)是 New Springer 出版集团 2007 年推出的电子书项目，涵盖科技、医学和社会科学等多个学科。截至 2024 年 4 月，Springer Link 平台拥有超过 1500 万份科学文献，提供全面丰富的资源，涵盖科学、技术和医学以及人文和社会科学领域的期刊、图书、会议论文集、参考工具书和实验室指南等。其电子书和印刷版图书同步出版，且与 Springer 电子期刊等资源整合于 Springer Link 平台，充分实现链接功能，能够提供到章节层面的 DOI，按章节呈现检索结果。

5.1.5 馆藏资源的组织与利用

馆藏资源是指图书馆通过各种方式收集、整理、保存，并提供给读者的各种类型的文献资源。按照文献的载体形式，可以分为纸质资源和电子资源；按照文献的内容特征，可以分为综合性资源和专业性资源；按照文献的出版时间，可以分为现刊资源和过刊资源；按照文献的价值和珍稀程度，可以分为普通资源和特藏资源。

1. 馆藏书刊的组织与排架

馆藏书刊的组织与排架是图书馆为了方便读者检索和利用藏书，按照一定的原则和方法，将书刊有序地放置在书架上的工作。馆藏书刊的组织与排架需要体现馆藏文献的内容特征和形式特征，使同类或相近的书刊集中在一起，不同的出版形式、载体形态、时序特征、地序特征等有所区别，便于读者识别和区分。

馆藏图书通常根据学科分类，按照索书号的顺序排架。索书号是图书馆赋予每一种馆藏图书的号码，是识别一种图书的唯一标志，也是藏书排架和查找图书的依据。索书号一般由分类号和书次号组成。分类号是根据图书的学科主题内容按照某种分类法赋予图书的标识符号，国内图书馆大多采用《中图法》，国外图书馆采用的分类法有《美国国会图书馆图书分类法》《杜威十进制图书分类法》等。分类号使同类图书集中排列。书次号用于区分相同分类号的不同种图书。书次号的使用尚无统一标准，有的采用种次号，即图书入藏的顺序号作为书次号；也有的采用著者号，如著者姓名汉语拼音首字母等作为书次号；还有的用著者号+种次号作为书次号。图书架位的排列先按照分类号的字母、数字排列，分类号相同再按照书次号的字母、数字排列。

期刊的组织与排架相对简单，一般分为过刊和现刊。过刊是指期刊出版一年后，将一年的期刊装订成册的合订本。过刊的组织与排架一般按照语种分别排列，同一语种的期刊按照刊名的字顺排列。现刊是指期刊出版后尚未装订成册的单期期刊。现刊的组织与排架一般按照分类或刊名字顺排列，也有的按照出版国家或地区排列。随着数字化时代的到来，许多图书馆采用数字化排架，用户可以通过电子数据库访问期刊资源，实现更灵活的检索。

2. 联机公共查询目录

随着互联网应用的普及，联机公共查询目录(online public access catalogue，OPAC)逐步取代了卡片式目录。OPAC 是一种基于计算机和网络的目录服务，是图书馆自动化系统中的一个重要组成部分。作为图书馆和读者之间的互动界面，OPAC 可以让用户通过网络远程检索到提供 OPAC 服务的图书馆的书刊、数字资源等信息，为用户提供了方便快捷的图书馆资源检索和利用方式。OPAC 的基本功能主要包括以下几点。

(1) 查询馆藏信息。读者可以通过系统检索图书馆的馆藏文献，如书刊、数字资源等，了解文献的题名、作者、出版社、分类号、索书号等基本信息和馆藏状态，以及借出图书应还日期、馆藏复本数、馆藏处理的状态信息、期刊馆藏信息等。

(2) 查询读者信息。注册读者可以通过 OPAC 系统查看自己借阅、续借、预约图书的记录信息，以及图书馆的各项服务信息，如开馆时间、办证指南、机构设置、阅览场所指南等。

(3) 流通功能。流通功能包括网上借还、续借、预约、催还等。

(4) 个性化信息服务。OPAC 系统支持个性化服务，允许用户设定个人偏好、保存检索历史、订阅主题、收藏文献等，此外还包括预约提醒、超期图书提醒等，以提供定制化的信息服务体验。

(5) 其他功能。其他功能包括但不限于馆内地图浏览、新书推荐、电子资源链接、社交媒体互动、网上学习资源等，丰富用户体验和满足用户多样化需求，实现多元化的信息服务。

3. 图书馆网站

图书馆网站是读者利用图书馆信息资源和服务的平台，是可以远程、全天候利用的虚拟信息中心，也是高度整合的信息集散地。图书馆的虚拟馆藏资源以图书馆网站为依托呈现给读者。因此，要想充分利用图书馆的资源和服务，必须充分了解图书馆网站。

一般来说，大学图书馆网站通常由若干栏目组成，以下栏目及其功能如下。

1) 简介功能

介绍图书馆的概况、历史使命、资源与服务、馆藏规模和特色等，帮助读者了解图书馆的基本情况。

2) 资源/服务利用功能

提供远程利用图书电子资源和数字服务的平台，让读者通过网络自主地浏览图书馆的馆藏目录、特色资源、数字资源等文献信息，实现快捷、全面、高效的文献利用，使读者能够跨越时空限制，方便地通过网络从图书馆获取文献信息与服务。

3) 读者教育功能

图书馆通过在线教程、培训课程、指南等向读者提供有关信息素养、学术写作、文献检索等方式，为读者利用图书馆资源与服务提供指导，帮助读者更好地利用图书馆资源，提升他们的信息素质。

4) 交流互动功能

图书馆通过在线网站发布消息、进行读者调查、答复读者意见、解答咨询，为读者提供书刊借阅、数据库检索、课程学习、毕业论文撰写、科研查新等方面的咨询服务，帮助读者解决在图书馆使用中遇到的困难和问题。

5) 链接功能

读者可以通过图书馆网站访问与图书馆相关的其他资源和服务，如学校的其他部门、学术出版商、电子期刊平台等，拓宽了读者获取信息资源的渠道。

5.2 图书馆信息服务

5.2.1 文献借阅

文献借阅是指通过图书馆或其他学术机构的服务，借阅特定的书籍、期刊或其他文献资源以供阅读或研究，是图书馆最基本的服务功能。通过这项服务，读者可以借阅馆内的图书、期刊、报纸等文献资料，满足学术、研究或娱乐需求。借阅流程通常包括确定所需文献，查找并登录到相应的图书馆系统，搜索并选择欲借阅的文献，确认借阅条款，领取文献，按规定时间内归还文献，以避免逾期费用。

文献借阅流程可能因图书馆和机构而异，读者也可以进入书库直接查找和阅览图书，而借书、还书还需要凭证到流通台办理手续。为确保文献的流通，以便更多的读者能够充分利用馆藏，读者需要了解自己的借阅资格，包括借阅数量、期限等及其他潜在的限制。对于一些重要的专业著作或新出版的图书，类似于辞典、百科全书、药典等工具书等，图书馆通常会保留一本作为馆藏本，不可外借。而对于期刊，由于每期包含多篇论文，具有利用率高、时效性强和复本较少的特点，一般来说，图书馆不提供外借服务，仅提供馆内阅览和复印服务。

5.2.2 参考咨询与读者培训

图书馆参考咨询服务旨在为读者提供全面的支持，帮助他们更有效地利用图书馆资源。该服务包括提供有关图书馆馆藏、检索工具、数据库等方面的引导，帮助读者进行信息检索，支持学术研究，提供引用管理和数字资源使用的指导以及解答一般性问题等。通过这项服务，图书馆工作人员帮助读者解决信息需求，提供专业化、个性化的指导，从而促进学术研究和知识获取，最终确保读者能够充分了解并灵活利用图书馆的多种资源，提升其信息素养和学术能力。图书馆提供的咨询方式包括现场咨询、电话咨询、电子邮件咨询、预约咨询、在线咨询、图书馆主页的留言板和常见问题解答(frequently asked questions, FAQ)等。

读者培训是图书馆为读者提供的一系列培训活动，旨在提升读者的信息素养、图书馆资源利用能力和独立学习技能，培训内容涵盖如何使用图书馆资源、检索技巧、文献阅读和引用管理等。读者培训的形式多种多样，包括课程、讲座、研讨会、培训手册等。读者培训的目标是帮助读者更深入地了解和利用图书馆的各种资源，包括图书、期刊、数据库、电子书等，以满足他们在学术、研究或个人兴趣等方面的信息需求。通过培训，读者可以更加熟练地运用图书馆的检索工具，了解信息组织的原则，并提高信息筛选和评估的能力。大学图书馆主要提供两类培训。一类是新生入馆教育培训，以介绍图书馆利用基本知识为主。另一类是以推广特定资源使用或特定主题讲座的系列培训活动。

5.2.3 科技查新

科技查新简称"查新",是以反映查新项目主题内容的查新点为依据,以计算机检索为主要工具,以获取密切相关文献为检索目标,通过综合分析和对比方法,对查新项目的新颖性进行文献评价的情报咨询服务。这是一种系统化的信息检索和获取方法。查新过程通常包括对科技文献、学术论文、专利、会议记录等信息源的检索和分析,以追踪和了解特定领域的最新研究成果、技术创新及相关的学术进展。

查新是文献检索和情报调研相结合的情报研究工作,它以文献为基础,以文献检索和情报调查为手段,以检出结果为依据,并与课题查新点进行对比,从而对其新颖性作出判断并出具查新报告。科技查新主要包括科研课题立项查新、科技成果鉴定和奖励查新、申请专利查新等。科技的查新工作能够为科研立项、科技项目评估、验收、奖励、专利申请、技术交易等活动提供客观的评价依据,帮助研究者及时获取最新的科技研究成果、技术发展、学术论文和专利信息,保持对领域内动态的敏感性。国内一些大学图书馆已经获得相关机构的认证,成为有资质的查新机构,向读者提供科技查新检索服务。

5.2.4 馆际互借与文献传递

馆际互借是图书馆之间进行资源共享的一种形式,是图书馆之间相互利用对方馆藏来满足本馆读者需求的一种资源共享服务。当某一个图书馆无法提供读者所需的图书或文献时,可以通过与其他合作图书馆的协助来获取所需资源,这种协作机制旨在拓宽读者获取信息的渠道,提升图书馆服务的覆盖范围和质量。馆际互借包括返还式馆际互借与非返还式馆际互借两种情形,其中非返还式馆际互借即是文献传递(document delivery)。

图书馆提供的文献传递服务是传统馆际互借服务的延伸,是一种提供文献复制件的非返还式的中介服务,具有操作简便、快捷和便于共享等特点。文献传递服务的流程通常包括用户请求、检索和确认、申请借阅、借阅确认、物理传递或复制、用户接收、记录和归档及反馈和评估等主要步骤。申请文献传递时读者需提供所需文献的篇名、作者、刊名、卷、期及起止页码等完整的题录信息。图书馆将根据读者要求,将查阅到的文献原文通过传真、邮寄、电子邮件、网络工具等传递方式送达。

随着现代信息网络技术的发展,文献传递得到了广泛应用和蓬勃发展,它不仅在文献服务领域发挥了重要作用,而且已经成为一种新的资源增长方式,在促进资源的共建、共享方面发挥了重要的作用。国内外很多图书馆已经逐渐将重心从"如何拥有更多资源"转变为"如何更有效地获取资源",文献传递与馆际互借服务正逐渐成为图书馆服务工作的一个重点。

目前,高校图书馆、国家图书馆、国家科技图书文献中心(National Science and Technology Library,NSTL)、中国高等教育文献保障系统(China Academic Library & Information System,CALIS)等机构纷纷开展了馆际互借和文献传递服务,并引入了专门的文献传递服务平台。各数字图书馆平台也相继推出了文献传递功能,使用户在检索完成后能够直接在线提出文献传递申请。通过这些服务平台,读者可以方便地将所需文献申请发送至系统,而系统则会自动将相应文献发送至读者的电子邮箱,为用户提供了更便捷、更高效的文献获取途径。

5.2.5 学科服务

学科服务以科学研究的学科、专业、项目、课题等为基础，进行信息资源的获取、组织、检索、存储、传递与利用，从而实现信息服务学科化和服务内容知识化。这一模式的推出旨在提供更精准、更贴近用户实际需求的服务，提高信息资源的利用效率，打破按照文献工作流程组织科技信息的传统服务模式。

目前，大学图书馆学科服务的主要内容包括学科信息资源建设、学科导航与咨询服务、学科资源推广与展示、学科创新服务等。学科服务由图书馆学科馆员来推动，通过电话、邮件、学科博客、研究室、课题组等方式，将图书馆信息服务延伸到用户之中。充分利用图书馆的学科服务可以获得更具有针对性、个性化的服务，对提升图书馆服务理念、加强与院系师生联系、支持学校学科建设及助力教学科研有直接的推动作用。

5.3 信息资源共享

5.3.1 中国高等教育文献保障系统

中国高等教育文献保障系统(http://www.calis.edu.cn)，是教育部"九五""十五"和"三期""211工程"中投资建设的面向所有高校图书馆的公共服务基础设施，也是我国文献资源保障体系的重要组成部分，于1998年正式启动。CALIS项目秉承"共建、共知、共享"的理念，以"全面支撑、多源融合、协同创新、价值引领"为指导方针，面向不同层次成员、不同类型用户的差异化需求，提出并践行"普遍服务"理念，构建的三级服务保障体系以四大全国中心、7个地区中心、31个省中心为骨干脉络，覆盖31个省(自治区、直辖市)和港澳地区，服务1800多家成员馆，是全球规模最大的高校图书馆联盟之一。CALIS由设在北京大学的CALIS管理中心负责运行管理，下设业务支持中心、信息服务中心、数据中心、技术中心四个智能与管理部门，另设有联机编目中心、期刊研究室和深圳技术中心(设在深圳大学图书馆)等专业中心。CALIS服务平台提供的服务有编目服务、资源发现、馆际互借与文献传递、共享软件服务、查收查引系统和采编一体化平台，如图5-4所示。

图 5-4　CALIS 服务平台项目与服务

1. 编目服务

CALIS 联合目录公共检索系统(Consortium of Academic Libraries and Information Systems, Unified Public Access Catalogue, CALIS UPAC)(https://opac2.calis.edu.cn/)，是中国高等教育文献保障系统的核心服务之一。该系统旨在通过构建一个统一的、跨图书馆的检索平台，为用户提供全国范围内高校图书馆的馆藏资源查询服务。截至 2023 年 6 月，CALIS 联合目录系统数据库共有书目记录 852 万余条，规范记录 184 万余条，馆藏信息 6000 万余条。书目记录涵盖印刷型图书和连续出版物、古籍、部分非书资料和电子资源等多种文献类型，覆盖中、英、日、俄、法、德、西、拉、阿拉伯文等 180 多个语种；数据标准和检索标准兼容国际标准。

2. 资源发现

(1) e 读学术搜索。"开元知海·e 读"学术搜索拥有超过三亿的海量数据，包括期刊、学位论文、普通图书、工具书、年鉴、报纸等资源；在海量数字资源揭示的基础上，可通过知识图谱、关联图、领域细分等功能帮助读者挖掘知识节点背后的隐含信息；可集成馆藏 OPAC、电子资源全文阅读、章节试读、无缝链接 CALIS 馆际互借体系。

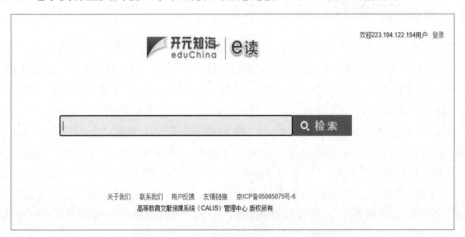

图 5-4 开元知海·e 读学术搜索首页

(2) 外文期刊网。CALIS 外文期刊网是外文期刊综合服务平台，它全面揭示了高校的纸质期刊和电子期刊，为用户提供一站式的期刊论文检索及获取全文服务。截至 2024 年 6 月，外文期刊网包含 4.7 万余种纸质期刊和 7.6 万余种电子期刊，近 1 亿条期刊论文目次数据，167 个全文数据库链接及 OA 全文链接，30 个文摘数据库链接，245 个图书馆提供纸质期刊馆藏信息和 531 个图书馆提供电子期刊信息。外文期刊网的主要功能包括期刊导航、期刊论文检索、全文获取、期刊分析和管理、数据库对比和本地化服务。

(3) "学苑汲古"。"学苑汲古"——高校古文献资源库(见图 5-5)是一个汇集高校古文献资源的数字图书馆。"高校古文献资源库"由北京大学图书馆牵头，联合国内外 30 多家高校图书馆合力建设。资源库内容不仅包括各参建馆所藏古文献资源的书目记录，而且还配有相应的书影或图像式电子图书。截至 2024 年 3 月，高校古文献资源库已包含元数据 68 万余条、书影 20 万余幅、电子图书近 10 万册。

图 5-5　学苑汲古——高校古文献资源库首页

(4) 学位论文数据库。学位论文数据库(见图 5-6)收集了国内高校学位论文、高校从 2002 年开始联合采购的数字化博硕士学位论文摘数据库 PQDT 学位论文数据及 NDLTD 学位论文数据，涉及文、理、工、农、医等多个学科领域，是学术研究中重要的文献资源，为用户提供学位论文的检索与全文获取。

图 5-6　学位论文数据库首页

(5) 高校教学参考资源库。高校教学参考资源库在尊重知识产权的基础上，为高校师生提供全国高校教学参考电子全文书、国内课程信息、国外课程信息等特色资源的多种分类检索。教参系统以高校教学参考信息元数据集中服务和全文电子教学参考书数字对象的分布式服务为基本服务方式，信息分散采集、集中管理，是为全国高校的教学提供高水平的教学信息和全文电子教学参考书文献保障的服务平台。

3. 馆际互借与文献传递

e 得(易得)为读者提供了一站式的全文文献获取门户，它集成了电子全文下载、文献传递、馆际借书、单篇订购(PPV)、电子书租借等多种全文获取服务，结合专业馆员提供的代查代检服务，帮助读者在全国乃至全世界查找并索取中外文图书、期刊、学位论文、会议论文、专利标准等各类电子资源或纸本资源。

4. 共享软件服务

CALIS 利用云计算技术构建了"软件即服务(SaaS)"平台，向高校图书馆提供应用软件云服务，帮助各类高校图书馆联盟搭建联盟级 SaaS 平台。CALIS 成员馆无须购买设备和软件，也不用配备系统管理员，通过申请即可使用 CALIS 应用软件云服务，搭建自己的数字图书馆及馆际共享系统环境，获取外馆共享服务或对外提供共享服务。

5. 查收查引系统

CALIS 管理中心通过总结和分析北京大学图书馆查收查引工作的业务流程和相关工具，组织设计和研发了一套全新的查收查引系统。该系统能显著提高查收查引业务的自动化水平和服务质量，大幅节省图书馆人力资源成本，极大提高用户满意度。

6. 采编一体化平台

CALIS 采编一体化平台旨在提高文献资源质量，打破产业信息壁垒，整合图书馆、出版社、馆配服务商的传统业务流程，提供全面精准的数据服务，以优化文献发展方向、提升整体服务水平、提高资源建设质量为目标，打造三方共治、共享、共赢的新业态。

5.3.2　国家科技图书文献中心

国家科技图书文献中心(以下简称"中心"，网址为 http://www.nstl.gov.cn)是经国务院领导批准，科技部联合财政部等六部门于 2000 年 6 月 12 日成立的一个基于网络环境的科技文献信息资源服务体系。中心以构建数字时代的国家科技文献资源战略保障服务体系为宗旨，按照"统一采购、规范加工、联合上网、资源共享"的机制，采集、收藏和开发理、工、农、医各学科领域的科技文献资源，面向全国提供公益的、普惠的科技文献信息服务。截至 2024 年 6 月，国家科技图书文献中心共收藏外文印本文献年度发订品种约 2.4 万种，其中外文期刊约 1.5 万种，外文会议录等文献约 9000 种；面向全国开通网络版外文现刊 400 余种，回溯期刊 3589 种，OA 学术期刊 14000 余种等。

中心拥有的数据库和其他网络资源包括全国开通外文现刊数据库、全国开通外文回溯期刊数据库、支持集团采购开通的数据库和开放获取资源。同时还提供全文获取、代查代借和参考咨询的服务。

1) 全国开通外文现刊数据库

全国开通网络版期刊跨库检索平台(全国开通现刊数据库)，是国内唯一一个订购国外网络版现刊数据库为全国非营利性机构用户免费开通服务的机构(见图 5-7)。截至 2024 年 6 月，中心以"国家许可，全国开通"的方式引进了专业性强，但国内保障率低的国外专业学协会现刊数据库 30 余个，收录期刊 400 余种。

图 5-7　全国开通外文现刊数据库首页

2) 全国开通外文回溯期刊数据库

截至 2024 年 6 月，中心以"国家许可，全国开通"的方式先后购买了国外大型学术出版社、知名大学、学(协)会的回溯期刊数据库，回溯期刊数量达 3000 余种。回溯数据库(见图 5-8)通过 NSTL 的服务平台免费为全国非营利性学术型用户提供服务，部分回溯库也可通过数据库现刊平台访问回溯内容。

序号	数据库	URL地址	回溯年代	数据库平台访问情况	NSTL回溯平台访问情况
1	施普林格在线回溯数据库 (Springer) (1832—1996)	https://link.springer.com	1854—1996	NSTL成员单位及现刊库用户可访问Springer自有平台	NSTL机构用户均可以访问
2	牛津期刊过刊回溯库 (OUP) (1849—1995)	www.oxfordjournals.org	1849—1995	NSTL机构用户均可访问该数据库自有平台	NSTL机构用户均可以访问
3	英国物理学会网络版期刊回溯文档数据库 (IOP) (1874—2002)	http://iopscience.iop.org/journals?type=archive	1874—2002	NSTL机构用户均可访问该数据库自有平台	NSTL机构用户均可以访问

图 5-8　部分回溯数据库

3) 支持集团采购开通的数据库

截至 2024 年 6 月，中心以经费补贴方式支持 CALIS 集团、中国科学院集团及农科院集团、CALIS 农学中心采购美国化学学会(ACS)数据库、ProQuest 农学与环境学期刊全文数据库(PAJ)和 ProQuest 生物学期刊全文数据库(PBJ)，包括期刊 600 余种，为 160 个大学、科研机构开通服务，如图 5-9 所示。

美国化学学会期刊（American Chemical Society）	详细信息
美国物理联合会期刊（American Institute of Physics）	详细信息
美国物理学会期刊（American Physical Society）	详细信息
美国物理联合会会议录（AIP Conference Proceedings）	详细信息
俄罗斯科学院期刊（Russian Academy of Sciences）	详细信息
北大方正中文电子图书	详细信息

图 5-9　支持集团采购开通的数据库

4) 开放获取资源

中心大力开展国外开放获取资源的统一揭示和集成管理，形成采购文献与开放获取文献协同服务的资源保障新格局。截至 2024 年 6 月，累计揭示国外开放获取期刊 1 万多种，开放获取会议文献 8700 多个，开放获取科技报告 8000 多篇，开放获取学位论文 9 万多种，开放获取课件 6 万多个，开放获取图书约 10 万册。

5.3.3　中国科学院文献情报中心

中国科学院文献情报中心 http://www.las.ac.cn 立足中国科学院，面向全国，主要为自然科学、边缘交叉科学和高技术领域的科技自主创新提供文献信息保障、战略情报研究服务、公共信息服务平台支撑和科学交流与传播服务，同时通过国家科技文献平台开展共建、共享，为国家创新体系其他领域的科研机构提供信息服务。

中国科学院文献情报中心在长期的科研活动、数据加工、情报服务及网络数据抓取中产生和积累了大量多科技服务领域、多层次的大数据信息，以及与科睿唯安、Springer、Elsevier、维普等数据库商在元数据层面进行合作，实现对其中的科技创新要素进行采集汇聚、知识抽取与知识计算，从基础数据库、领域知识库与知识图谱三大层次创建了支撑科技创新的"科技大数据知识资源中心"，为精准服务、知识图谱、智能计算、智能情报提供不同阶段及不同层次的数据支撑。

5.4　图书馆馆藏书刊检索和电子图书利用

5.4.1　馆藏书刊排架

目前，大多数图书馆采取开放式管理模式，实行藏书、借阅、阅读咨询一体化的服务方式。为保证馆藏书刊有序陈放到书架上，每一存储区的文献按一定的分类方法进行排架。

1. 图书排架

开架区图书普遍依据《中图法》组织馆藏和排架。《中图法》是新中国成立后编制并出版的，具有代表性的大型综合性分类法体系，目前在国内图书馆中使用最为广泛，既是图书馆进行文献分类排架的依据，也是读者索书的主要线索。《中图法》以科学分类和知识分类为基础，并结合文献内容特点及形式特征，将文献划分为 22 个大类。每个大类下又进一步划分为若干小类，如此层层划分，形成树状的知识结构(详见 3.2 章节)。

2. 期刊排架

期刊有过刊和现刊之分。过刊是期刊出版一年后装订成册的合订本。期刊的排架尚无统一规定，一般按刊名的字母顺序(西文)或刊名的汉语拼音顺序排架，也可以先按学科分类，再按刊名的字顺排序的。

3. 书库的排架顺序

首先，每一排书架的侧面都配有架标，架标上显示的是一段分类号区间，开始号代表该排架起架的第一本书，按从小到大的顺序，逐渐过渡到末尾架，结束号为该排架的最后一本书。面对书架，根据架标指示，左手起架，书序排号自左向右由小至大；小架与小架之间由上至下连接；排架与排架则呈"S"形迂回绕架连接。

4. 索书号

图书馆的藏书是按照索书号排架的。索书号是图书馆赋予每一种馆藏图书的号码，是识别图书的唯一标志，可以准确地确定馆藏图书在书架上的排列位置，也是读者查找图书的依据。

索书号由分类号、书次号组成。分类号的作用是使相同学科范畴或类型的图书集中排列，书次号是进一步区分具有相同分类号但不同品种、不同著者的图书，如表5-1所示。

表 5-1 图书与索书号

书名/著者	索书号
流行病学/主编罗家洪，李健	R18/L854
流行病学/耿贯一主编	R18/G321
流行病学/主编刘天锡	R18-43/L598

书次号的选取在我国图书馆界尚无统一、公认的标准，有的图书馆取图书的出版年月；有的图书馆采用种次号，即用图书入藏的顺序号作为书次号；有的图书馆直接取著者姓名汉语拼音首字母，如表5-1中"流行病学/主编罗家洪，李健"的索书号是R18/L854(分类号为R18，书次号为L854)。索书号标于每本书的书脊位置，到书库索取图书时，读者可根据图书的索书号到书库中相应的排架位置快速查找。

5.4.2 馆藏目录查询

馆藏目录是图书馆馆藏文献的缩影，是查询某图书馆所收藏文献情况的目录型检索工具，也是开启图书馆信息宝库的钥匙。馆藏机读目录查询是一种现代化的图书馆服务，允许用户通过计算机网络对馆藏的信息资源进行检索。这种查询方式改变了过去利用卡片目录手工检索馆藏文献的状况，极大提高了效率和准确性。随着图书馆自动化的发展和因特网使用的普及，全国各高校图书馆、公共图书馆和研究机构图书馆都针对自己的馆藏建立了网络服务系统，普遍采用了联机公共检索目录系统，读者通过网络就可以检索图书馆所收藏的文献，也可以通过互联网检索其他图书馆收藏的文献资料。如果需要了解多所图书馆的馆藏图书信息，还可以查找能反映多所图书馆馆藏的联合目录，如CALIS联合目录、

OCLC 联机联合目录等。

1) 国内高等院校 CALIS 联合目录公共检索系统

国内高等院校 CALIS 联合目录公共检索系统提供简单检索、高级检索两种检索方式。检索范围包括 CALIS 联合目录公共检索系统中的书目数据库、规范数据库和古籍数据库，如图 5-10 所示。检索时，在 CALIS 联合目录公共检索系统首页先选择检索途径，再输入检索词，然后单击"检索"按钮或按 Enter 键即可，如图 5-11 所示。

图 5-10　CALIS 联合目录公共检索系统首页

图 5-11　CALIS 联合目录公共检索系统检索结果

2) WorldCat

WorldCat(OCLC 联机联合目录，网址为 http://www.worldcat.org)是世界上最大的书目记录数据库，也是全世界最具综合性的图书馆馆藏信息数据库，包含 OCLC 近两万家成员馆编目的书目记录和馆藏信息。WorldCat 收录的文献包括 483 种语种的资料，文献类型丰富多样，除了图书外，还包含有硕博士论文、手稿、地图、乐谱、报纸、期刊与杂志等。截至 2024 年 4 月，WorldCat 共收录总计达 5.5 亿多条书目记录、34 亿多条的馆藏记录，每个记录中还带有馆藏信息。由于 WorldCat 的收录范围广泛且历史悠久，因此它基本上能够反映从公元前 4800 多年至今世界范围内图书馆所拥有的图书和其他资料的情况。用户可以通过 WorldCat 检索到各种珍贵的古籍、手稿和文献，也可以找到最新的学术研究成果和出版物。WorldCat 首页如图 5-12 所示。检索时，在 WorldCat 首页先选择检索途径再输入检索词，然后单击"搜索"按钮或按 Enter 键即可，如图 5-13 所示。

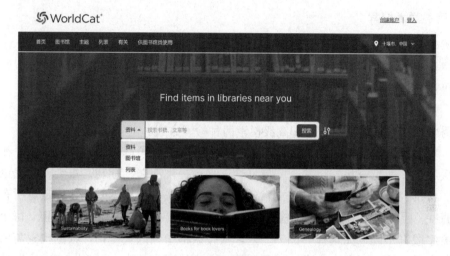

图 5-12 WorldCat 首页

图 5-13 WorldCat 检索结果

5.4.3 电子图书与利用

当今时代，网络深刻而广泛地影响了人们的生活方式，甚至思维方式。电子图书(electronic book，E-Book)的出现，不仅改变了传统的读物出版和发行方式，改变了人们的阅读方式，也影响了人们对阅读的认识。电子图书以其在制作、发行和阅读等方面的优势，必将成为未来出版业的主角。有人评论说，电子读物的"超级链接"，以一种开放、互联的形式，打破了逐字、逐段线性阅读的习惯，使人们获得了更多的阅读自由，也可以获得更丰富的信息。

电子图书，也称数字图书，它是以二进制数字化形式对图书文献进行处理，以磁盘、光盘、网络等介质为记录载体，并借助特定的设备来读取、复制、传输的电子出版物。电子图书有在线电子图书和光盘版电子图书两种。电子图书具有储存信息量大，出版周期短，制作简单，下载传输方便，检索功能强，图文并茂，使用费用低廉，资源可共享等优点。

1. 读秀学术搜索

读秀学术搜索(http://www.duxiu.com)是由海量图书、期刊、报纸、会议论文、学位论文等文献资源组成的庞大的知识系统，是一个可以对文献资源及其全文内容进行深度检索，并且提供原文传送服务的平台。

1) 检索方法

读秀学术搜索提供基本检索和高级检索两种检索方式。

(1) 基本检索。基本检索是系统默认的检索方式。登录读秀学术搜索主页，在检索框内输入关键词，即可查找书目和全文信息。该平台提供图书、期刊、报纸、会议论文、学位论文、标准、专利、学术视频等文献资源的检索，在系统检索时默认的是对所有的文献资源的查找，因此检索前先要选择检索选项(即选定需要检索的文献信息类型)。每个检索选项的检索字段都不同，如选择"图书"栏，在搜索框中输入关键词，根据检索需求选择检索框下的全部字段、书名、作者、主题词等，单击"中文搜索"或"外文搜索"按钮即可执行检索。

(2) 高级检索。在读秀学术搜索中，针对图书和期刊提供了高级检索。利用图书的"高级检索"功能，可选择书名、作者、主题词、出版社、ISBN、分类、出版年代组合条件进行精确检索，并可以通过逻辑关系限定词间的关系。知识检索没有提供高级检索，但知识检索可同时使用多个关键词检索，并可通过专题聚类缩小检索范围。

2) 图书检索结果的处理与实例

例如，要查找"医学文献信息检索"方面的图书，在读秀学术搜索主页上选择"图书"栏，在检索词输入框中输入"医学文献""信息检索"，默认"全部字段"，单击"中文搜索"按钮，得到检索结果界面，有 1578 种相关图书(见图 5-14)。单击书名或封面可进入图书详细信息页面，显示该书的题名、作者、出版社、ISBN 号、《中图法》分类号、页数、价格、主题词、参考文献格式等项。左侧显示获得此书的途径，包括本馆馆藏纸书、本馆电子全文、在线试读。

获得授权的图书可以直接在线阅读或下载后阅读，未获授权的图书则可试读(阅读部分)，试读包括版权页、前言页、目录页和试读页等。对于不能看到电子全文，本馆又没有收藏的图书，可单击"图书馆文献传递"按钮，申请部分章节的文献传递。文献传递需填写"图书馆参考咨询服务"咨询表单，填写完成后单击"确认提交"按钮，即可完成文献传递申请(见图 5-15)。读秀文献传递是通过机器自动进行的，申请者可以立即获取所需的文献，只需登录咨询表单登记的邮箱，单击文献超链接后即可阅读传递到的文献。

第 5 章 图书馆信息资源利用

图 5-14　图书检索结果界面

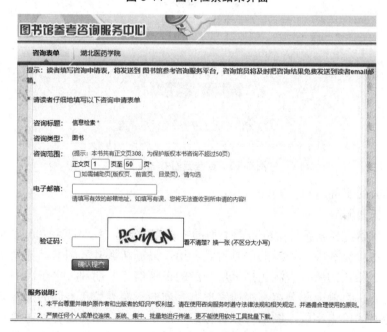

图 5-15　图书馆文献传递申请界面

2. 超星百链云图书馆

1）百链云图书馆简介

百链云图书馆是超星集团旗下产品，指信息时代馆际之间实施协调合作的一种形式，是超星公司推出的新一代图书馆资源解决方案及共建、共享方案。它是由若干有着共同目标的图书馆结成的网络联盟，为共同开展服务、共同开发信息市场而实施全方位合作的一种网络运作模式。从发展的角度看，其是当世界进入网络时代，具有不同资源与优势的图书馆为了共同开发馆藏资源、共同开拓信息市场、共同解决个性化和多样化的社会需求，而组织建立的在信息网络基础之上的共享技术与信息、共同发展的、互惠互利的图书馆联合体。百链云图书馆采用"云计算"服务模式,利用内容丰富的全文资源,旨在为用户提供资源补缺服务。通过对元数据仓储数据与用户本地资源分布建立定位链接,能够完成学术资源的一站式检索,实现本馆资源与其他馆资源的互联互通、共建共享,最终通过原文链接和云服务模式,帮助用户找到、获取所需资源,让用户享受找到、获取所有文献资源的乐趣。

百链云图书馆基于超星公司的云计算服务平台,联合了国内外 700 多家图书馆,通过资源共享,让任何加入百链云图书馆平台的用户都可以查询到本馆及其他图书馆馆藏和电子资源状况。百链云图书馆以收录各种中外文学术资料检索数据(元数据)为基础,目前已收录元数据量 2.7 亿条,并且每天都在不断增长和更新中,其内容涵盖中文期刊、外文期刊、报纸、学位论文、会议论文、图书、法律法规、科技报告、专利、标准、特色库、光盘等,如图 5-16 所示。

图 5-16 百链云图书馆首页

2) 百链云的服务

(1) 统一检索服务。

通过统一检索,检索各种文献资源类型的中外文资源信息。实现 700 多家图书馆购买的各种馆藏纸质资源和电子资源的同时检索,用户只需从百链云图书馆检索入口进行一次检索,与关键字相关的所有资源包括纸质资源的馆藏信息、期刊、电子图书、报纸、视频等都能一次获得。百链云图书馆高级检索根据不同的资源类型有不同的检索界面,并提供该资源类型特有的检索字段,图书可以进行组合限定检索,期刊还可以对检索字段进行逻辑"与"、逻辑"或"、逻辑"非"逻辑组配,构建较为复杂的检索表达式,获得更加精确的检索结果。

(2) 电子文献全文获取服务。

通过检索可获得资源的电子全文,有权限的通过资源调度直接获取阅读全文,无权限的通过 700 多家图书馆的云图书馆文献传递系统进行文献传递,最全的文献服务向用户全面揭示各种内部资源和外部资源,对于内部拥有的资源直接通过调度获得,对于内部没有的外部资源则采用文献传递方式让用户获取,相当于检索所有出版资源。

3. 其他常用数字资源库

1) 畅想之星电子书平台

畅想之星电子书平台(https://www.cxstar.com/)是由北京畅想之星信息技术有限公司研

发，联合出版社共同打造的馆配电子书平台，提供最新出版的中文正版电子书。图书种类涵盖《中图法》22 个大类，阅读全文需要权限。

2) CNKI 中国知网

CNKI 中国知网即中国知识基础设施(China National Knowledge Infrastructure，CNKI)工程，网址为 http://www.cnki.net。CNKI 工程是以实现全社会知识资源传播共享与增值利用为目标的信息化建设项目，由清华大学、清华同方发起，始建于 1999 年 6 月。经过多年努力，CNKI 工程采用自主开发并具有国际领先水平的数字图书馆技术，建成了世界上全文信息量规模最大的 CNKI 数字图书馆，并正式启动建设中国知识资源总库及 CNKI 网络资源共享平台，通过产业化运作，为全社会知识资源高效共享提供最丰富的知识信息资源和最有效的知识传播与数字化学习平台。

3) 重庆维普资讯

维普资讯(http://www.cqvip.com)由重庆维普资讯有限公司创建开发。该公司是一家大型的专业化数据公司，始建于 1989 年，前身为中国科技情报所重庆分所数据库研究中心，1992 年制作了世界上第一张中文光盘，同年获得国家科学技术委员会科技进步二等奖，1993 年获得国家科技进步三等奖。1993 年正式成立该公司。其主导产品中文科技期刊数据库，是经国家新闻出版署批准的大型连续电子出版物。

4) 万方数据资源

万方数据资源(http://wanfangdata.com.cn)系统由科技部下属的国家级综合信息中心——中国科技信息研究所与万方数据集团公司联合开发。该系统收录的资源以科技信息为主，同时覆盖经济、文化、教育等领域，是一个综合性的多数据库集成检索平台。

北京万方数据股份有限公司开发的知识产品主要有学术期刊、学位论文、会议论文、科技成果、专利技术、中外标准、新方志、政策法规、机构与科技专家等。阅读全文需用 Acrobat Reader 浏览器，可以在其网站上下载。

5) EBSCO 数据库

EBSCO 公司是专门经营纸本期刊发行、电子期刊发行和电子文献数据库出版发行业务的集团公司，具有 60 多年的历史，提供期刊、文献订购及出版等服务，总部在美国，在 19 个国家设有分部。EBSCOhost 数据库是美国 EBSCO 公司三大数据系统之一，可为全球用户提供在线服务。EBSCO 公司开发了近 100 多个在线文献数据库，涉及自然科学、社会科学、人文和艺术等多种学术领域。该公司提供的两个主要全文数据库是 Academic Search Premier 学术期刊集成全文数据库和 Business Source Premier 商业资源电子文献全文数据库。其网址为 http://www.ebsco.com。

本 章 小 结

本章介绍了图书馆的概况、图书馆所提供的信息服务、文献资源信息共享、图书馆藏书刊检索及电子图书的利用。首先，对图书馆进行了定义，回顾了古代图书馆、近代图书馆和现代图书馆的发展历程，根据不同的分类标准对图书馆进行了分类，详细介绍了数字图书馆及其产品和如何组织、利用图书馆的馆藏资源。其次，从文献借阅、参考咨询与读者培训、科技查新、馆际互借与文献传递、学科服务五个方面介绍了图书馆提供的主要信息服务。再次,从信息资源共享的视角对中国高等教育文献保障系统、国家科技图书文献中心、中国科学院文献情报中心、联合目录集成服务系统的资源和基本使用方法进行了介绍,读者可根据实际需要,选择合适的资源检索信息。最后,对馆藏书刊、期刊排架的依据和方法进行了阐述,介绍了如何利用索书号快速查找图书,分别对图书馆馆藏目录查询的使用方法、读秀学术搜索和超星百链云图书馆的检索方法作了较为详细的说明,并对CNKI中国、重庆维普资讯、万方数据资源、SpringerLink外文期刊数据库、EBSCO数据库作了简要介绍。

思 考 题

1. 我国图书馆一般有哪些类型?图书馆一般提供哪些信息服务?
2. 什么是数字图书馆?数字图书馆具有哪些特点?
3. 什么是信息资源共享?国内有哪些文献共享服务体系?
4. 什么是OPAC,它具有哪些功能?
5. 图书馆一般提供哪些服务?
6. CALIS与NSTL提供的资源与服务分别包括哪些内容?
7. 什么是索书号?索书号由哪两个部分组成?
8. 利用读秀学术搜索和百链云图书馆查找你感兴趣的图书或文献。

第 6 章 网络信息资源检索

本章要点

- 搜索引擎的定义及其分类
- 综合性搜索引擎百度、微软必应的使用
- 中外文医学专业搜索引擎的使用
- 开放获取资源的利用

学习目标

- 理解搜索引擎的定义及其分类
- 掌握综合性搜索引擎、中外文医学专业搜索引擎的使用
- 熟悉开放获取资源

6.1 搜索引擎概述

随着互联网的发展与网络信息的激增,我们的生活、工作和学习方式已经彻底改变,但是在快捷获取互联网丰富信息的同时,也被爆炸式增长的互联网信息淹没。面对海量的网络信息,我们想要准确、快速地找到自己需求的信息是很困难的,而搜索引擎(search engine)就像探索信息海洋的指南针一样帮助我们查找所需的信息,它不仅可以用来查找各种类型的资源,还可以根据用户的需求进行个性化查询,并为用户提供相关的反馈信息。因此,搜索引擎已成为人们获取信息的重要途径之一。

6.1.1 搜索引擎的定义

搜索引擎是一种根据一定的策略,运用特定的计算机程序搜索互联网上的信息,对信息进行组织和处理后,为用户提供检索服务的系统。搜索引擎是一种特殊的网络资源,它收集、获取大量网络信息资源并依据一定的标准对信息进行组织加工,可以根据用户的需求来进行查询,最后将信息反馈给用户。

6.1.2 搜索引擎的工作原理

搜索引擎的工作原理包括三个过程:首先,搜索引擎启动网络蜘蛛(web spider)或者网络爬虫(web crawler)在互联网中搜集网页信息,同时对信息进行提取和建立索引库;其次,由检索器根据用户输入的查询关键字,在索引库中快速检索文档,进行文档与查询的相关度评价,并对结果进行排序;最后将排序后的查询结果反馈给用户。

1. 抓取网页

每个独立的搜索引擎都配备有网络蜘蛛或者网络爬虫网页抓取程序。网络蜘蛛或者网络爬虫追踪网页中的超链接抓取网页,这些被抓取的网页称为网页快照。网络爬虫运用广度优先或者深度优先的策略对网页进行爬取,能收集到互联网上的绝大多数网页。

2. 处理网页

搜索引擎对抓取的网页进行大量的预处理工作以提供检索服务。在预处理工作中最重要的是对关键词的提取,并建立索引。另外,还包括去除重复网页、分词、判断网页类型、分析超链接及计算网页的丰富度或者重要度等。

3. 提供检索服务

当用户输入关键词进行检索时,搜索引擎从索引数据库中找到匹配该关键词的网页。搜索引擎根据用户的检索需求对索引进行检索,在最短的时间内找到用户所需的资料,并将信息以网页链接的形式反馈给用户。为方便用户对网页进行判断,在提供网页标题和统一资源定位系统(URL)的同时,也会提供网页的摘要或者其他相关信息。

6.1.3 搜索引擎的分类及特点

搜索引擎按其工作方式主要可分为三种,分别是全文搜索引擎、目录索引类搜索引擎和元搜索引擎。

1. 全文搜索引擎

全文搜索引擎(full text search engine)是名副其实的搜索引擎,国外具有代表性的有 Google、AllTheWeb、AltaVista 等,国内则有著名的百度搜索、360 搜索、搜狗等。它们都是从互联网上提取各个网站的信息(以网页文字为主)而建立的数据库,检索与用户查询条件匹配的相关记录,然后按一定的排列顺序将结果反馈给用户。全文搜索引擎的优点是数据库大,内容新,查询全面而充分,查全率高,能提供给用户全面而广泛的信息;缺点是查准率低,缺乏清晰的层次结构。

根据搜索结果来源的不同,全文搜索引擎又可细分为两类,一类拥有自己的索引程序(indexer),俗称"蜘蛛"(spider)程序或"机器人"(robot)程序,并能自建网页数据库,搜索结果直接从自身的数据库中调用,Google 和百度搜索就属于此类;另一类则是租用其他搜索引擎的数据库,并按自定的格式排列搜索结果,如 Lycos 搜索引擎。

2. 目录索引类搜索引擎

目录索引类搜索引擎(search index/directory)就是将网站分门别类地存放在相应的目录中,因此用户在查询信息时,可选择关键词搜索,也可按分类目录逐层查找。如果按关键词搜索,反馈的结果与全文搜索引擎一样,也是根据信息关联程度排列网站,只不过其中人为因素要多一些。如果按分类目录逐层查找,某一目录中网站的排名则由标题字母的先后顺序决定。目录索引类搜索引擎中最具代表性的是 Yahoo 和新浪分类目录搜索。这类搜索引擎虽然有搜索功能,但严格意义上不能称为真正的搜索引擎,只是按分类目录的网站链接列表而已。用户完全可以按照分类目录找到所需要的信息。该类搜索引擎因为加入了人工智能,所以优点是信息准确,导航质量高;而缺点是需要人工介入,维护量大,信息量少,信息更新不及时。

目前,全文搜索引擎与目录索引类搜索引擎有相互融合渗透的趋势。过去一些纯粹的全文搜索引擎现在也提供目录搜索,如 Google 就借用 Open Directory 目录提供分类查询。而像 Yahoo 这些老牌目录索引类搜索引擎则通过与 Google 等搜索引擎合作扩大搜索范围。在默认搜索模式下,一些目录类搜索引擎首先返回的是自己目录中匹配的网站,如国内搜狐、新浪、网易等;而另外一些目录类搜索引擎则默认的是网页搜索,如 Yahoo。

3. 元搜索引擎

元搜索引擎(meta search engine)也称集成搜索引擎,它没有自己的数据,而是将用户的查询请求同时向多个搜索引擎递交,将反馈的结果进行去重、重新排序等处理后,作为自己的结果反馈给用户。这类搜索引擎的优点是反馈结果的信息量更大、更全;缺点是不能充分使用搜索引擎的功能,用户需要做更多的筛选。

著名的外文元搜索引擎有 InfoSpace、Dogpile、Vivisimo 等,中文元搜索引擎中具有代表性的是 360 搜索引擎。在搜索结果排列方面,有的直接按来源排列搜索结果,如 Dogpile;

有的则按自定的规则将结果重新排列组合，如 Vivisimo。近年来，元搜索引擎在改进用户界面、扩大检索范围、消除重复信息等方面作出了越来越多的努力。

4. 其他搜索引擎

(1) 垂直搜索引擎(vertical search engine)：是针对某一个行业的专业搜索引擎，是搜索引擎的细分和延伸，是对网页库中的某类专门的信息进行一次整合，定向分字段抽取出需要的数据进行处理后再以某种形式反馈给用户。垂直搜索是对通用搜索引擎的信息量大、查询不准确、深度不够等问题提出的新的搜索引擎服务模式，通过针对某一特定领域、某一特定人群或某一特定需求提供的有一定价值的信息和相关服务(机票搜索、旅游搜索、生活搜索、小说搜索、视频搜索、购物搜索)。其特点就是"专、精、深"，且具有行业色彩。与通用搜索引擎的海量信息无序化相比，垂直搜索引擎则显得更加专注、具体和深入。

(2) 集合式搜索引擎(collection search engine)：howsou.com 在 2007 年年底推出的搜索引擎就属于此类。该搜索引擎类似元搜索引擎，区别在于它并非同时调用多个搜索引擎进行搜索，而是由用户从提供的若干搜索引擎中选择，因此称它为"集合式"搜索引擎更确切些。集合式搜索引擎的特点是可以集合众多搜索引擎，更能准确地找到目标内容。

(3) 门户搜索引擎(portal search engine)：AOL Search、MSN Search 等虽然提供搜索服务，但自身既没有分类目录也没有网页数据库，其搜索结果完全来自其他搜索引擎。

(4) 免费链接列表(free for all links，FFA)：一般只简单地滚动链接条目，少部分有简单的分类目录，不过规模要比 Yahoo 等目录索引小很多。

6.2 综合性搜索引擎

6.2.1 百度

1. 百度简介

百度是全球最大的中文搜索引擎及最大的中文网站，也是全球领先的人工智能公司，2000 年 1 月 1 日创立于中关村，公司创始人李彦宏拥有"超链分析"技术专利，使中国成为除美国、俄罗斯、韩国外，全球仅有的四个拥有独立搜索引擎核心技术的国家之一。李彦宏当初创立百度的目的，是想建立一个能够提供搜索中文信息的网站。百度的名字源自南宋词人辛弃疾的《青玉案·元夕》中的"众里寻他千百度。蓦然回首，那人却在，灯火阑珊处"，以契合百度帮助用户从海量的信息中搜索到想要的信息的目的。百度"熊掌"图标的想法来源于"猎人巡迹熊爪"的刺激，与李彦宏的"分析搜索技术"非常相似，从而构成百度的搜索概念，也最终成为百度的图标形象(见图 6-1)。

百度每天都会收到来自百余个国家和地区的数十亿次搜索请求，是网民获取中文信息的最主要入口。随着移动互联网的发展，百度网页搜索完成了由 PC 向移动的转型，由连接人与信息扩展到连接人与服务，用户可以在 PC、Pad、手机上访问百度主页，通过文字、语音、图像多种交互方式瞬间找到所需要的信息和服务。

百度首页的左上方，排列了各大功能模块：新闻、地图、贴吧、视频、图片、网盘等，默认是网页搜索，单击最后面的"更多"按钮可以查看到百度所有的产品，部分产品如

图 6-2 所示。

图 6-1 百度主页

图 6-2 百度部分产品

2. 百度搜索技巧

1) 基本搜索

百度搜索引擎的基本搜索使用简单方便,网站打开后即进入"基本搜索"界面,仅需在搜索框内输入想要查询的内容后按 Enter 键,即可方便地查到相关信息。或者输入想要查询的内容后,用鼠标单击搜索框后面的"百度一下"按钮,也可得到相关信息。输入的查询内容可以是一个词语,或者多个词语,也可以是一句话。在输入多个词语搜索时,为了获得更好的搜索结果,可以在不同字词之间用一个空格隔开。因为在百度搜索查找信息时不需要使用布尔逻辑运算符"AND"或"+",百度会在多个以空格隔开的词语之间自动添加"+"。

2) 排除无关资料搜索

在利用百度搜索引擎进行搜索时,有时候会出现搜索结果太多的情况,这时我们可以利用百度搜索支持布尔逻辑运算"-"的功能,有效地排除含有某些词语的资料,进一步缩小搜索范围。该功能用于有目的地删除某些无关网页,但在使用时必须注意减号之前必须留有一个空格。

例如,在搜索框输入"武侠小说-金庸"搜索后,查找到的最终结果是关于"武侠小说"

而不含"金庸"的全部信息(见图6-3)。

图6-3 排除无关资料搜索

3) 并行搜索

在百度搜索引擎中可以使用"A|B"来进行并行搜索，表示搜索"或者包含词语A，或者包含词语B"的信息。百度会提供与"|"前后任何字词相关的资料，并把最相关的信息排在前列。

例如，只要在搜索框输入"图片|解剖"搜索后，即可查找到与"图片"或"解剖"所有的相关信息(见图6-4)。

图6-4 并行搜索

4) 相关搜索

百度搜索引擎在搜索结果的页面下方提供了"相关搜索"，其适用于在无法确定输入什么词语才能找到满意的信息时。在使用相关搜索时，可以先试着在搜索框中输入一个简单的词语进行搜索，然后下拉到搜索结果页面下方的"相关搜索"来选择相关的搜索词，单击其中一个相关搜索词后即可得到那个相关搜索词的搜索结果。

5) 其他搜索技巧

(1) 在指定网站内搜索。百度搜索引擎可以利用"site"将搜索范围限定在特定站点中，实现只在某个特定站点内搜索所需信息，以提高查询效率。其使用的方式是在需要搜索的内容后面加上"site:站点域名"。

需要注意的是，"site:"后面跟的站点域名不能有"http://"前缀或"/"后缀；另外，"site:"和站点名之间，不要带空格，而关键词与"site:"之间则必须用一个空格隔开；"site"后的冒号":"可以是半角":"，也可以是全角"："，百度搜索引擎会自动辨认。

例如，[奖学金 site:www.tsinghua.edu.cn] 表示在清华大学的网站中搜索含有关键词"奖学金"的网页(见图 6-5)。

图 6-5　指定网站内搜索

(2) 在标题中搜索。百度搜索引擎可以利用"intitle"将搜索范围限定在网页标题中，因为网页主要内容通常会概括归纳在网页标题上，所以这时把查询内容的范围限定在网页标题中，便能提高查询效率。其使用的方式是在需要搜索的内容前面加上"intitle:"即可。

例如，[intitle:人工智能]表示搜索标题中含有关键词"人工智能"的网页(见图 6-6)。

(3) 在 url 中搜索。百度搜索引擎可以利用"inurl"将搜索范围限定在 url 链接中，因为网页 url 中的单词或词组通常蕴含有特定的含义，所以对搜索结果的 url 做某种限定，就可以快速找到自己需要的某些特定信息。其使用的方式就是在"inurl:"后跟需要在 url 中出现的关键词。

图 6-6　在标题中搜索

例如，[inurl:china news] 表示搜索 url 中含有"china"和"news"的网页(见图 6-7)。

图 6-7　在 url 中搜索

(4) 特定文档类型搜索。百度搜索引擎可以利用"filetype"将搜索范围限定在特定的文档类型中，因为网页搜索中通常包含很多类型的文档，所以想对搜索结果的文档类型做某种限定，只需要在"filetype:文件后缀名"后跟需要搜索的关键词，即可方便地实现。

例如，[filetype:pdf 中医药] 表示搜索关于中医药的所有 pdf 文档(见图 6-8)。

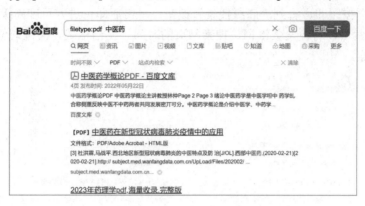

图 6-8　特定文档类型搜索

(5) 精确匹配。百度搜索引擎可以实现搜索内容的精确匹配功能。百度会对用户输入的搜索内容进行智能分析，给出输入查询词的相关搜索结果，有时在输入内容较长的情况下可能会将词语进行拆分。如果用户对智能搜索结果不满意，可以尝试让百度不拆分查询内容。其使用方式是给查询内容加上双引号，便可实现对搜索内容的精确检索。例如，在百度搜索引擎的搜索框中输入"制作咸蛋的方法"，它就会精确反馈网页中含有"制作咸蛋的方法"这个搜索内容的信息，而不会反馈诸如"如何做咸蛋"之类的信息。

百度搜索引擎还可以实现书名号的特殊查询语法。在其他搜索引擎中，书名号会被忽略，而在百度搜索引擎中，中文书名号是可以被查询的。加上书名号的查询词，有两层特殊功能，一是书名号会出现在搜索结果中；二是被书名号括起来的内容，不会被拆分。书名号在某些情况下特别有效，比如，查名字很通俗和常用的那些电影或者小说。

例如，查找电影"手机"，如果输入内容时不加书名号，搜索出来的结果通常会是通信工具——手机，而如果在输入内容时加上书名号，搜索"《手机》"后的结果就是关于电影方面的内容(见图 6-9)。

图 6-9　电影《手机》搜索

(6) 高级搜索。除了以上的检索技巧，百度还提供了高级搜索功能，鼠标移至页面右上角的"设置"按钮即可看到"高级搜索"按钮，单击后即可进入百度高级搜索主页(见图6-10)。高级搜索可以对检索关键词、搜索网页的时间、文档格式、关键词位置、指定的网站进行限定检索。

图 6-10　百度高级搜索主页

3. 百度文库

1) 百度文库简介

百度文库(http://wenku.baidu.com/)是百度发布的供网友在线分享文档的平台。百度文库的文档由百度用户上传，需要经过百度的审核才能发布，百度自身不编辑或修改用户上传的文档内容。网友可以在线阅读和下载这些文档。百度文库的文档包括教学资料、考试题库、专业资料、公文写作、法律文件等多个领域的资料。百度用户上传文档可以得到一定的积分，下载有标价的文档则需要消耗积分，部分文档需要开通会员才可下载。当前平台支持主流的 doc(.docx)、.ppt(.pptx)、.xls(.xlsx)、.pot、.pps、.vsd、.rtf、.wps、.et、.dps、.pdf、.txt 文件格式(见图6-11)。

图 6-11　百度文库主页

2) 百度文库搜索文档

百度文库搜索文档和百度的基本检索相同。仅需输入查询内容后按 Enter 键，即可得到相关资料。或者输入查询内容后，用鼠标单击"搜索文档"按钮，也可得到相关资料。输入的查询内容可以是一个词语、多个词语、一句话。如还需限定指定的文档类型，可选择文档类型后再进行搜索。

例如,搜索有关"解剖学"方面的 PDF 格式的文档,在搜索框输入"解剖学"后,选择搜索框下方的"pdf",最后单击"搜索文档"按钮即可快速搜索到相关文档(见图 6-12)。需要注意的是,查找到的大部分文档都是需要用户登录后使用 VIP 服务或者下载券才能下载的。使用百度账号可以直接登录百度文库,并可通过在文库中上传文档获得相应积分和下载券。请注意:被封禁用户无上传文档和下载文档的权限。

图 6-12 百度文库搜索文档

4. 百度学术搜索

1) 百度学术搜索简介

百度学术搜索(http://xueshu.baidu.com/)是百度旗下提供的海量中英文文献检索的学术资源搜索平台,于 2014 年 6 月初上线,涵盖了各类学术期刊、会议论文,旨在为国内外学者提供最好的科研体验。百度学术搜索可检索到收费和免费的学术论文,并通过时间、领域、摘要、获取方式、类型等细化指标提高检索的精准性。百度学术搜索保持了百度搜索一贯的简单风格(见图 6-13)。在百度学术搜索结果页面,用户还可以选择将搜索结果按照"相关性""被引量""时间降序"三个维度分别排序,以满足不同的需求。

图 6-13 百度学术搜索主页

2) 百度学术搜索方法

(1) 基本搜索。百度学术搜索的基本搜索和百度的基本搜索相同。仅需输入查询内容后按 Enter 键，即可得到相关资料。或者输入查询内容后，用鼠标单击"百度一下"按钮，也可得到相关资料。输入的查询内容可以是一个词语、多个词语、一句话。

(2) 高级搜索。百度学术搜索的高级搜索和百度的高级搜索基本相同。鼠标单击搜索框左侧的"高级检索"即可进入百度学术搜索的高级检索主页(见图 6-14)。

图 6-14　高级搜索主页

如图 6-14 所示，百度学术搜索的高级搜索除了具备百度高级搜索的关键词查询功能外，还可以对"作者""机构""出版物""发表时间"等进行详细的搜索。百度学术搜索查找文献简单、高效而且又相对准确，单击筛选出来需要查看的文献，即可查看文献来源。有些文献需要付费，有些文献是免费下载使用，可以自行鉴别。

例如，在百度学术中搜索发表在《中华肿瘤杂志》上有关"氟尿嘧啶治疗胃癌"的相关文章，在高级检索"包含全部检索词"中可输入"氟尿嘧啶 胃癌"，之后输入"journal:(中华肿瘤杂志)"，单击"搜索"按钮，即可快速查找到相关文档(见图 6-15)。

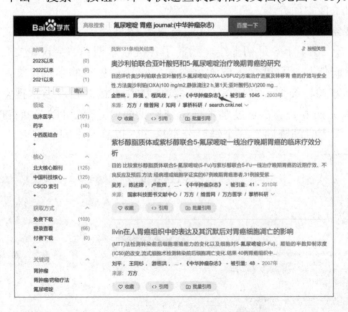

图 6-15　百度学术高级搜索结果页面

6.2.2 微软必应搜索引擎

1. 微软必应搜索引擎简介

微软必应(Microsoft Bing，网址为 https://cn.bing.com)，原名必应(Bing)，是微软公司于 2009 年 5 月 28 日推出，用以取代 Live Search 的全新搜索引擎服务。为符合中国用户使用习惯，Bing 中文品牌名为"必应"。2020 年 10 月 6 日，微软官方宣布 Bing 改名为 Microsoft Bing。微软必应集成了多个独特功能，包括每日首页美图，与 Windows 8.1 深度融合的超级搜索功能，以及崭新的搜索结果导航模式等。用户可登录微软必应首页，打开内置于 Windows 操作系统的必应应用，或直接按下 Windows Phone 手机搜索按钮，均可直达必应的网页、图片、视频、词典、翻译、资讯、地图等全球信息搜索服务。

2. 微软必应的基本检索及功能

1) 微软 Bing 基本检索

微软必应搜索改变了传统搜索引擎首页单调的风格，通过将来自世界各地的高质量图片设置为首页背景，并加上与图片紧密相关的热点搜索提示，使用户在访问必应搜索的同时获得愉悦体验和丰富资讯。Bing 默认主界面中，提供图片、视频、翻译、地图、学术、MSN、TakeLessons、小游戏、Microsoft 365 等内容，如图 6-16 所示。

图 6-16　Microsoft Bing 搜索首页

Microsoft Bing 基本检索是一框式检索，检索界面清晰，相关度高。检索语法与百度相似，支持传统的通配符搜索，英文检索不区分大小写。比如，要在 How-To Geek(美国一个免费的指引性资源网站，网址为 howtogeek.com)这一特定网站搜寻(site search)与 Microsoft Bing 相关的内容，可使用"site:运算符搜索"。可在基本检索框中构建检索表达式"site: howtogeek.com Bing"，则可以得到如图 6-17 所示的检索结果。

2) Microsoft Bing 学术

Microsoft Bing 学术提供的检索结果界面简单，如图 6-18 所示，提供来自全球的多语种文献检索。检索结果未加语法限定，默认为全文检索。结果排序默认为按照相关性，除此以外，还可以按时间的正序、倒序及按照引用数来排序，二次检索仅提供时间排序。

图 6-17　Microsoft Bing 搜索结果页面

图 6-18　Microsoft Bing 学术搜索结果页面

6.2.3　超星发现

1. 超星发现简介

超星发现(http://www.zhizhen.com)以近 12 亿海量元数据为基础，利用数据仓储、资源整合、知识挖掘、数据分析、文献计量学模型等相关技术，较好地解决了复杂异构数据库群的集成整合问题，完成了高效、精准、统一的学术资源搜索，进而通过分面聚类、引文分析、知识关联分析等手段实现高价值学术文献的发现、纵横结合的深度知识挖掘、可视化的全方位知识关联，一般需要购买才可使用。超星发现主页如图 6-19 所示。

图 6-19　超星发现主页

超星发现系统除了具有一般搜索引擎的信息检索功能外，其最大的特点是提供了深入挖掘知识内在关系的强大知识挖掘和情报分析功能。为此，超星发现的检索字段极大增加，更具备从默认支持全库数据集范围的空检索，到可以通过勾选获取非常专指主题的分面组合检索的能力，从而实现了对学术宏观走向、跨学科知识交叉及影响和知识再生方向的判断。它具备了对任何特定年代、特定领域、特定人及机构的学术成果态势进行多维度的对比性分析和研究的能力。超星发现系统是学者准确而专业地进行学术探索和激发创新灵感的重要研究工具。

2. 超星发现检索方法

1) 基本检索

在超星发现首页检索框中输入查询词，单击"检索"按钮将为您在海量的资源中查找相关的各种类型文献。超星发现支持 google like 的检索体验方式，如 date、author、title 等检索方式，例如，输入"date(2023)"，即可检索出对应年代的结果，在检索结果页浏览所查找关键词的数据。并使用发现系统提供的多种强大功能，如多维度分面、高级检索、专业检索、可视化分析、知识图谱、多主题对比、新方向、超星翻译、学术产出分析等功能。如检索"智慧图书馆"，结果如图 6-20 所示。

图 6-20　超星发现检索结果页面

2) 多维分面聚类

超星发现依托高厚度的元数据资源，通过采用分面分析法，可将搜索结果按各类文献的时间维度、文献类型维度、主题维度、学科维度、作者维度、机构维度、权威工具收录维度及全文来源维度等进行任意维度的聚类。用户可根据实际需要进行任意维度的组配检索、自由扩检和缩检，从而实现文献资源发现的精练聚类和精准化搜索，将最重要、最核心、最有价值的资源按相关度、被引频次、时间、影响因子等方式展现给用户。

例如：检索关于"智慧图书馆"在2018—2023年被中文核心期刊(北大)和CSSCI收录的期刊论文情况。

操作方法：在超星发现首页检索框中输入"智慧图书馆"，单击"检索"按钮；选择精练检索，限定年份为2018—2023年，重要收录选择"中文核心期刊(北大)""CSSCI中文社科引文(南大)"；执行限定筛选。检索结果如图6-21所示。

图6-21　超星发现多维分面聚类检索结果页面

3) 高级检索

单击搜索框后面的"高级检索"链接，进入高级检索页面，通过高级检索可以更精确地定位您需要的文献(见图6-22)。

图6-22　超星发现高级检索页面

例如，在高级检索界面检索关于主题模糊匹配是"文学"，精确匹配作者机构为"清华大学"在 2017 年至 2022 年期刊的情况。

操作方法：进入高级检索界面；勾选文献类型为"期刊"；选择主题，填写"文学"，选择模糊匹配；选择作者机构为"清华大学"，选择精确匹配；选择年份为"2017 年至 2022 年"；单击"检索"按钮(见图 6-23)。

图 6-23　超星发现高级检索结果页面

4) 专业检索

超星发现专业检索需要输入检索表达式，专业检索界面如图 6-24 所示，包含使用说明和检索规则，使用说明中包含通用字段、文献类型、非通用字段的说明。

图 6-24　超星发现专业检索界面

例如，检索 2000 年至 2016 年(含边界)关键词不包含断层并且作者为钱学森，或者清华大学的杨振宁或周培源发表的期刊文章。输入检索表达式：JN((A=杨振宁|周培源 AND O=清华大学) OR A=钱学森 AND 2000<Y<2016 NOT K=断层)，检索结果如图 6-25 所示。

图 6-25　超星发现专业检索结果页面

3. 超星发现的知识挖掘功能

1) 学科辅助分析系统

在检索结果页面的右上角单击"可视化"按钮，进入可视化学术辅助分析系统。如输入检索词"智慧图书馆"，单击可视化分析，即可看到相关知识点、相关作者、相关机构、学术发展趋势曲线、发文量统计、核心期刊统计、中文学科分类统计、作者、刊种、地区、基金等各项可视化统计图，部分示例如图 6-26～图 6-28 所示。

2) 多主题对比

单击检索结果页面右上角的"多主题对比"按钮进入多主题对比页面，可以进行标题、作者、关键词、作者单位对比，另外可选择数据类型进行对比。如输入"智慧图书馆"和"传统图书馆"单击"主题对比"按钮，可以看到不同数据类型的学术发展趋势曲线，趋势图范围可以选择 10 年、30 年、50 年展示，同时都可以进行数据的导出，方便用户使用。图书学术发展趋势曲线如图 6-29 所示。

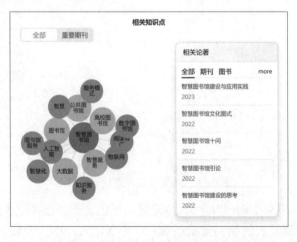

图 6-26　超星发现的相关知识点关联图

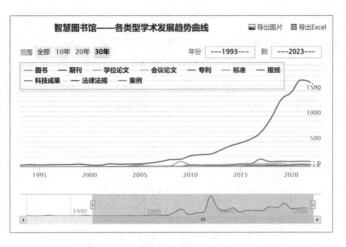

图 6-27 超星发现的学术发展趋势曲线页面

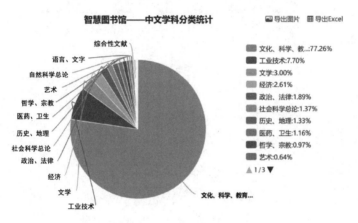

图 6-28 超星发现的中文学科分类统计页面

图 6-29 超星发现多主题对比——图书学术发展趋势曲线页面

3) 新方向

单击检索结果页面右上角的"新方向"按钮，可以显示研究新方向、新方向词云、资源推荐等，如图 6-30 所示。

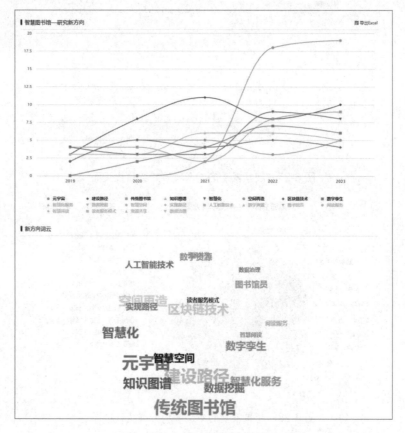

图 6-30　超星发现新方向页面

6.3　医学专业搜索引擎

6.3.1　外文专业搜索引擎

1. Medscape

Medscape 由美国 Medscape 公司于 1994 年开发，1995 年 6 月投入使用，由功能强大的通用搜索引擎 AltaVista 支持，用户可免费进行注册，可检索图像、声频、视频资料，是互联网上最大的免费提供临床医学全文文献和继续医学教育(CME)资源的网站，主要为临床医生和其他医学工作者提供高质量的、及时的专业医学信息。Medscape 可以在主页看到最新的医学咨询，也可选择 NEWS & PERSPECTIVE(新闻和观点)、DRUGS & DISEASES(药物和疾病)、CME & EDUCATION(继续医学教育)、ACADEMY(学院)、VIDEO(视频)、DECISION POINT(决策点)等子模块进行检索，主页如图 6-31 所示。网站中的医学资源经过同行专家评审，文献质量高，参考价值大。

图 6-31　Medscape 主页

1) 分类检索

分类检索是 Medscape 的主要特色，分为 News & Perspective(新闻和观点)、Drugs & Diseases(药物和疾病)、CME & Education(继续医学教育)、Medline 四大部分内容。News & Perspective 包含各种专业分类检索和医学新闻。Drugs & Diseases 是 FirstDatabank 和美国医师协会提供的最大的药物数据库，可查询 20 万种药物的使用剂量、毒副作用、使用注意事项等内容。CME & Education 提供继续教育的资源。Medline 是美国国立医学图书馆提供的医学期刊的全文数据。

2) 简单检索

Medscape 的右上角有简单检索输入框，可输入一个或多个检索词，例如，输入"lung cancer"，检索结果可以根据 News & Perspective、Drugs & Diseases、CME & Education、Medline 不同的模块进行选择，并可以按照相关性、时间、学科分类、文献类型进行分类，结果页面如图 6-32 所示。

图 6-32　Medscape 检索结果页面

2. MedHelp

MedHelp 由美国 Med Help International 研制，于 1994 年进入联机检索系统，1995 年年初联入因特网。它收集了 25000 多个医学站点，每月访问人数达百万次。其旨在帮助病人查找高质量的医学信息，同时让病人在最短时间内利用各种手段决定疾病治疗方案。用户可以在 MedHelp 可以查看、浏览、提问、获得答案，并与数百个友好用户社区内的数百万用户建立联系。另外，其还提供了 100 多个医学站点的链接，可查找完整的医药卫生信息，检索结果按帖子、文章、论坛和小组、期刊、博客和药物等类别分别显示。用户注册后可免费全文检索，关键词检索时大小写无差别，缺省值为 OR，主页如图 6-33 所示。

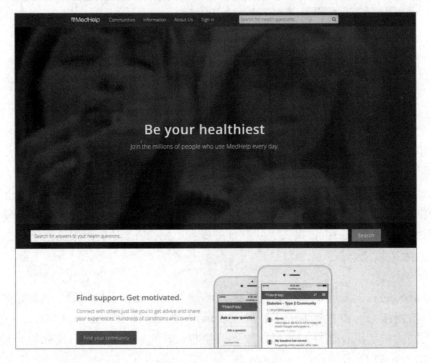

图 6-33　MedHelp 主页

3. Oncolink

Oncolink 是由美国宾夕法尼亚大学癌症中心(University of Pennsylvania Cancer Center，UPCC)于 1994 年在 Internet 上开发的一个免费全文癌症检索系统，是 Internet 上的第一个多媒体肿瘤学信息资源服务器，信息内容涉及肿瘤学研究最新进展、肿瘤诊断和治疗，以及肿瘤的病因、普查和预防等，旨在向肿瘤患者和医护人员提供高质量的原始文献信息资源，并提供一个链接 Internet 上的现有癌症信息资源的高质量的信息来源通道。Oncolink 将大量高质量的癌症信息免费提供给肿瘤研究专家、临床医务工作者、癌症患者及一般用户，由功能强大、页面覆盖范围广的搜索引擎 AltaVista 支持检索，关键词检索分简单检索及高级检索两种形式，大小写无差别，可进行精细检索，结果按相关性排序。

4. Medical World Search

Medical World Search 是美国 Polytechnic 研究所于 1997 年建立的一个医学专业搜索引擎，它采用的是美国国立医学图书馆开发的统一医学语言系统(Unified Medical Language

System,UMLS),融合了 30 余种生物医学词表和分类法,可以使用 500 000 多个医学术语,包括各种同义词进行检索,搜索的准确性很高。让注册的使用者能自动记住最近的 10 次检索和最近通过 Medical World Search 进入的 10 个网页,以供随时调用。

5. 其他外文专业搜索引擎

除了上述几个外文医学搜索引擎外,还有以下几个专业的外文医学搜索引擎。

(1) OmniMedical Search (https://openmd.com/)被 About.com 和华盛顿报推荐为最好的医疗搜索引擎之一,它可以搜索网页、图片或论坛,从而链接得到高质量的保健信息和医疗信息。

(2) WebMd (http://www.webmd.com/)是美国最大的医疗健康服务网站,拥有全球最丰富的健康医疗资讯,同时也是全球医师最愿意付费上网的专业网站。WebMD 为病人和医生建立了一个网上了解和交流医疗信息的通道,其所提供的医疗资讯与服务皆是业界的领导者,除了汇集全美医师的临床报告,还有最新、最完整的各种医疗资料库。

(3) MedExplorer (http://www.medexplorer.com/)医学信息资源搜索引擎创立于 1995 年,主要收录美国和加拿大的医学资源,以及少量其他国家和地区的资源。该搜索引擎提供分类目录浏览和目录检索功能。

(4) Healio(https://www.healio.com/)是一个致力于为医学专业人士提供专深临床信息的网站,提供分类目录浏览和关键词检索功能。其信息资源被划分为青少年医学、美学、变态反应与免疫学、心血管介入、心脏病学等多个学科,选择其中任意一个类别,系统都会提供医学视频、视频资料、问答栏目、教育资源、参考资料、同行评议期刊及图书等相关信息。

6.3.2 中文专业搜索引擎

1. 好大夫在线

好大夫在线(https://www.haodf.com/)成立于 2006 年,是北京新医强国科技有限公司运营的互联网医疗平台,致力于合理分配医疗资源、帮助患者找到好大夫,是可信赖的院外医疗服务平台。如今,好大夫在线逐渐形成"线上咨询、预约转诊、线上复诊、远程专家门诊、家庭医生签约后服务"等多种服务形式。基于中国患者的需求,好大夫在线创建了实时更新的互联网医生数据库、专业的网上分诊系统、互联网院后疾病管理和线上复诊服务、远程专家门诊服务等。好大夫在线平台拥有 27 万公立医院医生。截至 2022 年 7 月,好大夫在线平台已服务全国患者 7900 余万人,每日医患沟通次数超过 20 万次。好大夫在线首页如图 6-34 所示。

2. 360 良医搜索

360 良医搜索(http://ly.so.com/)是 360 搜索于 2013 年 4 月 23 日推出的专业医疗、医药、健康信息的子垂直搜索引擎,以帮助网民在搜索医疗医药信息的时候,不受虚假医疗广告、虚假医疗信息的侵扰,从而保障网民放心看病、放心就医。2015 年,上海国际医学中心与 360 良医联合推出了"48 小时手术直通车"服务。"良医直达"作为 360 搜索网页搜索的特型展示效果,目的在于让用户在最短时间内获取有价值的良医信息。当用户搜索疾病相关信息或医院信息的时候,良医直达将推动有价值的良医信息第一时间展现。良医搜索提供网上问诊、购药和医典查询等服务。

图 6-34 好大夫在线首页

3. 搜狗明医搜索

搜狗明医搜索(http://mingyi.sogou.com/)是搜狗公司于 2016 年 5 月 8 日宣布上线的子垂直搜索引擎,旨在把权威、真实、有效的医疗信息提供给用户。"搜狗明医"为搜狗搜索下的医疗垂直搜索频道,该频道聚合权威的知识、医疗、学术网站,为用户提供包括维基百科、知乎问答、国际前沿学术论文等在内的权威、真实内容。

4. 有问必答平台

有问必答平台(https://www.120ask.com/)旨在帮助用户迅速找到医生,为用户提供全面、及时、优惠、准确的健康医疗信息。其有利于提升医生的专业水平和收益;整合闲置医疗资源;为用户提供 24 小时在线的家庭医生服务,帮助用户拥有私人健康顾问;主动指导用户预防生病、减少生病。具体的导航栏目包含有问必答、医疗信息、用药指导、健康资讯、健康视频等。

6.4 开放获取资源

6.4.1 开放获取资源概述

开放获取(open access,OA)兴起于 20 世纪 90 年代,是国际科技界、学术界为促进网络环境下科研成果的广泛传播,提高公共利用程度和实现无偿服务而推出的一种新的出版模式和展示平台,是一种新型学术资源开放传播模式,是促进学术交流的有效途径。

2001 年 12 月,《布达佩斯开放存取先导计划》(*Budapest Open Access Initiative*,BOAI)首次明确了开放存取的概念:"文献在 Internet 公共领域里可以被免费获取,允许任何用户阅读、下载、复制、传递、打印、检索、超级链接该文献,并为之建立索引,用作软件的输入数据或其他任何合法用途。用户在使用该文献时不受财力、法律或技术的限制，而只需在存取时保持文献的完整性，对其复制和传递的唯一限制，或者说版权的唯一作用应是使作者有权控制其作品的完整性及作品被准确接收和引用。"同年，16个机构签署了该纲领性文件。2003年10月，德国、法国、意大利等国的科研机构在德国柏林联合签署《关于自然科学与人文科学资源的开放使用的柏林宣言》(*Open Access to Knowledge in the Sciences and Humanities*，以下简称《柏林宣言》)，开放存取运动进入蓬勃发展阶段。

根据不同的发展路径，开放获取分为金色OA(golden open access)和绿色OA(green open access)两种模式。在金色OA模式下，作者将论文发表在OA期刊或由OA出版商支持的图书中。与传统出版商相比，金色OA模式下的出版条款与传统出版商的情况相似，但论文处理费用由作者承担，免费向公众开放，任何人都可以自由地阅读和获取论文的完整内容，促进了知识的广泛传播和共享。但近年来，越来越多的OA出版商开始免收论文处理费用。绿色OA是指研究人员可以使他们的文章免费在线，被收录在一些数据库或者研究者自己或机构的网站，即通过机构仓储或学科仓储的形式提供开放获取。在绿色OA模式下，作者无须支付任何费用，出版成本由订购机构负责，但对用户而言文章获取会有一定的时滞期(embargo period)。近年来，随着开放获取运动的不断发展，60%的出版商和刊物已经对绿色OA提供了不受限制的许可，这意味着作者可以在几乎任何刊物上发表文章(OA或非OA)，然后将经过同行评议的内容通过OA仓储提供开放获取。通过仓储传递，可以包括预印本，以及经同行评议后的某一个版本，还包括学位论文、课程讲义、数据文件、视频、音频等。

目前OA出版分为两个常用途径：开放获取期刊(OA journal)和开放获取机构库(OA repository)。开放获取期刊是指经过同行评议，以免费的方式提供给读者或机构使用、下载、复制、打印、分享或检索的电子期刊。开放获取机构库是收集、存取由某一个或多个机构或个人产生的知识资源和学术信息资源、可供社会共享的信息资源库。

6.4.2 国外主要开放获取资源

1. 开放存取期刊目录

开放存取期刊目录(Directory of Open Access Journals，DOAJ)(https://doaj.org/)是由瑞典的隆德大学图书馆(Lund University Library)于2003年5月创建。从最初的345种期刊开始，截至2023年10月，已收录来自135个国家的13436种开放存取期刊，文章总量已达939万篇。整个收录范围覆盖了自然科学、科技、医学、社会科学和人文科学等多学科领域。它提供有质量控制的可免费获取的网上电子期刊资源，它的目标是建立一个无学科、语言限制的综合性科学期刊系统，方便科研人员使用。

DOAJ中的期刊和论文采用美国国会图书馆分类法的子分类法进行划分，按照学科主题将开放获取期刊分为农业、历史辅助学、文献学、图书馆学、信息资源、教育学、美术、一般工程、地理学、人类学和娱乐、一般历史与欧洲历史、美国历史、语言和文学、法学、医学、军事、音乐和音乐书籍、海军科学、哲学、心理学、宗教、政治学、科学、社会科学、技术等大类。DOAJ主要提供期刊(journals)检索和论文(article)检索。期刊检索可以在所有字段、题名、ISSN、主题、出版商字段进行检索(见图6-35)。论文检索提供所有字段、题名、摘要、主题和作者字段进行检索。

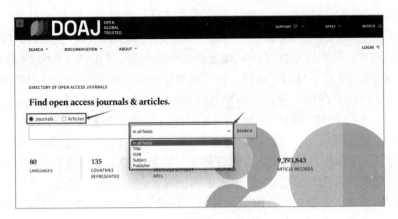

图 6-35　DOAJ 主页

2. High Wire Press

High Wire Press 是斯坦福大学著名的学术出版商，目前已成为世界上三个最大的能够联机提供免费学术论文全文的出版商之一，负责美国医学会(AMA)、英国医学会(BMA)、牛津大学出版社(OUP)等 200 多个学术团体或大学出版社的网络出版，绝大多数是生物医学的重要核心期刊，学科范围涵盖生命科学、医学、物理学和社会科学等。截至 2023 年 3 月，High Wire Press 共收录 765 万余篇文章，免费全文 243 万余篇。提供研究者(researcher)、图书馆员(librarian)、出版社(publisher)等入口。研究者可以从期刊字序(by title)、出版社(by publisher)等途径浏览期刊列表(见图 6-36)。选中某一期刊后，单击刊名链接可以进入该期刊页面进行浏览，如果在文章后标出可获取全文，则可以获得该文献的全文。提供免费浏览的期刊有三种：一是完全免费，二是免费试用，三是部分免费。

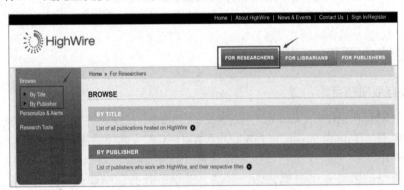

图 6-36　HighWire Press 研究者界面

3. 生物医学期刊出版中心

生物医学期刊出版中心(BioMed Central，BMC)是一个英国期刊出版机构，专门刊登、提供生物医学研究方面的开放获取刊物，目前共出版了 300 多种通过严格的同行评审的期刊，涵盖生物学和医学的各个主要领域。用户可以通过"Search"进行快速检索所有文章，如图 6-37 所示；也可以通过单击"Explore journals" 通过主题或字母顺序浏览期刊列表，BMC 把所有的期刊划分为生物医学、化学、生命科学等 17 个主题，每个主题下面列出相应的刊名，单击刊名即可查看该刊的所有论文信息，如图 6-38 所示。

图 6-37　BMC 快速检索界面

图 6-38　BMC 期刊浏览界面

4. 公共科学图书馆

公共科学图书馆(The Public Library of Science，PLOS)(https://plos.org/)是一家由众多诺贝尔奖得主和慈善机构支持的非营利性学术组织，旨在推广全世界的科学领域和医学领域的最新研究成果。2000 年 10 月，PLOS 由生物医学科学家 Harold E. Varmus 和 Patrick O. Brown 及 Michael B. Eisen 共同创立。他们的第一个行动是发布一封公开信，鼓励科学出版商将研究文献通过在线免费公共文件发布(美国国立医学图书馆的 PubMed 中心)。这封公开信得到了来自大约 180 个国家的 34000 名科学家的签署，加速了科学出版商更自由地获取已发表研究的进程。2003 年，PLOS 作出一个决定，非营利性地为科学家和医生提供高质量、高水平的期刊，并会发布他们最重要的作品。在这种开放资源的模式下，PLOS 期刊可以直接在网上查看并免费使用，之后再发布或使用也没有任何限制，只要按照创作共享注明出处、授权条款的要求注明作者和来源即可。

PLOS 出版了一系列有影响力的开放获取期刊，涵盖科学和医学的所有领域，包含：PLOS Biology、PLOS Climate、PLOS Computational Biology、PLOS Digital Health、PLOS Genetics、PLOS Global Public Health、PLOS Medicine、PLOS Neglected Tropical Diseases、PLOS ONE、PLOS Pathogens、PLOS Sustainability and Transformation、PLOS Water 等 12

种期刊。用户既可以浏览某一种期刊，并在此刊范围内检索文献，也可以在12种期刊中检索文献。PLOS主页如图6-39所示。

图6-39 PLOS主页

5. PubMed Central

PubMed Central (PMC)是2000年1月由美国国立医学图书馆(National Library of Medicine，NLM)的国家生物技术信息中心(National Center for Biotechnology Information，NCBI)建立的生命科学期刊全文数据库，它旨在保存生命科学期刊中的原始研究论文的全文，并在全球范围内免费提供使用。PMC采取自愿加入的原则，某期刊一旦加入，必须承诺期刊出版后一定时期内将其全文提交给PMC，由PMC提供免费全文检索和访问。PMC与PubMed两者都是NLM建立的数据库，PubMed是一个基于互联网的文献检索系统，它收录了几千种生命科学期刊的目次和文摘，该数据库提供了与PMC全文的链接及与数千种期刊网站的链接。而PMC是由NLM建立的免费生命科学电子期刊全文数据库，PMC的所有论文在PubMed中都有相应的记录。PMC的界面与PubMed类似，除了可以浏览期刊列表外，还可以进行基本检索、高级检索和限定检索，PMC主页如图6-40所示。

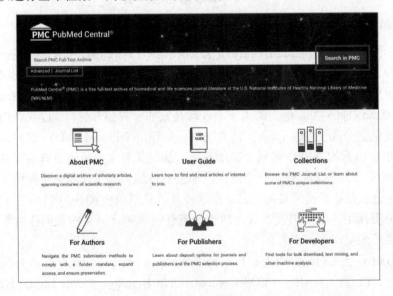

图6-40 PMC主页

6. 免费医学期刊网

免费医学期刊网(Free Medical Journals，FMJ)(http://freemedicaljournals.com/)是由法国曼努埃尔·蒙特内格罗(Manuel Montenegro)和伯恩德·塞巴斯蒂安·坎普斯(Bernd Sebastian Kamps)建立的免费医学期刊信息网站。截至2023年10月共收录5000多种全文医学期刊，分英语、法语、葡萄牙语、西班牙语等语种列出，内容分为全免费、出版后1～6个月免费、出版后7～12个月免费和出版更长时间免费的期刊。其主要以浏览的方式查看期刊，可以按主题、期刊的影响因子、免费的方式、期刊名称、语种查看期刊，其主页如图6-41所示。检索由Google提供站内检索。

图6-41　FMJ主页

6.4.3　国内主要开放获取资源

1. 国家科技期刊开放平台

作为我国科技期刊集中开放获取平台，国家科技期刊开放平台(https://doaj.istic.ac.cn)的定位是"公益普惠、开放共享、权威精品"。该平台通过开放整合国内科技期刊，充分依托中国科学技术信息研究所资源，实现了论文引文全融合，并提供统计分析多角度展示的功能。面向科技人员，该平台提供一站式的即时获取服务，全面促进我国科技论文的传播利用。截至2023年10月，平台已开放期刊总量1371种，核心期刊占比超70%，收录论文数量达996万篇，涉及学科包括自然科学、工程与技术科学、农业科学、医药科学、管理科学等，可以通过限定"题名""ISSN""作者""摘要""DOI""基金""刊名""作者单位""关键词"等字段搜索论文，平台主页如图6-42所示。

图 6-42 国家科技期刊开放平台主页

2. 中国科技论文在线

中国科技论文在线(http://www.paper.edu.cn/)创立于 2003 年,由教育部科技发展中心主办,旨在解决科研人员面临的论文发表困难、学术交流渠道有限及科研成果转化难的问题。中国科技论文在线评审费由教育部科技发展中心支付,在网站上发表、查阅、下载论文不收取任何费用。目前,已有多所高校把在中国科技论文在线上发表的论文认可为符合研究生毕业、职称评定要求的论文。注册用户可以享受该网站的所有功能,包括在线投稿等,而非注册用户只能以访客身份进行部分检索、浏览和下载。截至 2023 年 10 月,平台提供首发论文库(在库 10 万余篇)、期刊论文库(在库 129 万余篇)、知名学者库(在库 14 余万篇)、学术资讯(在库 3 万余篇)等服务,网站首页如图 6-43 所示。该网站可以选择在主页进行"科技论文跨平台全文检索",也可以进行高级检索,高级检索界面如图 6-44 所示,高级检索可以限定"找文章""找伙伴""找机构"等途径,并支持多字段与逻辑运算符的应用。

图 6-43 中国科技论文在线首页

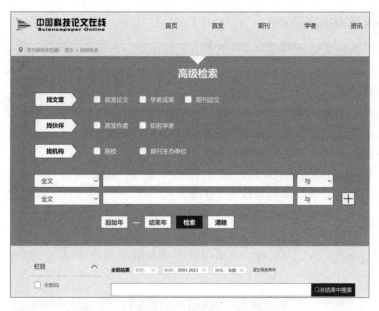

图 6-44 中国科技论文在线高级检索界面

3. 国家预印本平台

预印本(Preprint)是指科研工作者的研究成果还未在正式刊物发表，而出于和同行交流的目的自愿通过邮寄或网络等方式传播的科研论文、科技报告等文章。与刊物发表的论文相比，预印本具有交流速度快、利于学术争鸣、可靠性高的特点。

国家预印本平台(https://coaa.istic.ac.cn/preprint)接收中英文预印本论文，作者经实名注册即可投稿，初审通过后即分配国际通用的数字对象唯一标识符，实现快速发布，提供电子首发证书，保障作者首发权。经专家评审的优秀稿件将向国内外期刊推荐发表，支持期刊定稿论文的优先发布，支持学术会议论文征稿首发。平台同时集成国内其他预印本平台论文15万余篇，实现元数据互享、全文互通。平台的收录范围包含数理科学、化学化工、天文与地球科学、生物科学、医药卫生等多个学科，可以按照学科对学术文章进行浏览。平台首页同时也提供快速检索和高级检索两种方式，首页如图6-45所示。

图 6-45 国家预印本平台

4. 开放获取教学信息资源

根据联合国教科文组织的定义，开放教育资源(open educational resources，OERs)是指公共领域的或者给出开放许可的任何类型的教育资源。开放教育资源的性质决定了任何人都可以合法、自由地复制、使用、改编和再分享，其类型包括教科书、课程、教学大纲、讲义、作业、测试、音频、视频和动画等。开放教育资源的形式有各高校的精品课程、各大视频网站的教学类资源、目前比较流行的慕课(massive open online courses，MOOC)等。

1) 麻省理工学院的"开放课程计划"

麻省理工学院(MIT)的开放课程计划于1999年筹备，2002年开始对外运作，并于2015年其规模达到了上传其学院本科及研究生教学的2260门课程，均可免费查看，极大地满足了世界各地的教师、学生及自学者渴望分享世界顶尖大学教学资源的需求。麻省理工学院"开放式课程网页"(OPEN COURSE WARE)是一个大规模的电子出版计划，由William and Flora Hewlett 基金会、Andrew W. Mellon 基金会和麻省理工学院共同资助。网站主页如图6-46所示。

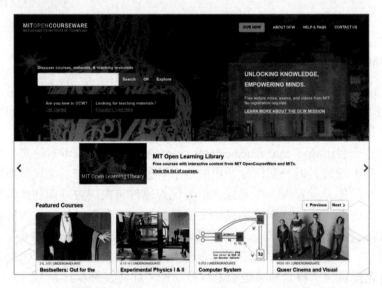

图6-46 MIT OPEN COURSEWARE 主页

2) 可汗学院

可汗学院(Khan Academy)是由孟加拉裔美国人，麻省理工学院及哈佛大学商学院毕业生萨尔曼·可汗在2006年创立的一所非营利性教育机构。其用视频讲解不同科目的知识并解答网友提出的问题，内容包括数学、历史、医疗卫生及医学、金融、物理、化学、生物、天文学、经济学、宇宙学、有机化学、美国公民教育、美术史、宏观经济学、微观经济学及计算机科学等学科。可汗学院提供三种不同身份的使用界面(学生、教师、家长)供用户选择。可汗学院有完整的知识体系，可以先看视频，再做练习题。可汗学院有网页版、App和中文网站(https://zh.khanacademy.org/)，目前在网易公开课、"b站"等平台上可找到带有中文字幕的可汗学院的课程视频。

3) edX

edX(https://www.edx.org/)是一个由麻省理工学院和哈佛大学创建的大规模开放在线课

堂平台，它免费向大众提供大学教育水平的在线课堂。"edX 学习平台"就像开源软件似的发展，使其他院校机构也可以提供其高级学习的课堂，并容许其他学校设置课堂。edX 计划创建在线学习软件，比起课堂视频会有更好的互动学习体验。除了提供常规教学外，edX 还计划用来研究学习和远程教育。学员学习完成后，edX 将会提供免费的证书，但是不提供课程学分。参与的 edX 学校可以自行决定是否认可学生学分，目前 MIT 与哈佛大学均不把 edX 课程记录学分。除了在线教授相关课程以外，麻省理工学院和哈佛大学将使用此共享平台进行教学法研究，促进现代技术在教学手段方面的应用，同时也促进学生对在线课程效果进行评价。

4) Coursera

Coursera(https://www.coursera.org)是 2012 年 7 月由斯坦福大学的两位计算机教授达夫妮·科勒(Daphne Koller)和安德鲁·恩格(Andrew Ng)创办的。该平台致力于开展免费大型公开在线课程项目，旨在与世界顶尖大学合作，在线提供免费的网络公开课程。截至 2023 年 10 月，与 Coursera 合作的大学包括斯坦福大学、密歇根大学、普林斯顿大学、宾夕法尼亚大学等名校在内的 270 余所高校，提供的在线课程有 5400 多门，涉及的学科包括计算机科学、信息技术、语言学习、物理科学与工程、生命科学、社会科学、艺术与人文等 20 余个门类。

5) Udacity

Udacity 是大卫·史蒂芬斯(David Stavens)与塞巴斯蒂安·史朗(Sebastian Thrun)和迈克尔·索科尔斯基(Michael Sokolsky)在 2012 年共同创办的私立教育组织，目标是实现民主教育，让学生能有更好的职业发展。Udacity 的课程不是由教师自行设计的，而是与 Google 或者微软等公司共同设计推出。Udacity 与 Coursera 等提供大学课程的竞争者的不同之处是 Udacity 在选择教师时依据的并非他们的学术研究能力，而是他们的教学水平。网站提供的课程都会有让学生自己动手解决实际工程的问题，设有教学视频、在线答题、期末考试、讨论区、课程学分认证等栏目，这种教学模式既可以替代原有的学习模式，也可作为现有学习模式的补充(即混合学习/翻转课堂的模式)。

5. 国内主要开放教学资源

1) 中国大学慕课

中国大学慕课是由网易与高等教育出版社携手推出的在线教育平台(https://www.icourse163.org/)，承接教育部国家精品开放课程任务，向大众提供中国知名高校的 MOOC 课程，是一种任何人都能免费注册使用的在线教育模式。MOOC 有一套类似于线下课程的作业评估体系和考核方式。每门课程定期开课，整个学习过程包括观看视频、参与讨论、提交作业、课堂提问和期末考试等环节，课程设置有考核标准，当学习者达到课程的考核标准时可免费获得由主讲教师签署的合格或者优秀电子证书，也可付费申请纸质版认证证书。获得证书的同时也意味着学习者对课程内容的理解和掌握达到了对应大学的要求，学习者也可将其写在简历中。中国大学慕课平台首页如图 6-47 所示。

2) 学堂在线

学堂在线(https://www.xuetangx.com/)是清华大学于 2013 年 10 月发起建立的 MOOC 平台，是教育部在线教育研究中心的研究交流和成果应用平台，也是联合国教科文组织国际工程教育中心(ICEE)的在线教育平台。目前，学堂在线运行了来自清华大学、北京大学、复旦大学、中国科学技术大学，以及麻省理工学院、斯坦福大学、加州大学伯克利分校等国内外一流大学的超过 8000 门优质课程，覆盖计算机、医药卫生、理学、工程、文学、历史、艺术等多个学科门类。用户可以免费学习，也可以付费学习；可以在 PC 端通过浏览器学习，也可以在手机上安装 App 进行学习。

图 6-47　中国大学慕课平台首页

3）网易公开课

网易门户网站(https://open.163.com/)于 2010 年 11 月率先推出了"全球名校视频公开课"公益项目，通过翻译并免费发布国外大学优秀课程，其中包括哈佛大学、耶鲁大学、牛津大学、剑桥大学等名校的优秀课程。网易门户网站于上线一周年后首次正式推出中国大学视频公开课，网民可以通过互联网学习这些课程。2011 年年初，网易加入国际开放课件联盟(OCWC)，成为该联盟在中国唯一的企业联盟成员，并共享其在全球 200 多所名校的所有高清课程资源。用户可以在线免费观看来自哈佛大学等世界级名校的公开课课程，以及中国大学视频公开课、可汗学院公开课、TED(专注于技术、娱乐、设计的非营利性机构)演讲等教育性组织的精彩视频，内容涵盖人文、社会、艺术、科学、金融等领域。

4）爱课程

爱课程(https://www.icourses.cn/home/)是教育部、财政部"十二五"期间启动实施的"高等学校本科教学质量与教学改革工程"支持建设的一个高等教育课程资源共享平台，集中展示中国大学视频公开课和中国大学资源共享课，面向高校师生和社会大众提供优质教育资源共享和个性化教学资源服务，具有资源浏览、搜索、重组、评价、课程包的导入导出、发布、互动参与和"教""学"兼备等功能。

6.5　免费生物医学图像、视频资源

网络上的医学图库资源主要有实体照片、计算机模拟图片、显微镜下的图片、各种放射图谱等。视频有动画、录像等。其按照内容的不同可以分为解剖学、生理学、病理组织学、寄生虫学、外科手术图谱等，可以通过搜索引擎对图谱或者视频进行查找，也可以通过专业的图库网站获得资源。

6.5.1　综合性搜索引擎的图像栏目

一般综合性的搜索引擎，都有"图片/像"栏目如百度(见图 6-48)，单击相应的按钮进行检索。大多数的图片搜索引擎是根据输入的关键词进行检索，有一些搜索引擎也具备图片识别功能，可以通过图片来搜索图片，医学专业的搜索引擎也大都具备这些功能。百度识图和 360 识图可以基于图片识别技术，搜索出与上传图片相似的图片资源及信息内容。

图 6-48　百度图片搜索主页

6.5.2　专业图像数据库、搜索引擎、网站

1. Nucleus Medical Media(https://catalog.nucleusmedicalmedia.com/)

Nucleus Medical Media 是由 Nucleus Medical Media 公司于 1997 年创建并维护，提供 25000 余幅经医学专业人士制作、审核的医学各类插图、医疗动画、交互式多媒体，包含解剖学、生理学、胚胎学、外科、创伤、病理学、疾病等相关主题，图像清晰精美，标注详细。该网站可以按照疾病和病症进行图片浏览，也可以利用关键词进行检索，如输入"heart diseases"，即可找到相关图片或视频资料，还可对类型和语言进行限定，如图 6-49 所示。

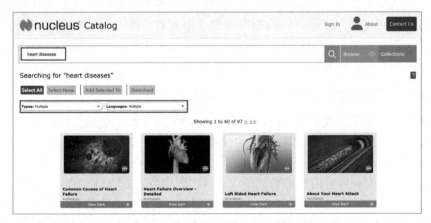

图 6-49　Nucleus Medical Media 关键词搜索结果

2. Open-i(https://openi.nlm.nih.gov/)

Open-i 由美国国立医学图书馆创立，旨在为用户提供来自 OA 期刊中的图表、实验结果图，以及临床图片等，可以使用文本查询及查询图像进行搜索，如图 6-50 所示。截至 2023 年 10 月，Open-i 提供对来自大约 120 万篇 PubMed Central 文章中超过 370 万张图像的访问；7470 次胸部 X 光检查和 3955 份放射学报告；来自 NLM 医学史收藏的 67517 张图像和 2064 幅骨科插图。

图 6-50　Open-i 主页

3. 中药材图像数据库

中药材图像数据库(https://library.hkbu.edu.hk/electronic/libdbs/mmd/index.html)是由香港浸会大学中医药学院建立，方润华基金赞助。该数据库提供了常用中草药 420 余种，以高清晰图片展示草药的外观特征，并以文字记录草药的来源、主要地区、性状特征、品质特性、性味功效等综合信息。同时以简要形式介绍了每种中草药的性状鉴别及部分品种的注意事项，方便进行比较和了解。该数据库提供了中文名、拉丁名、英文名、性味功效等多种检索方式，查询方便，使用简便。该数据库是学习中草药和中草药学的良好教辅工具，也是普及中草药知识的重要平台。主页如图 6-51 所示。

4. 在线中国植物志(http://www.cn-flora.ac.cn/)

中国是全球植物多样性最丰富的国家之一，全球 36 个热点地区主要或部分在我国境内的有 4 个。经过全国 312 位作者和 164 位绘图人员 45 年的努力，《中国植物志》于 1959 年首卷出版，2004 年全部完成，记载了 301 科 3408 属 31142 种植物的科学名称、形态特征、生态环境、地理分布、经济用途和物候期等。《中国植物志》的英文修订版(*Flora of China*)在《中国植物志》的基础上，增补了新类群和新资料，进行了分类修订，并在 2013 年完成，记载了 312 科 3328 属 31362 种植物。《中国植物志》和"*Flora of China*"是目前世界上最大型、记录植物种类最多的植物志,它为有效保护和合理利用我国的植物资源提供了极为重要的基础信息和科学依据。在线中国植物志网站提供物种中文索引、物种学名索引、按照层级浏览等检索功能。

图 6-51　中药材图像数据库主页

5. 美国国立卫生研究院网站

美国国立卫生研究院(National Institutes of Health,NIH)是美国主要的医学与行为学(Medical and Behavioral Research)研究机构,任务是探索生命本质和行为学方面的基础知识并充分运用这些知识延长人类寿命,以及预防、诊断和治疗各种疾病和残障。其网站(https://www.nih.gov/)中的"News and Events"模块下设"Media Resources""Images and B-roll"栏目,为用户提供医学视频、医学人物、医学研究等图片和视频。

本 章 小 结

本章首先介绍了搜索引擎的定义、工作原理及其分类与特点,搜索引擎包括全文搜索引擎、目录索引类搜索引擎、元搜索引擎,不同类别的搜索引擎其工作方式有所不同。其次介绍了综合性搜索引擎百度、微软必应的使用及中外文医学专业搜索引擎如 Medscape、MedHelp、Oncolink、好大夫在线、360 良医搜索的使用,与综合性搜索引擎相比,医学专业的搜索引擎的搜索结果更加准确,专注性更强。最后介绍国内外开放获取资源如 HighWire Press、生物医学期刊出版中心、PubMed Central、国家科技期刊开放平台、中国科技论文在线等,并介绍了免费生物医学图像、视频的网站。

思 考 题

1. 何谓搜索引擎?其工作原理是什么?
2. 搜索引擎按工作方式分为哪些类型?

3. 利用所学知识,请在百度文库查找"胰岛素治疗糖尿病"方面的文献。

4. 试用百度学术查找"动物感染乙肝病毒的报道,排除人类感染乙肝的文献"方面的文献。

5. 试用超星发现查找"肝炎的治疗或诊断"方面的文献。

6. 常用的国内外医学专业搜索引擎有哪些?

7. 国内外常用的开放获取资源有哪些?

第 7 章 中文数据库检索

本章要点

◎ 中文数据库的分类

◎ 中文数据库的基本检索与高级检索

◎ 中文数据库的主题检索与分类检索

学习目标

◎ 了解中文数据库的分类

◎ 掌握中国生物医学文献服务系统(SinoMed)的使用与操作

◎ 熟悉万方、知网、维普等中文全文型数据库的使用与操作

7.1 中文文摘型数据库

7.1.1 中国生物医学文献服务系统

1. 中国生物医学文献服务系统概况

中国生物医学文献服务系统(SinoMed)由中国医学科学院医学信息研究所/图书馆开发，整合了中国生物医学文献数据库(China Biology Medicine，CBM)、中国生物医学引文数据库(China Biology Medicine Citation Index，CBMCI)、西文生物医学文献数据库(Westerm Biology Medicine，WBM)、北京协和医学院博硕学位论文数据库(PUMCD)、中国医学科普文献数据库(CPM)、日文生物医学文献数据库、俄文生物医学文献数据库、英文文集汇编文摘数据库、英文会议文摘数据库等9种资源，是集文献检索、引文检索、开放获取、原文传递及个性化服务于一体的生物医学中外文整合文献服务系统。其主要包含以下5个子库。

1) 中国生物医学文献数据库

CBM是SinoMed系统重要的资源之一，由中科院医学信息研究所编辑出版，数据主要来源于《中文科技资料目录》医药卫生分册对应的电子版，但收录文献的范围更为广泛，是收录国内生物医学文献相对系统、全面、权威的一个数据库，收录1978年至今国内出版的生物医学学术期刊2900余种，其中2019年在版期刊1890余种，文献题录总量1080余万篇，每年新增文献50余万篇，双周更新。全部题录均依据美国国立医学图书馆的《医学主题词表》和中国中医研究院中医药信息研究所的《中国中医药学主题词表》标引了主题词，依据《中图法》标引了分类号，同时对作者、作者机构、发表期刊、所涉基金等进行规范化加工处理；2019年起，新增标识2015年以来发表文献的通信作者，全面整合中文DOI链接信息，以更好地支持文献发现与全文在线获取。

2) 中国生物医学引文数据库

CBMCI收录1978年以来中国生物医学期刊文献题录1300余万篇，全部题录均进行主题标引和分类标引等规范化加工处理。年增文献50余万篇。所有期刊文献引文与其原始文献题录关联，以更好地支持多维度引文检索与引证分析。

3) 西文生物医学文献数据库

WBM收录世界各国出版的重要生物医学期刊文献题录3600余万篇，年代跨度大，部分期刊可回溯至创刊年。年增文献110余万篇。

4) 北京协和医学院博硕学位论文库

PUMCD收录1981年以来北京协和医学院培养的博士、硕士学位论文全文，学科范围涉及医学、药学各专业领域及其他相关专业，内容前沿丰富，可在线浏览全文。另外，其数据每季更新。

5) 中国医学科普文献数据库

CPM收录2000年来近百种国内出版的医学科普期刊，文献总量达61余万篇，重点凸显养生保健、心理健康、生殖健康、运动健身、医学美容、婚姻家庭、食品营养等与医学健康有关的内容。

2. 数据库结构

CBM 数据库的记录可由 30 多个字段组成，字段分为可检字段和非可检字段(系统内部管理使用)。下面是其中一条记录(也称一条题录)的信息。

中文标题：中药外治法治疗糖尿病周围神经病变随机对照试验的系统评价

流水号：2013490241

分类号：R-33；*R203；R244；R587.2；R745

英文标题：Systematic Review on Randomized Controlled Trials of Diabetic Peripheral Neuropathy Treated with TCM External Therapy

作者：陈薇，刘建平

作者单位：北京中医药大学循证医学中心，北京 100029

摘要如下。

目的：系统地评价中药外治法治疗糖尿病周围神经病变(DPN)的疗效及安全性。

方法：系统、全面检索国内外相关数据库，检索日期截至 2011 年 3 月 1 日。鉴定并纳入中药外用方与安慰剂、西药等对比治疗 DPN 的随机对照试验(RCT)，采用国际公认的评价标准对纳入试验的质量包括随机化、分配隐藏、盲法、退出与失访进行评价，进而对疗效进行系统综合分析。

结果：共计纳入 29 项 RCT(2677 名患者，28 种中药)。纳入的 RCT 普遍方法学质量较差，且未发现中药外用与安慰剂对照的研究。有 20 项 RCT 结果表明中药在总体症状改善方面优于西医对症治疗，9 项研究表明中药在改善神经传导速度方面具有优势，4 项研究表明中药在改善麻木方面具有优势，6 项研究表明中药在改善疼痛方面具有优势。纳入的 RCT 中绝大多数未对不良反应进行报告，因此尚不能对外用中药的安全性作出肯定的结论。

结论：与西药相比，中药外治法在治疗 DPN 疗效方面存在优势，但需要进一步大样本严格设计的临床试验给予证实。

基金：国家"重大新药创制"专项 (No.2011ZX09302-006-01-03 (5))；北京中医药大学教育研究课题 (No.XJY11008)

出处：北京中医药大学学报·中医临床版 2013(3): 32-39

ISSN：1672-2205

国内代码：11-4892/R

关键词：糖尿病周围神经病变；中医药；随机对照试验；系统评价

主题词：NAD；检索；*随机对照试验；*糖尿病神经病变；*外治法；系统论；中草药；*周围神经系统疾病

特征词：人类

3. 检索途径与方法

SinoMed 的功能模块主要包括文献检索、引文检索、期刊检索、文献传递及数据服务，同时还可提供引文报告。下面主要介绍检索途径与方法。

1) 文献检索

按检索资源不同，可分为多资源的跨库检索和仅在某一资源(中文文献、西文文献、博硕论文或科普文献)的单库检索，两类检索均支持快速检索、高级检索、主题检索和分类检索。同时，将智能检索、精确检索、限定检索、过滤筛选等功能融入相关检索过程中。

(1) 跨库检索。进入 SinoMed 系统后，主页呈现的即为跨库检索界面。跨库检索能同时在 SinoMed 平台集成的所有资源库进行检索。

首页的检索输入框即跨库快速检索框，其右侧是跨库检索的高级检索，单击后进入跨库高级检索。具体如图 7-1～图 7-2 所示。

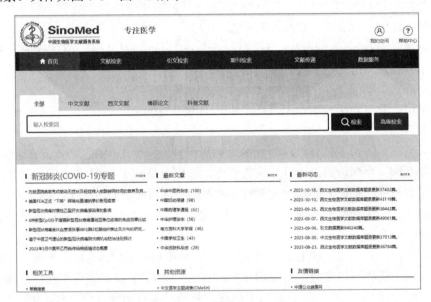

图 7-1　跨库快速检索首页

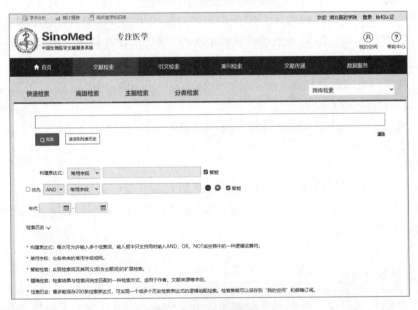

图 7-2　跨库高级检索首页

(2) CBM 数据库检索。① 快速检索与智能检索。单击 SinoMed 主页面的文献检索按钮后，系统直接进入 CBM 的快速检索界面(见图 7-3)。快速检索默认在常用字段内执行检索，并且集成了智能检索功能，检索结果更全面。常用字段由中文标题、摘要、关键词、主题词四个检索项组成。输入多个检索词时，词间用空格分隔，默认为布尔逻辑"AND"的组配关系。

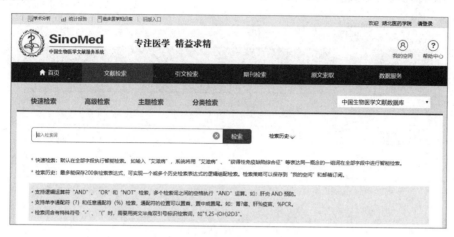

图 7-3　CBM 的快速检索界面

需要注意的是，需要将多个英文单词作为一个检索词时，或者检索词中含有特殊符号"-""("时，需要用英文半角双引号标识检索词，如"hepatitis B virus" "1，25-(OH)2D3"，将检索词作为一个整体进行检索，因而不会拆分。

提示：智能检索是基于词表系统，将输入的检索词转换成表达同一概念的一组词的检索方式，即自动实现检索词及其同义词(含主题词、下位主题词)的同步检索，是基于自然语言的主题概念检索。优化后的智能检索，支持词与词之间的逻辑组配检索，取消了对可组配检索词数量的限制。

② 高级检索。高级检索支持多个检索入口、多个检索词之间的逻辑组配检索，检索表达式即时显示在编辑窗口，方便用户构建较为复杂的检索表达式。

高级检索主要的功能有：检索表达式实时显示编辑并直接发送至"检索历史"；构建检索表达式每次可允许输入多个检索词；扩展 CBM 检索项，新增"核心字段"检索及通信作者/通信作者单位检索；中文资源库中，针对作者、作者单位、刊名、基金检索项增加智能提示功能；西文库中增加刊名智能提示功能。

提示：CBM 的核心字段由最能体现文献内容的中文标题、关键词、主题词三部分组成，与"常用字段"相比，剔除了"摘要"项，以进一步提高检索准确度。CBM 的高级检索界面如图 7-4 所示。如在 CBM 中查找郎景和院士作为第一作者发表的卵巢肿瘤方面的文献，可进行如下操作。

第一步，进入 CBM 高级检索界面，在构建表达式中选择"第一作者"，输入"郎景和"，这里默认精确检索，在智能提示下选择其所在单位名称，如图 7-5 所示。

第二步，单击检索词输入框后的 ⊕ 增加检索条目，选择"核心字段"，输入"卵巢肿瘤"，这里默认智能；三个检索式之间默认为布尔逻辑"AND"组配，检索式直接在检索框内显示，单击"检索"按钮即可执行，如图 7-6 所示。

③ 主题检索。主题检索是基于主题概念进行的文献检索，支持多个主题词同时检索，有利于提高查全率和查准率。通过选择合适的副主题词、设置是否加权(即：加权检索)、是否扩展(即：扩展检索)，可使检索结果更符合课题需求。输入检索词后，系统将在《医学主题

词表》中文译本及《中国中医药学主题词表》中匹配对应的中文主题词。也可通过"主题导航",浏览主题词树查找需要的主题词。

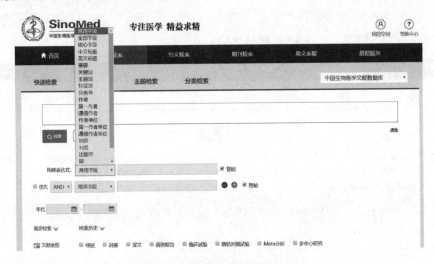

图 7-4　CBM 的高级检索界面

图 7-5　高级检索举例步骤一

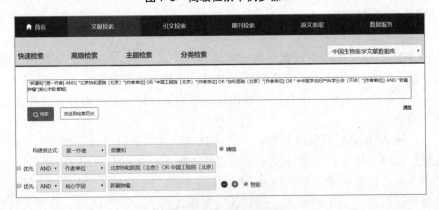

图 7-6　高级检索举例步骤二

如在 CBM 的"主题检索"中查找"糖尿病并发症白内障的治疗"方面的文献,可进行如下操作。

第一步,单击主题检索进入 CBM 的主题检索界面,在检索框中输入"糖尿病并发症"

后,单击"查找"按钮。浏览查找结果,在列出的主题词中单击"糖尿病并发症",如图 7-7 所示。

图 7-7 主题检索举例步骤一

第二步,在主题词注释详细页面,显示了该主题词可组配的副主题词、主题词的详细解释和所在的树形结构。可以根据检索需要,选择是否"加权检索""扩展检索"。"糖尿病并发症的治疗"应选择副主题词"治疗",然后单击"发送到检索框"按钮,如图 7-8 所示。

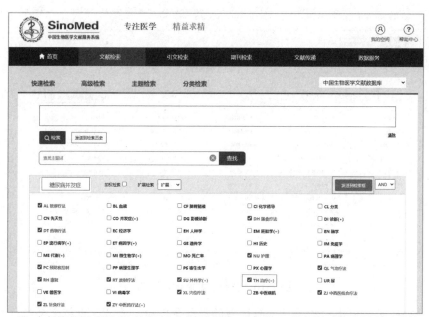

注:加权是反映主题词对文献重要内容表征作用的一种手段。一般来说,加权主题词与文献核心内容的关联性与非加权主题词相比,要更为紧密。因此,加权检索是一种缩小检索范围、提高查准率的有效方法;扩展检索是对该主题词及其下位词进行检索,相对而言,是一种扩大范围的检索。

图 7-8 主题检索举例步骤二

第三步，在主题词注释详细页面检索框中输入"白内障"后，单击"查找"按钮，在列出的主题词中单击主题词"白内障"，如图7-9所示。

图 7-9　主题检索举例步骤三

第四步，在主题词注释详细页面，选择副主题词"治疗"。在逻辑组配选择框中选择逻辑"AND"后，单击"发送到检索框"按钮后单击"检索"按钮，即可检索出"糖尿病并发症白内障的治疗"方面的文献，如图7-10所示。

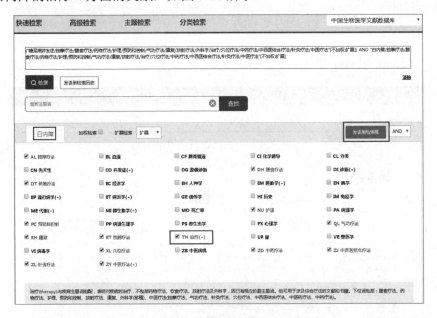

图 7-10　主题检索举例步骤四

④ 分类检索。分类检索是从文献所属的学科角度进行查找，支持多个类目同时检索，能提高族性检索的效率。可用类名查找分类号或利用分类导航定位具体类目，通过选择是否扩展、是否复分，使检索结果更符合课题需求。

如在 CBM 的"分类检索"中查找"肺肿瘤的药物疗法"方面的文献，可以进行如下操作。

第一步，在 CBM 分类检索界面的检索框中输入"肺肿瘤"后单击"查找"按钮，在列出的所有分类名中查找"肺肿瘤"，单击分类名"肺肿瘤"，如图 7-11 所示。

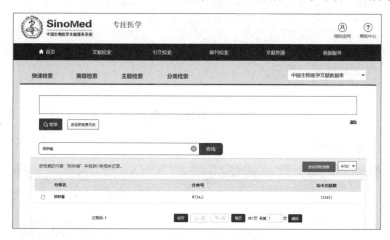

图 7-11　分类检索举例步骤一

第二步，在分类号注释详细页面，显示了该分类号可组配的复分号、详细解释和所在的树形结构。可以根据检索需要，选择是否"扩展检索"："肺肿瘤的药物疗法"应选择复分号"药物疗法、化学疗法"，"添加"后单击"发送到检索框"按钮，再单击"检索"按钮，即可检索出"肺肿瘤的药物疗法"方面的文献，如图 7-12 所示。

图 7-12　分类检索举例步骤二

⑤ 限定检索。限定检索设置在高级检索界面，把文献类型、年龄组、性别、对象类型、其他等常用限定条件整合到一起，用于对检索结果的进一步限定，可减少二次检索操作，提高检索效率。一旦设置了限定条件，除非用户取消，否则在该用户的检索过程中，限定条件一直有效，如图 7-13 所示。

(3) 单篇搜索。单篇搜索是 SinoMed 为方便用户提供的一个小工具(见图 7-14)，帮助用户从 CBM 或 WBM 中快速精确查找特定文献。

图 7-13　限定检索条目

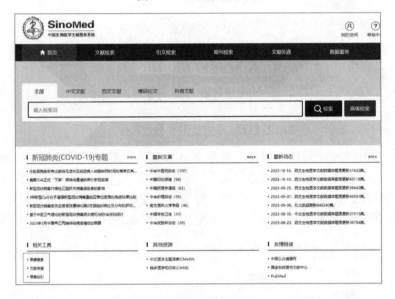

图 7-14　单篇搜索工具栏

链接在首页左下角相关工具栏下,进入后即可进行单篇文献的精确查找(见图 7-15)。

图 7-15　单篇搜索界面

2) 引文检索与引文报告

(1) 引文检索。引文检索支持从被引文献题名、主题、作者/第一作者、出处、机构/第一机构、资助基金等途径查找引文,帮助用户了解感兴趣的科研成果等在生物医学领域的引用情况，针对被引文献作者、机构、出处、资助基金检索项增加智能提示功能。同时，支持发表年代、施引年代的限定检索，也支持对检索结果从发表时间、期刊、作者、机构、期刊类型维度做进一步聚类筛选。

如检索"中国人民解放军总医院于2010—2022年发表文献的被引用情况"，用户只需进行如下操作。

进入引文检索页面，检索入口选择"被引文献机构"，输入"人民解放军"，在弹出的提示框中选择"中国人民解放军总医院〔北京〕"，在发表年代处选择"2010"和"2022"，单击"检索"按钮，即可查看到所需结果。

图 7-16　引文检索示例

另外，也可对检索结果进行多维聚类筛选和限定。同时，为方便用户查看其中一篇文献或多篇文献的施引文献，系统将对重复施引文献进行自动去重，并支持对施引文献从发表期刊、第一作者、时间三个维度进一步筛选过滤。

图 7-17　引文检索结果的筛选与过滤

(2) 引文报告。CBMCI 支持引文报告功能,可以提供引文分析报告及查引报告。

在引文检索结果页面,单击"创建引文报告"按钮,即可对检索结果的所有引文进行分析,生成引文分析报告(见图 7-18)。需要注意的是,当引文检索结果超过 10000 条时,引文分析报告只分析排序在前 10000 的记录。

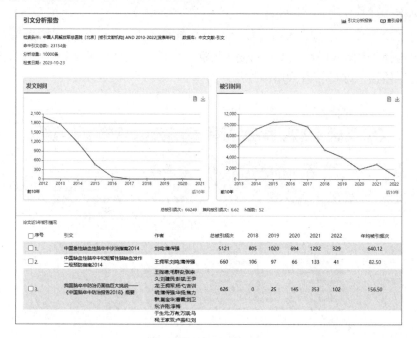

图 7-18 引文分析报告

提示:引文分析报告由检索结果集中的发文时间和被引时间分布、引证综合指标统计及论文近 5 年被引情况统计 3 部分组成。

h 指数:是基于"论文历年被引情况"表中"总被引频次"降序排序的文献列表。其含义为检索结果集中有 N 篇文章至少被引用了 N 次,N 即为 h 指数。此度量标准减少了高度引用或尚未被引用论文分配的不当权重。h 指数值的计算仅包括 CBM 数据库中的项目,不包括未收录期刊中的论文和图书专著等。

论文近 5 年被引情况:按照引文近 5 年总被引频次大小降序排列。表中的"年均引用频次"表示引文自发表后的年均被引频次(计算公式=总被引频次/已发表的年代数)。选择记录前面的复选框时,可以只保存标记记录的引文分析结果。

需要注意的是,查引报告包括查引检索条件、被引概览、被引明细及附件 4 部分,单击"引文报告"页面右上角的"查引报告"按钮即可一键式生成。

3) 期刊检索

期刊检索支持对中文学术期刊、科普期刊及西文学术期刊进行一站式整合检索,直接查看该刊某年、卷期发表的文献。

如中文学术期刊检索"北京大学学报·医学版"2023 年第 2 期的文献,用户可以进行如下操作。

第一步,进入期刊检索页面,在检索入口选择"刊名",输入"北京大学学报"后,单击"查找"按钮。在列出的所有期刊中查找"北京大学学报·医学版",单击刊名进入该刊详细信息页面，如图 7-19 所示。

图 7-19　期刊检索举例第一步

第二步，期刊详细信息页面，在左侧"收录汇总"中单击"2023 年"右侧的展开标识，选择第"2"期，右侧即呈现"北京大学学报·医学版"2023 年第 2 期的文献(见图 7-20)。

图 7-20　期刊检索举例第二步

注："在本刊中检索"输入框中输入文字，即可在该刊限定卷期内查找特定内容的文献。若勾选"含变更"复选框，则指在该刊所有卷期及变更前后的所有期刊中进行检索。

4. 检索结果展示与输出

(1) 检索结果展示。文献检索结果概览页，可以设置检出文献的显示格式(题录、文摘)、每页显示条数(20 条、50 条、100 条)、排序规则(入库、年代、作者、期刊、相关度、被引频次)，并且可以进行翻页操作和指定页数跳转操作(见图 7-21)。

另外，通过单击检索结果概览页的文献标题，即可进入文献检索结果细览页，显示文献的详细信息。此外，中文文献细览页还显示其施引文献、共引相关文献、主题相关文献、作者相关文献等(见图 7-22)。

图 7-21　检索结果概览页详细页面

图 7-22　检索结果细览页详细页面

2) 全文链接展示

无论检索结果概览页还是检索结果细览页，对于有全文链接的文献，均在文献标题后或"原文链接"处显示全文链接图标：PDF 图标、DOI 链接图标或各数据库服务商图标，如图 7-23～图 7-24 所示。

图 7-23　原文获取链接页面(中文)

图 7-24 原文获取链接页面(西文)

3) 检索结果聚类筛选

SinoMed 支持对检索结果进行多维度聚类筛选，不同资源库的聚类维度略有不同。单击每个维度右侧的"+"按钮，展示其下具体的聚类结果，可勾选一个或多个聚类项进行过滤操作，根据需要对检索结果进行筛选精练(见图7-25)。

图 7-25 检索结果的聚类筛选页面

注：CBM 与 CBMCI 结果筛选中的"期刊类型"维度，"PKU"表示《中文核心期刊要目总览》收录的期刊，即北大核心期刊，在过滤检索式中用"1"表示；"ISTIC"表示《中国科技期刊引证报告》收录的期刊，即中信所核心期刊，在过滤检索式中用"2"表示；"CMA"表示中华医学会主办的期刊，在过滤检索式中用"3"表示。

如快速检索"发表在北大核心期刊上 AIDS 有关的中文文献"，用户可以进行如下操作。

在 CBM 快速检索中输入"AIDS"，并在"结果筛选"的"期刊类型"中选择"PKU"，单击"过滤"按钮即可得到相关结果，如图 7-26 所示。

提示：主题聚类依据 2017 年版《中文医学主题词表》(CMeSH)进行，展示二级主题树聚类结果，包含所有下位主题。

学科聚类依据《中国图书馆分类法·医学专业分类表》进行，展示一级类目聚类结果，包含所有下级类目。

图 7-26 结果筛选举例

除时间维度外，各聚类结果均按由多到少排序显示，默认显示前 10，单击"更多…"后显示前 50。

4) 检索结果分组

为方便用户查看检索结果，系统支持对检索结果的多维度分组显示。CBM 重点对核心期刊、中华医学会期刊及循证文献分组集中展示(见图 7-27)。其中，核心期刊指被《中文核心期刊要目总览》或者《中国科技期刊引证报告》收录的期刊文献；中华医学会期刊指由中华医学会编辑出版的医学期刊文献；循证文献则指系统对检索结果进行循证医学方面的策略限定结果。

WBM 重点对免费全文、协和馆藏、SCI 收录、F1000、循证文献五个方面进行了分组(见图 7-28)。免费全文是指被网络生物医学免费期刊出版发行的西文全文文献；协和馆藏是指被北京协和医学院图书馆收录的西文文献；SCI 收录是指被最新版《科学引文索引》收录的文献；F1000 是指被 Faculty of 1000 Medicine 和 Faculty of 1000 Biology 收录的文献；循证文献是指最佳的研究证据。

图 7-27 检索结果分组页面(中文)

图 7-28 检索结果分组页面(西文)

CBMCI 从文献类型方面对引文检索结果进行分组展示,包括期刊、图书、专利、标准及其他(会议论文、学位论文、网络资源、报纸资源等)。

5) 检索结果输出

在检索结果页面,用户可根据需要选择输出检索结果,包括输出方式、输出范围、保存格式(见图 7-29)。输出方式有:SinoMed、NoteExpress、EndNote、RefWorks、NoteFirst。

图 7-29 检索结果输出页面

6) 个性化服务

用户在线注册后便能拥有 SinoMed 的"我的空间",享有检索策略定制、检索结果保存和订阅、检索内容主动推送及邮件提醒、引文追踪等个性化服务。

(1) 我的检索策略。登录"我的空间"后,从检索历史页面,勾选一个或者多个记录,保存为一个检索策略。保存成功后,可以在"我的空间"里对检索策略进行重新检索、导出和删除操作。这里的重新检索是对其中的全部检索表达式进行数据更新。

单击策略名称进入策略详细页面,可对策略内的检索表达式进行"重新检索""删除"和"推送到邮箱"。通过策略详细页面的"重新检索",可以查看不同检索时间之间新增的数据文献。

检索策略定制界面如图7-30所示。

图 7-30　检索策略定制界面

(2) 我的订阅。在已登录"我的空间"前提下,从检索历史页面,可以对历史检索表达式进行邮箱订阅(见图7-31)。

图 7-31　订阅服务界面

邮箱订阅是指将有更新的检索结果定期推送到用户指定邮箱,可以设置每条检索表达式的推送频率,并可浏览和删除任意记录的邮箱推送服务。

(3) 我的数据库。登录"我的空间"后,可以在检索结果页面把感兴趣的文献添加到"我的数据库"(见图7-32)。

在"我的数据库"中,可以按照标题、作者和标签查找文献,并且可以对每条记录添加标签和备注信息(见图7-33)。

(4) 引文追踪器。引文追踪器用于对关注的论文被引情况进行追踪。当有新的论文引用此论文时,用户将收到登录提示和邮件提示。

对于单篇文献,在登录"我的空间"后,可以"创建引文追踪器"(见图7-34),并发送到"我的空间",追踪该文献的最新被引情况。

图 7-32 添加到"我的数据库"

图 7-33 我的数据库标签

图 7-34 引文追踪服务

在"我的引文追踪"页面,可以对创建的引文追踪进行"重新检索"和"删除"操作。

(5) 我的反馈。登录"我的空间"后,用户可以在"我的反馈"中提交 SinoMed 使用过程中的相关疑问和需求,由专人定期回复,回复结果可在"我要查看"页面进行查询和浏览。

5. 检索实例

例1:利用快速检索查找2018年有关"糖尿病的诊断或治疗方面"的综述类型文献。具体操作步骤如下。

(1) 分析课题,提炼主要概念:糖尿病,诊断,治疗。

(2) 厘清概念之间的逻辑关系,输入表达式:糖尿病 and (诊断 or 治疗),单击"检索"按钮,进入结果显示页面。

(3) 在检索框下方"限定检索"栏目下勾选限定条件,年代选定"2018",文献类型勾选"综述",单击检索条件后面的检索表达式,即可对课题进行限定。

例2:利用主题检索查找2018年有关"糖尿病的诊断或治疗方面"的综述类型文献。操作步骤如下。

(1) 分析课题,提炼主要概念:糖尿病,诊断,治疗。

(2) 单击"主题检索"按钮,进入主题检索界面,输入:糖尿病,单击"查找"按钮后,系统显示与糖尿病相关的所有主题词。

(3) 单击主题词"糖尿病",进入主题词注释界面,勾选副主题词"诊断""治疗",发送到检索框(默认逻辑组配符号为"AND"),单击"检索"按钮,进入结果显示页面。

(4) 在检索框下方"限定检索"栏目下勾选限定条件,年代选定"2018",文献类型勾选"综述",单击检索条件后面的检索表达式,即可对课题进行限定。

7.1.2 其他中文文摘型数据库

1. 中文生物医学期刊文献数据库

1) 概况

中文生物医学期刊文献数据库(Chinese Medical Current Contents,CMCC)是由中国人民解放军图书馆研制开发的中文生物医学文献题录型数据库(见图7-35),收录了1994年以来的中文生物医学期刊1700余种,累积期刊文献470万篇,年递增40余万篇,绝大部分与CBMdisc内容重合,基本涵盖了我国内地及港澳公开发行的生物医学期刊、汇编、会议论文的文献题录和摘要,涉及基础医学、临床医学、预防医学、药学、医学生物学、中医学、医院管理及医学情报等各方面。

2) 检索途径与方法

CMCC提供自由词检索、分类检索、作者检索、单位检索、刊名检索、字段检索、表达式检索、组配检索、检索史组合检索几种检索方式。

(1) 自由词检索。在输入框输入检索词,系统将同时在题名、外文题名、关键词、摘要四个字段中检索,其检索表达式输入规则如下。

① 使用"?"代表一个英文字符,使用"??"代表一个汉字。

② 两词之间为逻辑"与"关系时,直接以空格隔开。如输入:吸烟 肺癌。

③ 可以在检索时附加限定条件。如文献类型、出版年份、期刊范围等。

图 7-35　CMCC 主界面

(2) 分类检索。CMCC 将所有期刊分为生物科学、医药卫生等几大类，分层单击即可按类浏览刊名，单击刊名链接可以打开期刊的详细信息与卷册信息，单击相应卷册链接可查看该册收录文献的题录。

(3) 作者检索。作者检索有精确检索和包含检索两种选择。也可以进行多作者检索，如输入：曹克将　单其俊　邹建刚，选择"包含"选项，将会检索出这三人共同撰写的文献。

(4) 单位检索。单位检索是通过作者的单位进行检索，可检索出某单位作者发表的文献收录情况。

(5) 刊名检索。CMCC 将所有收录的期刊汇集在刊名列表中，用户可以在刊名列表中选择刊名进行检索。可以多选刊名，各个刊名之间的关系是"OR"的关系。也可以直接在刊名输入框中输入刊名进行检索，若在检索词输入框再输入检索词，系统则在输入的期刊范围内检索相关内容。

(6) 字段检索。CMCC 可将检索词限定在具体某一字段中进行检索。多词间用空格隔开，并可以在列表中选择词间逻辑关系，可以使用*或? 通配符。若不选择字段则在所有字段中进行检索。

(7) 表达式检索。CMCC 可在输入框中自行输入表达式，需要用户有一定检索基础知识和检索经验，并对该数据库的检索语法有所了解时使用。也可使用自动添加表达式功能，这一方法对用户来说更简单、更方便。

(8) 组配检索。组配检索界面可以进行多条件、多检索词检索，具体方法是在字段项输入框中输入检索词，各检索词之间的组合关系可以选择"与""或"，还可用"包含""相等""前缀""后缀"等选项进行精确检索或模糊检索。

(9) 检索史组合检索。检索史组合检索功能用于对已使用过的检索策略再进行各种逻辑组合运算。还可将检索策略保存起来，以后可以单击"加载检索史"按钮调用过去保存的策略，自动检索跟踪新文献。

3) 检索结果输出

检索结果都以表格形式显示。如要查看具体某条记录，则单击右侧的右箭头图标，查看具体内容。如要同时显示多条记录的详细信息，则勾选记录前面的复选框，然后单击页面下方的"浏览所选"按钮，另外还提供打印、下载功能。打印或下载时可根据需要选择是否包含检索表达式、记录的格式、字段等。

2. 中国药学文献数据库

1) 概况

《中国药学文献数据库》(China Pharmaceutical Abstracts，CPA)是国家医药管理局信息中心编辑出版的国内唯一的大型药学文献数据库，内容涵盖了《中国药学文摘》印刷版的全部文献题录和文摘。CPA 收录了 1982 年以来国内公开发行的 450 余种药学杂志、医学杂志、医药院校学报及植物学和微生物学等边缘学科杂志的文献题录与文摘，累计文献量达 25 万篇，并以每年 25 000 篇的速度递增，其中中药文献占一半左右，是世界上拥有中药文献最多的数据库。该库涉及的主要学科领域是药学及其相关学科，收录药学文献的内容包括：所有中西药学理论、综述、药物的科研、生产技术、制剂、分析、药理、临床应用、药品评价、药品生产管理和质量管理、制药设备和工厂设计、新药介绍、药品专利等，以文摘、提要、简介和题录 4 种形式报道。数据库更新周期为每月更新。

2) 检索途径与方法

(1) 全文检索。系统默认状态为全文检索(见图 7-36)。在检索框内输入字或词，系统即在每条记录的全文中进行检索。

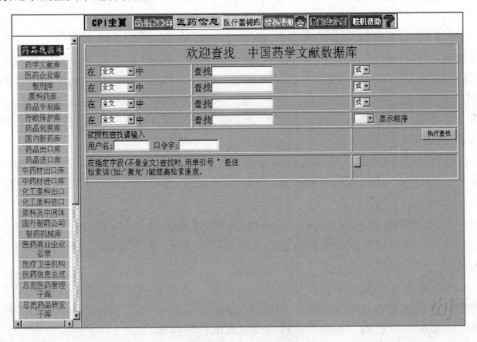

图 7-36 CPA 主界面

(2) 字段检索。检索词可以限定在主标题、作者名、主题词、外文药名等字段进行检索。在指定字段检索时，用单引号括住检索词，如：'激光'，能提高检索效率。

(3) 逻辑组配检索。逻辑组配检索是在字段检索的基础上，对多个检索词进行逻辑"与"、逻辑"或"、逻辑"非"操作，从而实现条件较复杂的组配检索。

3) 检索结果输出

检索结果条目可按照升序或降序显示，系统默认升序排列。系统显示检索结果的记录号和标题，每页显示 10 条，用鼠标双击标题即可显示此条记录的具体内容。

7.2 中文全文型数据库

7.2.1 万方数据知识服务平台

1. 概况

万方数据知识服务平台是由中国科技信息研究所、中国文化产业投资基金、中国科技出版传媒有限公司、北京知金科技投资有限公司、四川省科技信息研究所和科技文献出版社共同出资组建的北京万方数据股份有限公司研究开发的网上数据库检索系统，内容涵盖期刊、学位、会议、科技报告、专利、标准、科技成果、法规、地方志、视频等十余种知识资源。建有中国学术期刊数据库、中国学位论文全文数据库、中国学术会议文献数据库、中外专利数据库、中外标准数据库、中国法律法规数据库、中国科技成果数据库、中国地方志数据库、万方视频数据库、国内外文献保障服务数据库、中国机构数据库、中国科技专家库、中外科技报告数据库等各类型子库 13 个。

(1) 中国学术期刊数据库(China Science Periodical Database，CSPD)，收录始于 1998 年，包含 8000 余种期刊，其中包含北京大学、中国科学技术信息研究所、中国科学院文献情报中心、南京大学、中国社会科学院历年收录的核心期刊 3300 余种，年增 300 万篇，每天更新，涵盖自然科学、工程技术、医药卫生、农业科学、哲学政法、社会科学、科教文艺等各个学科。

(2) 中国学位论文全文数据库(China Dissertation Database，CDD)，收录始于 1980 年，年增 35 余万篇，涵盖基础科学、理学、工业技术、人文科学、社会科学、医药卫生、农业科学、交通运输、航空航天和环境科学等各学科领域。

(3) 中国学术会议文献数据库(China Conference Proceedings Database，CCPD)，会议资源包括中文会议和外文会议，中文会议收录始于 1982 年，年收集约 2000 个重要学术会议，年增 10 万篇论文，每月更新。外文会议主要来源于 NSTL 外文文献数据库，收录了 1985 年以来世界各主要学协会、出版机构出版的学术会议论文共计 1100 万篇全文(部分文献有少量回溯)，每年增加论文 20 余万篇，每月更新。

(4) 中外专利数据库(Wanfang Patent Database，WFPD)涵盖 1.56 亿条国内外专利数据。其中，中国专利收录始于 1985 年，共收录 4060 万余条专利全文，可本地下载专利说明书，数据与国家知识产权局保持同步，包含发明专利、外观设计和实用新型三种类型，准确地反映中国最新的专利申请和授权状况，每年新增 300 万条。国外专利达 1.1 亿余条，均提供欧洲专利局网站的专利说明书全文链接，收录范围涉及中国、美国、日本、英国、德国、法国、瑞士、俄罗斯、韩国、加拿大、澳大利亚、世界知识产权组织、欧洲专利局等 11 国及两个组织的数据,每年新增 1000 万余条。

(5) 中外标准数据库(China Standards Database,CSD)收录了所有中国国家标准(GB)、中国行业标准(HB),以及中外标准题录摘要数据,共计 200 余万条记录,其中中国国家标准全文数据内容来源于中国质检出版社,中国行业标准全文数据收录了机械、建材、地震、通信标准及由中国质检出版社授权的部分行业标准。

(6) 中国法律法规数据库(China Laws & Regulations Database,CLRD),收录始于 1949 年,涵盖国家法律法规、行政法规、地方性法规、国际条约及惯例、司法解释、合同范本等,权威、专业。每月更新,年新增量不低于 8 万条。

(7) 中国科技成果数据库(China Scientific & Technological Achievements Database,CSTAD)收录了自 1978 年以来国家和地方主要科技计划、科技奖励成果,以及企业、高等院校和科研院所等单位的科技成果信息,涵盖新技术、新产品、新工艺、新材料、新设计等众多学科领域,共计 64 多万项。数据库每两月更新一次,年新增数据 1 万条以上。

(8) 中国地方志数据库(China Chorography Database,CCD)收录了全国范围内的地方志。地方志,简称"方志",即按一定体例,全面记载某一时期某一地域的自然、社会、政治、经济、文化等方面情况或特定事项的书籍文献。通常按年代分为新方志、旧方志。新方志收录始于 1949 年,共计 4.2 万册;旧方志收录年代为新中国成立之前,共计 6500 余种,7 万多卷。

(9) 万方视频数据库,是以科技、教育、文化为主要内容大类的学术视频知识服务系统,与中央电视台、教育部、中国科技信息研究所、中华医学会、中国科学院、北大光华、天幕传媒等国内著名专业制作机构进行广泛的战略合作。现已推出高校课程、学术讲座、学术会议报告、考试辅导、就业指导、医学实践、管理讲座、科普视频等精品视频共计 3 万余部, 100 万余分钟。

(10) 国内外文献保障服务数据库,是万方数据与国家工程技术图书馆合作开发的文献传递服务系统,系统收藏工程技术、高技术等各个学科领域的科技文献,涵盖电子和自动化技术、计算机和网络技术、材料科学、环境科学、航空航天、生物工程、能源动力、交通运输、建筑、水利和一般工业技术等领域,同时兼有基础科学、农业科学、医药卫生、社会科学领域。该系统收藏的文献以英文为主,同时兼顾少量的日文、德文、俄文和法文文献。

(11) 中国机构数据库(China Institution Database,CIDB),包含中国企业、公司及产品数据库,即国内企业信息;中国科研机构数据库,即国内科研机构信息;中国科技信息机构数据库,即我国科技信息、高校图情单位信息;中国中高等教育机构数据库,即国内高校信息。

(12) 中国科技专家库收录了国内自然科学技术领域的专家名人信息,介绍了各专家在相关研究领域内的研究内容及其所取得的进展,为国内外相关研究人员提供检索服务,有助于用户掌握相关研究领域的前沿信息。

(13) 中外科技报告数据库包括中文科技报告和外文科技报告。中文科技报告收录始于 1966 年,源于中华人民共和国科学技术部,共计 2.6 万余份。外文科技报告收录始于 1958 年,涵盖美国政府四大科技报告(AD、DE、NASA、PB),共计 110 万余份。

2. 检索途径与方法

1) 统一检索

"万方数据知识服务平台"首页的检索框即为统一检索的输入框，实现多种资源类型、多种来源的一站式检索和发现，同时，它还可对用户输入的检索词进行实体识别，便于引导用户更快捷地获取知识及学者、机构等科研实体的信息。

在统一检索的输入框内，用户可以选择想要限定的检索字段，目前共有 5 个可检索字段：题名、关键词、摘要、作者和作者单位，如图 7-37 所示。

图 7-37 "万方数据知识服务平台"统一检索页面

用户可以单击检索字段进行限定检索，也可以直接在检索框内输入检索表达式进行检索。例如，用户想检索题名包含"氟尿嘧啶、胃癌"的文献，可以单击"题名"字段检索，检索表达式为：(题名：氟尿嘧啶 胃癌)、(题名：氟尿嘧啶 and 胃癌)，如图 7-38 所示。除此之外，用户也可以自主输入检索表达式检索，如(标题：氟尿嘧啶 胃癌)、(题目：氟尿嘧啶 胃癌)、(题：氟尿嘧啶 胃癌)、(篇名：氟尿嘧啶 胃癌)、(t：氟尿嘧啶 胃癌)、(title：氟尿嘧啶 胃癌)等。

图 7-38 "万方数据知识服务平台"字段限定检索页面

万方智搜默认用户直接输入的检索词为模糊检索，用户可以通过""(英文符号)来限定检索词为精确检索。例如，用户想要检索"氟尿嘧啶治疗胃癌"方面的文献，检索表达式为：(氟尿嘧啶治疗胃癌)，即为模糊检索；检索表达式为：(“氟尿嘧啶治疗胃癌”)，则为精确检索。

另外，用户也可以在检索框内使用"not""and""or"对检索词进行逻辑匹配检索，其中"and"可以用空格代替。例如，用户想要检索"氟尿嘧啶"和"胃癌"方面的文献，检索表达式为：(氟尿嘧啶 and 胃癌)或(氟尿嘧啶 胃癌)。

除了支持包含逻辑运算符的检索表达式外，万方智搜还可支持截词检索，"？"表示截词符。例如，搜索"？癌"，系统可实现包括胃癌、肺癌、肝癌等文献的检索。

2) 分类检索

万方智搜为用户提供了不同资源的分类检索，包括期刊、学位、会议、专利、科技报告、地方志等资源。用户可以通过单击检索框上部的资源类型进行检索范围切换。

万方智搜可以检索篇级文献，也可以检索期刊母体、会议、志书。

期刊检索可以实现期刊论文检索和期刊检索，输入检索词或限定字段，单击"搜论文"按钮，实现对期刊论文的检索；输入刊名、刊号，单击"搜期刊"按钮，实现对期刊母体的检索，如图7-39所示。

图7-39 "万方数据知识服务平台"期刊检索界面

学位资源的检索可以通过在检索框内输入检索词直接检索，也可限定字段后检索。可检索的主要字段有题名、关键词、学科、专业、导师、授予单位等，如图7-40所示。

会议资源的检索可以实现会议论文检索和会议检索。在检索框内输入检索词单击"搜论文"按钮，实现会议论文检索；输入会议名称，单击"搜会议"按钮，实现会议检索。会议论文可检索的主要字段有题名、关键词、会议名称、主办单位、基金等，如图7-41所示。

专利资源的检索可以通过在检索框内输入检索词后检索需要的专利。检索的主要字段有专利名称、分类号、发明人、专利权人等，如图7-42所示。

科技报告资源的检索可以通过在检索框内输入检索词后检索需要的中英文科技报告。检索的主要字段有题名、作者、单位、关键词、计划名称、项目名称。

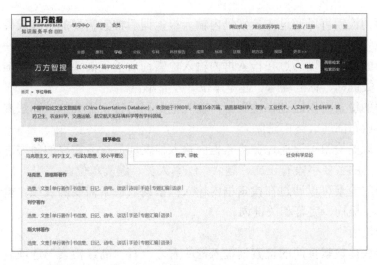

图 7-40 "万方数据知识服务平台"学位论文检索界面

图 7-41 "万方数据知识服务平台"会议论文检索界面

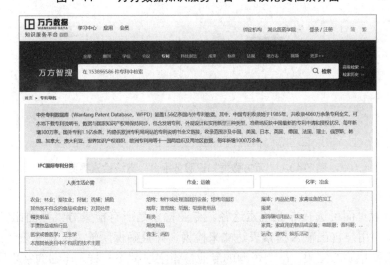

图 7-42 "万方数据知识服务平台"专利检索界面

成果资源的检索可以通过在检索框内输入检索词后检索需要的科技成果。检索的主要字段有题名、完成人、完成单位、关键词、摘要。

标准资源的检索可以通过在检索框内输入检索词后检索需要的中外标准。检索的主要字段有题名、关键词、标准编号、起草单位、发布单位。

法规资源的检索可以通过在检索框内输入检索词后检索需要的法律法规。检索的主要字段有题名、颁布部门、终审法院。

地方志资源的检索可以通过在检索框内输入检索词后检索需要的新方志、旧方志条目或者志书。检索的主要字段有正文、题名、编纂人员、编纂单位。

视频资源的检索可以通过在检索框内输入检索词后检索需要的视频。检索的主要字段有标题、名师、机构、字幕和关键词。

3) 高级检索

在默认的快捷检索页面的检索词输入框的右方,有"高级检索"选项,单击可进入高级检索链接,如图 7-43 所示。高级检索支持多个检索类型、多个检索字段和条件之间的逻辑组配检索,方便用户构建复杂的检索表达式。在高级检索界面,用户可以根据需要,选择想要检索的文献类型和语种,通过逻辑"与"、逻辑"或"和逻辑"非"限定检索条件。可以选择文献的其他字段如会议主办方、作者、作者单位等检索,还可以限定文献的发表时间和万方数据文献的更新时间,同时高级检索也提供了精确和模糊的选项,满足用户查准和查全的需求。另外,单击"检索历史"按钮可以调出前几次检索的内容并对其序号进行运算。

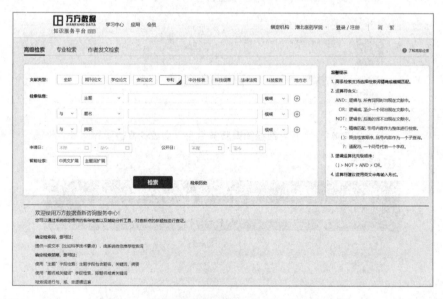

图 7-43 "万方数据知识服务平台"高级检索界面

4) 专业检索

在高级检索页面可选择专业检索途径。专业检索是所有检索方式里面比较复杂的一种检索方法。需要用户自己输入检索表达式来检索,并且确保所输入的检索表达式语法正确,这样才能检索到想要的结果。每个资源的专业检索字段都不一样,详细的字段可以单击"可检索字段"进行选择。例如,检索主题为"推荐",发表在《情报学报》上的期刊文献,检索式为"主题:(推荐) and 刊名：(情报学报)"，专业检索得到如下检索结果，如图 7-44 所示。

图 7-44　"万方数据知识服务平台"的专业检索结果页面

5) 二次检索

在检索结果页面，还可以对该检索结果进行二次检索。二次检索可以对检索字段进行限定检索。二次检索的检索字段根据不同的资源会有所不同，主要有标题、作者、关键词、起始年、结束年。

例如，在检索框里，输入检索式：(氟尿嘧啶)，得到检索结果。对检索结果进行二次检索，限定标题为：胃癌。单击"结果中检索"按钮对检索结果进行精简，得到最终检索结果，如图 7-45 所示。

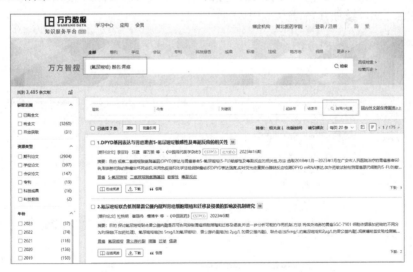

图 7-45　"万方数据知识服务平台"二次检索结果页面

6) 检索历史

万方智搜提供对用户的检索行为的记录即检索历史。检索框的右侧有检索历史的入口，单击进入检索历史界面。在检索历史界面，可以导出检索历史，包括检索式、检索结果数量、检索时间等。未登录状态下，用户没有清除缓存或清空检索历史，最多保存 500 条检索记录。在个人用户登录状态下，系统默认保存 6 个月内所有的检索记录，便于用户快捷地检索获取文献(见图 7-46)。

图 7-46　"万方数据知识服务平台"检索历史界面

另外，用户也可以在检索历史页面，单击检索式进行重新检索；单击订阅按钮订阅该检索式下的文献，有更新时，系统会自动给你发送消息，可在个人中心查看；单击导出按钮，可以将检索历史导出。

3. 检索结果输出

1) 结果展示

检索结果有详情式和列表式两种展示方式。详情式展示文献类型、标题、摘要、作者、关键词、来源、年/卷(期)等信息，如图 7-47 所示。

图 7-47　"万方数据知识服务平台"检索结果详情式页面

列表式只展示标题、作者、来源、时间等简要信息,如图 7-48 所示。

图 7-48 "万方数据知识服务平台"检索结果列表式页面

检索结果页中通过设置每页显示条数,用户可根据需要自由切换,每页显示 20 条、30 条或 50 条。

2) 结果排序

万方智搜提供对检索结果的多维度排序,除了传统的相关度、出版时间、被引频次指标外,其还提供了下载量等排序指标。而针对不同的资源类型,其提供了不同的排序指标,如图 7-49 所示。

图 7-49 "万方数据知识服务平台"检索结果排序指标页面

例如,针对学位论文资源,其提供了学位授予时间等排序指标,如图 7-50 所示。

针对专利资源,其提供了专利的相关度、申请时间和公开时间的排序指标。针对科技报告资源,其提供了立项年的排序指标。针对成果资源,其提供了相关度、成果级别和公布年份的排序指标。针对法规资源,其提供了相关度、下载量和颁布时间的排序指标。

3) 结果聚类

结果聚类是在检索结果显示后,通过资源类型、出版时间、语种、来源数据库等限定条件进一步缩小检索结果范围。不同的检索范围,不同的文献类型,系统根据聚类显示的分面不同。

图7-50 "万方数据知识服务平台"学位论文检索结果排序指标页面

全部：通过资源类型、年份学科分类、语种、来源数据库、出版状态、作者、机构的分面限定对文献进行筛选，如图7-51所示。

图7-51 "万方数据知识服务平台"检索结果聚类页面

期刊：通过获取范围、年份、学科分类、核心、语种、来源数据库、刊名、出版状态、作者、作者单位的分面对期刊论文进行筛选。

学位：通过获取范围、学位年度、学科分类、授予学位、学位授予单位、语种、来源数据库、导师的分面限定对学位论文进行筛选。

会议：通过获取范围、会议年份、学科分类、会议级别、语种、来源数据库、会议名称、作者、作者单位、主办单位的分面对会议论文进行筛选。

专利：通过获取范围、IPC分类、专利类型、国家/地区/组织、公开/公告年份、法律状态、申请/专利权人、发明/设计人的分面信息进行筛选。

科技报告：中文科技报告通过获取范围、计划分类、学科分类、地域、报告类型；英文科技报告通过报告类型、报告范围等分面信息进行筛选。

成果：通过成果公布年份、鉴定年份、学科分类、成果级别、地域和完成单位的分面对检索结果进行筛选。

标准：通过获取范围、强制性标准、中标分类、发布年份、标准状态、标准组织和来源数据库的分面对标准进行筛选。

法规：通过获取范围、法规分类、效力级别、颁布年份、时效性的分面对检索结果进行筛选。

地方志：通过获取范围、年代分布、地区分布、专题类型、条目类型对检索结果进行筛选。

视频：通过学科分类、频道、年份、系列、清晰度、讲义对检索结果进行筛选。

4) 结果操作

系统通过严密地嵌接用户检索发现的过程，提供针对文献的多种便捷操作，包括对单篇操作或批量操作、下载、导出、分享、标签、笔记等。

对于单篇文献，用户可在检索结果页、文献详情页进行在线阅读、下载、导出、收藏、分享等操作。

用户单击"导出"按钮，可根据需要导出不同的文献格式。用户可直接导出参考文献，也可将文献加入引用列表，导出页面的文献累积记录，即用户可在检索结果页重复添加文献至导出页面，添加后导出页面自动刷新数据；参考文献格式导出支持中英文的期刊、学位、会议、科技报告、专利、标准等国家标准格式，以及 NoteExpress、RefWorks、NoteFirst、EndNote、Bibtex 的导出。此外，还可根据用户需求灵活实现自定义导出，如图 7-52 所示。

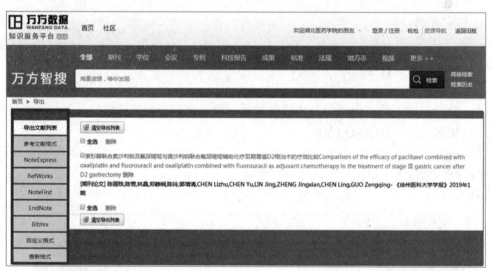

图 7-52 "万方数据知识服务平台"检索结果导出页面

用户单击"收藏"按钮，可将该篇文献收藏至万方书案。单击"分享"按钮，可将该篇文献分享到万方学术圈或其他社交平台。在文献详情页，单击"添加标签"按钮，可对当前文献添加标签，添加标签的文献会在万方书案按标签聚类。对于多篇文献，用户可进行全选、清除、收藏、导出操作，实现多篇文献的统一操作管理。

5) 智能扩展

智能扩展从所属范畴、同义词、上下位词、优选术语等维度出发，以可视化方式直观展示检索词的知识关系。范畴指检索词所属的学科或领域，同义词指与检索词意义相同的一组词语，上位术语指概念上外延更广的词，下位术语指概念上内涵更窄的词，优选术语指概念优先选择的术语。用户可自由浏览或单击,以此获取更符合需求的准确结果,如图 7-53 所示。

图 7-53 "万方数据知识服务平台"检索结果智能扩展页面

4. 检索实例

例 1:请通过万方数据知识服务平台统一检索方式,限定题名字段,检索出 2010 年以来关于氟尿嘧啶治疗胃癌的相关文献。

检索步骤如下。

(1) 分析课题,确定检索词及其逻辑关系:该课题主要由氟尿嘧啶与胃癌两个关键词构成,逻辑关系为"与(AND)"。

(2) 进入万方数据知识服务平台数据库后,其首页的检索框即为统一检索的输入框。

(3) 在字段限定下拉菜单中,选定"题名"字段。

(4) 在检索框中输入"氟尿嘧啶 胃癌",单击"检索"按钮,如图 7-54 所示。

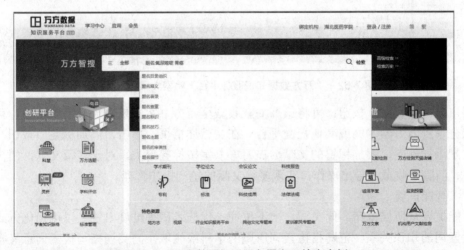

图 7-54 "万方数据知识服务平台"检索实例 1

(5) 在日期范围限定框中,"起始年"输入日期:2010,结束年输入日期:2023,如图 7-55 所示。

图 7-55 "万方数据知识服务平台"检索实例 2

(6) 单击"在结果中检索"按钮,得到相关文献,如图 7-56 所示。

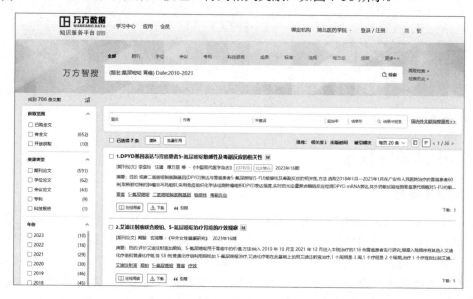

图 7-56 "万方数据知识服务平台"检索实例 3

(7) 阅读文献标题及题目信息,若需进一步了解全文内容,可单击每篇文献题录下的"在线阅读"或"下载"链接,获取文献的全文信息。

例 2:请通过万方数据知识服务平台高级检索方式,限定题名字段,检索出 2010 年以来关于氟尿嘧啶治疗胃癌的相关文献。

检索步骤如下：

(1) 分析课题，确定检索途径为高级检索，检索词为"氟尿嘧啶"和"胃癌"。

(2) 进入万方数据知识服务平台后，单击统一检索框右边的"高级检索"链接进入高级检索页面。

(3) 在文献类型选项中，除系统默认的"期刊论文""学位论文""会议论文"外，可根据自己研究的需要选择"专利""科技报告""科技成果"等其他类型的文献。

(4) 在检索信息中，选择"题名"字段，分别输入"氟尿嘧啶""胃癌"，检索词之间的布尔逻辑选择"与"，发表时间选择"2010 年—2023 年"，单击"检索"按钮，得到检索结果，如图 7-57 所示。

图 7-57 "万方数据知识服务平台"检索实例

(5) 检索结果的浏览与检索实例 1 相同。

7.2.2 中国知网数据库

1. 数据库概况

中国知网(www.cnki.net)是中国学术期刊(光盘版)电子杂志社、清华同方知网(北京)技术有限公司共同创办的网络出版平台，是全球最大的中文知识门户网站之一。在该平台上，读者可以获取期刊、学位论文、会议论文、年鉴、报纸、图书、标准、专利、科技成果、国学宝典、哈佛商业评论、麻省理工科技创业、外文数据库等多种类型的中英文文献资源。同时其还提供各类文献数据分析与挖掘、知识关联与聚类等功能与服务，各种学术动态和读者服务，以及下载各类学习管理软件或增值应用工具，等等。截至目前，其提供各类资源：期刊全文量约为 1.17 亿篇，博士、硕士学位论文全文量约为 416 万篇，国内外会议论文全文量约为 600 万篇，报纸全文量约为 1700 万篇，年鉴全文量约为 3300 万条，等等。

CNKI 平台构建了以总库资源超市理念为框架，以统一导航、统一元数据、统一检索方式、统一知网节为基础的资源出版平台，一方面为大小资源出版商提供展示出版资源的空间，另一方面为个人用户提供定制资源、功能、服务的平台，同时也为机构用户提供定制资源和功能，定制辅助机构生产、经营的情报服务平台。

CNKI 主页主要划分为数据库检索、行业知识服务与知识管理平台、研究学习平台、出版平台&评价，专题知识库，知网动态，教育，众知·众创及软件产品等模块，如图 7-58 所示，其中各个主要部分功能如下。

图 7-58　CNKI 主页功能分区

1) 统一检索平台

每一个文献出版总库都向用户提供了一个独立的数字出版平台，平台针对每个资源总库资源的特点提供统一检索、统一导航及统一知识网络节点，为用户提供文献检索、定制的功能。三个检索入口包括文献检索、知识元检索和引文检索。

2) 行业知识服务与知识管理平台

根据不同行业客户群体的需求特点，以提升特色化服务水平为宗旨的各种行业知识服务平台，服务于高等院校、科研机构、政府机关、企业、医院、农村、国防等行业领域。

3) 研究学习平台、出版平台&评价

研究学习平台分为了服务于个人探究式学习的 CNKI 研学平台及服务于群体协同研讨创作的 OKMS 知识管理和协同创新平台，帮助个人和群体更便捷、更高效地学习并创新知识。出版平台包括选刊投稿平台、腾云(期刊)出版平台、学术会议信息及网络首发平台和优先出版资源库，助力科研人员投稿和掌握科技前沿；依托知网数据库的庞大，可以对期刊、论文、博硕学位论文及图书等进行分析评价。对于医院和高校这样的科研单位可以统计其科研成果并分析其专业或学科的发展现状。

4) 专题知识库

通过整合知网数据库资源，针对特定专题包括党政、公共管理、社会知识、环保治理、金融及文化知识建立了相应知识库，方便社会大众快速查找资料，丰富其日常生活和学习所需要的知识。

5) 知网动态

全面、及时播报知网新闻、举办的重要会议、数据库免费试用及征文活动等，供各行各业用户及时了解知网动态。

6) 教育

对于不同院校如学前机构、中小学、中高职院校、本科院校、成人院校、军队院校及独立学院等，提供不同的知识服务整体解决方案和各类教育平台，包括创业学苑、就业学苑、专业与课程协同建设平台及协同备课平台等。

7) 众知·众创

在书刊超市、吾喜杂志、保健时报等模块，读者可以阅读电子版的生活杂志，同时可以在大成编客模块阅读由多篇文献组成的比较系统的文章集。

8) 软件产品

软件产品包括学术不端文献检测系统、腾云数字出版系统、网络舆情检测系统、机构知识管理与服务平台、E-study 数字化学习平台及 TPI 专业信息资源建设管理系统。

2. 检索途径与方法

CNKI 文献检索功能不同于传统的搜索引擎，其利用知识管理的理念，实现了知识汇聚与知识发现，结合搜索引擎、全文检索、数据库等相关技术达到知识发现的目的，可在海量知识资源中发现和获取所需信息，简洁高效、快速准确。其不仅包含了丰富的检索功能，对检索结果也实现了排序、分组、导出及可视化分析功能，帮助学生、教师及科研人员快速高效获取科研工作基础性的研究文献。

1) 检索入口

目前 CNKI 提供了三种检索入口，即文献检索、知识元检索和引文检索(见图 7-59)。

文献检索默认以学术期刊、博硕、会议及报纸等数据库作为基本检索范围，读者可以依据自己的要求，增加或者减少数据库资源的范围，进行适当的跨库检索。对于图书、古籍、法律法规、政府文件、企业标准、科技报告、政府采购等资源采用的是单库检索的方式。

对文章段落的中心思想词语标引后，可以通过知识元检索获得文献中部分段落章节的内容，进行快速学习，包括知识问答、百科、词典及手册等 9237 种工具书。内容涵盖哲学、文学艺术、社会科学、文化教育、自然科学、工程技术、医学等各个领域。除此之外，还有学术图片库、中国经济社会大数据研究平台统计数据及指数检索，这些资源可以成为研究学习的辅助工具，如图 7-60 所示。

图 7-59　CNKI 文献检索入口

图 7-60　CNKI 知识元检索入口

通过引文检索可以揭示各种类型文献之间的相互引证关系，提供客观、准确、完整的引文索引数据，不仅可以为科学研究提供新的交流模式，而且可以成为一种有效的科研管理及统计分析工具，如图 7-61 所示。

图 7-61　CNKI 引文检索入口

2) 检索方式

CNKI 的检索方式包括一框式检索、高级检索和出版物检索，其中高级检索又划分为高级检索、专业检索、作者发文检索及句子检索。

三个检索入口均提供了类似搜索引擎的一框式检索方式，用户只需要输入所要找的检索词，包括主题、关键词、篇名、全文、作者、单位、摘要、被引文献、中国分类号及文献来源等，单击"检索"按钮就可查到相关的文献，如图 7-62 所示。

高级检索为用户提供更加灵活、方便地构建检索表达式的检索方式。通过"＋""－"来增加或减少检索条件，同时利用检索词的逻辑关系包括并含、或含和不含等确定检索表达式。除此之外，用户还可以选择作者、作者单位、发表时间、更新时间、文献来源和支持基金来缩小检索范围，精确定位。中国知网基于学术文献的特点，平台提供了以十大专辑和 168 学科导航为基础的统一导航，通过使用统一导航可控制检索的学科范围，提高检索准确率及检索速度，如图 7-63 所示。

图 7-62 CNKI 一框式检索界面

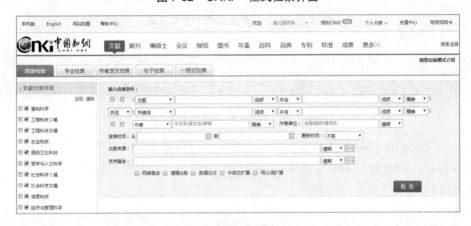

图 7-63 CNKI 高级检索界面

专业检索用于图书情报专业人员查新、信息分析等工作，使用逻辑运算符和检索词构造检索表达式进行检索。跨库专业检索支持对以下检索项的检索：SU="主题"、TI="题名"、KY="关键词"、AB="摘要"、FT="全文"、AU="作者"、RP="通信作者"、FI="第一责任人"、AF="机构"、JN="文献来源"、RF="引文"、YE="年"、FU="基金"、CLC="中图分类号"、SN="ISSN"、CN="统一刊号"、IB="ISBN"、CF="被引频次"。使用"AND""OR""NOT"等逻辑运算符，"()"符号将表达式按照检索目标组合起来，如图 7-64 所示。

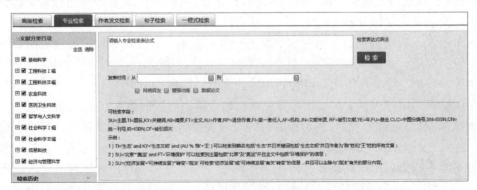

图 7-64 CNKI 专业检索界面

CNKI 专业检索运算符如表 7-1 所示。

表 7-1　CNKI 专业检索运算符

运算符	检索功能	检索含义	举例	适用检索项
='str1'*'str2'	并且包含	包含 str1 和 str2	TI='转基因'*'水稻'	所有检索项
='str1'+'str2'	或者包含	包含 str1 或者 str2	TI='转基因'+'水稻'	
='str1'-'str2'	不包含	包含 str1 不包含 str2	TI='转基因'-'水稻'	
='str'	精确	精确匹配词串 str	AU='袁隆平'	作者、第一责任人、机构、中文刊名&英文刊名
='str /SUB N'	序位包含	第 n 位包含检索词 str	AU='刘强 /SUB 1 '	
%'str'	包含	包含词 str 或 str 切分的词	TI%'转基因水稻'	全文、主题、题名、关键词、摘要、中图分类号
='str'	包含	包含检索词 str	TI='转基因水稻'	
=' str1 /SEN N str2 '	同段，按次序出现，间隔小于 N 句		FT='转基因 /SEN 0 水稻'	
=' str1 /NEAR N str2 '	同句，间隔小于 N 个词		AB=' 转基因 /NEAR 5 水稻'	主题、题名、关键词、摘要、中图分类号
=' str1 /PREV N str2 '	同句，按词序出现，间隔小于 N 个词		AB=' 转基因 /PREV 5 水稻'	
=' str1 /AFT N str2 '	同句，按词序出现，间隔大于 N 个词		AB=' 转基因 /AFT 5 水稻'	
=' str1 /PRG N str2 '	全文，词间隔小于 N 段		AB=' 转基因 /PRG 5 水稻'	
=' str $ N '	检索词出现 N 次		TI='转基因 $ 2'	
BETWEEN	年度阶段查询		YE BETWEEN ('2000', '2013')	年度、发表时间、学位年度、更新日期

注：所有符号和英文字母，都必须使用英文半角字符；"AND" "OR" "NOT" 三种逻辑运算符的优先级相同；如要改变组合的顺序，请使用英文半角圆括号"()"将条件括起；逻辑关系符号[与(AND)、或(OR)、非(NOT)]前后要空一个字节；使用"同句""同段""词频"时，需用一组西文单引号将多个检索词及其运算符括起。

作者发文检索是通过作者姓名、作者单位检索词等信息，查找作者发表的全部文献及被引、下载等情况。通过作者知网节可以全方位地了解作者主要研究领域、研究成果等情况，如图 7-65 所示。

句子检索是通过用户输入的两个检索词，查找同时包含这两个词的句子。句子中包含了大量的事实信息，通过检索句子可以为用户提供有关事实问题的答案，如图 7-66 所示。

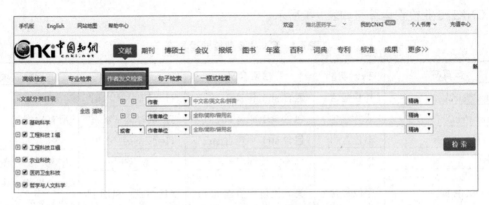

图 7-65　CNKI 作者发文检索界面

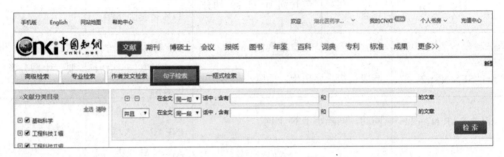

图 7-66　CNKI 句子检索界面

出版物检索导航系统主要包括出版来源、期刊、学位辑刊、学位授予单位、会议、报纸、年鉴和工具书等导航系统。每个产品根据其独有的特色设置不同的导航系统，如出版来源导航以十大专辑 168 个专题的学科导航为主(见图 7-67)。每个产品的导航内容基本覆盖自然科学、工程技术、农业、哲学、医学、人文社会科学等各个领域，囊括了基础研究、工程技术、行业指导、党政工作、文化生活、科学普及等各个层次。

图 7-67　CNKI 出版物检索——出版来源导航界面

3) 检索结果

《中国学术文献网络出版总库》检索结果页面将通过检索平台检索得到的检索结果，

以列表形式展示出来。可以对检索结果进行分组分析和排序分析，进行反复的精确筛选得到最终的检索结果。同时对检索结果可进行部分文献或全部文献计量可视化分析，实现批量下载等功能。根据用户在文献来源、作者、内容检索项等输入的检索词及选择的模糊、精确匹配方式，系统自动在检索结果中将相应的文字进行标红处理，帮助用户更清晰地分析检索结果。在资源上，知网整合了中英文资源，实现了检索结果中英文文献的自由切换。同时，为提高检索结果的全面性和准确性，知网实现了智能检索，即在检索完整的基础上提高了文献的检准率。同时，改善了以往在线 PDF 版本的阅读方式，提供了 HTML 的流媒体阅读新方式，便于读者在阅读过程中获取文章、图片及查阅相关知网节。

(1) 检索结果分组。中文文献检索结果分组类型包括：主题、发表年度、研究层次、作者、机构、基金，如图 7-68 所示；外文文献检索结果分组类型包括：学科、年、语言、作者，如图 7-69 所示。单击检索结果列表上方的分组名称，即可看到该分组类型展开后的具体内容。

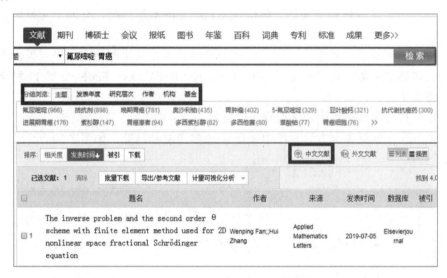

图 7-68　CNKI 中文文献检索结果分组页面

图 7-69　CNKI 外文文献检索结果分组页面

(2) 检索结果排序。除了分组筛选，CNKI 数据库还为检索结果提供了主题排序及发表时间、下载频次、被引频次等评价性排序。相关度排序是综合检索词的发表时间、下载频次及被引频次等计量指标，利用特定算法，按照数值的高低变化进行排序，如按照降序排列，则排在越前面的文章与检索词的关注度越高。发表时间排序依据的是文献发表的时间先后顺序，可以帮助读者按照文献发表时间进行筛选，找到最新出版的文献，实现学术发展跟踪，进行文献的系统调研。下载频次是根据文献被下载的次数进行排序，下载频次最多的文献往往是传播最广、最受欢迎、研究价值较高的文献。此外，通过下载次数排序能够帮助读者找到那些高质量但未被注意到的文献类型，比如学位论文等。被引频次是根据文献被引用次数进行排序，按被引频次排序能够帮助读者找到被学术同行引用较多的优秀文献及优秀出版物。

(3) 检索结果分析(可视化分析)。针对检索结果，读者可从多维度分析已选的文献或者全部文献，帮助读者深入了解检索文献之间的互引关系、参考文献、引证文献、文献共被引分析、检索词文献分析、h指数分析、文献分布分析等。除此之外、文献结果的右侧及分组浏览的选项中都有趋势图的图标，这些图标表示主题、发表年度、研究层次、作者、机构、基金、资源类型、学科分类、文献来源及关键词等信息均可以图标的可视化形式展现在读者面前，帮助读者更加全面地了解检索文献结果的数据情况，有助于文献调研及选题分析。

(4) 检索结果导出。对检索结果可以利用导出功能将其快速导出，平台提供多种文献导出格式，包括CAJ-CD格式引文、CNKI E-Study、RefWorks、EndNote等11种格式，具体操作步骤如下。

第一步，在检索结果页面勾选要导出的文献。

第二步，在检索结果上方导航栏中选择导出/参考文献功能，如图7-70所示。

图7-70 CNKI检索结果导出(1)

第三步，进入导出/参考文献页面后，可在文献导出格式栏选择导出文献的格式，包括GB/T 7714-2015格式引文、CAJ-CD格式引文、查新(引文格式)、查新(自定义引文格式)、CNKI E-Study、RefWorks、EndNote、NoteExpress、NoteFirst、自定义等10种导出方式；同时，可以选择文献导出的排序方式，可以按发表时间、被引频次两种方式排序，如图7-71所示。最后，读者可以进行导出、复制到剪贴板、打印、以Excel或Word导出及生成检索报告等操作。

图 7-71　CNKI 检索结果导出(2)

7.2.3　维普中文期刊数据库

1. 数据库概况

维普中文期刊服务平台(http://qikan.cqvip.com)由重庆维普资讯有限公司研制开发,以中文期刊资源保障为核心基础,以数据检索应用为基础,以数据挖掘与分析为特色,面向教、学、产、研等多场景应用的期刊大数据服务平台(见图 7-72)。整个平台收录了 1989 年以来国内公开出版的 15000 余种期刊,现刊 9000 余种,含中文核心期刊 2500 余种、科技文献 7000 余万篇。学科范围涵盖社会科学、自然科学等领域,网络版数据每日更新。各个机构根据订购学科包的不同,包含的期刊、科技文献的数量也不同,具体可以向所在机构的图书馆员咨询。2006 年开始,维普中文科技期刊全文数据库与 Google Scholar 学术搜索合作服务,通过 Google Scholar 可直接检索中文科技期刊全文数据库的题录信息。

图 7-72　维普中文期刊服务平台首页

维普中文期刊服务平台不仅提供原始文献信息服务,而且更多地提供深层次知识服务。平台分为期刊文献检索、期刊导航、引证追踪、科学指标、期刊评价报告、期刊开放存取 6 个功能板块。期刊文献检索可根据检索词检索文献,并提供文献的在线阅读和全文下载;期刊导航罗列了平台收录的期刊,支持按首字母或学科浏览,也支持根据刊名、主编、邮发代号等字段期刊检索;引证追踪的功能是追踪和揭示文献相互引用关系;科学指标辅助分析学科热点和研究绩效;期刊评价报告主要对平台收录期刊的学术质量、影响力等方面进行评估和分析；期刊开放存取是指用户只需注册登录即可免费获取平台收录的数百种开放获取期刊。

2. 检索途径与方法

平台默认执行基本检索方式，单击"检索"按钮进入检索结果页，查看检索结果信息，反复修正检索策略，从而获取最佳检索结果。

1）基本检索

平台默认使用一框式检索，用户在首页检索框中输入检索词，单击"检索"按钮即可获得检索结果。用户还可以通过设定检索命中字段，从而获取最佳检索结果。平台支持题名或关键词、题名、关键词、摘要、作者、第一作者、机构、刊名、分类号、参考文献、作者简介、基金资助、栏目信息等十余个检索字段，如图7-73所示。

图7-73　维普中文期刊平台基本检索页面

2）高级检索

平台为熟练用户和专业用户提供了更丰富的检索方式，统称为"高级检索"。具体包括：向导式检索和检索式检索。用户可以运用布尔逻辑运算，进行多条件组配检索，进一步获取最佳的检索结果。

(1) 向导式检索。用户可以运用逻辑"与"、逻辑"或"、逻辑"非"的布尔逻辑关系将多个检索词进行组配检索。用户也可以对每个检索词分别设定检索命中字段，并且通过时间范围限定、期刊范围限定、学科范围限定来调整检索的数据范围；还可以选择"精确"和"模糊"两种匹配方式，选择是否进行"中英文扩展"和"同义词扩展"，通过更多的检索前条件限定，获得最佳的检索结果。例如使用高级检索途径检索2013年以来氟尿嘧啶治疗胃癌方面的期刊文献，则可在检索前进行如下操作。

① 在第一个下拉框中选择"题名或关键词"类型，在其后面的文本框内输入"氟尿嘧啶"。

② 在第二个下拉框中选择"题名或关键词"类型，在其后面的文本框内输入"胃癌"，

两个检索词之间的布尔逻辑关系选择"与"。
③ 在时间限定中选择"2013-2023"。
④ 根据需要，选择期刊范围和学科范围。
⑤ 单击"检索"按钮，执行检索获取检索结果，如图 7-74 所示。

图 7-74　维普智立方高级检索页面

(2) 检索式检索。检索式检索是提供给专业用户的数据库检索功能。用户可以自行在检索框中书写布尔逻辑表达式进行检索。同样支持用户选择时间范围、期刊范围、学科范围等检索限定条件来控制检索命中的数据范围。多个检索词之间，用空格或者"AND"代表"与"，"OR"代表"或"，"NOT"代表"非"，运算符必须大写，运算符两边须空一格。例如，查找摘要中含有机械，并且关键词中含有 CAD 或 CAM，或者题名中含有"雷达"，但关键词不包含"模具"的文献，检索式可书写为：(K=(CAD OR CAM) OR T=雷达) AND R=机械　NOT K=模具，如图 7-75 所示。

图 7-75　维普智立方检索式检索页面

3. 检索结果的筛选和提炼

针对检索结果，平台提供了基于检索结果的二次检索、分面聚类筛选、多种排序方式等检索优化服务，方便用户快速找到目标文献，如图 7-76 所示。

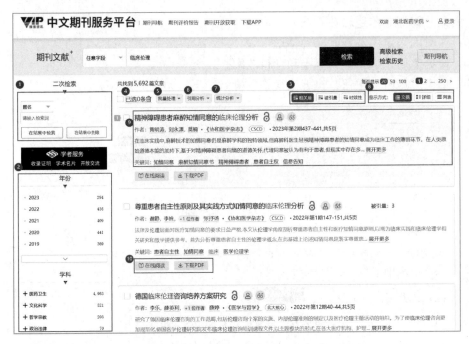

图 7-76　维普智立方检索结果页面

(1) 二次检索。在已有检索结果的基础上，通过"在结果中检索"选定特定检索内容，或者通过"在结果中去除"摒弃特定检索内容，缩小检索范围，进一步精练检索结果。

(2) 分面聚类筛选。平台提供基于检索结果的年份、所属学科、期刊收录、相关主题、期刊、发文作者和相关机构的分面聚类功能，各聚类项执行"且"的检索逻辑，用户可以通过单击相关聚类项，进行结果的聚类筛选。

(3) 多种排序方式。平台提供相关度排序、被引量排序和时效性排序三种排序方式，用户可以从不同维度对检索结果进行梳理。

(4) 文献选择。平台提供已选文献集合的文献管理功能，用户可以对已勾选内容进行题录导出和计量分析。

(5) 文献题录导出。平台支持文献题录信息的导出功能，支持的导出格式为文本、查新格式、参考文献、XML、NoteExpress、RefWorks、EndNote、Note First、自定义导出、Excel 导出。用户可以勾选目标文献，单击"导出"按钮后选择适当的导出格式实现此功能。

(6) 引用分析。平台可对单篇文献或多篇文献题录的参考文献和引证文献进行汇总分析，同样以查询结果的形式返回具体数据，帮助用户有效梳理研究主题的来龙去脉。

(7) 统计分析。平台提供对"检索结果"和"已选文献集合"的统计分析功能，分析文献集合的年份、发文作者、发文机构、发文期刊、发文领域等多维度的分布情况。

(8) 显示方式。平台支持文摘、详细和列表三种文献查看方式，用户可以按需进行视图切换。

(9) 文献题录查看。可以在题录列表中详细浏览文献题录信息，根据显示方式的不同，文献题录显示详略不一，主要有题名、作者、机构、来源和期次等。

(10) 全文保障服务。平台提供在线阅读、下载 PDF、原文传递、OA 全文链接等多途径的全文保障服务。

4. 获取文献全文

在检索结果页面,单击题名,即可查看当前文献的详细信息,并进一步实现与文献相关的多种操作,如图 7-77 所示。

图 7-77　维普智立方获取文献全文页面

(1) 题录中英文对照:文献详情页提供文献题录相关字段的中英文对照。

(2) 文献的全文获取:平台提供包括"在线阅读""下载 PDF""OA 全文链接"等方式获取文献。

(3) 文章引用:提供不同格式的文献引用。

(4) 文章收藏:用户可单击收藏按钮将自己喜欢的文章收藏到个人中心。

(5) 文章分享:用户可以将自己感觉有价值的文章快速分享到微信、微博、QQ 等社交平台。

(6) 题录细览:可获取该篇文献的详细题录信息,单击字段所附链接,即可获得对应的字段检索内容。

(7) 引文网络:厘清一篇文章从创作到利用的整个引用情况,既能回溯该篇文章参考文献的参考文献,也能查询该篇文章引证文献的引证文献。单击相关引文链接,即可定位到相关引文列表。

① 参考文献：指作者写作文章时引用或参考的文献，反映该文章研究工作的背景和依据。

② 二级参考文献：指本文参考文献的参考文献，进一步追溯本文研究领域的背景和研究依据，反映本文研究工作的起源。

③ 引证文献：指引用本文的文献，反映本文研究工作领域的继续、应用、发展或评价。

④ 二级引证文献：本文引证文献的引证文献，更进一步反映本文研究工作的继续、发展或评价。

⑤ 同被引文献：指与本文同时被作为参考文献引用的文献，与本文共同作为进一步研究的基础。

⑥ 共引文献：当两篇文献被一篇(后来发表的)文献同时参考引用时，两篇文献之间的关系。

(8) 相关文献：推荐与本文献研究领域相关的文献，用户可以单击相关文献题名，获取相关文献信息。

(9) 期刊信息展示：展示该篇文章所属的期刊信息，包括刊名(封面)、该篇文章所在的期次。

(10) 职称评审材料打包下载：单击该按钮，即可一键获得包含文章目录、封面、封底、题录和全文在内的全部职称评审所需文献材料，如图 7-78 所示。

(11) 相关知识对象：可查找与该篇文献相关的作者、机构、主题等知识对象。

5. 其他功能

1) 期刊导航

单击页面顶部"期刊导航"链接，即可进入期刊导航页面，如图 7-78 所示。

图 7-78 维普中文期刊服务平台期刊导航页面

(1) 期刊检索：可以切换检索字段，实现期刊资源的检索。平台支持以下检索字段："刊名""ISSN""CN""主办单位""主编""邮发代号"。

(2) 聚类筛选：平台提供核心期刊导航、国内外数据库收录导航、地区导航、主题导航等多种期刊聚类方式，方便用户按需进行切换。

(3) 期刊收录：显示目前平台期刊收录种数。

(4) 按首字母查找：可以通过期刊刊名首字母的方式查找期刊。

(5) 按学科浏览：可以通过学科类别的方式浏览期刊。

期刊导航分为期刊检索查找、期刊导航浏览两种方式。如果已经有明确的期刊查找对象，建议用户用检索的方式快速定位到该期刊；如果没有明确的期刊查找对象，建议用户用浏览的方式自由浏览期刊。

例 1：使用检索的方式找到期刊《图书情报工作》。

在期刊检索面板"刊名"后的文本框内，输入"图书情报工作"，单击"期刊检索"按钮；在期刊检索结果页面，找到目标期刊"图书情报工作"，单击期刊名链接，即可查看该期刊的详细信息。

例 2：使用浏览的方式找到期刊《图书情报工作》。

首先，在期刊导航页面右侧的学科细分列表，找到"文化科学"类别下的"情报学"分类并单击；其次，在期刊列表页面找到目标期刊"图书情报工作"，单击期刊名链接，即可查看该期刊的详细信息。

2）期刊评价报告

平台提供基于收录期刊的计量分析报告，该报告以学术计量体系为理论基础，如图 7-79 所示。

图 7-79 期刊评价报告页面

3）个性化用户中心

使用个人账号登录和使用平台，用户可以在个人中心中查看自己的检索历史、浏览历史、下载历史等行为轨迹；对感兴趣或有价值的文献进行收藏；对感兴趣的期刊进行关注；对需要持续追踪的检索式进行邮件订阅。另外，个人中心还提供用户昵称、邮箱、密码等个人信息的维护功能；个人用户还可以查询与机构用户的权限关联情况，并作出相关操作。

4）期刊开放存取

平台收录了数百种开放获取期刊，用户只需注册登录即可免费获取，如图7-80所示。

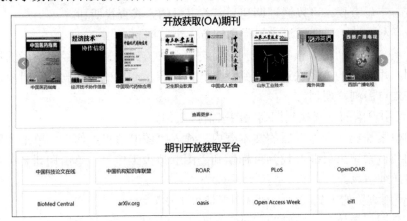

图 7-80　期刊开放获取平台

7.2.4　维普经纶知识资源系统

1. 系统介绍

维普经纶知识资源系统作为资源一站式检索平台，可以帮助用户在海量的文献中快速获取可靠的文献资源，避免用户在各种资源数据库之间四处检索。资源囊括期刊、图书、学位、会议、标准、专利、法规、案例、成果、多媒体、报纸等十余种文献类型，如图7-81所示，全面覆盖SCI、SSCI、EI、北大核心、CSCD、CSSCI等国内外主要核心收录。检索范围包括图书馆已购电子文献资源、图书馆纸本馆藏资源、开放获取资源及图书馆未购的电子文献资源。

图 7-81　维普经纶知识资源系统首页

2. 检索途径与方法

1) 简单检索

进入系统首页，在检索框内输入任意关键词，系统将对文献标题、摘要、关键词、作者、来源刊物等字段进行查找。系统简单检索界面如图 7-82 所示。

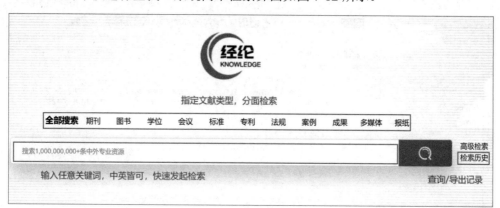

图 7-82 维普经纬知识资源系统简单检索界面

2) 高级检索

进入系统首页，单击检索框右侧的"高级检索"按钮，在弹出的页面中，组合多个条件进行限定检索，如图 7-83 所示。

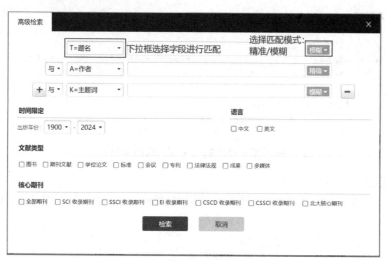

图 7-83 维普经纬知识资源系统高级检索界面

3) 二次检索

二次检索是在检索结果中进行检索，以更精确地定位到所需文献，如图 7-84 所示。

3. 获取原文

1) 原文直达

系统全面揭示文献来源链接，读者单击链接即可直达原文获取页面。当读者在校内使用系统时，系统将优先展示图书馆已购资源，如图 7-85 所示。

图 7-84　维普经纶知识资源系统二次检索界面

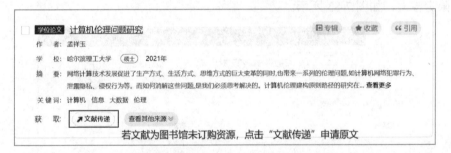

图 7-85　维普经纶知识资源系统原文直达页面

2) 开放链接

若文献为开放获取 OA 资源，读者可无障碍阅读、下载原文，如图 7-86 所示。

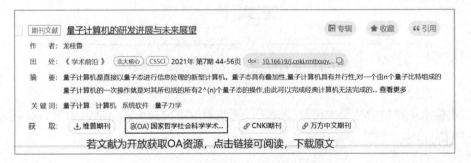

图 7-86　维普经纶知识资源系统开放链接

3) 互助共享

系统内置文献传递服务,可为读者传递丰富资源。单击"文献传递"按钮,输入邮箱和验证码提交申请即可。

4. 知识导航

1) 期刊导航

若需查找某本期刊,可单击系统顶部的"期刊导航"按钮,然后通过期刊的关键词、刊名首字母、语言类型、核心刊收录、学科分类等进行筛选,如图 7-87 所示。

图 7-87 维普经纶知识资源系统期刊导航界面

2) 图书导航

若需查找某本图书，可单击系统顶部的"图书导航"按钮，然后通过图书的关键词、语言类型、媒介类型、学科分类等进行筛选，如图 7-88 所示。

图 7-88　维普经纶知识资源系统图书导航界面

本 章 小 结

本章介绍了中文信息资源常用的两类数据库。一类是中文文摘型数据库，如中国生物医学文献服务系统(SinoMed)，它不仅是一个中文期刊文摘数据库，还包括外文(英语、日语、俄语)医学期刊论文及开放获取全文、协和医学院学位论文等，但是基于主题词标引的中文期刊文摘检索依然是该数据库的特色。另一类是中文全文型数据库，包括万方数据知识服务平台、中国知网数据库、维普中文期刊数据库和维普经纶知识资源系统，严格来说，维普经纶知识资源系统是一个在线知识服务平台，集知识的发现、导航、推荐、组织等功能于一体，实现文献资源的一站式获取。不同的数据库收录的内容与范围不同，也有重叠的部分，大家在检索课题时可以根据自身的需求在不同的数据库中进行检索，也可以同时在多个数据库中进行检索，以保证检索的准确性与全面性。

思 考 题

1. 简述中文数据库的分类。
2. 利用三大中文全文型数据库的高级检索查找近三年"乙肝疫苗预防新生儿乙肝"方

面的文献。
3. 利用 SinoMed 数据库的基本检索查找"雾化治疗小儿毛细支气管炎"方面的文献。
4. 利用 SinoMed 数据库的主题检索查找"糖尿病的膳食疗法"方面的文献。
5. 利用 SinoMed 数据库的分类检索查找"小儿创伤的治疗"方面的文献。
6. 简述中文生物医学期刊文献数据库的收录范围及检索特点。

第 8 章

外文数据库检索

本章要点

◎ 外文文摘型数据库 PubMed 的检索途径与方法,包括基本检索、高级检索、主题检索、单篇引文匹配等

◎ 外文全文型数据库 ProQuest 的检索途径与方法

学习目标

◎ 熟练掌握外文文摘型数据库 PubMed 的使用

◎ 掌握全文型数据库 ProQuest 的使用

◎ 理解泉方本地 PubMed 的使用

◎ 了解美国化学文摘数据库、Elsevier ScienceDirect、SpringerLink 等数据库的使用

8.1 外文文摘型数据库

8.1.1 PubMed 检索系统

1. 数据库概述

1) PubMed 简介

PubMed 由美国国立医学图书馆所属的国家生物技术信息中心开发,是一个以 Web 方式免费向用户提供服务的生物医学文献检索系统。

PubMed 的由来最早可以追溯到 1879 年,NLM 编译出版的医学文献检索刊物《医学索引》,其是世界上第一个医学文献检索工具。1964 年,为了实现 IM 的自动化编辑出版,NLM 开发了"医学文献分析与检索系统"(medical literature analysis and retrieval system,MEDLARS),其中最重要、最大且发展最早的为 Medline (MEDLARS ON LINE) 生物医学数据库。1971 年,Medline 正式建成联机数据库,并通过 MEDLARS 开展国际联机检索服务。1983 年,随着光盘技术的发展,Medline 光盘数据库建成,并在全世界范围内得到了广泛应用。1997 年,NCBI 在 Entrez 集成检索系统上开发了基于互联网,以 Medline 数据库为核心内容的检索系统,即 Medline 网络版开通,取名"PubMed",并向全世界免费开放。

PubMed 访问免费,收录的权威生物医学期刊多,回溯年限长,数据更新速度快,时效性强(每周 7 天更新),标引质量高,检索途径多样便捷,外部链接丰富,还提供专业的个性化服务,全世界的医学科研人员及医务工作者,都可以通过 PubMed 实时跟踪世界范围内生物医学研究的最新进展。PubMed 已是生物医学领域最权威、最具影响力、最理想的检索工具,也是使用频率最高的医学网站。

PubMed 的登录网址为 http://www.ncbi.nlm.nih.gov/pubmed/ 或 http://www.pubmed.gov。

2) PubMed 的收录范围及来源

PubMed 主要提供生物医学方面的文献题录,但同时也收录了卫生保健、环境科学、生物和动物学、生物物理学等学科相关文献题录,共超过 3600 多万条,绝大部分可回溯至 1948 年,部分早期文献可回溯至 1865 年。PubMed 的数据主要来源有:Medline、Oldmedline、Record in process、Record supplied by publisher 等。以题录和文摘形式进行报道,不提供期刊文章的全文,但是部分文献会附有指向全文的链接。

PubMed 整合在 NCBI 的统一检索平台 Entrez 上,与该平台上的其他数据库建立了无缝连接,可实现跨库检索,包括核苷酸序列库(Nucleotide)、基因组序列库(Genome)、基因库(Gene)、蛋白质序列库(Protein)、大分子结构库(Structure)等,以及免费生物医学数字化期刊全文数据库和图书库(Bookshelf)等。

3) PubMed 的主要字段

PubMed 的记录字段有 66 个,可检索的字段有 51 个,具体参见 https://www.nlm.nih.gov/bsd/mms/medlineelements.html。常用检索字段的标识、名称及含义如表 8-1 所示。

表 8-1　PubMed 记录的常用字段

字段标识	字段名称	字段含义
AB	Abstract	文摘
AD	Affiliation	第一著者的单位、地址
ALL	All fields	所有字段
AU	Author	著者
CN	Corporate Author	团体著者
DP	Date of Publication	文献的出版日期
EDAT	Entrez Date	文献被 PubMed 收录的日期
FAU	Full Author	著者全名
GR	Grant Number	获资助项目的编号或合同号
IP	Issue	期刊的期号
LA	Language	语种
MH	MeSH Terms	医学主题词
PG	Pagination	文献在期刊中的页码
PL	Place of Publication	期刊的出版国别
PMID	PubMed Unique Identifier	PubMed 中文献的唯一识别号
PT	Publication Type	文献类型
SO	Source	文献来源
TA	Journal Title Abbreviation	期刊名称缩写
TI	Title	文献题名
TT	Transliterated Title	非英语语种的文献原文题名
VI	Volume	期刊的卷号

2. 检索途径与方法

PubMed 主页提供基本检索、高级检索、主题词检索等检索入口。进入 PubMed 主页面(见图 8-1)，页面上方为检索区，包括基本检索框、高级检索入口(Advanced)；页面中部为 PubMed 的四个专栏，分别是 Learn、Find、Download、Explore，其检索途径主要分布在中部；页面下方为 Latest Literature(最新文献)与 Trending Articles(热点文章)。

1) 基本检索

PubMed 的基本检索功能，即用户在检索词文本框中可以输入任何具有实际意义的检索词，如主题词、自由词、作者、刊名等。同时 PubMed 可实现精确短语检索、截词检索、布尔逻辑检索、字段限定检索、笔者检索、期刊检索等功能。下面介绍几种基本检索方法。

(1) 关键词检索：在 PubMed 基本检索框中输入关键词，可以是单词，也可以是短语，单击 Search 按钮，系统会按照词语自动匹配原理进行检索。PubMed 自动匹配转换功能，即在检索词文本框中输入的检索词若不用截词符、双引号、字段限定，系统依次会在 MeSH 转换表、刊名转换表、著者索引三个表中进行词语的匹配、转换和检索。如果在 MeSH 转换表找到相匹配的主题词，系统用 MeSH 词和 Text Word 词(TI、AB、MH、NM、PS、OT 等字段中的词)进行 OR 组配检索。如果在 MeSH 转换表中未找到相匹配的 MeSH 词，系统接着会到刊名转换表和著者索引中查找，进行相应的期刊检索和著者检索；如果在上述三个表中均找不到相匹配的词语，系统会将检索词拆开，继续依次到上述三个表中查找，找到后以逻辑 AND 组配检索。如果拆开的单词在上述三个表中仍找不到相匹配的词，系统将在所有字段中查找这些单词并以 AND 进行逻辑组配检索。例如，在检索框中输入"Diabetes Mellitus"(糖尿病)，单击 Search 按钮，PubMed 实际执行的检索式，如图 8-2 所示。

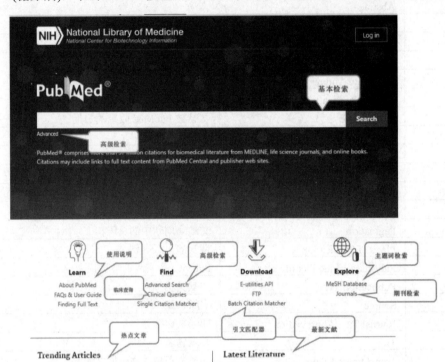

图 8-1　PubMed 主页面

（2）精确短语检索：精确短语检索也叫强制检索，是为了克服自动词语匹配将短语拆分导致误检所设置的一种强制检索，检索时将检索词加上双引号，例如"oxygen free radicals"。使用双引号进行精确短语检索，系统会关闭自动词语匹配功能，将其作为一个整体在数据库的所有可检字段中进行检索。

（3）截词检索：PubMed 允许使用星号(*)作为通配符进行截词检索。使用截词检索功能时，可同时匹配词干相同、词尾不同的词，以提高查全率。例如输入"bacter*"，可以检索出 bacteria、bacterium、bacteriophage 等，词间逻辑关系为"OR"。此功能只限于单词，词组无效。截词检索时，系统会关闭词语自动匹配功能。

（4）布尔逻辑检索：PubMed 基本检索可直接进行"AND""OR""NOT"的布尔逻辑组配运算，运算符前后都必须空一格，而且运算符最好大写，如：oncology AND treatment。运算优先级为：从左到右依次运行，如要改变运算顺序，可使用英文半角圆括号( )提高优先级，例如：common cold AND (vitamin c OR zinc)，最先运算( )中的检索式。

（5）字段限定检索：利用字段标识，可进行字段限定检索，以提高查准率。检索词加上相应字段标识，可以避免词语自动匹配时在多个索引表中进行搜索、转换可能导致的误检。例如，输入"cell[SO]"，可检索出刊名为 cell 中的文献；输入"cell[TI]"，可检索出题名中含有 cell 的文献。

（6）著者检索：在 PubMed 基本检索框中输入著者姓名，可使用姓在前名在后、姓+名的首字母格式(Smith JA)，或全名格式(John A Smith)输入姓名，单击 search 按钮进行检索。2002 年之前，PubMed 的引文中不包括完整的作者姓名，因此完整的作者姓名检索只能检索 2002 年以后的引文。为提高查准率，可以搭配著者单位、关键词等检索词，例如，输入"Smith JA AND University of Washington"，可以检索出华盛顿大学 Smith JA 发表的文献。

(7) 期刊检索：在 PubMed 基本检索框中输入期刊全称、标准的 MEDLINE 刊名缩写或 ISSN 号，可检索出该期刊被 PubMed 收录的文献。

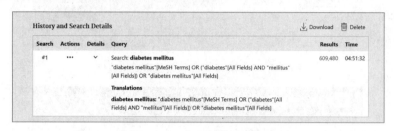

图 8-2　PubMed 词语自动匹配功能

2) 高级检索

在 PubMed 的主页面单击 Advanced 按钮，进入高级检索(Advanced Search)界面(见图 8-3)。高级检索提供了 PubMed Advanced Search Builder(检索式构建器)和 History and Search Details(检索历史和详细检索表达式)两种功能，支持布尔逻辑运算、字段限定检索、索引词表提示功能，可以进行多种字段的复合检索，可以查看、编辑检索历史，具有精准、高效的特点。

(1) PubMed Advanced Search Builder。

检索式构建的步骤如下。①选择字段。系统默认字段为"All Fields(全部字段)"，单击下拉菜单，选择字段并输入检索词，可通过"Show index"，显示该检索词的相关索引词，帮助用户正确选词。例如，选择"Title(题名)"字段，输入检索词"diabetes mellitus(糖尿病)"，单击 ADD 按钮，将检索请求发送至"Query box"(见图 8-4)。②如要添加第二个检索词，可在检索框重新选择字段、输入检索词，选择逻辑关系发送至检索框。例如，重新选择"Title/Abstract(题名/摘要)"字段，输入检索词"Insulin(胰岛素)"，选择逻辑关系"AND"，发送至"Query box"，单击 Search 按钮进行检索(见图 8-5)。

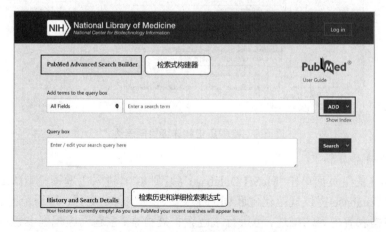

图 8-3　PubMed 高级检索恩典界面

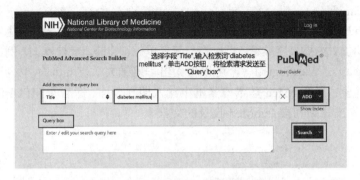

图 8-4　PubMed 高级检索检索式构建(1)

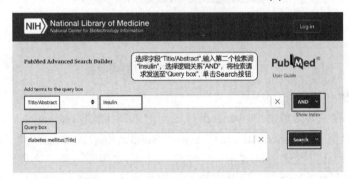

图 8-5　PubMed 高级检索检索式构建(2)

(2) History and Search Details。

检索历史按时间顺序记录检索过程中每一步检索的序号、检索式、检索结果数目和检索时间，最多可保留 100 条记录，保留 8 小时。单击结果数可查看检出文献信息。通过 History，可查看检索历史，单击检索结果数目可直接浏览该条记录的检索结果；单击"Actions"可执行 Add query(添加到检索框)、Delete(删除)、Create alert(创建提醒)选项。单击"Details"，可查看详细检索表达式(见图 8-6)。

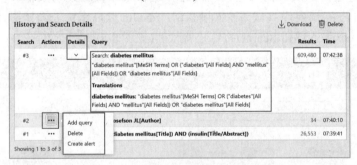

图 8-6　检索历史和详细检索表达式

3) 主题词检索

在 PubMed 的主页面单击"MeSH Database"(见图 8-7)，进入主题词检索(MeSH Database)页面。MeSH Database 提供规范化主题词的定义、注释、历史变更、适用范围、匹配的副主题词、树状结构表等内容的描述，可进行主题词扩展检索、主题词组配副主题词检索。MeSH Database 可以实现以下功能：帮助用户选择规范化的主题词；主题词组配恰当的副主题词，使检索结果更加专指;将主题词限定在主要主题词,使检索结果更加精准;对主题词进行扩展检索,提高查全率。主题词检索是 PubMed 最具特色的检索功能之一,能保证较好的检索效率。需要注意的是,主题词检索也有一定的缺陷,会漏掉一些文献:一是主题词检索只对来源于 Indexed for MEDLINE 的文献记录有效,PubMed 中其他来源的文献记录不支持;二是人工标引费时,已经入库的最新文献还未标引;三是一些新词、专指性很强的名词术语及概念没有对应的主题词。因此,在实际的检索过程中,应根据实际情况,综合应用多种检索途径。

进行主题词检索时,进入 MESH 检索界面,在检索框中输入检索词,单击 Search 按钮(见图 8-8),显示该概念相关的主题词及其定义。根据需要选择并单击合适的主题词(见图 8-9),进入该主题词详情页面。其显示主题词的定义及概念注释、可组配的副主题词(subheading)、款目词(entry term)、树状结构表,如图 8-10~图 8-11 所示。勾选所需副主题词(如果不做选择,系统自动选择组配全部副主题词),并选择是否加权检索(Restrict Search to MeSH Major Topic),是否扩展检索(Do not include MeSH terms found below this term in the MeSH hierarchy),单击"Add to search builder",将其发送至"PubMed Search Builder"。可重复上述操作,对多个主题词进行检索,需选择与前一主题词之间适当的逻辑关系(AND、OR、NOT),检索式构建完成后单击 Search PubMed 按钮执行检索,多种逻辑关系按照输入的先后顺序运算。

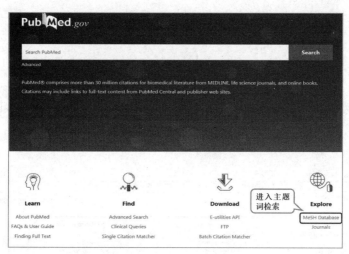

图 8-7 主题词检索入口

图 8-8 主题词检索页面

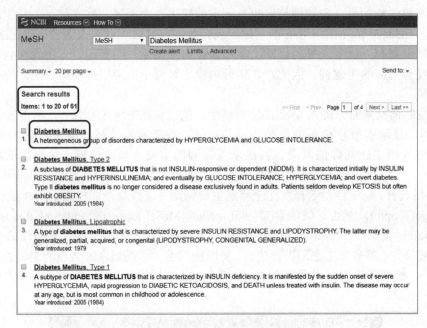

图 8-9　确定主题词页面

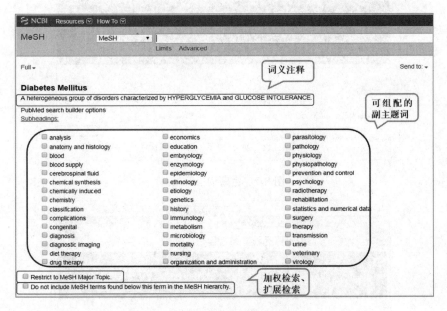

图 8-10　主题词详细显示页面

图 8-11　款目词及树状结构表

4) 期刊数据库检索

在 PubMed 的主页面单击"Journals in NCBI Databases",进入期刊数据库检索(Journals in NCBI Databases)页面,可查询 PubMed 及 Entrez 平台其他数据库所收录的期刊信息,可查看期刊的详细信息,包括出版国家、出版社、出版语言、所属学科等,通过系统提供的链接可对该期刊网站进行访问。可按期刊全名或刊名中某个词、刊名缩写、期刊主题或 ISSN 来检索,也可按学科进行浏览。

5) 引文匹配器

引文匹配器(Citation Matcher)是以少量信息为线索,用来查找特定文献的完整题录信息。

(1) 单篇引文匹配器(Single Citation Matcher)。单篇引文匹配器可将已知的任何信息输入相应检索框中,包括有效的刊名信息、出版日期、卷、期、起始页码、作者、篇名中的任意词,用以查找某一篇文献的准确信息。其检索步骤是:单击 PubMed 主页中的"Single Citation Matcher"进入检索页面,将已知的信息填入相应的检索词文本框内,其中"Journal"可用全称或缩写,"Date" 输入格式为年或年/月或年/月/日。如果某项信息缺失,可不填写。但需要注意的是,填入的信息越详细,检索结果越准确。

(2) 批量引文匹配器(Batch Citation Matcher)。批量引文匹配器适合于核对批量的文献信息。提问式的格式为期刊刊名|日期|卷|首页码|作者姓名|用户核对文献的标识,如果某项信息缺失,可不填写。此功能多用于出版商批量核对文献信息,一次可核对不超过 100 条文献。

6) 临床查询

临床查询(Clinical Queries)是专门为临床医生和临床试验工作者设计的检索服务。在 PubMed 的主页面单击"Clinical Queries",进入临床查询检索页面,包括 Clinical Studies、Covid-19 等检索类型。

7) NCBI 期刊数据库

NCBI 期刊数据库(Journals)供用户查找 NCBI 数据库收录的期刊及其文献信息。用户可通过期刊所属学科和主题、刊名全称、Medline 刊名缩写、ISSN 等进行查找。检索步骤是:首先单击 PubMed 主页上的 Journals 进入其检索界面,在检索词文本框中输入检索词,然后单击"Search"按钮，检索期刊的文献信息。

3. 检索结果的处理

1) 检索结果的显示

PubMed 检索结果页面可通过单击 Display options(显示选项)、Sort by(排序)来进行结果显示。

(1) 检索结果显示格式。

系统提供多种显示格式，包括 Summary、Abstract、PubMed、PMID，常用的有以下三种。

Summary：题录格式，包括文献的标题、著者、出处、PMID、记录状态、非英文文献的原文语种。

Abstract：摘要格式，除了 Summary 显示的基本信息外，还包括摘要信息，以便用户了解文献详细内容。

PubMed：全字段显示，以 MEDLINE 数据库的记录格式来显示检索结果，字段内容主要包括文献的 PMID、标题、摘要、著者、著者地址、出处、语种、出版类型、出处、MeSH 词、文献 ID、出版状态等。

(2) 检索结果排序。

系统默认按记录入库的时间降序 Best Match(相关度)，也可按照需要选择 Most Recent(时间降序)、Publication Date(出版时间)、First Author(第一作者)、Journal(刊名)排序方式。

(3) 检索结果显示数目。

系统默认每页显示 10 条记录，也可根据需要更改为每页显示 5 条、10 条、50 条、100 条、200 条。

检索结果显示页面如图 8-12 所示。

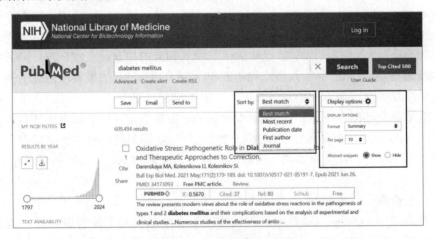

图 8-12　检索结果显示页面

2) 检索结果的精练

在检索结果显示页面左侧栏系统提供有检索过滤器，用户可以通过过滤器来缩小检索结果的范围，进行精确的限定，以进一步精练结果。可限定的条件有：Text Availability(可获得文本类型)、Article Attribute(文献属性)、Article Types(文献类型)、Publication Date(出版时间)、Age(年龄)等(见图 8-13)。勾选相关限定条件，精练检索结果。

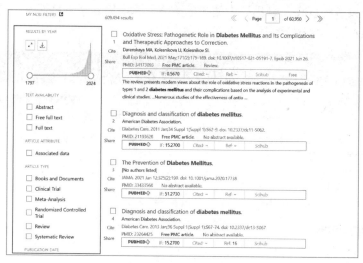

图 8-13　检索过滤器

如果用户想要在侧边栏显示额外的过滤器，请执行如下操作。

(1)　单击"Additional filters"按钮。

(2)　弹出式菜单将显示每个类别可用的过滤器：Sepcies(物种)、Article Language(语言)、SEX(性别)、Age(年龄)、Other(其他)等(见图 8-14)。

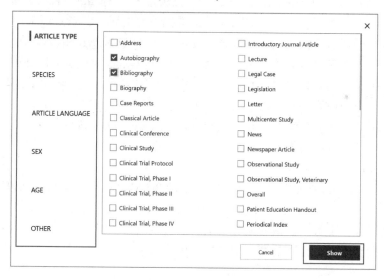

图 8-14　更多过滤器

(3)　从菜单左侧的选项列表中选择一个类别，在每个类别中，选择你想要添加到侧边栏中的限定条件，单击 show 按钮将限定条件显示在侧边栏。

(4)　在侧边栏上进行限定条件勾选。

需要注意的是，选择过的限定条件会保持激活状态，自动在此后的检索过程中持续起作用，因此在做新的检索前，要通过单击 PubMed 主页面上的"Clear all"，把之前的限定条件清空。

3) 检索结果的保存及输出

PubMed 提供多种保存及输出检索结果的方式，单击检索结果页面上方的 Save、Email、Send to 按钮可保存或输出检索结果(见图 8-15)。

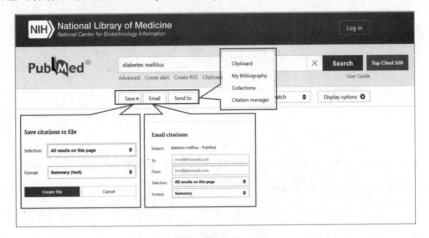

图 8-15　检索结果的保存及输出

Save：可将选中的文献记录以文件的形式保存，格式可以选 Summary (text)、PubMed、PMID、Abstract (text)或 CSV 格式。

Email：可将选中的文献记录发送到指定邮箱中，便于异地存取。

Send to：可用以下几种形式将选中的文献记录发送。①Clipboard：将选中的文献记录保存在剪贴板，可多次存入，存入剪贴板后检索框下会出现"Clipboard(X)"的提示，单击可查看所有暂时保存的文献记录，方便集中处理。②My Bibliography：注册了"My NCBI"账号的用户，可以将选中的文献记录添加到我的书目数据库中。③Collection：注册了"My NCBI"账号的用户，可以选择"Collection"，将选中的文献记录无限期保存在"My NCBI"中，可多次存入不同检索式的检索结果，每个账号最多可存 500 条，用户可对这些文献记录进行浏览、删除、合并等管理操作。④Citation manager：可将选中的文献记录以数据库格式下载到本地电脑，以备导入自己的文献管理软件中使用。

4) 全文获取

PubMed 提供部分文献的全文链接，用户通过 PubMed 获取的全文包括以下两种。

(1) 免费全文，包括 PMC(NLM 开发的免费生物医学数字化期刊全文数据库)提供的全文；OA 期刊；部分出版商提供的免费文献。

(2) 用户所在单位已订购的数据库中收录的全文。

8.1.2　泉方本地 PubMed 检索系统

1. 数据库概述

泉方本地 PubMed(见图 8-16)是华中科技大学同济医学院与济南泉方科技有限公司合作开发的 PubMed 本地化外文检索平台，其继承了美国 PubMed 官网的检索语法、检索界面及检索结果，与美国官网 PubMed 保持一致，提供更多全文获取的可能性，可快速、准确、高效、方便地为医学研究与临床实践提供最优质的医学文献资源服务。

图 8-16　泉方本地 PubMed 主页面

泉方本地 PubMed 是在美国 PubMed 的基础上，参考了 CiteScore 期刊评价系统、泉方学术搜索、德国 GoPubMed、谷歌学术搜索等结果分析工具，集课题跟踪、文献管理、投稿指南、基于馆际互借的文献传递服务于一身。其有以下特点：提供期刊影响因子或论文被引频次等过滤功能；提供基本数据统计分析功能；提供知识图谱、共词分析、高影响因子论文、高被引次数论文等特殊数据分析功能；支持在线申请全文，可获取 90% 左右的 PubMed 文献全文。

借助泉方本地 PubMed 强大的数据分析功能，用户可以快速了解某主题的文献分布情况，快速定位某领域的高影响力文献，快速选择某领域的高质量期刊文章，快速分析某主题的发展趋势，揭示主题概念间的内在联系。其比较适用于对 PubMed 检索结果有深度分析需求的用户，尤其适用于外文全文库比较少的机构。

2. 检索途径与检索结果处理

1) 访问方式

使用泉方本地 PubMed，需要先进行账户注册。在单位已购买该数据库的前提下，如在单位 IP 范围内，页面会直接显示单位名称，确认单位无误后，在页面填写个人信息注册即可（见图 8-17），如在单位 IP 范围外，可联系单位图书馆获取单位的公共账号及密码，进行单位验证后再填写个人相关信息（见图 8-18）。

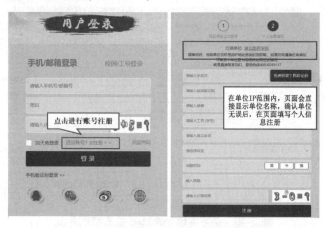

图 8-17　泉方本地 PubMed 账户注册页面

图 8-18 泉方本地 PubMed 单位 IP 范围外账户注册页面

2) 检索途径

泉方本地 PubMed 继承美国 PubMed 官网的检索语法、检索界面及检索结果，其检索途径和使用方法与美国 PubMed 相同，不再赘述，详细使用方法参见本章第一节第一部分内容的介绍。

3) 检索结果处理

泉方本地 PubMed 检索结果页面左边是切换不同显示方式工具、文献类型、出版日期等限定条件的过滤器；中间为检索结果信息显示区，可以查看文献题录信息、CitesCore 期刊信息、中科院期刊分区、参考文献、引证文献、文献摘要、相似文献，并提供有全文链接；右边提供检索结果的自动过滤、智能化数据分析、知识图谱等(见图 8-19)。

图 8-19 泉方本地 PubMed 检索结果页面

(1) 切换不同显示效果：在左侧边栏，可通过单击不同显示方式，选择按文字模式、图片模式、散点图模式、气泡图模式进行显示(见图 8-20～图 8-22)。

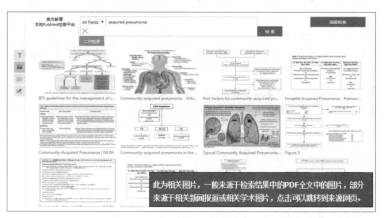

图 8-20　图片模式显示页面

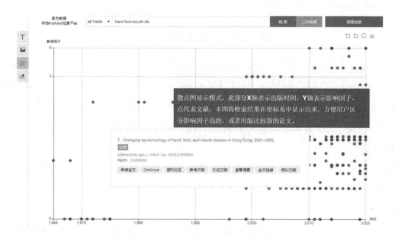

图 8-21　散点图模式显示页面

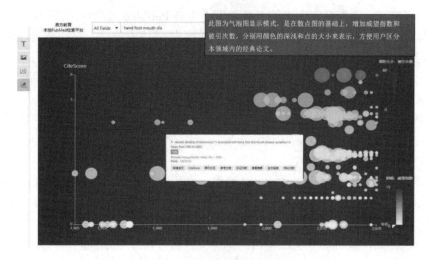

图 8-22　气泡图模式显示页面

(2) 单篇文献处理页面，如图 8-23 所示。

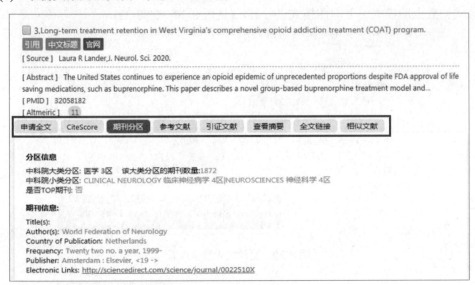

图 8-23 单篇文献处理页面

① CiteScore：是荷兰学术出版商 Elsevier 于 2016 年 12 月 8 日，推出的期刊评价体系，该指标与影响因子有些类似，但它是基于 Elsevier 自己的科学文献数据库 Scopus 收录杂志。CiteScore 是指期刊发表的单篇文章平均被引用次数。具体而言，某期刊某一年的 CiteScore 值，是它过去三年发表的文章在这一年被引用的次数，除以该期刊在过去三年发表并收录于 Scopus 中的文章数量。

② 期刊分区：提供中科院分区信息，为科研人员了解本领域学术期刊的影响力及期刊评价工作提供参考，可以查看某期刊归属于中科院大类分区、中科院小类分区及期刊的官网和中文简介等。

③ 参考文献：对原文文后参考文献的整理，如果某条参考文献有电子链接，则加上电子链接的功能。

④ 引证文献：分为泉方学术的及泉方学术中被 PubMed 收录的两部分，单击超链接可以查看具体的引证文献。查看参考文献和引证文献需要注意的是，标引参考文献和引证文献，有一定的滞后性，一般滞后两个月左右。

⑤ 全文链接：可显示所有可提供该文献全文的出版社或数据库提供商或其他文献提供机构提供的超链接地址。

⑥ 申请全文：若该文献没有提供全文链接，则可单击申请全文，系统将帮助用户通过第三方的互助平台获取全文。申请将会发送至用户"个人中心"，进入个人中心页面，可查看全文申请进度(见图 8-24)。

(3) 数据分析：参考德国 GoPubmed 系统，利用基因本体(gene ontology)和《医学主题词表》(MeSH TERMS)对文献进行自动聚类分析，方便了解文献的分布情况。单击检索结果右上角的"数据分析"，进入"结果分析"页面，此部分可以对研究方向、出版年、机构等进行分析。比如，按机构分析，单击"机构"按钮，可以显示其具体对应的文献记录(见图 8-25)。

图 8-24 "个人中心"页面

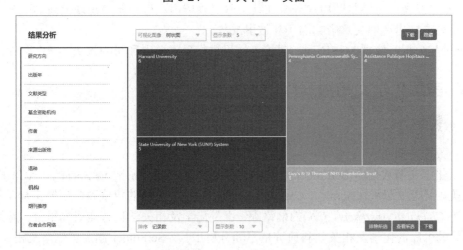

图 8-25 "结果分析"页面

(4) 自动过滤：泉方本地 PubMed 可以实现对检索结果的自动过滤，以便对结果进行进一步的限定，筛选优质文献，包括期刊、期刊 Citescore 指数、期刊声望指数、中科院分区、被引次数、替代计量 Altmetric 的过滤。期刊声望指数，参考 SJR(SCImago Joumal Rankings)，对期刊所发表文献的施引文献赋予不同权重，被声望越高的期刊引用则权重值越高，是一个既考虑了期刊被引数量，又考虑了期刊被引质量的指标，其重引用数量，更重引用价值。被引次数，指某文献在特定源期刊中被引用的次数，本系统参考的是在谷歌学术(Google Scholar)中的被引次数，考查的是某文献的学术影响力。替代计量 Altmetric，是基于引文传统指标的在线新型计量指标，尤其重视基于社交网络数据的计量指标，旨在利用开放的学术交流数据开展科学评价的计量方法追踪、分析学术文献的在线科学交流活动，即时测量学术论文的影响力，是对传统引文指标的重要补充。

(5) 大数据分析：泉方本地 PubMed 除了对一般数据的处理，还可以实现对特殊数据的统计与深度分析，包括知识图谱、指纹共词、高影响因子论文、高被引次数论文、新词发现、聚类分析等。

① 知识图谱：是利用可视化的图谱形象地展示某学科或某主题的发展进程和研究热点。知识图谱可以帮助用户分析某个研究领域内，各个研究方向从最早的一篇报道开始，

到每年关于这个研究方向的篇数等，系统把年份作为 X 轴坐标，篇数作为 Y 轴坐标，然后用线条在二维图中连接起来形成一条曲线，从而辅助判断其研究的趋势。

② 指纹共词：是对反映文献主题内容的关键词的共现频次进行统计分析，即计算两个主题词在一组文献中共同出现的篇数，并将其演进路径显示出来的一种方法，揭示文献内在联系、研究热点和科学结构。

③ 高影响因子论文：可帮助用户分析在某个研究领域内，各研究方向历年来出现的文章影响因子。系统以年份作为 X 轴，以出现文章影响因子作为 Y 轴，以散点图的方式展示各研究方向影响力变化。

④ 高被引次数论文：可帮助用户分析在某个研究领域内，各研究方向历年来出现的文章被引用次数。系统以年份作为 X 轴，以出现文章被引用次数作为 Y 轴，以散点图的方式展示各研究方向被引用次数变化。

⑤ 新词发现：可以帮助用户分析在某个研究领域内，近一年内出现的新的研究方向，以及该研究方向出现的文章影响因子和被引次数。

⑥ 聚类分析：依据 MeSH 词，对检索结果进行聚类关联和可视聚类。

8.1.3 美国化学文摘数据库

1. 数据库概述

1) 数据库简介

美国化学文摘数据库(SciFinder)是美国化学会(American Chemical Society，ACS)旗下分支机构美国化学文摘社(Chemical Abstracts Service，CAS)出品的权威科学研究工具，是《化学文摘》(*Chemical Abstracts*，CA)的网络版，也是化学及相关学科智能研究平台，提供全球最全面、最可靠的化学及相关学科研究信息和分析工具。SciFinder 涵盖了化学及相关领域，如化学、生物、医药、材料、食品、工程、农学、物理等多学科、跨学科的科技信息，收录的文献类型包括期刊、专利、会议论文、学位论文、图书、技术报告、评论和网络资源等。SciFinder 的科学信息合集涵盖了 150 余年来化学和相关学科的进展，使全球的研究人员、商业人士和信息专业人员能够直接获取所需要的可靠信息以推动创新。

SciFinder 登录网址为：https://scifinder.cas.org/

2) SciFinder 涵盖内容合集

(1) 物质：物质数据合集(CAS Registrysm)是全球化学物质的黄金标准，是化学名称、结构和 CAS 登记号的权威来源，收录自 19 世纪初以来被披露的超过 2.03 亿个有机物质和无机物质，包括合金、配位化合物、矿物质、混合物、高分子和盐；近 7000 万条蛋白质、DNA 和核苷酸序列；超过 80 亿条实验和预测理化性质数据、谱图；等等。数据每日更新。

(2) 文献与专利：文献与专利数据合集(CAS Reference & CAS Patent)收录化学及相关学科的文献记录 5750 余万条，最早可追溯到 1840 年，自 1907 年开始持续收录来自 180 多个国家或地区、50 多种语言的出版物，包括源自 5 万多种科技期刊(包括目前仍在出版的近万种期刊)文献、全球 64 家专利授权机构的专利文献、会议论文、技术报告、图书、学位论文、评论、会议摘要、e-only 期刊、网络预印本等；对于全球 9 个主要专利机构公布的专利，保证其著录和摘要信息在公布 48 小时之内收入数据库。数据每日更新。

(3) 反应：化学反应数据合集(CAS Reactions)提供从期刊、专利、论文等文献中获取的合成信息，以推动实验计划和流程优化；收录自 1840 年以来超过 1.5 亿条各类型反应，如金属有机、天然产物全合成、生物转化反应等，涵盖反应条件、生产率、催化剂、试剂、溶剂、详细实验操作步骤等信息。数据每日更新。

(4) 马库什结构：马库什结构专利信息数据合集(CAS Markush)收录 130 余万个可检索的马库什结构，数据可回溯至 1961 年，源于超过 54 万件专利。专利中披露的关键化学信息往往隐藏在复杂的马库什(通式)结构中，一个马库什结构可定义数百至数百万个物质。其他非 CAS 检索引擎无法解读此信息，因此难以实现全面、精确的专利检索。数据每日更新。

(5) 商用化学品：化学品商业信息数据合集(CAS Commercial Resources)主要用于查询全球化学品供应商及其产品目录信息，包括供应商联系方式、产品规格、价格、纯度、库存、出货周期等。另外，记录内容还包括目录名称、定购号、物质名称、物质 CAS 登记号、结构式等。数据每周更新。

(6) 化学监管法规：化学品合规信息数据合集(CAS Chemical Compliance Index)提供全球主要市场生产、进口、出口、运输和使用化学产品所需的信息，是查询全球重要市场被管控化学品信息(化学名称、别名、库存状态等)的工具。数据库目前收录超过 40 余万种备案/管控物质，覆盖范围为 1980 年至今的 150 份名录及目录。数据每周更新。

(7) MEDLINE 美国国立医学图书馆数据库：由美国国立医学图书馆编制的题录数据库，内容涵盖生物医学和生命科学，包括临床医学、牙科、教育学、健康服务管理、护理、毒理学、营养学、药学、实验医学、精神病学、医学工程、病理学，以及兽医。

2. 检索途径与方法

1) 用户注册

使用 SciFinder 数据库必须先进行网络注册，建立个人的 SciFinder 用户名和密码。用户在使用 SciFinder 之前必须先用邮箱进行注册，填写真实信息(用中文名的拼音全拼填写 First Name 和 Last Name)。注册信息提交后系统将自动发送一个链接到所填写的 E-mail 邮箱中(请注意查收垃圾邮件等非正常邮件)，激活此链接即可完成注册。若 48 小时内仍未收到激活链接，可再次注册。要求必须在所购买数据库单位的授权 IP 范围内进行注册并确认，否则系统会提示 IP 地址不在授权范围内。在购买机构的 IP 范围内，输入注册的用户名和密码即可登录，访问 SciFinder 数据库(见图 8-26)。

2) 检索方法

(1) 全类型检索。使用全类型检索(All Search)查找符合检索要求的物质、反应、文献和供应商，可以输入文本检索式(关键词、CAS 登记号、专利号等)来获得相关主题(见图 8-27)，或者绘制/导入一个结构式。同时输入文本和结构式时，如果选择 All Search 进行检索，则反应和供应商结果将仅匹配结构式(文本被忽略)；而物质和文献结果则同时匹配文本和结构式。

在全类型检索页面使用结构式检索，可单击 Draw 按钮打开结构编辑器，在打开的结构编辑器中绘制结构式。可以选择 CAS Draw 或 ChemDoodle 两种编辑器来绘制结构。从左上角的菜单中选择首选编辑器(见图 8-28)，接着绘制结构，然后单击 OK 按钮返回检索页面，单击放大镜进行检索。

图 8-26　SciFinder 登录页面

图 8-27　全类型检索页面

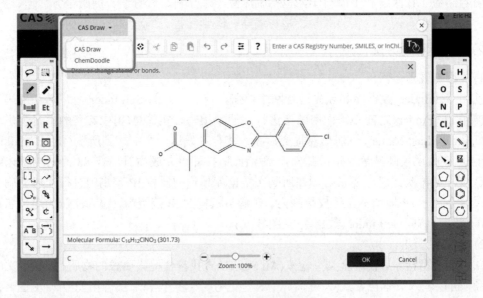

图 8-28　结构编辑器页面

(2) 物质检索。在 SciFinder 物质检索(Substance)过程中，可使用两种方法通过检索词查找特定物质。

① Main search field：可直接输入物质名称(benoxaprofen)、CAS 登记号(带连字符或不带连字符均可，如 51146-57-7、51146577)，以及文献标识符，如专利号(US4571400)、文献收录号(1986:230471)、PubMed ID(15980585)、CAS 文献收录号(CAN)(148:486341)来检索特

定物质，然后通过该物质查找相关的文献及化合物反应式(见图 8-29)。

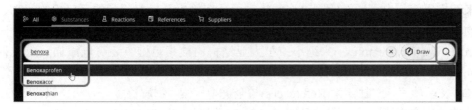

图 8-29　物质检索 Main search field 页面

② Advanced Search Field(s)：使用布尔运算符(AND、OR、NOT)+ search field 的方式进行检索。search field 包括分子式、实验谱图及以下属性类别：生物/化学、密度、电学、Lipinski、磁、机械、光学和散射、结构相关和热学等。

在实际检索过程中，可以分别单独使用 Main search field 和 Advanced Search Field，也可以两者联用(见图 8-30)。

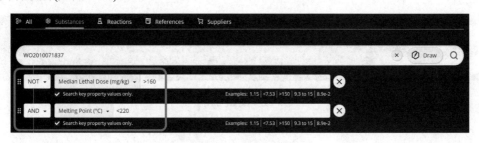

图 8-30　物质检索页面

(3) 专利马库什结构检索。专利马库什结构检索(Patent Markush)是用于获取专利权利要求(说明书)中的 Markush 结构，确认化合物结构保护范围及获取最新化合物信息，可直接在专利文献中查找与查询结构匹配的结构(包括通式结构)。Markush 检索与亚结构检索的不同之处在于：Markush 检索将查询结构与专利中的通式结构进行匹配，是结构式检索的重要补充。

要进行 Patent Markush 检索，请单击 Substances 按钮。使用结构编辑器绘制查询结构(Draw the query)，然后选中 Search Patent Markush 复选框。单击"放大镜"按钮提交查询结构(见图 8-31)。

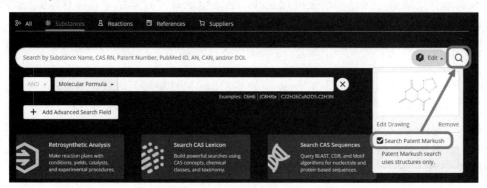

图 8-31　专利马库什结构检索页面

(4) 反应检索。反应检索(Reactions)可通过物质名称、CAS 登记号或文献标识符的文本检索来查找反应。也可通过绘制查询结构进行反应检索。检索得到的反应中的底物、试剂或产物将与绘制的查询结构一致或是其亚结构。在检索物质时,可以应用亚结构检索功能(substructure query features)来缩小或扩大亚结构的检索范围。还可以添加反应查询功能(reaction query features)来关注特定的反应转化。

(5) 文献检索。文献检索(References)与全类型检索、物质检索等方法类似,可在 search field 内输入研究主题或关键词或概念词、CAS 登记号、PubMed ID 编号、DOI 号、专利号进行检索。也可使用布尔逻辑运算符(AND、OR、NOT) + search field 中输入的检索词、作者名、期刊名、组织或机构名称、标题、出版年份、文献标识符(CODEN、ISBN 和 ISSN)的方法进行检索(见图 8-32)。

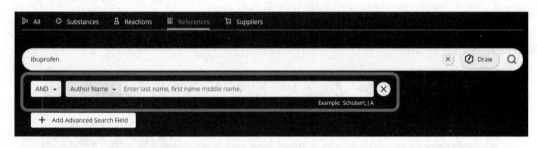

图 8-32　文献检索界面

(6) 供应商检索。供应商检索(Supplier)有以下两种方法。

① 使用化学结构查找供应商:按化学结构查找供应商,首先需绘制或上传查询结构。单击 Draw 按钮,打开结构编辑器。用 CAS Draw 或 ChemDoodle 绘制结构,查询售卖所绘制物质结构的供应商。

② 使用物质名称或 CAS 登记号查找供应商:输入物质名称或 CAS 登记号来识别物质。查询输入必须与物质识别符完全匹配。CAS SciFindern 不支持匹配部分名称或 CAS 登记号。可以输入多个 CAS 登记号(CAS 登记号间用空格隔开),但不支持逗号或其他标点符号。最多可输入 2000 个字符。

3) 检索结果的处理

完成检索后,可以查看和筛选结果,转换结果展示方式,获取相关数据,保留/移除选中的结果,下载结果与保存的结果进行合并,通过电子邮件分享结果、保存检索/选中的结果并设置提醒(见图 8-33)。

(1) 筛选结果:通过筛选功能来聚焦结果集。呈现的结果集随筛选选项的应用或去除而动态变化。

(2) 转换结果展示方式:单击 View 下拉菜单,转换结果展示方式。例如,在 Substances 页面上,下拉菜单中有 Full 和 Partial 两个选项。选择 Partial,每一个格子将展示一个物质的最基本信息(见图 8-34)。

(3) 获取相关数据:在 Substances 页面上,可获取所有或选中物质的文献、反应和供应商信息(见图 8-35)。

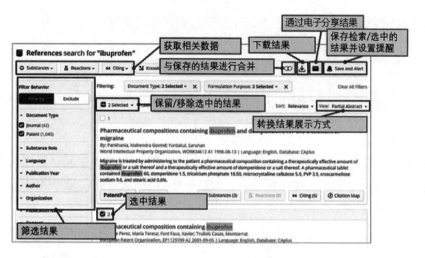

图 8-33　检索结果处理页面

图 8-34　转换结果展示方式

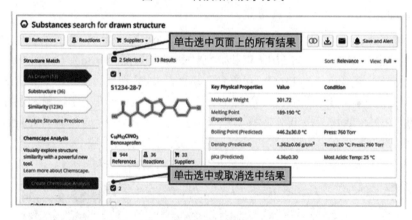

图 8-35　获取相关数据

(4) 保留选中的结果：移除所有未勾选的结果；移除选中的结果：移除所有勾选的结果(见图 8-36)。

图 8-36　保留或移除选中的结果

(5) 下载结果：单击下载图标，下载所有或选中的结果(见图 8-37)。

图 8-37　下载检索结果

(6) 通过电子邮件分享结果：单击电子邮件图标，通过电子邮件与同事分享检索结果(见图 8-38)。如果未明确选择任何结果，则默认分享整个结果集。收到电子邮件的同事需要登录 CAS SciFindern 才能查看分享的结果集。

图 8-38　通过电子邮件分享结果

8.2　外文全文型数据库

8.2.1　ProQuest 数据库

1. 数据库概述

ProQuest Information and Learning 公司通过 ProQuest 平台提供 60 多个文献数据库，包含文摘题录信息和部分全文。自 2012 年起，剑桥科学文摘(Cambridge Scientific Abstracts，CSA)平台的数据库全部合并到 ProQuest 平台。这些数据库涉及商业经济、人文社会、医药学、生命科学、水科学与海洋学、环境科学、土木工程、计算机科学、材料科学等广泛领域，包括学位论文、期刊、报纸等多种文献类型，尤其值得一提的是著名商业经济数据库 ABI 和全球最大的学位论文数据库 PQDT，还有 CSA 平台丰富的特色专业数据库。ProQuest 数据库平台入口为：https://www.proquest.com/，其主页如图 8-39 所示。

图 8-39　ProQuest 数据库主页

ProQuest 平台主要包括以下数据库。电子书数据库：ProQuest Ebook Central、O'Reilly for Higher Education；全文数据库：ABI/INFORM Collection(商业数据库)、Health Research Premium Collection(医学数据库)、Health & Medical Collection(健康与医学全文库)、ProQuest Dissertations & Theses (博硕士论文数据库)、SciTech Premium Collection (科学技术数据库)、Social Science Premium Collection(社会学数据库)；题录型数据库：AGRICOLA(农业学数据库)、Aquatic Sciences and Fisheries Abstracts(ASFA)(水产渔业数据库)、Library and Information Science Abstracts (LISA)(图书馆与信息科学数据库)、Linguistics and Language Behavior Abstracts (LLBA) (语言与语言行为检索数据库)、MEDLINE® 医学数据库。

与医药学相关的数据库主要有以下几个。

1) ProQuest SciTech Premium Collection (ProQuest 科技期刊全文库)

ProQuest SciTech Premium Collection (ProQuest 科技期刊全文库)是一个综合性学术期刊数据库，收录 2308 种综合性期刊和综合性报纸，其中 1472 种全文刊。该数据库涵盖多个学科领域，包括商业与经济、教育、历史、传播学、法律、军事、文化、科学、医学、艺术、心理学、宗教与神学、社会学等。它分为核心收藏和 15 个学科模块，核心收藏包括 700 多种核心期刊和重要学术期刊，而 15 个学科模块则为核心收藏提供学科补充。用户可以从该数据库网站检索到 1971 年以来的文摘和 1986 年以来的全文，并且该数据库每日都会进行更新。

ProQuest 科技期刊全文库包括两个重要的子库：Technology Collection(技术科学全文库)和 Natural Science Collection(自然科学全文库)。Technology Collection 包括 Advanced Technology & Aerospace Database，Material Science & Engineering Database 和 Military Database 三个子库，提供来自全球的学术期刊、行业杂志、大众杂志、技术报告、会议出版物和政府出版物的全文，为研究者提供了全文的文献。该数据库收录专业，并包含专业标引，便于发现该领域的重要相关文献。Natural Science Collection 包括 Agricultural & Environmental Science Database，Biological Science Database 以及 Earth，Atmospheric & Aquatic Science Database 三个子库，收录了世界范围的学术期刊、行业杂志、大众杂志、技术报告、会议出版物和政府出版物等全文文献，为相关领域的研究人员提供了重要文献。

2) Health & Medical Collection(健康与医学全文库)

Health & Medical Collection(健康与医学全文库)不仅提供临床研究类出版物，还收录了数百种健康管理方面的出版物。该库提供深度的全球医学信息内容，收录了 3600 多种出版物，其中 3000 多种提供全文，910 多种出版物被 MEDLINE 索引。收录的出版物可以追溯到 1969 年。Health & Medical Collection 完整收录的出版物来自 500 多家出版机构，包括 Elsevier、Massachusetts Medical Society、Springer、Nature Publishing 和 Cambridge University Press。提供的期刊涵盖了全部重要的临床和健康护理领域，包括医学、免疫学、药理学、护理、体育健身与卫生、外科及其他，其中包括 *The Lancet*、*The New England Journal of Medicine* 等顶级期刊。需要注意的是，Health & Medical Collection 也是 ProQuest Central 中的一个构成专辑。

3) ProQuest Dissertations & Theses (博硕士论文数据库)

ProQuest Dissertations & Theses (博硕士论文数据库)作为美国国会图书馆的官方论文存储资料库，收录了来自 1700 多所全球研究院和大学的研究论文，涵盖了各个研究学科。该数据库包含了美国和加拿大各重点大学的研究论文，同时也不断增加其他国家和地区的高品质博硕士论文。PQDT 提供全球 400 多万篇博硕士论文记录，最早可回溯至 1861 年，最新可到上学期刚发表的论文,其中包含100多万篇可直接订购的电子版全文,210多万篇可订购的印刷版全文。大多数1997年以后出版的论文可提供全文,同时也提供大量早期的毕业论文的全文回溯资料。每年新增8万多篇博硕论文记录。

ProQuest Dissertations & Theses 可实现:研究生通过检索数据库,可保证自己计划撰写的论文不会与已发表的论文重复;学生、老师和其他研究人员检索与他们学术兴趣相关的论文;快速获取高质量、同行评审和跨学科的研究资料;构建你自己的电子书馆藏;每一篇新出版的论文都包含了 ISBN 号,ProQuest 是全球最大的 ISBN 出版商;跨库检索可与 ProQuest 平台的期刊及其他类型数据库实现合并检索。ProQuest Dissertations & Theses (PQDT) 全球博硕论文数据库分为:ProQuest Dissertations & Theses (PQDT) A&I 文摘/索引数据库,可提供500多万条来自全球高校的博硕论文的文摘和索引信息,大多数1997年以后发表的论文,可提供前10%内容的预览,最多可预览论文前24页。如有可公开访问的论文全文,那么用户可以直接查看全文;ProQuest Dissertations & Theses (PQDT) Global 全文数据库,可提供全球500多万条博硕论文记录,同时可以获取其中290多万篇全文。

4) The Biological Science Collection(生物学资源全文数据库)

The Biological Science Collection(生物学资源全文数据库)包括生物学期刊全文数据库(Biological Science Database)与生物学文献索引数据库(Biological Science Index)数据库的内容,收录了3 800多种出版物,其中学术期刊3 600多种,行业出版物与杂志120多种,超过60 000篇博硕士论文全文,逾91 000篇会议论文/研究手稿全文,400多份源自 American Academy of Microbiology、FAO、OECD、Great Lakes Fishery Commission 等机构的报告全文。涵盖病毒学、动物行为、毒理学、分子生物学、昆虫学、免疫学、人类基因组研究、神经科学、生态学、生物工程、生物技术、微生物学、细菌学、养殖、遗传学、原生动物学、藻类学及真菌学等学科领域。全文文献最早可回溯至1926年。

2. 检索途径与方法

ProQuest 提供了多个检索入口及辅助查询工具,各检索界面均有检索提示,支持自然语言检索和布尔逻辑检索,使用十分方便,在校园网范围内可通过 IP 地址控制访问权限,无须密码即可登录。其主要提供的检索入口是:基本检索、高级检索、出版物 3 种。登录后系统默认为基本检索界面(见图8-40)。首页顶端可见"基本检索""高级检索",如"出版物""更改数据库"4 个书签标识,通过单击不同的标签可实现不同功能的转换,如通过单击"更改数据库"标签,即可选择单个专一数据库进行检索。

ProQuest 将依次按以下顺序进行运算:PRE>NEAR>AND>OR>NOT,例如,检索:education AND elementary NOT secondary,将按以下顺序运算。

(education AND elementary) NOT secondary。education AND elementary 是最先运算的,因此,检索将得到关于 elementary education 的结果,而不是关于 secondary education 的结果。可见,在检索时,需使用括号覆盖需优先运算的检索词。高级检索时需将优先运算的检索词与运算符填写在同一检索框内。

1) 基本检索

基本检索的检索词可以是单词、词组,在检索词组时可在词组的两端使用双引号" "以进行短语的精确检索。系统支持截词检索,使用"?",可代替一个在单词中间或结尾的字母,通配符"*"放在检索词的结尾可代替一个或多个字母。尽管基本检索只有一个检索框，但由于可以使用 AND、OR、WITHIN、PRE 等逻辑运算符和位置运算符号，只要合理应用，同样可以进行较复杂的课题检索。

图 8-40　ProQuest 基本检索界面

在基本检索页面可以设置限制项，如检索学术期刊、书籍、学位论文等文献类型，同时也可限定仅检索同行评审、全文文献。如果选择同行评审，则表示文献在出版前经过该领域的专家(同行)的评审；而全文文献则是可以直接获取全文的文献。

2) 高级检索

高级检索功能强大，提供多个命令行以限定字段和利用运算符来构建检索式，可达到更集中、更精确的检索效果。单击"高级检索"标签，即进入高级检索界面，如图 8-41 所示。

图 8-41　ProQuest 高级检索界面

(1) 高级检索框和下拉菜单。高级检索支持布尔运算符、位置符、特定字段检索，输入检索词后，默认词间关系为逻辑"与"：AND，只要出现其中任意检索词即可。如果需要检索词组，需要使用双引号""。设置检索字段，可以通过下拉菜单选择所有字段、摘要、作者、文档标题、出版物名称等(见图8-42)。

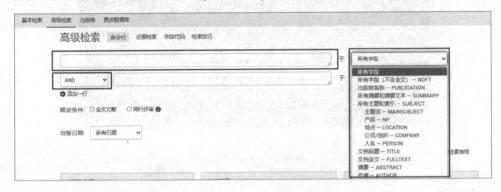

图 8-42　ProQuest 高级检索框

(2) 限制条件、出版日期。在高级检索页面可以设置同行评审、全文文献。出版日期的默认选项是所有日期，其他选项包括：最近7天、最近30天、最近3月、最近12月、最近3年等(见图8-43)。

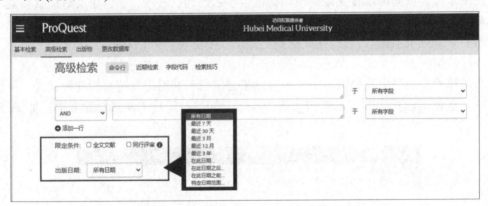

图 8-43　ProQuest 高级检索限定条件

(3) 数据库特定限制。在高级检索页面特定限制包括出版物类型限制、文档类型限制和语言限制等。出版物类型可限定出版物的类型，默认选项是全部未勾选，如果直接检索，那么默认检索所有类型出版物。如果勾选了具体出版物类型，那么就只检索选择的出版物类型文献。文档类型可限定文献的类型，包括文章、书籍、公司档案、行业报告、市场研究及其他。默认选项是全部未勾选，如果直接检索，那么默认检索所有文档。如果勾选了具体文档类型，那么就只检索选择的文档类型文献。语言可限定文档使用语言，默认选项是全部未勾选，如果直接检索，那么默认检索所有语言的文档。如果勾选了具体语言，那么将针对该语种进行文献检索。许可可限定文档许可，默认选项是全部未勾选，如果直接检索，那么默认检索任何许可的文档。如果勾选了具体许可类型，那么将针对该许可进行文献检索(见图8-44)。

图 8-44　ProQuest 特定限制

(4) 检索结果显示选项。检索结果排序方式菜单可以控制检索结果呈现的顺序，包括相关性排序、时间排序(先近后远、先远后近)。相关性排序是基于一定的算法，考虑到词频、词出现的字段等。每页显示条目数是确定检索结果每页显示多少条文献记录，可以选择10条、20条、50条或100条。

"不包括重复文档"可显示收录在不同数据库或包库中的相同文献记录，默认设定检索结果将显示重复记录，勾选后将显示去重后的检索结果(见图 8-45)。

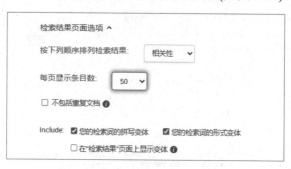

图 8-45　检索结果显示选项

(5) 命令行检索。在命令行检索栏中可以输入一个详细的检索策略，可以利用下拉菜单插入字段代码并选择检索词间的运算符。支持布尔运算符、特殊字符和字段检索。通过单击选择运算符、选择字段，可以添加布尔运算符和位置运算符、字段代码，以实现扩大或缩小检索结果。另外，运算符和字段也可以手动添加。同时，也可以进行全文文献、同行评审、出版日期、检索结果等限定，如图 8-46 所示。

3) 出版物检索

单击 ProQuest 页面上的"出版物"标签，即可进入"出版物检索"界面(见图 8-47)。在出版物检索界面下，可以通过下拉菜单选择出版物标题中、标题开头、出版物摘要中、出版物主题中进行检索，支持布尔运算符("AND""OR""NOT")、截词符"*"、替代符"？"。出版物信息也可直接通过字顺表查找，按刊名的首字英文字顺点开列表查阅。同时，也可以在出版物检索下方限制是否仅针对全文出版物，出版物结果显示可选择查看概要、仅查看标题等。

图 8-46 ProQuest 命令行检索界面

图 8-47 ProQuest 出版物检索界面

（1）结果聚类。可以按照出版物类型、出版物主题、语言、出版商和数据库过滤。出版物类型包括学术期刊、行业杂志、报告、杂志、报纸、电报荟萃、书籍、会议录、其他来源。语言用来标示出版物收录内容的语言类型，绝大多数出版物是英语，另外还收录了其他 12 种语言的出版物。出版商用于显示出版物对应的出版机构名称。数据库用来显示出版物收录在具体哪个数据库中。

（2）出版物全记录。单击查看具体的一个出版物全记录，记录中包含出版物名称、收录时间范围与格式、ISSN、语言、主题、来源类型、出版商信息(包括出版商名称和地址)。

(3) 在此出版物中检索。在此出版物中检索，指在检索框中输入检索词，可以直接获取该出版物中的匹配文献记录。

(4) 浏览某期。在此出版物中检索的检索框下方是浏览某期，通过选择具体的出版年、卷期号，可直接查看对应期所收录的文献。

3. 检索结果处理(见图 8-48)

(1) 修改检索：单击"修改检索"修改近期的检索策略，或修改检索框中的检索式。

(2) 近期检索：单击"近期检索"查看检索历史。

(3) 保存检索/提醒：可保留检索的详情及相关信息，便于回顾和追踪。其目的是建立检索提示，可定期通过电子邮件接收到新的检索结果和新发行出版物的通知。

(4) 引用、电子邮件、打印、保存、导出等：勾选检索到的文献记录后，就可以利用工具栏实现对应的操作。可以单独勾选或按页勾选。"所选条目"可以查看已经标记的文献记录；"引用"可以通过下拉菜单选择提供的引文格式，用户可以按照所选格式生成文末参考文献，然后直接复制、粘贴到自己的文末参考文献处，为保证格式的准确性，请注意检查和编辑；保存到"我的检索"，可以将文献保存到个人账户中，将来登录个人账户，就可以查看这些文献记录；"导出"可以将标记的文献记录导出到文献管理工具中，也可以将标记的文献记录保存成 PDF、RTF 或 text 格式文件等。

(5) 结果排序与精练：可按相关性和出版物日期对检索命中文献重新排序。在页面左侧还可按提供条件更精准筛选结果。这些条件有：全文文献、同行评审、出版物类型、出版日期、出版物名称、文档类型、主题、MeSH 学科、语言等。

(6) 文献详细内容页面(见图 8-49)：单击每篇文章的标题即可进入该文内容的详细页面，包括摘要、全文文献。可单击"摘要/索引"标签进一步检索到出版物名称、作者等相关内容。

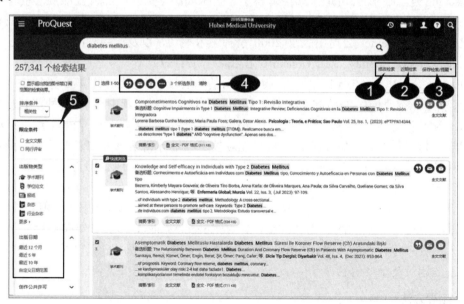

图 8-48　ProQuest 检索结果处理

图 8-49 ProQuest 文献详细内容页面

8.2.2 Elsevier ScienceDirect 全文库

1. 数据库概况

Elsevier(爱思唯尔)公司是一家经营科学、技术和医学信息产品及出版服务的世界著名出版公司,隶属于 Reed Elsevier 集团,总部设在荷兰的阿姆斯特丹。通过与全球的科技与医学机构合作,Elsevier 公司出版了 2000 余种学术期刊,以及一系列的新书、电子产品,如 ScienceDirect、Scopus、MD Consult、在线参考书目等。

Elsevier 公司出版的期刊、图书是业界公认的高质量学术出版物,其出版的期刊大多数为同行评审的核心期刊,被许多著名的二次文献数据库收录,其中约 1400 种期刊被 SCI 收录。期刊内容涉及 24 个学科,包括数学、物理、生命科学、化学、计算机科学、临床科学、环境科学、材料科学、航空航天、工程与能源技术、地球科学、天文学及经济、商业管理和社会科学等。1997 年,Elsevier 公司将其 1995 年以来出版的所有期刊及图书系列转化为电子版,推出了 ScienceDirect 全文数据库。通过 ScienceDirect 链接到 Elsevier 出版社丰富的电子资源,包括期刊全文、单行本电子书、参考工具书、手册及图书系列等。

ScienceDirect 站点的网址为 https://www.sciencedirect.com/,参订单位的用户可直接登录,进入所在单位订购的该站点中的付费全文文献资源。免费用户可以通过快速检索方法访问系统的题录及摘要信息。

2. 检索方法

1) 浏览期刊或图书

ScienceDirect 主页可以选择浏览期刊或图书(Journals & Books)(见图 8-50)。进入期刊/

图书浏览页面(见图 8-51)，可在左侧边栏选择学科或子学科。页面中部为出版物列表，按出版物首字母顺序进行排列，选择具体期刊/图书即可进入相关出版物主页，查阅期刊详细信息(见图 8-52)或图书详细信息(见图 8-53)。

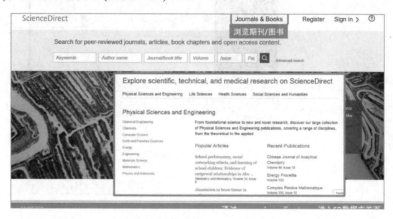

图 8-50 ScienceDirect 主页

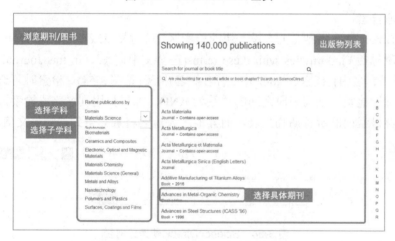

图 8-51 ScienceDirect 期刊/图书浏览页面

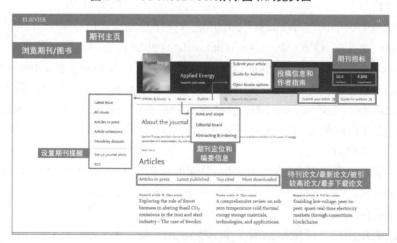

图 8-52 ScienceDirect 期刊详细信息页面

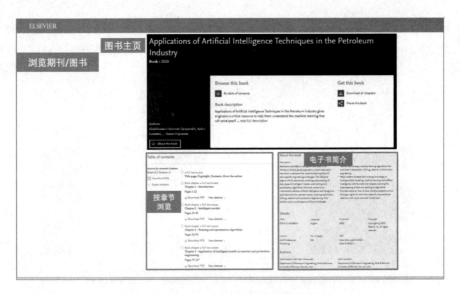

图 8-53　ScienceDirect 图书详细信息页面

2) 快速检索

ScienceDirect 数据库界面上方设有快速检索区，可对文章或期刊进行快速查找。可供选择的检索字段包括 Find articles with these terms(在全文中)检索、In this Journal or book title (在期刊或图书题名中) 检索、Author(s)(著者姓名)检索(见图 8-54)。检索时可选择其中一项或几项内容进行检索，不同字段之间的关系为 AND。如果只用刊名字段检索，检索结果将为刊名包含该检索词的所有期刊列表，而其他字段检索将直接得到期刊论文信息。

图 8-54　ScienceDirect 快速检索栏

3) 高级检索

单击数据库主页上的"Advanced Search"进入高级检索页面(见图 8-55)。可在 find articles with these terms(全文中)检索、In this journal or book title(在期刊或图书题名中)检索、Years (年份)、Author(s)(著者姓名)、Author affiliation(作者机构)、Volume(卷)、Issue(期)和 Page(s) (页码)等方面进行限定。单击 show all fields 按钮，显示全部可检索字段，其中包括 Title、abstract or author-specified keywords(标题/摘要或特定关键词)、Title(题名)、References(参考文献)、ISSN(连续出版物号)或 ISBN(国际标准书号)等字段。

4) 检索结果处理

执行检索后，检索结果页面(见图 8-56)呈现的是命中的文献列表，检索结果页面上方会显示命中结果数量。用户可以通过单击"Sort by：Relevance|Date"来对结果进行相关度排序和日期排序之间的切换。

结果页面的左侧栏，可依据出版 Years(年)、Article Type(文献类型)、Access type(获取方式)等对检出结果进行精练。

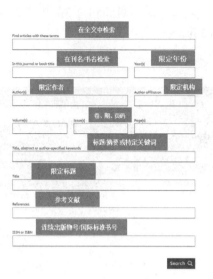

图 8-55　ScienceDirect 高级检索页面

图 8-56　ScienceDirect 检索结果页面

每条记录下方都有 PDF 全文链接、文献文摘预览,供用户快速浏览该论文的主要内容。通过单击"Export",可以按设定的格式将结果输出到文本或专用文献管理软件中,如 Reference RefWorks、RIS、BibTex 等,这些软件可以帮助用户建立自己的专题文献数据库,更方便用户的论文写作。

8.2.3　SpringerLink 数据库

1. 数据库概况

德国斯普林格(Springer-Verlag)出版社是世界上著名的科技出版集团,通过 SpringerLink 系统提供其学术期刊及电子图书的在线服务,该数据库包括各类期刊、丛书、图书、参考工具书及回溯文档。SpringerLink 收录内容涵盖生命科学、医学、数学、化学、计算机科学、经济、法律、工程学、环境科学、地球科学、物理学、天文学等多个学科,是科研人员获取所需信息的重要信息源。涵盖 Springer、Palgrave Macmillan、Adis、BioMedCentral 与 Apress 出版物(见图 8-57),包括 3000 多种期刊的电子全文,每天新增内容,每年新出版 12000 多册电子书、3000 条实验室指南条目和超过 30 万篇期刊文章。SpringerLink 资源访问地址为 https://link.springer.com/。

图 8-57　SpringerLink 主页

2. 检索方法

SpringerLink 资源系统分为检索和浏览两大模块，主页的上方为检索模块，用户可以通过在系统提供的检索对话框内输入检索指令检索所需信息；主页的下方为浏览模块，用户可以通过主页浏览 Calls for papers(征稿信息)、Trending research(趋势研究)、Featured journals (特色期刊)、Browse by subject(按学科浏览)、Featured books(特色图书)等。

1) 分类浏览

(1) 按学科浏览：用户单击感兴趣的学科，即可进入检索结果界面，显示该领域的所有内容。例如，选择 Materials Science(材料科学)，可以得到该领域的所有内容(见图 8-58)。

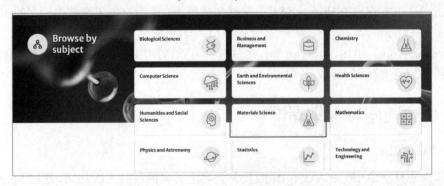

图 8-58　SpringerLink 按学科浏览页面

(2) 按出版物类型浏览：用户可以通过特色期刊、特色图书等内容类型进行期刊与图书的浏览(见图 8-59)。

2) 期刊检索

在 SpringerLink 主页左上方单击查找期刊(Find a journal)，可进入期刊检索页面(见

图 8-60)。用户可通过期刊首字母顺序查找期刊,也可通过 "Search Journals" 检索框搜索刊名来检索相关期刊。

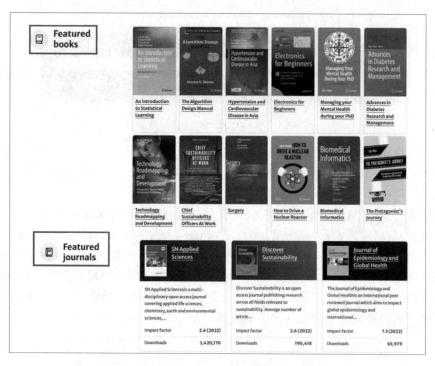

图 8-59 SpringerLink 按出版物类型浏览页面

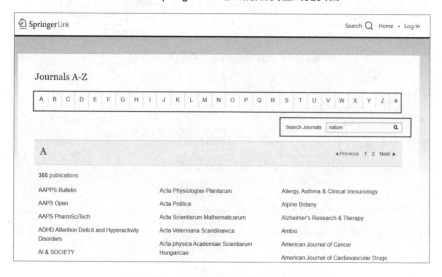

图 8-60 SpringerLink 期刊检索页面

3) 快速检索

用户可通过位于 SpringerLink 主页中间的检索框进行快速检索,也可通过单击主页上方 "Search" 打开检索框进行快速检索(见图 8-61)在检索框输入任意关键词或组合关键词以进行检索,单击按钮,即可得出检索结果。简单检索不提供检索字段。字段默认值为全部,各检索词之间可根据需要运用逻辑 "AND" "OR" "NOT" 进行组配,空格相当于逻辑 "AND"。

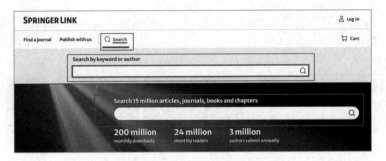

图 8-61　SpringerLink 快速检索界面

4) 高级检索

如图 8-62 所示单击检索框旁的 ✦ 按钮，选择"Advanced Search"选项，即可进入高级检索界面。

高级检索界面(见图 8-63)检索对话框分别为："with all of the words"(逻辑"与")、"with the exact phrase"(精确检索)、"with at least one of the words"(逻辑"或")、"without the words"(逻辑"非")、"Where the title contains"(标题字段检索)、"Where the author/editor is"(作者/编辑字段检索)、"Start year/End year"(指定出版年)。用户可根据需要在相应的检索对话框内输入相应的检索词，然后，单击 Search 按钮，即可得出检索结果。高级检索界面各检索对话框之间的关系是系统默认的逻辑关系"AND"。

图 8-62　SpringerLink 高级检索入口

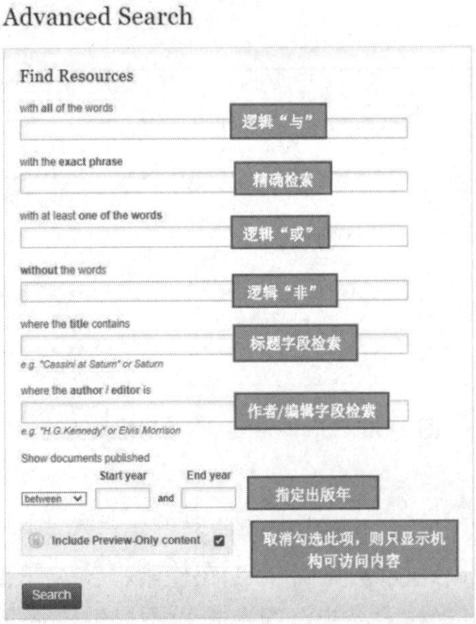

图 8-63　SpringerLink 高级检索界面

3. 检索结果处理

（1）在检索结果页面(见图8-64)，页面左侧可以找到预先设定的筛选选项以帮助您优化检索结果，包括：内容类型、学科、子学科、语言等。用户如果希望仅查看自己机构有访问权限的内容，可以取消勾选黄色复选框"Include Preview-Only content"。

（2）检索结果列表位于页面的右侧，默认显示SpringerLink平台上所有相关内容，检索结果列表中含有文献类型(文章、期刊、图书章节等)、标题、作者、下载PDF全文或在线浏览HTML全文(如适用)、文章是否以开放获取形式出版等相关信息。单击检索结果的文章名称，即进入浏览该篇文章详细文摘和全文预览页的界面。

（3）检索结果可根据由新到旧或由旧到新进行排序，也可单击"Date Published"，选择在特定的时间范围内进行检索。

（4）单击橙色按钮，即可获取检索结果页面的RSS订阅源。

（5）单击箭头，即可以CSV格式下载前1000个检索结果列表。

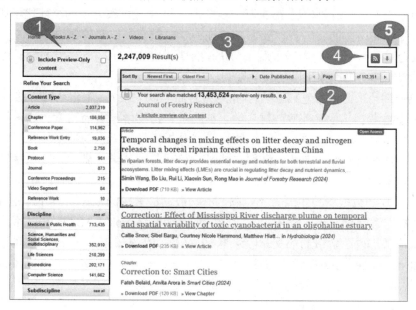

图8-64　SpringerLink检索结果页面

8.3　其他外文数据库

8.3.1　EBSCO host数据库

EBSCOhost全文数据库包括学术期刊集成全文数据库(Academic Search Premier，ASP)、社会人文学科全文数据库(Social Sciences and Humanities Collection，SSHC)、商业资源集成全文数据库(Business Source Premier，BSP)等九个数据库，其中最主要的是ASP全文数据库。

ASP是世界上最大的多学科学术数据库，提供8000多种期刊的文摘和索引，4700种学术期刊的全文。收录范围几乎覆盖了所有学术研究领域，包括社会科学、人文科学、教育学、语言学、艺术、文学等。所提供的内容信息最远可追溯至 1975 年,其中 1200 多种期刊提供论文预印本。数据库每日进行更新。

SSHC 包括人文学科全文数据库(Humanities International Complete,HIC)和教育学全文数据库(Education Research Complete,ERC)。HIC 收录逾 1900 种人文学期刊(其中逾 1200 种没有收录在 ASP 内),收录学科:文学、语言学、历史学、哲学、艺术学等。ERC 是美国教育部教育资源信息中心编制的数据库,收录 980 多种教育及和教育相关的期刊文献,是世界上最大和最完善的教育期刊全文数据库。

值得一提的是,EBSCOhost 除了为用户提供数据库的全文链接,还提供对 Open Access 期刊的访问。

8.3.2 ACS 电子期刊平台

美国化学学会(American Chemical Society,ACS)成立于 1876 年,现已成为世界上最大的科技协会之一,其会员数超过 16.3 万。多年来,ACS 一直致力于为全球化学研究机构、企业及个人提供高品质的文献资讯及服务,在科学、教育、政策等领域提供了多方位的专业支持,成为享誉全球的科技出版机构。ACS 的期刊被 ISI 的 Journal Citation Report(JCR) 评为化学领域中被引用次数最多的化学期刊。

ACS 电子期刊平台目前包括 67 种期刊,内容涵盖以下领域:生化研究方法、药物化学、有机化学、普通化学、环境科学、材料学、植物学、毒物学、食品科学、物理化学、环境工程学、工程化学、应用化学、分子生物化学、分析化学、无机与原子能化学、资料系统计算机科学、学科应用科学训练、燃料与能源、药理与制药学、微生物应用生物科技、聚合物、农业学等。

ACS 电子期刊数据库的主要特色:除具有一般的检索、浏览等功能外,还可在第一时间内查阅到被作者授权发布、尚未正式出版的最新文章(Articles ASAPsm)。用户也可定制 E-mail 通知服务,以了解最新的文章收录情况。ACS 的 Article References 可直接链接到 Chemical Abstracts Services(CAS)的资料记录,也可与 PubMed、MEDLINE、GenBank、Protein Data Bank 等数据库相连接,具有增强图形功能,含 3D 彩色分子结构图、动画、图表等,全文具有 HTML 和 PDF 格式可供选择。

8.3.3 CALIS 西文期刊目次数据库

CALIS 西文期刊目次数据库(CALIS Current Contents OF Western Journals,CCC)收录了 24000 种外文期刊 1999 年至今的 1000 万条篇名目次数据,并加注国内三大系统近 400 家图书馆纸本期刊馆藏和世界著名的 9 种二次文献收录期刊品种数据,可以链接到国内已引进的 20 种全文数据库(大部分可以实现篇对篇链接),是集文献查询、馆藏揭示、全文链接及原文传递功能于一体的服务平台。

数据库的主要功能有:目次数据的检索、来源刊被九种二次文献收录的情况、国内馆藏情况的揭示、国内馆藏期刊的 OPAC 链接、约 8000 种电子全文期刊的链接、各种统计、馆际互借及原文传递功能(通过 CALIS 馆际互借系统)。

CCC 在文献资源共享方面的功能如下:

① 强大的报道、揭示功能。以二次文献报道为主要内容的 CCC 服务平台，迅速即时报道现今世界上 24000 种学术类外文期刊的篇名目次，它覆盖了国内现订购纸本期刊的 80%以上，涵盖了文、理、工、农、医等各个学科。与国内已引进的二次文献库相比，其报道数量最大。

② 提供有效的文献获取方式。CCC 服务平台加注了馆藏项目和电子全文的标识，读者能够清楚地知道纸本期刊的馆藏地点，比较方便地通过 CALIS 文献传递系统获得所需要的文献。

8.3.4　INSPEC 科技文摘数据库

INSPEC(Information Service in Physics，Electro-Technology and Computer and Control)是全球著名的科技文摘数据库之一，是理工学科最重要、使用最为频繁的数据库之一，是物理学、电子工程、电子学、计算机科学及信息技术领域的权威性文摘索引数据库。由英国电气工程师学会(IEE，1871 年成立)出版，专业面覆盖物理、电子与电气工程、计算机与控制工程、信息技术、生产和制造工程等领域，还收录材料科学、海洋学、核工程、天文地理、生物医学工程、生物物理学等领域的内容。

目前在网上可以检索到自 1898 年以来全球 80 个国家出版的 4000 多种科技期刊、2000 种以上会议论文集及其他出版物的文摘信息，为物理学家、工程师、信息专家、研究人员与科学家提供了不可或缺的信息服务。

本 章 小 结

本章重点介绍了外文文摘型数据库外文及外文全文型数据库的使用方法。读者应了解文摘型数据库与全文型数据库的概念、差别、使用环境，重点掌握 PubMed 的检索途径与使用方法，特别是主题检索的检索方法，外文全文型数据库的检索与文献获取。另外，本章还介绍了一些其他的外文数据库，如 EBSCOhost、ACS Publications、CALIS、INSPEC 等，为外文医学文献的检索提供了途径与方法。

思 考 题

1. 简述 PubMed 的基本检索有什么优缺点？
2. PubMed 的主题检索提供哪些功能？
3. 利用泉方本地 PubMed，如何免费获取全文？
4. SciFinder 数据库的检索途径与方法有什么特点？
5. 利用 PubMed 数据库主题检索途径查找 2006 年以后有关胰岛素(insulin)治疗糖尿病(diabetes mellitus)方面的文献。
6. 利用 SpringerLink 数据库高级检索途径查找 2016 年发表的，标题有乳腺癌(breast cancer)的相关文献。同时，选择浏览并下载最新发表的一部电子图书。

第 9 章

引文检索

本章要点

◎ 引文索引的基本概念、作用
◎ Web of Science 核心合集数据库的使用

学习目标

◎ 熟悉引文、引文索引等基本概念
◎ 掌握 Web of Science 核心合集数据库的使用
◎ 了解中国科学引文数据库、中国社会科学引文数据库等中文引文库

9.1 引文检索概述

9.1.1 文献引证现象

科学研究具有连续性和继承性，因此文献的引证现象是不可避免的。同时，文献的引证也表明某项研究是有一定基础和依据的，而不是主观臆造的。文献引证现象通常表现为撰写科技文献时以注释(附注或脚注)或参考文献的方式列出。参考文献已成为现代科研文献的重要组成部分。

引用他人文献并正确规范标明出处，可以彰显作者的学术道德及对他人研究成果的尊重，免除剽窃他人成果的嫌疑。同时可以提供文献内容的佐证，提供相关历史背景材料，加强论述的可信度，帮助读者更好地理解作者的研究。文献被他人引用，也从侧面反映了文献的学术价值。一般来说，一篇文献被引用的次数越多，表明其受到的关注及认可越多，一定程度上可以反映此项研究的学术价值及研究水平。

9.1.2 基本概念

1. 来源文献

来源文献(source article)指引文索引或引文数据库收录的文献，也称引证文献或施引文献，对应于引用文献(citing paper)。来源文献的作者称为来源作者或引用作者(source author 或 citing author)。

2. 引文

引文(citation)通常指被引文献(cited paper)，即来源文献所引用的参考文献(references)。引文的作者称为引文作者或被引作者(reference author 或 cited author)。

来源文献和引文在有参照物时才能确定其"身份"，是相对而言的。例如，一篇刚发表的文献，其后列有参考文献，因此称为来源文献。过段时间后如果该文被其他文献引用，那么其就成了引文。

3. 引文索引

引文索引是(citation index)按文献之间引证关系建立起来的索引，是一种检索工具，属于二次文献，如著名的《科学引文索引》(Science Citation Index，SCI)。

4. 自引或他引

自引(self-citation)分为作者自引和期刊自引。作者自引是指作者引用自己已发表的文献；期刊自引是指同一期刊上的文献互相引用。非同一作者之间的和非同一期刊之间的引用称为他引。在考查某人、某物、某机构学术水平时，自引通常不计。

5. 引文耦合

若文献 A、文献 B 同时引用了另外一篇文献 C，则称文献 A 和文献 B 为引文耦合(bibliographic coupling)，也称文献 A 和文献 B 是共引文献。

6. 同被引

同被引(co-citation)是指与本文同时被作为参考文献的文献。若文献 A、文献 B 同时被文献 C 引用，则文献 A 和文献 B 为同被引文献。两篇文献同时被其他文献引用的频次(称为同被引频次或同被引强度)越多，则说明两者的相关性越高。

7. H 指数

H 指数(H index)是 2005 年由美国加利福尼亚大学圣地亚哥分校的物理学家乔治·赫希(Jorge E. Hirsch)提出的，有作者 H 指数、期刊 H 指数、机构 H 指数。作者 H 指数指将该作者发表的文献按被引频次排序后，有 N 篇论文，每篇至少被引用 N 次，则该作者的 H 指数就是 N。H 指数是一个既考虑数量，又考虑质量的评价指标，H 指数越大表示其学术影响力越好。

综上所述，引文网络如图 9-1 所示。其中，节点文献是读者正在检索查看的文献。

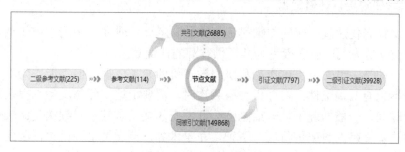

图 9-1 引文网络

9.1.3 引文索引的作用

1955 年，美国著名情报学家尤金·加菲尔德(Eugene Garfield)首次在其发表在 *science* 杂志上的一文中提出"引文索引"这一概念。由他创办的科学信息研究所(Institute for Scientific Information，ISI)于 1961 年出版了印刷版《科学引文索引》(*Science Citation Index*，SCI)，1988 年 ISI 推出 SCI 光盘版，1997 年又推出 SCI 网络版，取名 SCI 扩展版(SCI-Expanded，SCI-E)。以后又相继出版了《社会科学引文索引》(*Social Sciences Citation Index*，SSCI)和《艺术与人文科学引文索引》(*Arts & Humanities Citation Index*，A&HCI)。引文索引的问世为文献检索提供了一种新颖独特的检索途径，也为文献评价、期刊评价、科学研究提供了客观的定量指标。

1987 年中国科技信息研究所研制出《中国科技论文与引文数据库》(CSTPCD)，1989 年中国科学院文献情报中心编制了《中国科学引文索引》(CSCD)，1998 年南京大学出版了《中国社会科学引文索引》(CSSCI)，等等。随着人们对文献引证情况的重视，一些数据库也增加了引文检索功能，如中国知网、维普中文期刊数据库、万方数据库等。生物医学领域，解放军医学图书馆出版了《中国生物医学期刊引文数据库》(CBMCI)。

通常认为引文索引有以下几方面作用。

1. 检索同一主题相关的文献

被引文献和引用文献在内容上或多或少会有关联，因此，通过一位知名学者或一篇较有价值的文献进行引文检索，常常可以获得一系列和主题相关、内容上有继承或发展关系的文献，当然也可能检索到少量相关度不高的文献。

2. 评估某人、某机构、某篇论文的学术水平和影响力

在引文索引检索工具中，被引频次(times cited)这个指标通常作为一个客观评价指标。一般来说，某篇论文，或某作者、某机构的论文被引频次、H 指数越高，反映了其学术价值和影响力越好。

3. 评价学术期刊的质量

学术期刊质量的评价因素很多。目前国际上较常用的计量指标有期刊的影响因子(impact factor，IF)、即年指数(Immediacy Index，II)等。影响因子、即年指数越大，说明期刊质量相对越好。

4. 为科学研究提供计量数据

在测定文献老化速度、研究文献引证规律、文献计量研究、预测领域热点、观察学科之间的渗透交叉等方面，引文索引为其提供客观的计量数据。

需要注意的是，引文索引可作为科研绩效评价的参考依据，但不能作为唯一的评价标准。这一指标也有其局限性。在分析被引频次时，需要根据实际情况考虑很多影响因素。例如，发表时间，一般情况下，一篇刚刚公开发表的文献，其被引频次是比较低的，但这并不能说明这篇文献的科研价值低；语种，在学术界，英文是主导语种，因此英文文献会被更多地检索、阅读和引用，而其他语种的文献会受到较低的关注，这也不能说明后者科研价值低于前者；学科领域，和自然科学相比，人文社科领域的文献被引频次通常会低一些，但是两者对于人类文明进步及知识创造具有同等重要的作用。并且在文献引用方面也存在马太效应，人们往往以"名著""权威"作为选择标准，这些情况都有可能影响到文献价值的真实性和有效性。

9.2 Web of Science 检索平台

9.2.1 概况

目前 Web of Science(WOS)检索平台由科睿唯安公司管理。该平台上主要集成了以下这些子库。

Web of Science 核心合集(1900 年至今)：集合了 SCI-E、SSCI、AHCI、CPCI 等重要索引的文献题录数据库，可以检索自然科学、社会科学、艺术和人文领域世界一流的学术期刊、书籍和会议录等文献。

KCI-Korean Journal Database(1980 年至今)：KCI 由韩国国家研究基金会 (National Research Foundation of Korea) 管理，收录在韩国出版的学术文献的题录信息。

ProQuest™ Dissertations & Thess Citation Index(1637 年至今)：全球最全面的世界各地多学科论文和学位论文集，提供来自数千所大学超过 500 万篇引文和 300 万篇全文著作。2021 年 12 月 1 日，科睿唯安宣布已完成对 ProQuest 的收购。

Preprint Citation Index(1991 年至今)：在科学、社会科学和艺术与人文科学领域的一系列国际上选择和评估的预印本存储库中,于期刊正式出版之前发现关键研究文献的预印本。

SciELO Citation Index(2002 年至今):提供拉丁美洲、葡萄牙、西班牙及南非在自然科学、社会科学、艺术和人文领域主要开放获取期刊中发表的学术文献。

Derwent Innovations Index(DII,1963 年至今):提供来自全球 50 余个专利审查机构的专利文献,将德温特世界专利索引(Derwent World Patents Index,DWPI)高附加价值的专利记录与 Patents Citation Index 中的专利引文信息结合在一起。

此外,该平台还提供了期刊引用报告、科研评估等数据库,主要有以下 3 种。

1. 期刊引用报告数据库

1975 年,SCI 增加了一个新的部分,即期刊引用报告数据库(Journal Citation Reports,JCR),每年 6 月底发布上一年的期刊影响因子、即年指数、期刊引文指标(JCI)、被引半衰期等数据。通过 JCR 可以了解某个学科领域内影响力大的期刊,比如国际知名期刊:CA-A CANCER JOURNAL FOR CLINICIANS、Lancet、NEJM、JAMA、BMJ、Nature、Science、Cell 等。

1) 影响因子

影响因子指某期刊前两年发表的论文在当年(JCR year)被引用总次数除以该期刊前两年内发表的论文总数。如图 9-2 所示,CA-A CANCER JOURNAL FOR CLINICIANS 2022 年的影响因子是 254.7。

2) 5 年影响因子

5 年影响因子是指某期刊前 5 年发表的论文在当年(JCR year)被引用总次数除以该期刊前 5 年内发表的论文总数。

3) 即年指数

即年指数指当年发表的论文当年被引用的次数。

图 9-2 期刊 CA 2022 年影响因子

2. 基本科学指标数据库

基本科学指标数据库(Essential Science Indicators，ESI)是对 Web of Science 核心合集所收录的学术文献及其所引用的参考文献进行定量指标分析的数据库。其将收录的期刊分为 22 个 ESI 学科，分别是：农业科学、生物学与生物化学、化学、临床医学、计算机科学、经济学与商学、工程学、环境科学与生态学、地球科学、免疫学、材料科学、数学、微生物学、分子生物学和遗传学、神经科学和行为科学、药理学和毒理学、物理学、植物学和动物学、精神病学与心理学、空间科学、社会科学总论、综合交叉多学科。并可以从机构、学科领域角度统计文献数、被引频次、篇均被引频次、高水平论文数、进入 ESI 前 1%学科的被引频次阈值、高被引论文被引频次阈值等。如图 9-3 所示，显示了某校临床医学、药理学与毒理学进入 ESI 前 1%学科的被引论文情况。

(1) 高被引论文(Highly Cited Papers)：过去 10 年中发表的论文，被引用次数在同年同学科发表的论文中进入全球前 1%。

(2) 热点论文(Hot Papers)：发表于最近两年内的文献在最近两个月被引频次为各领域前 0.1%的文献。

(3) 高水平论文(Top Papers)：高被引论文与热点论文的合集。有些文献既是高被引论文，又是热点论文。

图 9-3 某校 ESI 前 1%学科的被引论文情况

3. 科研评估数据库

科研评估数据库(InCites)是汇集和分析 Web of Science 核心合集中 SCI-E、SSCI、AHCI、CPCI、BKCI，1980 年以来的数据。综合各种计量指标和各学科、各年度的全球基准数据，通过 InCites，用户能够实时跟踪机构的研究产出和影响力，将本机构的研究绩效与其他机构及全球各学科领域的平均水平进行对比，发掘机构内具有学术影响力和发展潜力的研究人员，并监测机构的科研合作活动，寻求潜在的科研合作伙伴。该库需要在 Web of Science

平台免费注册个人账号使用。如图9-4所示，显示了某校1980—2023年发表的论文，按ESI学科分类展示。

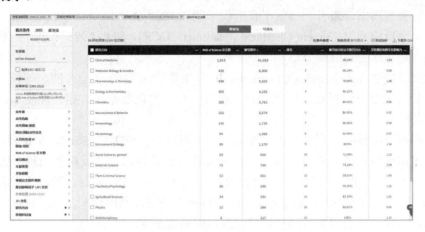

图 9-4　InCites 中某校 1980—2023 年论文按 ESI 学科展示

9.2.2　Web of Science 核心合集

1. 数据库收录

Web of Science 核心合集收录了以下这些重要索引。

（1）科学引文索引(Science Citation Index Expanded，SCI-E)主要收录 1900 年至今的全球自然科学领域，其中以基础科学研究为主的近万种期刊文献，涉及数学、物理学、化学、生物学、微生物学、农业、分子生物学与遗传学、临床医学、神经学、药学、计算机科学、生态与环境等 180 多个学科。

（2）社会科学引文索引(Social Sciences Citation Index，SSCI)，主要收录 1900 年至今的全球社会科学领域的 3000 余种期刊文献，涉及人类学、管理科学与工程、法学、会计学、工商管理、经济学、教育学、艺术与建筑、地理、历史、卫生政策和服务、图书馆学和信息科学、政治科学、心理学、精神病学、公共卫生、社会学等 50 多个学科。

（3）艺术与人文引文索引(Arts & Humanities Citation Index，AHCI)，主要收录 1975 年至今的全球艺术与人文领域的 1800 余种期刊文献，涉及考古学、建筑学、艺术、文学、哲学、宗教、历史等领域。

（4）科学技术会议录引文索引(Conference Proceedings Citation Index– Science，CPCI-S)，主要收录 1990 年至今的自然科学方面的会议文献。

（5）社会科学及人文科学会议录索引(Conference Proceedings Citation Index – Social Science & Humanities，CPCI-SSH)，主要收录 1990 年至今的社会科学与人文科学方面的会议文献。

（6）图书引文索引(Book Citation Index，BKCI)，主要收录 2005 年至今的图书 13 万余种，每年新增图书约 10 000 种。BKCI 记录了来自期刊、会议录和其他图书的准确引用，有助于分析图书和其他学术成果之间的引用脉络。

（7）新型国际期刊引文索引(Emerging Sources Citation Index，ESCI)：科睿唯安公司于 2015 年发布的索引数据库。收录期刊的标准低于 SCI-E、SSCI、AHCI，但已成为期刊入选这三大索引的必经之路。可以简单地理解，ESCI 纳入的也是优秀的新期刊，只是其进入了观察期，如果表现优异，下一步有可能会被选入到三大索引中；如果在观察期发现期刊质量下降，就会被踢出该索引。该索引目前收录期刊 7000 余种。

(8) 化学反应索引(Current Chemical Reactions，CCR)：提供 1985 年至今的最翔实的化学反应综述和详尽的实验细节。

(9) 化合物合成索引(Index Chemicus，IC)：主要收录 1993 年至今的全球核心化学期刊和发明专利文献报道的新颖有机化合物，提供化合物的化学结构、相关性质，以及制备与合成方法。

有些期刊同时被两种及以上索引收录。三大期刊索引 SCI-E、SSCI、AHCI，以及 ESCI 中收录中国出版的期刊并不多，2022 年收录 449 种，不足以全面反映我国科学研究状况。

WOS 还提供各种管理工具，如在线文献管理工具——EndNote、可打造个人学术名片的 Publons、一键获取文献全文的 Kopernio，科研人员可以利用这些工具管理参考文献、跟踪个人学术论文、引用信息、同行评议记录，或获取全文。

2. 检索规则

进入 WOS 平台，其中的数据库默认为跨库检索方式，也可以选择一个数据库单独进行检索。检索一般遵循以下规则。

单个词或多个词布尔逻辑检索：检索词间无运算符连接时，默认为逻辑"与"(AND)运算；也可以根据题意用逻辑"或"(OR)、逻辑"非"(NOT)。

精确检索：词组添加双引号(双引号须为英文双引号)。

截词检索："*" "?" "$"。

位置检索：SAME，表示两个检索词出现在同一字段中，但顺序不限，如：renmin hosp* SAME shiyan。

运算的优先顺序是：( )>SAME>NOT>AND>OR。

9.2.3 检索方式与实例

用户可以选择在所有数据库中检索，也可以选择某一个子库进行检索。下面我们以选择在 Web of Science 核心合集数据库检索为例。其提供的检索方式主要有基本检索、高级检索、被引参考文献检索、化学结构检索等，如图 9-5 所示。

图 9-5　Web of Science 核心合集检索界面

1. 基本检索

默认检索界面是基本检索，基本检索提供的检索字段有主题、标题、作者、出版物标题、出版年、DOI、PubMed ID 等，检索词输入框中可输入单个或多个检索词构成的检索式，如图 9-6 所示。

图 9-6　基本检索界面

用户可通过单击"添加行"按钮来增加多个检索条件。每个检索词输入框的检索词(式)之间的逻辑关系可在下拉框中选择。

例 1：使用基本检索，查找主题中含有"氟尿嘧啶(fluorouracil)治疗胃癌(stomach cancer)"的相关文献。具体操作步骤如下。

(1) 提取检索关键词：fluorouracil(氟尿嘧啶)，stomach cancer(胃癌)。

(2) 确定检索字段：根据检索课题的需求，限定字段为"主题"。

(3) 分析检索词之间的逻辑关系。在本课题中两个检索词为逻辑与(AND)的关系，检索式如图 9-7 和图 9-8 所示。

(4) 单击"检索"按钮，得到检索结果，如图 9-9 所示。

图 9-7　例 1 检索式页面(1)

图 9-8　例 1 检索式页面(2)

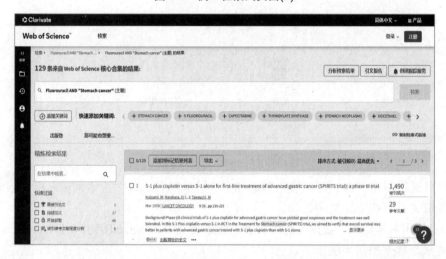

图 9-9　例 1 检索结果页面

对检索结果，可以选择排序方式、导出题录、分析检索结果、创建引文报告、创建跟踪。页面左侧还可以根据是否高被引、是否综述、是否能开放获取全文，以及根据出版年、文献类型、作者、学科类别、中观主题、微观主题、出版物、语种、国别等条件进一步筛选。

每篇论文会给出被引频次、参考文献、相关记录链接。如图 9-9 所示，按被引频次排序后，第一篇文献被引用了 1490 次，有 29 篇参考文献，相关记录链接给出了和此篇文献相关的文献。

2. 高级检索

高级检索可以实现更复杂检索条件的检索，可将多个字段的检索词或多个检索式进行布尔逻辑组配检索。

例 2：使用高级检索，查找广州医科大学的钟南山作者发表的主题关于新冠肺炎或 SARS 的文献。

检索式：AU=zhong ns AND AD=Guangzhou Med Univ AND TS=(COVID-19 OR SARS)，如图 9-10 所示。

检索结果如图 9-11 所示。从页面左侧可以看出，钟南山作者关于该主题的文献有 16

篇是高被引文献，属于综述文献的有 7 篇。并且按被引频次排序后，第一篇文献是可以开放获取文献全文的，单击"出版商处的免费全文"即可打开或下载全文。

图 9-10　例 2 检索式页面

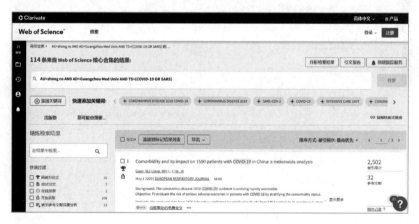

图 9-11　例 2 检索结果页面

检索历史：在高级检索界面的下方，显示正确检索过的检索式，并且可以对这些检索式进行再次布尔逻辑组配检索、编辑、删除、保存检索历史、创建跟踪服务等，如图 9-12 所示。

图 9-12　检索历史界面

3. 被引参考文献检索

被引参考文献检索，是从参考文献的角度出发，查找文献被引用的情况。该方式可以利用手头已有的文献查找关于某项研究的进展情况，而不需要事先熟悉与课题有关的检索词。

例3：查找干细胞方面的这篇论文在核心合集的被引情况。

Takahashi, Kazutoshi. Induction of pluripotent stem cells from adult human fibroblasts by defined factors . cell.131(5):861-872.2007.11

检索式如图 9-13 所示。单击"检索"按钮后，出现如图 9-14 所示的页面，这是存在不准确的引用导致了多条结果的出现，比如，用户在列参考文献时，对卷、期、页码书写不正确。接下来，需要把这 4 条结果都选中，然后单击"查看结果"按钮，即显示最终检索结果，此篇文献被引用了 12859 次，如图 9-15 所示。

图 9-13　例 3 检索式页面

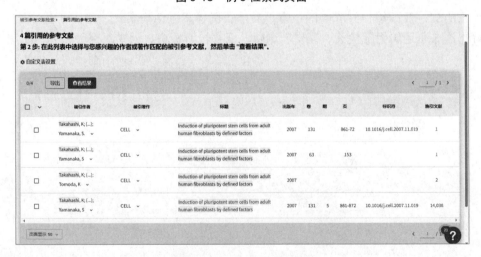

图 9-14　选择参考文献页面

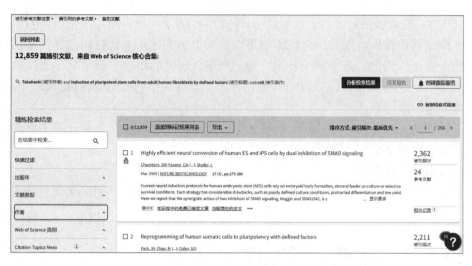

图 9-15 例 3 检索结果页面

4. 化学结构检索

WOS 核心合集中的两个化学数据库是专门为满足化学与药学研究人员的需求设计的，可以检索化学反应或化合物合成方面的文献。用户不仅可以利用书目信息检索，也可以利用反应物结构式或其亚结构、产物结构式或其亚结构及反应式进行检索，甚至可以用反应条件和化合物参数进行检索。

事实上，对于同一个检索课题，通常几种方式都能检索出结果，并且大多数的课题，用基本检索即可实现。只是不同的检索方式，其检索结果可能会有差异，用户需要根据实际情况选择合适的检索方式，或几种方式并用，综合考虑检索结果的全面性和准确性。

5. 检索结果处理

1) 检索结果显示与输出

(1) 显示：默认显示的是题录格式，当单击某篇文献标题后，进入详细格式显示页面，如图 9-16 所示。在详细格式中，可以看到该文献的关键词、摘要、作者单位、基金资助、期刊信息、引用及被引用情况等。

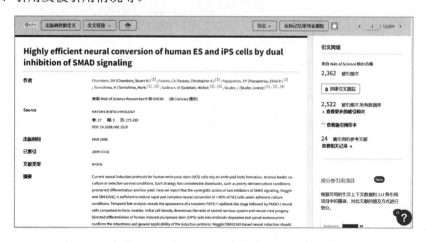

图 9-16 检索结果详细格式显示页面

(2) 排序：检索结果页面右上角可以选择按日期、被引频次、作者、出版物等进行排序。

(3) 标记结果并导出题录：对检索结果中需要导出的题录进行打钩选择，添加到标记结果列表；也可以选中后直接单击导出，导出时可以选择导出的字段、导出的格式，如纯文本、RefWorks、RIS、BibTeX、Excel 等，还可以选择导出到 EndNote Online、InCites 数据库、本人电子邮件中。

(4) 下载全文：对部分可以开放获取全文的文献，题录左侧有个 🔓 开锁的标志，单击"出版商处的免费全文"，即可打开或下载全文。

2) 检索结果精练筛选

检索结果页面的左侧提供了按各种聚类条件筛选，也可以在左侧检索框中输入检索词进行二次检索。

3) 检索结果分析

在检索结果页面的右上角，单击"分析检索结果"，即可按照 Web of Science 类别、出版年、文献类型、机构扩展、作者、来源出版物、丛书名称、国家地区、编者、语种等对检索结果进行树状图、柱状图及表格的分析，帮助用户挖掘隐含的信息，如关于某一主题研究的高峰期、主要作者、主要机构、高产国家、出版物分布等。分析结果的图表可下载。检索结果分析页面，如图 9-17 所示。

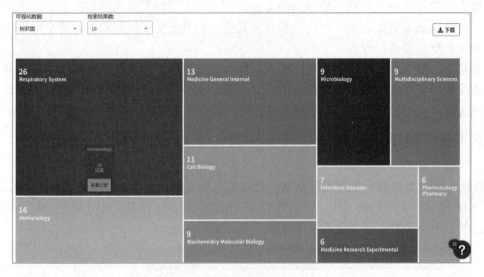

图 9-17　检索结果分析页面

4) 创建引文报告

在检索结果页面的右上角，单击"引文报告"，即可生成本次检索结果的引文报告。比如对例 2 的 114 条结果，其引文报告如图 9-18 所示。引文报告的内容包括出版物总数、施引文献、被引频次、篇均被引频次、h 指数、按年份被引频次的折线图等。另外，引文报告可以下载。

5) 个性化服务

个性化服务需要用户注册个人账号登录后使用。

(1) 保存检索式和跟踪。检索结果页面左上角有四个小图标，单击 🔖 图标，即完成了保存检索式和跟踪操作，如图 9-19 所示。如果对例 2 的表达式保存和跟踪后，每当钟南山作者有关于此的新文献被收录，这些新文献就会发送到用户注册时指定的邮箱中。

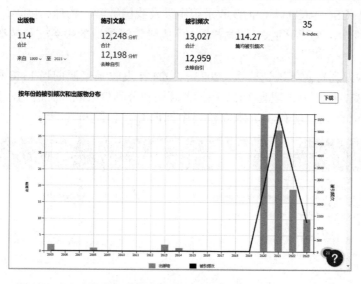

图 9-18　例 2 引文报告页面

图 9-19　保存检索式和跟踪页面

(2) 创建跟踪服务。检索结果页面右上角单击"创建跟踪服务"，这项服务是针对当前题录，如果后续有研究引用此篇文献，会以电子邮件的形式向用户推送。一般作者会使用此功能，以便捷地了解其研究成果被引用情况。

9.3　中文引文索引

9.3.1　中国科学引文数据库

1. 概况

中国科学引文数据库(Chinese Science Citation Database，CSCD)由中国科学院文献情报

中心创建于1989年，2003年CSCD推出了网络版，2005年出版了《中国科学计量指标：期刊引证报告》(CSCD-JCR)。CSCD收录范围涉及我国数学、物理、化学、天文学、地学、生物学、农林科学、医药卫生、工程技术、环境科学等领域的中英文科技核心期刊和优秀期刊千余种。

CSCD来源期刊每两年遴选一次。2023—2024年度收录来源期刊1340种，其中中国出版的英文期刊317种，中文期刊1023种。来源期刊分为核心刊和扩展刊，其中核心刊996种(备注栏中标记C)，扩展刊344种(备注栏中标记E)，如图9-20所示。

图9-20　CSCD来源期刊列表

2. 检索方式

CSCD的检索方式主要有来源文献检索、引文检索，以及期刊浏览。在每种检索方式下，又分为简单检索和高级检索。

1) 来源文献的简单检索

比如检索：第一作者为钟南山的文献。简单检索页面如图9-21所示，检索结果如图9-22所示。检索结果显示，共有43篇，并对检索结果提供了来源分布、年代分布、作者分布、学科分布等，提供检索结果分析和引文分析报告，同时提供下载、打印、输出等功能。

2) 引文检索的简单检索

比如检索：第一作者为钟南山的文献的被引用情况。简单检索页面如图9-23所示，检索结果如图9-24所示。检索结果显示，施引文献有608篇，即第一作者为钟南山的文献被引用了608次。

图 9-21 CSCD 来源文献检索的简单检索页面

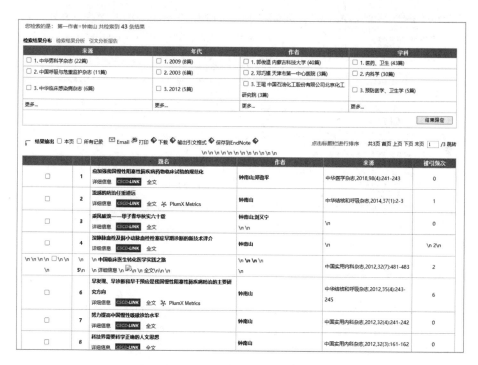

图 9-22 CSCD 来源文献检索结果页面

图 9-23　CSCD 引文检索的简单检索页面

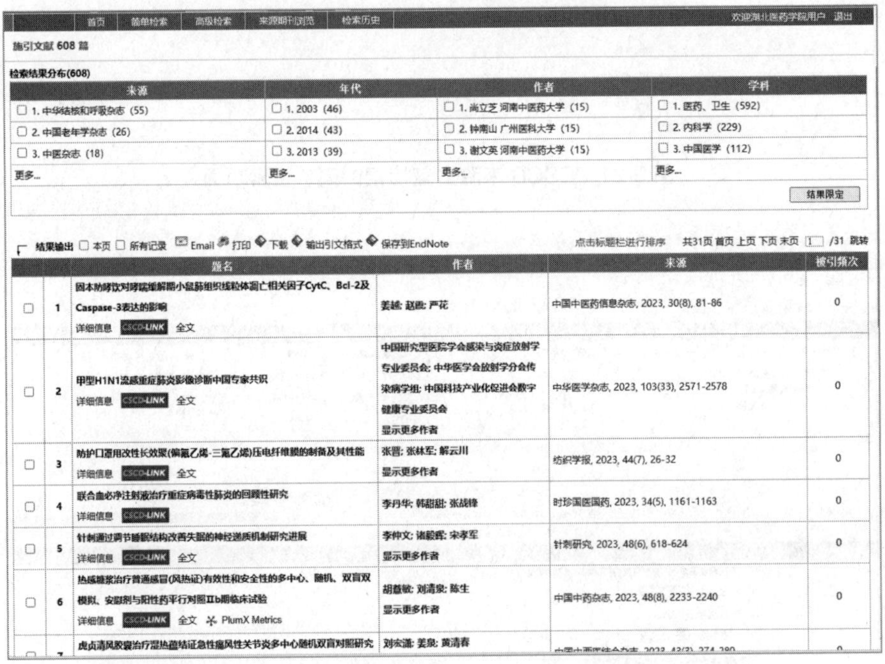

图 9-24　CSCD 引文检索结果页面

9.3.2　中文社会科学引文索引

中文社会科学引文索引(Chinese Social Science Citation Index，CSSCI)由南京大学中国社会科学研究评价中心开发研制，用来检索中文社会科学领域的文献及文献的被引用情况，是我国人文社会科学评价领域的标志性工程，其界面如图 9-25 所示。

CSSCI 采取定量与定性评价相结合的方法从全国 2700 余种中文人文社会科学学术期刊中精选出学术性强、编辑规范的期刊作为来源期刊。收录包括法学、管理学、经济学、历史学、政治学等在内的 25 类的学术期刊。CSSCI 来源期刊目录(2021—2022)收录期刊 615 种，扩展版目录(2021—2022)收录期刊 229 种。

CSSCI 的检索方式主要有来源文献检索、被引文献检索，以及期刊浏览。在每种检索方式下,又分为简单检索和高级检索。

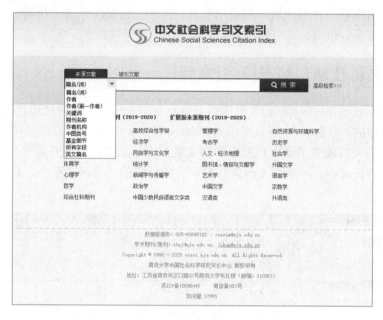

图 9-25　中文社会科学引文索引界面

9.3.3　中国引文数据库

中国引文数据库(Chinese Citation Database,CCD)是中国知网开发的子数据库,揭示文献之间的相互引证关系,如图 9-26 所示。

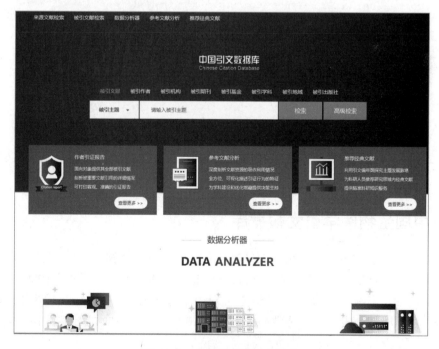

图 9-26　中国引文数据库界面

中国引文数据库提供的检索方式主要有被引文献、被引作者、被引机构、被引期刊、被引基金、被引学科、被引地域、被引出版社。此外，还提供作者分析器、机构分析器、期刊分析器、基金分析器、地域分析器、出版社分析器等功能。

9.3.4 中文科技期刊数据库(引文版)

中文科技期刊数据库(引文版)是重庆维普资讯有限公司以中文科技期刊数据库(全文版)为基础开发而成的，检索 1989 年以来国内 8000 多种重要期刊(含核心期刊)所发表论文的参考文献。用户若同时购买了全文数据库和引文数据库，还可以通过开放接口将引文检索功能整合在全文数据库中，实现引文检索与来源文献检索的无缝链接操作。其界面如图 9-27 所示。

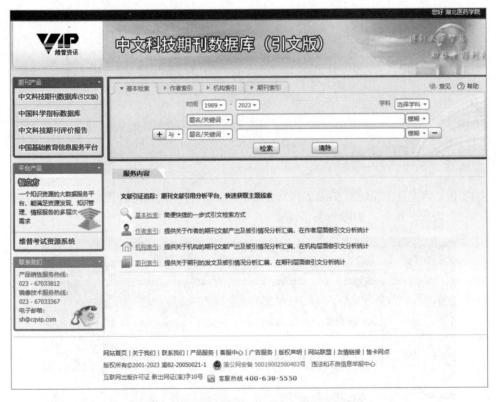

图 9-27 中文科技期刊数据库(引文版)界面

9.3.5 中国生物医学引文数据库

中国生物医学引文数据库(CBMCI)是解放军医学图书馆数据库研究与开发部开发的专业引文数据库，集成在中国生物医学文献服务系统 SinoMed 平台上。收录 1989 年以来中国生物医学学术期刊文献的原始引文 3350 余万篇，经归一化处理后，引文总量达 1050 余万篇。收录目前在版的国内生物医药学相关期刊 1500 余种。其界面如图 9-28 所示。

图 9-28 中国生物医学引文数据库界面

本 章 小 结

本章介绍了引文、引文索引等相关概念及引文索引的作用,以及 Web of Science(WOS) 检索平台的情况,并重点介绍了 Web of Science 核心合集数据库的收录情况、检索规则及实例应用。此外,简要介绍了中国科学引文数据库、中文社会科学引文索引、中国引文数据库、中文科技期刊数据库(引文版)、中国生物医学引文数据库等中文引文索引库。

思 考 题

1. 简述来源文献、引文、引文索引、影响因子、H 指数的概念,以及引文索引的主要作用。

2. Web of Science 核心合集里收录了哪些重要的索引?

3. 利用 Web of Science 核心合集,检索其 SCI-E 收录的湖北医药学院 2007 年以来的文献,其中被引频次最多的文献有哪些?哪些能免费获取全文并尝试下载阅读全文?该校哪些作者发文比较多?在哪些期刊上发文比较多?对检索结果进行分析,查看引文报告,并尝试导出一些文献题录。

4. 利用 Web of Science 核心合集,检索关于 HPV 的病理学方面的文献,并试着用左侧的结果聚类进行分析。

5. 选择一个中文引文索引数据库,比如利用中国生物医学引文数据库检索某位作者的文献的被引用情况。

第10章 特种文献和专类信息检索

本章要点

◎ 特种文献和专类信息的概念及其特点、检索资源
◎ 循证医学证据检索

学习目标

◎ 掌握会议文献、学位论文、专利文献、标准文献的定义及其特点
◎ 掌握会议文献、学位论文、专利文献及循证医学证据的常用检索资源及其方法
◎ 了解常用药学信息资源特点及其检索方法

10.1 会议文献检索

10.1.1 会议文献概述

1. 会议文献的概念

会议文献(conference literature)是指各类科技会议的资料和出版物,包括会议前参加会议者预先提交的论文文摘、会议上宣读或散发的会议论文、会上讨论的问题、交流的经验和情况等经整理编辑加工而成的正式出版物。其中会议论文是最主要的会议文献,许多学科的新发现、新进展、新成就及所提出的新研究与设想都是以会议文献的形式首次发布的。

2. 会议文献的特点

会议文献在科技信息源中的重要性和利用率仅次于期刊文献,是学术引证文献的一个重要来源,其主要特点有以下几点。

(1) 内容新颖,即时性强。传递新产生的但未必成熟的科研信息,对学科领域中最新发现、最新成果等重大事件的首次报道率最高,是人们及时了解有关学科领域发展状况的重要渠道。

(2) 涉及的专业内容集中,针对性强。与会者几乎都为某一特定研究领域的专家或者正在从事该研究的专业人员,是围绕同一会议主题撰写的相关研究论文。

(3) 连续性。大多数学术会议都是连续性召开,会议文献也是连续出版。

(4) 数量庞大,出版形式多种多样。如会议录、期刊、科技报告、预印本等。

3. 会议文献的类型

按照出版的前后,会议文献可分为会前文献、会间文献和会后文献三种类型。

1) 会前文献

会前文献(preconference literature)一般是指在会议进行之前预先印发给与会代表的会议论文预印本(preprint)、会议论文摘要(advance abstract)或论文目录。其包括会议通知、程序单、论文摘要或全文。

2) 会间文献

会间文献(literature generated during the conference)是指在开会期间发给参会者的文献。其包括论文预印本、论文摘要、会议的开幕词、演讲词、闭幕词、讨论记录、会议决议、行政事务和情况报道性文献。

3) 会后文献

会后文献(post conference literature)主要指会议结束后经会议主办单位等机构正式出版的会议论文集。会后文献经过会议的讨论和作者的修改、补充,其内容会比会前文献更准确、更成熟。

会后文献有会议录(proceeding)、会议论文集(symposium)、学术讲座论文集(colloquium papers)、会议论文汇编(transactions)、会议记录(records)、会议报告集(reports)、会议文集(papers)、会议出版物(publications)、会议纪要(digest)等。其中,会议录是会后将论文、报告及讨论记录整理汇编而公开出版或发表的文献。

另外，学术会议有多种类型，按照会议名称及其性质可分为：常会(general assembly)、年会(annual meeting)、报告会(congress conference，convention)、小型学术专业讨论会(symposium，colloguinm)；按照组织形式和规模可分为：国际性会议、全国性会议、地区性会议、学会或协会会议和同行业联合会议。

4. 会议文献的出版形式

每年召开的各类学术会议数量众多，会议文献数量庞大，且出版、发行方式灵活，速度快，常见的有图书、期刊、科技报告、视听材料、在线会议等形式。

1) 图书

以图书形式出版的会议文献，通常为会议录，多数以会议名称作为书名，也有另加书名，将会议名称作为副书名的。

2) 期刊

除以图片形式出版的会议录以外，相当部分的会后文献在有关学术期刊上发表，特别是有关学会、协会主办的学术刊物，如美国的机械工程师协会、电气与电子工程师协会等均出版有固定的期刊，专门刊登单篇的科技会议论文。这些期刊往往以"transaction"(汇刊)的形式命名。

3) 科技报告

部分会后文献被编入科技报告，如美国四大科技报告。

4) 视听材料

国外有些学术会议直接将开会期间的录音、录像等视听材料在会后发售，以达到及时传递信息的目的。

5) 在线会议

当前许多学术会议都在互联网上开设了自己的网站，有的学术会议直接通过互联网召开。

10.1.2 会议信息检索

医学学术会议是传递和交流医学学术信息最重要的途径之一，医学领域中的一些新问题、新见解、新发现和研究的最新进展往往是在医学学术会议上首次提出的。医学学术会议虽然提出的部分内容不是十分成熟，但是整体上具有针对性强、时效性高、新颖性强、学术价值高等特点，因此医学学术会议是医学研究的重要信息源，是获取医学学术信息的重要途径之一。

会议的召开产生大量会议信息，根据其信息发布的时间顺序可分为会前信息、会间信息和会后信息。会前信息包括会议通知或互联网发布的预告、征文启事等在会议召开之前发布的信息。会间信息是指在会议召开过程中产生和发布的会议议程、开幕词、会议记录、会议决议、参会者信息及通信方式等，还包括录制的会议音频和影像资料。会后信息是指召开会议之后主办方整理、编辑发布的会议、参会者、会议出版物等相关信息，或在互联网上发布或在期刊上发表或以增刊形式报道，或以印刷出版物形式出版。

会议信息检索一般指会议名称、召开会议时间、地点、主办单位、出版情况等会议信息和会议文献的检索。常见的会议文献出版形式包括图书、期刊、在线会议、科技报告等，因此，会议信息检索包含多个检索途径，国内外会议信息的检索途径具体如下。

1. 利用搜索引擎搜索

搜索引擎是互联网信息检索的主要工具。国内常见的搜索引擎包括百度、搜狗、360搜索等，国外常见的搜索引擎包括 Google、必应、Yahoo!等，可通过在搜索框内输入关键词的方法进行搜索，例如，检索有关心脏病方面的学术会议，中文检索可输入"心脏病"和"会议"或"研讨会"等相关词进行检索，外文检索可输入"Heart disease"和"conference"或"meetting"等相关词进行检索，具体如图10-1、图10-2所示。

图 10-1　百度检索会议消息页面

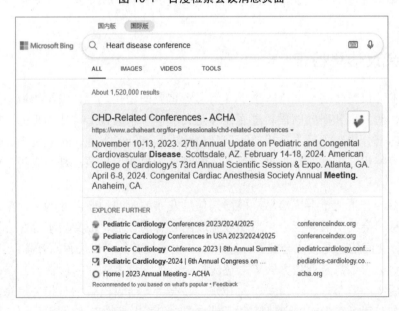

图 10-2　必应检索会议消息页面

2. 查询学术会议网站

很多会议在召开之前会建立专门的会议网站预告会议信息，包括会议日程、征稿要求、参会须知等详尽信息。第 24 届中国南方国际心血管病学术会议网站如图 10-3 所示。

图 10-3　第 24 届中国南方国际心血管病学术会议网站主页

3. 查询专门收集学术会议信息的网站

为了便于世界范围内医学学科领域的学术交流，一些组织机构在网上建立了专门发布学术会议的网站。

(1) Physicians Travel & Meeting Guide (PTMG，https://www.medscapelive.com/) 是由 Quadrant HealthCom Inc.(QHI)建立的医学继续教育项目网站，旨在为全球医生的继续教育提供学习、交流机会，是国内、国际和在线 CME 及基于专业的非认证医疗会议的最全面的在线数据库。它提供了 2000 多个未来医疗会议的广泛列表，可按日期、专业、位置和关键字进行搜索。在 PTMG 网站，用户可选择会议领域，输入会议日期、会议地点、关键词检索，检索结果显示会议名称、日期、地点、会议简介、主办方信息等，如图 10-4 所示。

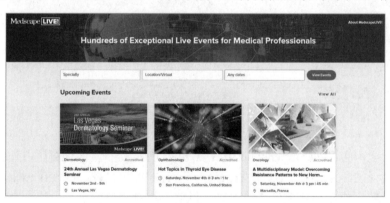

图 10-4　Physicians Travel & Meeting Guide 页面

(2) Medicon(www.medicon.com.au)提供了医学会议信息检索和向会议数据库添加会议信息的入口(见图 10-5)。Medicon 可限定会议所属专业、年代、地区和国家进行检索，注册后提供高级检索功能。该网站也支持用户将重要会议保存到"我的会议"列表中，并与同事共享会议详细信息。

(3) 中国学术会议在线(www.meeting.edu.cn)是经教育部批准，由教育部科技发展中心主办，为科技人员的学术交流和科学研究提供的信息服务平台，其主页如图 10-6 所示。中国学术会议在线提供会议预告、会议通知、精品会议、会议新闻、会议回顾等服务，用户可通过全文检索端口对站内资源进行分类或分模块检索。

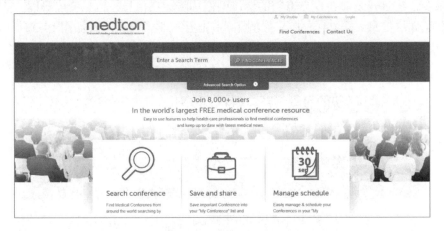

图 10-5　Medicon 主页

图 10-6　中国学术会议在线主页

(4) 中国学术会议网(conf.cnki.net)由中国知网主办，是在全面理解国内外会议举办流程的基础上为会议主办方、参会者、投稿人设计开发的学术会议服务平台(见图 10-7)。中国学术会议网为投稿人或参会者提供在线注册、投稿、查看会议信息等功能，为会议主办方提供个性化会议网站、在线注册参会、稿件管理、会议信息管理及统计、分析等功能。

(5) 中华医学会网站(https://www.cma.org.cn/)是中华医学会组织学术交流活动、参与科普和开展继续教育的学术网站。通过主页的"学术交流模块"，可跳转到会议计划、会议动态、会议通知、征文通知和学术会议概览方面的功能入口(见图 10-8)。通过"会议计划"，可实现按年度和会议类别浏览学术会议计划，包括申报会议类型、单位、会议名称、重要内容和目的、会议时间和地点、会议日期、参会人数和联系方式等方面的信息。

图 10-7 中国学术会议网主页

图 10-8 中华医学会网主页

(6) 丁香会议(https://www.cma.org.cn/)是丁香园旗下专注于医药生命科学学术会议信息预告及会议报道的平台，基于丁香园拥有 550 万庞大的用户群、无线产品和医学专业背景，以会议预告、现场报道、图文视频、专题制作、App 定制、EDM、微博、微信等丰富传播形式，为医药生命科学专业人士传递精彩全面的会议内容，是会议主办方展示自身的首选平台。通过基本检索，可实现按"会议名称""地点""学科"和"召开时间"的检索；会议预告入口可实现按学科的查找。其主页如图 10-9 所示。

图 10-9 丁香会议主页

10.1.3 会议文献检索

1. 国内会议文献检索

1) 中国重要会议论文全文数据库

中国重要会议论文全文数据库(China Proceedings of Conference Full-text Database，CPCD)是中国知网收录的数据库之一，重点收录中国科协、社科联系统及省级以上的学会、协会、高校、科研机构、政府机关等1999年以来召开的重要会议上发表的文献，部分连续召开的重要会议论文可追溯至1953年，其中80%以上为全国性会议文献。目前，中国重要会议论文全文数据库已收录出版超过1.8万次国内重要会议投稿的论文，累积文献总量236万篇。中国知网提供快速检索、高级检索、专业检索、作者发文检索、句子检索、一框式检索等六种检索方式，用户可以免费检索，浏览会议文献题录、摘要等内容。中国重要会议论文全文数据库还提供了国内会议导航、国际会议导航及文献分类目录，用户可选择使用分类浏览和检索两种方式查找会议文献。

如检索2015年以来有关氟尿嘧啶治疗胃癌方面的会议文献。检索步骤依次是：输入网址(http://www.cnki.net)进入中国知网主页，在页面上方直接单击"会议"按钮；在检索框中输入"氟尿嘧啶""胃癌"，字段限定为"主题"，连接关系选择"AND"，单击"检索"按钮，查出截至2023年10月与氟尿嘧啶治疗胃癌的相关的会议文献14篇(见图10-10)。检索结果可通过"主题""发表年度""主办单位""基金""研究层次""作者""单位"等进行分类，可查看会议论文的题录信息。

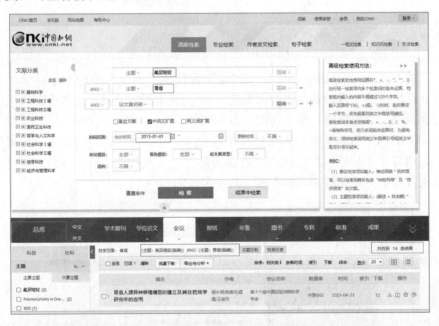

图 10-10　CNKI中国重要会议论文全文数据库检索页面

2) 中国学术会议文献数据库

中国学术会议文献数据库是万方数据资源数据库(www.wanfangdata.com.cn)收录的数据库之一，该库包括中外文会议资源。中文会议收录1982年以来的学术会议，每年约收集2000

个重要学术会议,会议文献年增 10 万篇,每月更新。外文会议的来源主要是 NSTL 外文数据库,收录 1985 年以来世界主要出版机构、协会出版的会议论文共 1100 万篇(部分文献有少量回溯),论文年增量为 20 万篇,每月更新。万方数据库提供快速检索、高级检索、专业检索途径,用户可通过"主题""题名或关键词""第一作者""作者单位""会议名称""主办单位"等字段进行限定,可对会议论文和会议进行检索,检索步骤与中国重要会议论文全文数据库相似,此处不再赘述。

3) 国家科技图书文献中心会议论文数据库

国家科技图书文献中心(National Science and Technology Library,NSTL) (www.nstl.gov.cn)是根据国务院领导的批示于 2000 年 6 月 12 日组建的一个虚拟的科技文献信息服务机构,该中心会议论文主要收录了 1985 年以来我国国家级学会、协会、研究会以及各省、部委等组织召开的全国性学术会议论文。该数据库重点收录自然科学各专业领域会议文献,收藏的国外学会、协会及出版机构等出版的会议录文献总量近 20 万册,占馆藏总量的 48%。外文会议录涉及学会、协会 15500 家,其中会议文献拥有 2119 套独家收藏,重点学会、协会 208 个,涉及会议 54021 种,其公开出版物 NSTL 基本全部收齐。该数据库提供快速检索、高级检索等检索途径对会议论文或者回忆录进行检索,进入其高级检索页面(见图 10-11),可限定"学科分类",检索条件可限定"题名""出处""会议名称""作者""机构""关键词""出版者"等字段,筛选条件可限定"语种""馆藏地""年""查询范围""获取方式"等,可免费查看文章题录,如需获取全文可进行申请或者通过文献传递获取。

图 10-11 国家科技图书文献中心会议论文数据库高级检索页面

2. 国外会议文献检索

1) CPCI-S

CPCI-S 原名为 ISTP(Index to Scientific and Technical Proceedings),自 2008 年 10 月 20 日起,在全新升级的 Web of Science 中,ISTP 更名为 CPCI。该数据库由美国科学情报研究所编辑出版,收录生命科学、应用科学、生物和环境科学、物理与化学科学等学科的会议文献,会议类型包括一般会议、研究会、讨论会、座谈会、发表会等。

2) CPCI-SSH

CPCI-SSH 即《社会科学与人文科学会议录索引》，原名为 ISSHP (Index to Social Sciences & Humanities Proceedings)，是 Web of Science 检索平台的一个子库，于 1990 年创刊，每季度更新。该库收录心理学、社会学、经济学、管理学、公共健康等领域的会议文献，收录专著、期刊、报告、增刊、预印本等形式出版的一般会议、专题讨论会、座谈会、研究会的会议录文献。

3) CPI《会议论文索引》

CPI(Conference Papers Index)原名为《近期会议预报》(*Current Programs*)由美国数据快报公司于 1973 年创刊，1978 年更名，月刊。1981 年改由美国剑桥科学文摘社编辑出版，1987 年改为双月刊。该索引提供有关医学、科学和技术等方面的最新研究进展，收录包括化学、工程学、生命科学三部分在内的会议论文和简报，学科范围包括医学、生命科学、物理、化学、地球科学等，每年报道约 7.2 万篇会议论文，是检索会议文献最常用的检索工具之一。CPI 现刊包括分类类目表(Citation Section)、会议地址表(Conference Location)、正文、主题索引和著者索引等几部分，年度索引中除了主题索引和著者索引外，还有会议日期索引(Index by Date of Meeting)、会议地址索引(Index by Conference Location)、主题分类索引(Index by Major Subject Classifications)三种索引。

4) FirstSearch 数据库中的学术会议资料

FirstSearch 是 OCLC 的一个联机参考服务系统，基本组包括 10 多个数据库，涉及医学、教育、人文和社会科学、工程和技术等领域，其中包括 PapersFirst(国际会议论文库)及 Proceedings First(国际学术会议录索引)两个与会议有关的数据库。PapersFirst 数据库涵盖 1993 年 10 月以来在"大英图书馆资料提供中心"的会议录收集的所有大会、博览会、专题研讨会、讲习班和其他会议上发表的论文，每两周更新。Proceedings 是 PapersFirst 的相关库，包括在世界各地召开的学术会议上发表的论文目录表，该数据库提供基本检索、高级检索和专业检索多种检索方法，另外提供检索"大英图书馆资料提供中心"会议录的途径。

10.2 学位论文检索

10.2.1 学位论文概述

学位论文(Thesis & Dissertation)包括学士学位论文、硕士学位论文、博士学位论文三种，通常情况下是指硕士学位论文和博士学位论文，是指高等院校或者研究机构的学生为获得相应学位在导师指导下独立完成的论文。与其他文献相比，学位论文具有新颖性强、专业性强、阐述详细、创新性高、学术价值高、参考文献系统等特点，是全面了解国内外学术研究进展的重要信息资源。各高校或研究机构作为学位授予单位一般只收录本校或本机构学生撰写的学位论文。中国国家图书馆、中国科技信息所、中国社会科学文献中心等 3 个单位负责收录国内各高校和研究机构的学位论文。纸质学位论文一般不正式出版，因此学位论文数据库成为获取学位论文的主要途径。

10.2.2 国内学位论文信息检索

1. 中国学位论文全文数据库

中国学位论文全文数据库(China Dissertation Database，CDDB)是我国收录学位论文数量最多的学位论文全文数据库之一，以万方数据知识服务平台(www.wanfangdata.com.cn)为依托，提供基本检索、高级检索、专业检索等三种检索途径。该数据库的中文学位论文收录始于 1980 年，共计收藏 370 余万篇，年增 32 万篇；外文学位论文收录始于 1983 年，共计收藏 60 余万册。

基本检索界面除了提供一框式检索，还提供学科、专业、授予单位分类导航。高级检索可在"题名""关键词""作者单位"等字段间进行布尔逻辑组配检索，并可限定论文发表时间，提供中英文扩展检索。专业检索界面可直接输入检索式检索。检索结果可通过"年份""学科分类""授予学位""语种""导师""授予学位"等筛选条件进行筛选，可按照"相关度""发表时间""被引量""下载量"进行排序。

例如，利用高级检索查找 2010 年以来首都医科大学有关心脏病的学位论文，检出相关文献 99 篇，如图 10-12 所示。

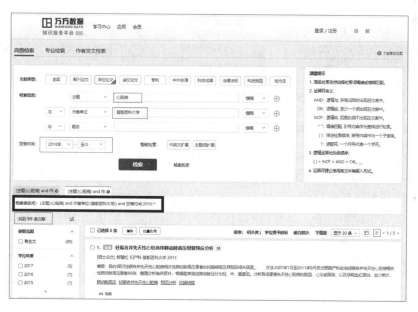

图 10-12　万方(中国学位论文全文数据库)高级检索页面

2. 中国优秀博硕士学位论文全文数据库

中国博硕士学位论文全文数据库(China Doctoral Dissertations Full-text Database，CDFD)是中国知网收录博硕士学位论文的数据库，由清华同方股份有限公司等研制开发，覆盖基础科学、工程技术、农业、医学、哲学、人文、社会科学等各个领域，分为中国优秀硕士学位论文全文数据库和中国博士学位论文全文数据库两个子库。中国优秀硕士学位论文全文数据库收录 1984 年至今 800 余家硕士研究生培养单位的 300 余万篇硕士学位论文，中国博士学位论文全文数据库收录 1984 年至今 520 余家博士研究生培养单位的 30 余万篇博士论文。

中国优秀博硕士学位论文全文数据库提供快速检索、高级检索、专业检索、句子检索、一框式检索等五种检索方式，高级检索可在"主题""关键词""学科专业名称"等 9 个字段间进行布尔逻辑组配检索，并可限定"学位年度""学位单位""支持基金"等，提供中英文扩展检索。检索结果可通过"主题""学位授予年度""基金""导师""学科专业""研究层次"进行分组浏览，可通过"相关度""出版时间""被引""下载""学位授予年度"进行排序。高级检索界面如图 10-13 所示，具体操作与中国学位论文全文数据库相似。

图 10-13　中国优秀博硕士学位论文全文数据库高级检索界面

3. CALIS 学位论文中心服务系统

中国高等教育文献保障系统(China Academic Library & Information System，CALIS) (http://etd.calis.edu.cn/)是经国务院批准的我国高等教育"211 工程""九五""十五"总体规划中三个公共服务体系之一，CALIS 学位论文中心服务系统面向全国高校师生提供中外文学位论文检索和获取服务。该系统收录的中文论文主要来自国内 80 余家大学，外文学位论文主要来自 ProQuest 公司的学位论文信息和网上国际学位论文共享项目(Networked Digital Library of Thesis and Dissertations，NDLTD)的学位论文信息。目前，CALIS 学位论文中心收录了 384 余万条博硕士学位论文数据，其中外文学位论文约 212 万条，中文学位论文约 172 万条，是国内极为丰富的学位论文来源。CALIS 学位论文中心服务系统采用 e 读搜索引擎，提供简单检索和高级检索途径，也可多字段组配检索。

4. NSTL 中文学位论文数据库

NSTL 中文学位论文数据库是国家科技图书文献中心系列数据库之一。该库主要收录我国高校、研究生院及研究院所 1984 年以来发布的博硕士论文及博士后论文，学科范围涵盖自然科学各专业领域，兼顾人文科学和社会科学，目前收录学位论文 220 多万篇，每年增加 30 万余篇，每季更新。

用户检索时在 NSTL 主页选择"学位论文"，可通过输入关键词的方式检索。在高级检索界面可限定"学科分类"，检索条件可限定"题名""作者""学位""专业""导师"等字段，可进一步限定"语种""馆藏""年""查询范围""获取方式"等筛选条件，如图 10-14 所示。

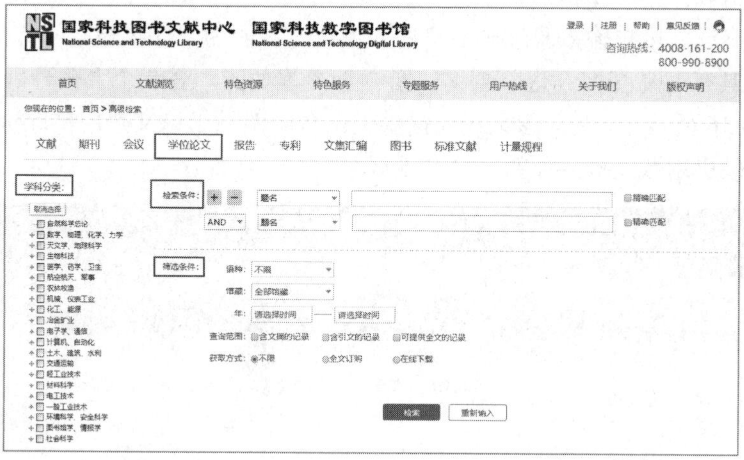

图 10-14　NSTL 中文学位论文数据库高级检索界面

5. 中国国家图书馆的馆藏学位论文库

中国国家图书馆(http://www.nlc.cn)学位论文收藏中心是国务院学位委员会指定的全国唯一负责全年收藏和整理我国学位论文的专门机构，也是人力资源和社会保障部确定的唯一负责全面收藏博士后研究报告的专门机构。国家图书馆目前收藏博士学位论文近 25 万篇，并收藏部分高校的硕士学位论文、部分海外华人华侨学位论文和台湾博士学位论文。国家图书馆为了便于永久保存收藏的学位论文，在中国国家数字图书馆平台建立学位论文影像数据库、博士学位论文，全文影像资源库，提供"热门机构""热门学科"的分类导航服务，检索界面可限定"题名""责任者""学位级别""专业"等 11 个字段进行检索，如图 10-15 所示。

图 10-15　中国国家图书馆馆藏博士学位论文与博士后研究报告数字化资源库检索界面

6. 中国台湾博硕士论文知识加值系统

中国台湾博硕士论文知识加值系统收录了1958年以来中国台湾各大学院校的博硕士论文，涉及学科广泛。用户输入验证码后可进入系统，界面为繁体字检索，支持中文、英文、日文等语言，具有简易查询、进阶查询、指令查询等功能，登录个人账号后可查看和下载全文，如图10-16所示。此外，该系统还提供中国台湾博硕士论文热门排行榜，统计内容包括全文授权、被引用数、被点阅数、全文下载数。

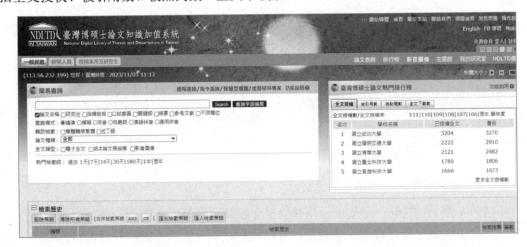

图10-16 中国台湾博硕士论文知识加值系统界面

10.2.3 国外学位论文信息检索

1. PQDT 博硕士论文文摘数据库

国外博硕士论文文摘数据库(ProQuest Dissertations & Theses，PQDT)收录全球1637年至今超过3100余所高校、科研机构逾498万篇博硕士论文信息，其中，该数据库收录论文逾260万篇；涵盖了从1861年获得通过的美国第一篇博士学位论文，至17世纪的欧洲培养单位的博士论文，到本年度本学期获得通过的博硕士论文信息；ProQuest Dissertations & Theses Global (PQDT Global)内容覆盖领域广泛，涵盖工程学、经济与管理科学、健康与医学、历史学、人文科学及社会科学等各个领域。每周更新，年增全文逾20万篇。ProQuest是美国国会图书馆指定的收藏全美国博硕士论文的机构，PQDT Global 是目前世界上规模最大、使用最广泛的博硕士论文数据库。PQDT 分为文摘库和全文库。PQDT 文摘库收录以欧美大学为主的2000多所大学的博、硕士学位论文的题录和文摘，同时收录国内80多所重点高校近20年的部分学位论文，每年新增论文条目达7万篇。PQDT 大部分论文可查看24页，若想要获取全文可先查询 ProQuest 学位论文全文库，若无法获取可利用文献传递服务获取全文。

PQDT 数据库提供了基本检索、高级检索、出版物检索、命令行检索四种检索方式，需要订阅使用。基本检索可直接输入检索词，支持逻辑运算符"与""或""非"组配多个检索词进行组配检索。高级检索可限定"主题词-MAINSUBJECT""文档标题-TITLE""文档全文-FULLTEXT""作者-AUTHOR""出版物名称-PUBLICATION"等字段，在检索界面还可限定"出版日期""文档类型""语言""数据库"等，如图 10-17 所示。

图 10-17　PQDT 数据库高级检索界面

2. NTLTD

NDLTD(http://www.ndltd.org)是由美国国家自然科学基金支持的一个网上学位论文共建共享项目，提供免费的学位论文文摘，部分可获取全文。NDLTD 文摘数据库应论文作者要求将链接到的部分全文分为不能下载、有限制下载和无限制下载几种方式。NDLID 目前收录了全球 200 多家图书馆、7 个图书馆联盟、29 个专业研究所的学位论文，包括中国、美国、加拿大、德国、澳大利亚等 40 个国家和地区。与 ProQuest 学位论文全文库相比，NDLID 学位论文库的主要特点是高校共建共享，可免费获取全文。但是 NDLID 学位论文库提供的文摘和全文相对较少，适合作为国外学位论文的补充资源。

3. 澳大利亚数字化学位论文库

澳大利亚数字化学位论文数据库(http://adt.caul.edu.au/)是在澳大利亚数字化学位论文项目(Australasian Digital Thesis Program，ADT)的基础上开发出来的，由澳大利亚大学图书馆理事会管理维护。它整合了澳大利亚 30 所大学的数字博士、硕士论文，提供了统一的检索界面，可以免费浏览澳大利亚高校的博硕士学位论文的题录或文摘信息，部分学位论文可免费下载。

4. 加拿大学位论文库

加拿大学位论文数据库(http://www.collectionscanada.ca/thesescanada/)为加拿大国家图书档案馆资助，收录 1965 年以来加拿大的学位论文，1998 年以后的论文大多免费提供全文，用户无须注册便可浏览、下载。该数据库提供英文、法文两种语言版本。

10.3 专利文献检索

10.3.1 专利文献概述

1. 专利文献的概念

世界知识产权局组织编写的《知识产权教程》中对专利文献的定义为："专利文献是包含已经申请或被确认为发现、发明、实用新型和工业品外观设计的研究、设计、开发和试验成果的有关资料，以及保护发明人、专利所有人及工业品外观设计和实用新型注册证书持有人权利的有关资料的已出版或未出版的文件（或其摘要）的总称。"

从狭义上讲，专利文献是指包括专利申请说明书、专利说明书、专利证明书，以及申请、批准专利的专利文件等与专利有关的文件。从广义上讲，专利文献不仅包括与专利有关的文件，还包括专利局和有关机构出版的专利公报、专利索引、专利分类表等各种文献检索工具。专利文献的核心是专利说明书。

2. 专利文献的主要特点

1) 信息量大，内容独特。

据世界知识产权组织(WIPO)统计，世界上 90%~95%的发明成果以专利文献的形式出现。专利文献涵盖绝大多数技术领域，几乎涉及人类生活的各个领域。目前，全世界公布的专业说明书达 200 余万件，占每年世界图书期刊发行总量的 1/4。专利文献不仅记录发明创造的内容，对发明创造的实施效果进行展示，还记录每个专利保护的技术范围，记录了专利发明人、权利人、生效时间等信息。

2) 出版速度快，时效性强。

大多数国家专利局采用先申请、先得到的原则，因此专利申请人在完成专利发明后会在最短时间内提交专利申请，防止竞争对手率先抢到时机。此外，《专利法》规定了专利文献公开的时间，要求专利技术不能以其他形式先于公开，因此专利文献成为报道最新发明最快速的渠道和情报源。

3) 内容翔实而完整

《专利合作条约》(*Patent Cooperation Treaty*，PCT)明确规定，专利说明书的撰写内容必须清楚、完整，以同技术领域的内行人能够实施为标准。与其他科技文献相比，专利文献在描述技术内容时要求更为翔实、完整和具体。需要明确的是，专利文献的完整性并不是对整个产品的全部设计或生产，而是对于专利的描述程度而言，想要了解某一产品的全貌还需要通过一系列核心和外围的专利才能实现。

4) 格式统一规范，高度标准化，具有统一的分类体系

专利文献采用国际统一的专利文献著录项目识别代码(INID 码)进行编排，专利说明书从发明创造的名称、涉及的技术领域和支撑技术到发明的内容、具体实施方式、附图说明等都有具体的顺序和撰写要求，并要严格限定发明内容与已有技术之间的界限。

3. 专利分类法

国际专利分类法(International Patent Classification，IPC)是一种国际统一化、标准化管理

专利文献的系统、完善、科学的专利分类体系，为专利说明书的编排、查找和传递提供方便。它是由世界知识产权组织管理的供世界范围使用的专利文献分类法，最初发表于1971年，每5年修订一次，第二版至第四版分别出版于1974年、1979年和1985年。一个完整的 IPC 分类号为五级，IPC 形式为：部(Section-1 个字母)；大类(Class-2 个数字)；小类(Subclass-1 个字母：除 A、Z、I、O、U、X 外)；主组(Group-1～3 个数字)；分组(Subgroup-除"00"外 2～4 个数字)。IPC 把涉及发明专利的整个技术领域的知识按等级结构，由大到小以递减的次序排列，分八个大部(Section：A、B、C、D、E、F、G、H)，即八个分册，具体如下。

(1) 国际专利分类的八个大部。

A：人类生活需要(Human Necessities)

B：作业，运输(Performing Operation，Transporting)

C：化学，冶金(Chemistry，Metallurgy)

D：纺织和造纸(Textiles & Paper)

E：固定构造(Fixed Constructions)

F：机械工程、照明、加热、武器、爆破(Mechanical Engineering，Lighting，Heating，Weapons，Blasting)

G：物理(Physics)

H：电学(Electricity)

(2) 与医药卫生有关的专利类别。

其中医药卫生专利主要集中在 A61 类下，主要类目包括以下内容。

A61B——诊断；外科；鉴定

A61C——牙科；口腔或牙齿卫生

A61D——兽医用仪器、器械、工具或方法

A61F——可植入血管内的滤器；假肢体；矫形、护理或避孕装置；热敷；眼或耳的治疗或保护；绷带、敷料或吸收垫；急救箱

A61G——运送病人或方便病人的设备；手术台或手术椅；牙科椅子；丧葬用具

A61H——理疗装置，例如用于寻找或刺激体内反射点的装置；人工呼吸；按摩；用于特殊治疗或保健目的或人体特殊部分的洗浴装置

A61J——专用于医学或医药目的的容器；专用于把药品制成特殊的物理或服用形式的装置或方法；喂饲食物或口服药物的器具；婴儿用橡皮奶头；收集唾液的器具

A61K——医用、牙科用或梳妆用的配制品

A61L——材料或物体消毒的一般方法或装置；灭菌、消毒或空气的除臭；绷带、敷料或外科用品的化学方面；绷带、敷料、吸收垫或外科用品的材料

A61M——将介质输入人体内或输到人体上的器械；为转移人体介质或为从人体内取出介质的器械；用于产生或结束睡眠或昏迷的器械

A61N——电疗；磁疗；放射疗；超声波疗

A61P——化合物或药物制剂的治疗活性

4. 专利信息检索的类型

1) 专利性检索

专利性检索的目的是判断一项发明是否具有新颖性、创造性，为技术主题检索，即通

过查找、对比发明创造的技术主题文献实现。根据检索的目的不同，专利性检索又分为新颖性检索和创造性检索。

(1) 新颖性检索：是指在申请专利、审批专利及申报国家各类奖项等活动之前，专利申请人、专利审查员、专利代理人及有关人员为判断发明创造是否具有新颖性，对各种公开出版物上刊登的已有技术进行的检索。其为判断新颖性提供依据。

(2) 创造性检索：是指在申请专利、审批专利及申报国家各类奖项等活动之前，专利申请人、专利审查员、专利代理人及有关人员为判断发明创造是否具有创新性而对各种公开出版物进行的检索。

2) 防止侵权检索

为避免发生专利纠纷而主动对发明创造进行检索，目的是找出可能受到其侵害的专利。

3) 被动侵权检索

被别人指控侵权时进行的专利检索，其目的是要找出对受到侵害的专利提供无效诉讼的依据。

4) 专利法律状态检索

专利法律状态检索分为专利有效性检索和专利地域性检索，即对专利的时间性和地域性进行的检索。专利有效性检索旨在了解该项专利是否有效，对一项专利或专利申请当前所处的状态进行检索。专利地域性检索旨在确定该项专利申请的国家范围，对一项发明创造都在哪些国家或地区专利申请状况进行的检索。

5) 同族专利检索

同族专利检索是为了找出该专利或专利申请在其他国家公布的文献(专利)号而对一项专利或申请在其他国家申请专利并被公布等有关情况进行的检索。

10.3.2 国内专利文献检索

1. 中国国家知识产权局政府网站

国家知识产权局(CNIPA，http://www.cnipa.gov.cn)是国务院直属机构，为副部级。国家知识产权局专利数据库收录了中国、美国、日本、韩国、德国、英国、法国等 103 个国家、地区和组织的专利数据，以及引文、同族、法律状态等数据信息。进入中国国家知识产权局网站可检索 1985 年以来国家知识产权局公布的发明和实用新型专利说明书全文，也可检索 1998 年以来的外观说明书全文，可链接到多个国内外知识产权网站。

单击国家知识产权局官网首页的"政务服务平台"，选择"专利检索查询"选项，单击"专利检索"，进入"专利检索及分析"系统。该系统支持中文、英语、法语等 9 种语言检索，提供常规检索、高级检索、导航检索、药物检索、命令行检索、专题库检索等检索途径。常规检索界面如图 10-18 所示。

2. 中国专利公布公告网站

《中国专利公报》于 1985 年创刊，是国家知识产权局公开出版的期刊类工具，内容涵盖专利申请公开、专利申请授予、专利事务、授权公告索引等多项内容，集技术信息、经济、法律为一体，反映了在中国申请专利保护的国内外最新发明创造成果，对促进科技发展、快速传播科技信息起着至关重要的作用。《中国专利公报》分为《发明专利公报》《实用新型专利公报》《外观设计专利公报》三种，每周每种公报合订为一期，全年52期，以大16开印刷品形式出版发行，并建有中国专利公布公告网站，提供基本查询、高级查询、IPC分类查询、LOC分类查询、事务查询等检索途径，首页如图10-19所示。

图10-18　国家知识产权局专利检索及分析系统常规检索界面

图10-19　中国专利公布公告网站首页

3. 中国知识产权网

中国知识产权网(China Intellectual Property net，CNIPR)(http://www.cnipr.com)是国家知识产权局知识产权出版社在国家支持下创建的知识产权综合性服务网站，是知识产权领域的专业网站。中国知识产权网收录1985年9月10日以来全部发明授权专利、发明公开专利、外观设计专利和实用新型专利，提供对中国、美国、日本、德国、法国等90多个国家和组织的专利检索。该网站设有CNIPR中外专利数据库服务平台表格检索页面，该页面提供基本检索、高级检索、法律状态检索、运营信息检索和失效专利检索等功能，并设立热点专题。高级检索界面如图10-20所示。

图 10-20　CNIPR 专利信息服务平台高级检索界面

4. 中国知网的"专利数据库"

中国知网的"专利数据库"包括《中国专利全文数据库(知网版)》和《海外专利摘要数据库(知网版)》两大子库,专利相关的成果、文献信息主要来源于 CNKI 各大数据库。进入中国知网首页单击"专利"即可进入检索界面。该库收录 1985 年至今的在中国大陆申请的发明专利、外观设计专利、实用新型专利;境外专利包含美国、日本、世界知识产权组织、欧洲专利局、俄罗斯、韩国等十国、两组织及中国香港和中国台湾两地区 1970 年至今的专利数据。截至 2023 年 10 月,《中国专利全文数据库》(知网版)共计收录专利 4990 余万项,每年新增专利约 250 万项;《海外专利摘要数据库》(知网版)共计收录专利一亿余项,每年新增专利约 200 万项。

5. 万方数据知识服务平台的"中外专利数据库"

中外专利数据库(Wanfang Patent Database,WFPD)是万方数据知识服务平台系列资源之一,可直接在其主页上检索。截至 2023 年 10 月,该库涵盖 1.56 亿条国内外专利数据,范围覆盖 11 国、两组织专利。其中,中国专利收录始于 1985 年,共收录 4060 万余条专利全文,可本地下载专利说明书,数据与国家知识产权局保持同步,包含发明专利、外观设计和实用新型三种类型,准确地反映中国最新的专利申请和授权状况,每年新增 300 万条。国外专利收录 1.1 亿余条,均提供欧洲专利局网站的专利说明书全文链接,每年新增 1000 万余条。

10.3.3 国外专利文献检索

1. 欧洲专利检索系统

欧洲专利检索系统(https://worldwide.espacenet.com)由欧洲专利局(European Patent Office，EPO)及其成员国建立。欧洲专利局为了提高整个国际社会获取专利意识，并为用户提供快捷、有效地获取免费专利信息的资源，于1998年建立esp@cenet数据库检索系统。该系统用户可以检索世界知识产权组织、欧洲专利组织任何成员国和欧洲专利局公开的专利题录数据。根据收录每个国家数据范围和类型的不同，可分为以下三个数据库。

(1) EP数据库。该数据库收录最近24个月内EPO公开的专利申请的著录数据，且该数据库只能通过著录项目检索，不能检索摘要、ECLA字段。

(2) WIPO数据库。该数据库仅收录近24个月内，WIPO公布的国际申请(PCT)的著录数据，与EP数据库相同，只能进行著录项目检索。

(3) Worldwide专利数据库。该数据库是esp@cenet收录最全的一个数据库，收录90多个国家和地区的专利申请文献，其中3000多万件专利文献有ECLA分类号，可满足大部分检索要求。

欧洲专利检索系统提供智能检索、高级检索、分类检索等三种检索途径。智能检索途径可直接输入检索词，高级检索途径可以限定"题目""摘要""申请号""申请人"等10个字段进行检索(见图10-21)，也可通过分类检索按字母顺序进行浏览。

图10-21 欧洲专利检索系统高级检索界面

2. 德温特检索工具

德温特(Derwent)公司 1948 年在英国创建，目前隶属于著名的 Thomson Reuters 集团，是目前最为权威的专利信息查询机构之一。德温特公司陆续出版了《世界专利索引题录周报》《化学专利索引》及《工程专利索引》等多种专利检索工具。德温特公司 1998 年与美国科学情报研究所(Institute for Scientific Information，ISI)合作开发了德温特创新索引数据库(Derwent Innovations Index，DII)，该数据库不仅提供一般专利检索，还提供专利引文检索。在一般检索中，可使用快速检索(Quick Search)、表格检索(Form Search)和专业检索三种检索途径。而专利引文检索可查出专利发明人及专利审查员引用的专利文献和非专利文献。

3. 其他专利信息网站

(1) 美国专利全文数据库(http://patft.uspto.gov/)：由美国专利商标局(USPTO)提供，该数据库提供 1790 年以来美国所有的专利说明书的扫描图像，1976 年以来专利说明书全文文本及近年来专利申请书的文本和图像。

(2) PCT 电子公报(http://www.wipo.int/tools/en/gsearch.htmll)：由世界知识产权组织(WIPO)提供，可检索 1997 年至今的 PCT 国际专利。

(3) 美国 Delphion 专利数据库(http://www.delphion.com/whatsnew)：版权归 Thomson 公司，收录美国及欧洲、日本、WIPO 等国际专利信息。

(4) 美国 QPAT 专利在线查询(QPAT-US，http://www.qpat.com)：1996 年 4 月，Questel Orbit 公司推出的美国专利检索系统网站，它拥有 1974 年至今的美国专利原文。

10.4 标准文献信息检索

10.4.1 标准文献概述

1. 标准文献概念、分类及特点

1) 标准文献的概念

标准文献是为了在一定范围内获得最佳秩序，经协商一致制定并由公认机构批准，为各种活动或其结果提供规则、指南或特性，供共同使用和重复使用的一种文件。标准文献涉及科学技术各个领域、国民经济各个部门，具有权威性、规范性、针对性、协调性、法律性、相互引用性等特点，对科技人员开发新产品，提高工艺、技术水平有重要作用。

2) 标准文献的分类

按照适用范围，标准文献可分为国际标准文献、区域标准文献、国家标准文献、专业(行业)标准文献和企业标准文献。

按照内容及性质，标准文献可分为技术标准文献和管理标准文献。技术标准包括基础标准、产品标准、方法标准、安全和环境标准等。管理标准包括技术管理标准、经济管理标准、生产组织标准、行政管理标准、业务管理标准、工作标准等。

按其成熟度，标准文献可分为正式标准文献和试行标准文献(或称为强制性标准文献和推荐性标准文献)。

3) 标准文献的特点

和一般技术文献相比，标准文献有自己独特的风格和体制，其主要特点有如下几点。

(1) 每个国家对于标准的制定和审批程序都有专门的规定，并有固定的代号，标准格式整齐划一。

(2) 它是从事生产、设计、管理、产品检验、商品流通、科学研究的共同依据，在一定条件下具有某种法律效力，有一定的约束力。

(3) 时效性强，它只以某时间阶段的科技发展水平为基础，具有一定的陈旧性，随着经济发展和科学技术水平的提高，标准不断地进行修订、补充、替代或废止。

(4) 一个标准一般只解决一个问题，文字准确简练。

(5) 不同种类和级别的标准在不同范围内贯彻执行。

(6) 标准文献具有其自身的检索系统。

2. 中国标准文献编号及示例

我国现有的标准主要包括国家标准、地方标准、行业标准和企业标准、团体标准等，其编号通常由标准代号、标准顺序号和标准年度号构成。

国家标准：由国家标准代号、国家标准顺序号和国家标准年度号构成。(1)强制性国家标准：GB+标准顺序号+(圆点+分标准号)+杠+年度号。例如，GB 8537—2018《食品安全国家标准 饮用天然矿泉水》国家标准，其中，GB 是强制性国家标准的代号，8537 是该标准发布的顺序号，2018 是该标准的发布年度。(2)非强制性国家标准：GB/T+标准顺序号+(圆点+分标准号)+杠+年度号，例如，GB/T 21709.15-2021《针灸技术操作规范 第 15 部分：眼针》，其中，GB/T 表示的是推荐性国家标准代号，21709 是该标准的顺序号，15 是分标准号，2021 是该标准的发布年度。

地方标准：由地方标准代号、地方标准顺序号和年度号三部分组成。其格式是 DB+地区代码/T+地方标准顺序号+杠+年度号。例如，DB11/T 3002—2015《老年护理常见风险防控要求》为北京市的一个推荐性地方标准，其中，11 是北京地区代码的前两位，3002 是标准的顺序号，2015 是该标准的发布年度。

行业标准：由行业标准代号、行业标准顺序号和年度号三部分组成。其格式为××(/T)+行业标准顺序号+(圆点+分标准号)+杠+年度号。例如，WS 310.1—2016《医院消毒供应中心 第 1 部分：管理规范》，其中，WS 是卫生行业标准代号，310 是行业标准顺序号，1 表示的是分标准号，2016 是该标准的发布年度。

企业标准：由汉字大写拼音字母 Q 加斜线再加企业代号、企业标准顺序号、年度号三部分组成，其格式为 Q/+企业代号+企业标准顺序号+杠+年度号。例如，Q/WK 109—2020 华中牌医疗车，其中 Q 是企业标准的代号，WK 是武汉客车制造股份有限公司企业代号，109 是标准顺序号，2020 是该标准的发布年度。

团体标准：由团体按照自行规定的标准制定程序并发布的、供团体成员或社会自愿采用的标准。其格式为 T/+团体代号+标准顺序号+杠+年度号、年度号三部分组成。例如，T/CACM 1387—2022《小儿积滞病诊断标准》，其中，T 是团体标准的代号，CACM 为中华中医药学会标准代号，1387 是标准顺序号，2022 是该标准的发布年度。

3. 国际标准文献编号及示例

国际通用的标准是由国际标准化组织或标准机构制定，并公开发布的标准，主要有国际标准化组织(ISO)标准、国际电工委员会(IEC)标准、国际电信联盟(ITU)标准、国际食品法典委员会(CAC)标准等。ISO 负责除电工、电子领域和军工、石油、船舶制造之外的很多重要领域的标准化活动。ISO 与国际电工委员会在电工技术标准化方面保持密切合作的关系，在 ISO/IEC 系统之外的国际标准机构共有 28 个。每个机构都在某一领域制定一些国际标准，通常它们在联合国控制之下，一个典型的例子就是世界卫生组织(WHO)。ISO/IEC 制定 85%的国际标准，剩下的 15%由这 28 个其他国际标准机构制定。

ISO 标准：ISO+标准号+[杠+分标准号]+冒号+发布年号(方括号中的内容为可选)。例如，ISO 8402:1987、ISO 9000-1:1994 等，分别是某一个标准的编号。但是，通常所说的"ISO 9000"不是指一个标准，而是一族标准的统称。"ISO 9000"族标准是指由国际标准化组织质量管理和质量保证技术委员会(ISO/TC 176)制定的所有国际标准。

国际电力标准 IEC：由标准代号、标准顺序号及制定年份三部分组成。例如，IEC 60300-3-2-2004《可信性管理 第 3-2 部分：应用指南 现场可信性数据收集》，其中，IEC 为标准代号；60300 为顺序号；3-2 为该标准的第三部分中的第二部分；2004 为标准的制定年份。

10.4.2 常用标准数据库及主要网站

1. 中国知网标准数据总库

中国知网标准数据总库(https://www.cnki.net/)包括国家标准全文数据库、行业标准全文数据库及国内外标准题录数据库，共计 60 余万项。其中，国家标准全文数据库收录了由中国标准出版社出版的，国家标准化管理委员会发布的所有国家标准；行业标准全文数据库收录了现行、废止、被代替、即将实施的行业标准；国内外标准题录数据库收录了中国及世界上先进国家、标准化组织制定与发布的标准题录数据，共计 49 余万项。可以通过标准号、标准名称、发布单位、起草人、发布日期、实施日期、中国标准分类号、国际标准分类号等检索项进行检索。

2. 万方数据中外标准数据库

万方数据中外标准数据库(https://c.wanfangdata.com.cn/standard)收录了所有中国国家标准(GB)、中国行业标准(HB)，以及中外标准题录摘要数据，共计 200 余万条记录。其中，中国国家标准全文数据内容来源于中国质检出版社，中国行业标准全文数据收录了机械、建材、地震、通信标准及由中国质检出版社授权的部分行业标准。

3. 中国标准服务网

中国标准服务网(China Standard Service Network，CSSN)(https://www.cssn.net.cn/cssn/index)，是国家标准文献的一个共享服务平台，创建于 1998 年，是中国标准化研究院主办的国家级标准信息服务网站。中国标准服务网由中国标准化研究院标准信息研究所负责运营，提供标准动态信息采集、编辑、发布，标准文献检索，标准文献全文传递和在线服务等功能。中国标准服务网已经获得国内外众多机构的正版授权，在中国境内销售包括国家标准、行业标准、ISO、IEC、ASTM、韩国等近 1000 个种类覆盖全球 100 多个国家的标准，可售标准约 200 万份。提供"简单检索""高级检索""专业检索""分类检索""批量检索"五个检索入口，检索需注册，下载需付费。

4. 中国标准在线服务网

中国标准在线服务网(https://www.spc.org.cn)由北京标科网络技术有限公司负责运营，向国内外用户提供及时、准确、权威的各类标准信息查询和全文服务。使用本平台，需要注册，强制性国家标准(GB 开头，不包含 GB/T、GB/Z)可以免费在线阅读，其他标准需要单条付费购买；如开通付费会员，网站 70000 余条国内标准均可免费在线阅读；国际国外标准及商检标准目前不支持在线阅读。

5. 全国标准信息公共服务平台

全国标准信息公共服务平台(https://std.samr.gov.cn/)是国家标准技术审评中心具体承担建设的公益类国家级标准信息公共服务平台，旨在成为中国用户查询获取国家标准、行业标准、地方标准、企业标准、团体标准、国际标准和国外标准等标准信息及资讯的第一平台。本平台还整理列举了美国标准学会、欧洲标准化委员会、英国标准学会等 21 个国外标准组织机构中英文名称、简称及网址等信息供用户查询使用。另外，平台需注册后使用。

6. 国家标准全文公开系统

国家标准全文公开系统(https://openstd.samr.gov.cn/bzgk/gb/)于 2017 年 3 月 16 日正式上线运行。该系统公开了国家市场监督管理总局、国家标准委 2017 年 1 月 1 日前已批准发布的所有强制性国家标准、推荐性国家标准(非采标)、指导性技术文件。2017 年 1 月 1 日后新发布的国家标准，将在《国家标准批准发布公告》发布后 20 个工作日内公开标准文本，其中涉及采标的推荐性国家标准的公开，将在遵守国际版权政策前提下进行。该系统提供了国家标准的题录信息和全文在线阅读，具有"分类检索""热词搜索"等功能。任何企业和社会公众都可以通过国家标准委官方网站"国家标准全文公开系统"，或通过微信公众号"中国标准信息服务网"查阅国家标准文本。

7. 读秀搜索平台标准频道

读秀搜索平台是一个由海量全文数据及元数据组成的超大型数据库，是由海量图书、期刊、报纸、会议论文、学位论文、标准、专利及视频等学术资源组成的庞大的知识系统，是一个真正意义上的学术搜索引擎及文献资料服务平台。可通过限定关键词、标准名称、标准号、发布单位等字段进行检索，全文可通过文献传递咨询服务获取。

10.5 药学信息检索

药学是连接健康科学和化学科学的医疗保健行业，它承担着确保药品的安全和有效使用的职责。药学主要研究药物的来源、炮制、性状、作用、分析、鉴定、调配、生产、保管和寻找(包括合成)新药等。主要任务是不断提供更有效的药物和提高药物质量，保证用药安全，使病患能以伤害最小、效益最大的方式治疗或治愈疾病。药物研究与开发融合了众多的前沿学科，需要大量的文献信息和知识的积累。通常，从新药研发到药品上市须经过药物发现、临床前研究、临床研究、药物申报审批四个阶段。药学研究人员对药学信息的需求，贯穿着药品研发的整个生命周期，每个阶段都需要大量的药学相关文献信息支撑，因此，对于药学专业的学生和药学科研工作者来说，掌握每个阶段的药学信息源十分重要。

本节按照药物研发生命周期不同阶段主要应用的数据资源来介绍相关数据库。当然，很多数据资源提供的信息几乎贯穿了药物研发的整个流程，对这些数据资源的应用并非绝对局限于某个研发阶段。

10.5.1 药物发现阶段数据库资源

药物发现阶段一般要经过3~6年，这个阶段的任务是首先要对新药研发项目的可行性进行详细的论证，做好充分的市场调研。其次，要对选定的拟研发药品进行靶点确认、高能量筛选、先导化合物修饰和改造等，先导化合物确定后，成为候选新药，才能进入下一阶段的临床前研究。在这个阶段，就需要科研人员对国内、国外文献资料进行系统调查，了解该病现有治疗药物品种及其疗效情况，明确待研发新药化学结构、作用靶点、治疗机制，或对已有的治疗药物是否存在专利侵权行为等进行文献调研。

1. Pharmaprojects 数据库

Pharmaprojects 数据库(http://citeline.informa.com)是 Informa 集团行业分析部门(Business Intelligence)核心数据库，是国际药物研制开发的商业智能资源，它监控着国际上处于开发过程中的每一个重要新药，跟踪着国际上处于研究发展活跃阶段的候选药物，提供医药界研究人员新产品开发的全面资料。无论是高等院校还是科研机构及企业，在申报研究课题、审议开发新药及生产新药可行性报告时，Pharmaproject 数据库都有着重要的参考价值。该数据库覆盖 1980 年至今所有商用或处方用的全球各疾病领域药物，包括制药、疫苗、新型或重新配方药物和技术，以及特定体内诊断的药物研发信息。其拥有超过 75 000 份完整药物报告，涉及研发方及合作方信息、应用适应证及最高临床阶段信息、重大事件综述、作用机制及靶点、全球各国上市或获批状态、合作空间、药物化学信息、临床前信息等，可供追踪全球科学研究与试验发展(R&D)管线从临床前至上市的研发动态。

2. ADIS 药物研发数据库

AdisInsight(https://adisinsight.springer.com)是一个基于科学数据的综合数据库，包含关于药物开发、临床试验、药物不良反应事件、交易和专利的信息，能帮助用户准确、全面、经济、高效地监测日益增长的关于在研药物的信息。AdisInsight 包含 210 000 余条记录，平台易于使用，汇集相互关联的多源内容，单一搜索即可获得高度集中的结果，其搜索范围涵盖数千种期刊、会议论文集、公司网站和其他已发表的资料。一次搜索即可提供药物、临床试验、交易、安全性和专利方面的结果，现在还包含了药物和临床试验资料中经过筛选的生物标志物数据。

3. Cortellis Drug Discovery Intelligence(CDDI)数据库

自 2020 年 7 月 1 日起，Integrity 数据库正式升级并在 Clarivate Analytics 的生命科学解决方案平台 Cortellis 上线，更名为 CDDI(https://www.cortellis.com/drugdiscovery)。CDDI 早期研发(生物学、化学、药理学)的情报数据库是专门为制药行业的研究人员打造的可靠、翔实的事实型数据库。其收录自 1988 以来的药物信息，通过整合近 70 万有生物活性的化学药物和生物药、57 万条专利家族、311 万文献会议等信息，向研究者呈现行业新闻、靶标动态、研发进程、疾病综述等内容。以集成报告、动画解说、靶标通路图等各种易于接受的形式进行信息传递，为新药研发人员提供了独特的知识解决方案，以支持药物研发活动。该数据库为药物成功研发提供以下支持。①化学药物/生物制品：具有生物活性的物质及相关药学、研发信息。②药理学数据：药物/受体、酶/靶细胞相互作用的相关实验数据。③药代动力学：药物吸收、分布、代谢与排泄(ADME)等相关实验数据。④有机合成数据：有关药物有机合成路线(路线图、中间体、试剂、产物)。⑤疾病综述：疾病定义、分类、流行病学、诊断筛查、目前治疗药物、全球在研药物及临床指南等。⑥基因和靶点数据：基因与疾病关系，疾病发生机制，识别潜在的新作用靶标。⑦了解作用靶标/相关通路与疾病的相关性。⑧其他数据信息：生物标志物、生物标志物的应用、试验模型、专利、论文和出版物等。

4. PubChem 数据库

PubChem 数据库(http://pubchem.ncbi.nlm.nih.gov/)是美国国家健康研究院(NIH)的开放化学数据库，是世界上最大的可免费获取化学信息的集合。主要包含小分子，但也包含较大分子，如核苷酸、碳水化合物、脂质、肽和化学修饰的大分子。按名称、分子式、结构和其他标识符搜索化学品，查找化学和物理特性、生物活性、安全性和毒性信息、专利、文献引用等。自 2004 年推出以来，PubChem 已成为科学家、学生和公众的重要化学信息资源。PubChem 中的数据来自政府机构、化学品供应商、期刊出版商等数百个数据源。PubChem 数据库包括 3 个子数据库：PubChem BioAssay 数据库，用于存储生化实验数据，实验数据主要来自高通量筛选实验和科技文献；PubChem Compound 数据库，用于存储整理后的化合物化学结构信息；PubChem Substance 数据库，用于存储机构和个人上传的化合物原始数据。该数据库通过 NLM 的 Entrez 平台提供服务，检索规则与方法同 PubMed。

5. ChEMBL 数据库

ChEMBL 数据库(https://www.ebi.ac.uk/chembl/)是一个手动管理的具有药物样特性的生物活性分子数据库。它汇集了化学、生物活性和基因组数据，以帮助将基因组信息转化为有效的新药。其是一个大型的、开放访问的药物发现数据库，旨在收集药物研究和开发过程中的药物化学数据和信息，是化学信息学中最全面的数据库之一，包含潜在的可药用化合物，有小分子及其生物活性的信息，并且与已批准的药物和临床开发候选药物的数据(作用机制和治疗适应症)相结合，生物活性数据还与其他知名大型数据库的数据进行交换如 PubChem BioAssay 和 BindingDB。ChEMBL 数据库包含了临床实验药物和批准药物的治疗靶标和适应症。临床开发中的化合物主要来自美国采用名称(United States Adopted Name，USAN)申请和 http://ClinicalTrials.gov 数据库。已批准的药物主要从 FDA 橙皮书数据库(the FDA Orange Book database)和 FDA 新药批准年度清单(the annual list of FDA New Drug Approvals)中获取，信息也从英国国家处方(British National Formulary)和 ATC 分类中提取。临床实验药物的适应症从 http://ClinicalTrials.gov 获得，并通过手动方法和自动方法的组合映射到医学主题标题(MeSH)和实验因素本体论(Experimental Factor Ontology，EFO)中的疾病 ID。已批准药物的适应症从每日医学(DailyMed)的药物包装标签和 ATC 分类中获得。批准药物和临床实验药物的治疗靶标都是通过科学文献、药品包装标签和制药公司的 pipeline 信息等参考来源人工获取的。

6. DrugBank 数据库

DrugBank 数据库(https://go.drugbank.com/)是加拿大阿尔伯塔大学(University of Alberta)研究人员将详细的药物数据和全面的药物靶点信息结合起来，建立的真实、可靠的生物信息学和化学信息学数据库，它是一个全面的、免费访问的在线数据库。DrugBank 数据库整合了药物的化学结构、药理作用、作用蛋白靶点、作用的生理通路、药物间相互作用等信息。以该数据库为中心，与 PDB 蛋白三维结构数据库和 KEGG 生理通路数据库联合应用，可以分析药物的详细信息。该数据库被制药行业、药物化学家、药剂师、医生、学生和公众广泛使用。

最新发布的 DrugBank Online(2023 年 1 月)包含 16 558 种药物条目，其中包括 2753 种已批准的小分子药物、1606 种已批准的生物制剂(蛋白质、肽、疫苗和过敏原)、135 种营养保健品和超过 6723 种实验药物(发现阶段)药物。此外，5298 个非冗余蛋白质(即药物靶标、酶、转运蛋白、载体)序列与这些药物条目相连。每个条目包含 200 多个数据字段，其中一半信息专用于药物、化学数据，另一半专用于药物靶点或蛋白质数据。DrugBank 数据库为药学研究人员提供了一个很好的获取药物信息的专业平台。

7. BindingDatabase 数据库

Binding Database(Binding DB，https://www.bindingdb.org/rwd/bind/index.jsp)是加州大学圣地亚哥分校 Michael K.Gilson 实验室发布的一个可公开访问的主要收集药物靶点蛋白质和类药小分子之间相互作用亲和力的数据库。目的是使研究者更容易通过网络获取相关分子的非共价结合数据，从而促进药物研发和结合预测模型的构建。

BindingDB 的数据来自 PDB 相关文献报道数据、专利信息、PubChem BioAssay 数据和 ChEMBL 记录数据。亲和力数据来自多种测量技术，包括酶抑制活性和酶动力学、等温滴定量热法、核磁共振(NMR)及放射性配体竞争测定法等。BindingDB 同时提供通路信息、化合物 ZINC 编号以及其他信息。BindingDB 与 PDB、PubMed、DrugBank 等多个外部数据库网站进行整合，提供数据互访链接，其也是 PDB 数据库中受体—配体结合亲和力的数据来源之一。

BindingDB 自 2007 年发布以来，数据每周更新，用户可以通过靶点名称、靶点序列、药物名称、药物结构和通路信息等多种方式进行检索，同时提供数据库数据下载和网络服务应用程序编程接口，以方便用户检索和获取服务器数据。

10.5.2 临床前研究数据库资源

临床前研究一般为 1～2 年，新药的临床前研究包括：药物的制备工艺、理化性质、纯度、检验方法、处方筛选、剂型、定性、质量标准、药理、毒理、动物药动学等研究。在经过体外实验、体内实验毒性测试后，才能进入下一阶段的临床研究。科研人员可通过文献检索、化合物检索、化学反应检索等，获得更加专业的信息。

1. PubMed 数据库

PubMed 是由美国国立医学图书馆开发的一个基于互联网的大型数据库系统，向全球公众免费提供包括 MEDLINE 在内的自 1950 年以来全世界 70 多个国家 4300 多种主要生物医学文献的书目索引和摘要，并提供部分免费和付费全文链接服务，因此药学科研人员检索生物医学相关文献时应首选 PubMed 数据库。

2. Embase 数据库

Embase (https://www.embase.com)是爱思唯尔推出的针对生物医学和药理学领域信息的网络数据检索服务。作为全球最大、最具权威性的生物医学与药理学文摘数据库，Embase 将荷兰医学文摘 1974 年以来的 1100 多万条生物医学记录与 900 多万条独特的 MEDLINE(1950 年以来)的记录相结合，囊括了 70 多个国家和地区出版的 7000 多种刊物，覆盖各种疾病和药物信息，尤其涵盖了大量欧洲和亚洲医学刊物，从而满足生物医学领域的用户对信息的全面需求。

3. SciFinder 数据库

SciFinder 数据库(https://scifinder.cas.org/)是《化学文摘》(Chemical Abstract，CA)的网络版，整合了 Medline 医学数据库、欧洲和美国等 50 多家专利机构的全文专利资料，以及《化学文摘》1907 年至今的所有内容。它涵盖的学科包括应用化学、化学工程、普通化学、物理、生物学、生命科学、医学、聚合体学、材料学、地质学、食品科学和农学等诸多领域。可以透过网络直接查看《化学文摘》1907 年以来的所有期刊文献和专利摘要；以及 8000 多万的化学物质记录和 CAS 注册号。SciFinder 可以检索的数据库包括：$CAplus^{SM}$(4600 多万条参考书目记录，每天更新 3000 条以上，始自 1907 年)；CAS $REGISTRY^{SM}$(1.35 多亿个有机物质和无机物质，大于 6700 万个生物序列，每天更新约 15000 条，每种化学物质有唯一对应的 CAS 注册号，始自 1957 年)；CASREACT®(9800 多万条反应记录，每周更新约 700~1300 条，始自 1840 年)；CHEMCATS®(一亿多条商业化学物质记录，来自 840 多家供应商的 950 多种目录)；CHEMLIST®(34.8 万种管制品化合物的详细清单，来自 28 个国家和国际性组织)；MARPAT (116.2 万个可检索的 Markush 结构，超过 48.1 万条专利记录)；MEDLINE(National Library of Medicine 数据库，超过 1700 万条参考书目记录，来自 4800 多种期刊，始自 1949 年)。SciFinder 有多种先进的检索方式，如化学结构式和化学反应式检索等。它还可以通过 Chemport 链接到全文资料库及进行引文链接。运用其强大的检索和服务功能，用户可以了解最新的科研动态，确认最佳的资源投入和研究方向。

4. Reaxys 数据库

Reaxys 数据库(http://www.reaxys.com/)由荷兰爱思唯尔公司出品，是内容丰富的化学数值与事实数据库。Reaxys 为 CrossFire Beilstein/Gmelin 的升级产品，将贝尔斯坦(Beilstein)、盖墨林(Gmelin)数据库、专利化学数据库(Patent)及化学相关期刊的内容整合为统一的资源，并增加了很多新的特性，包含了超过 5 亿条经过实验验证的物质信息，收录超过 1.19 亿种化合物，4600 万种单步反应和多步反应、5300 万条文摘记录。涵盖全球 7 大专利局和 16 000 种期刊，涉及化学、生命科学、环境科学、药物学、材料学等 16 个学科中与化合物性质检测、鉴定和合成方法相关的所有信息。同时，Reaxys 还集成 eMolecules 数据库和 PubChem 数据库内容，提供统一检索和访问，包含与化学结构相关的化学、物理等方面的性质，与化学反应相关的各种数据，以及药理学、环境病毒学、生态学等信息资源。

5. 毒素和毒素靶标数据库

毒素和毒素靶标数据库(The Toxin and Toxin Target Database，T3DB)(http://www.t3db.ca/)即毒素暴露数据库，是一种独特的生物信息学资源，它详细地将毒素数据与全面的毒素靶标信息结合起来。该数据库目前包含 41602 个同义词描述的 3678 种毒素，包括污染物、杀虫剂、药物和食品毒素，与 2073 个相应的毒素目标记录相关联。每个毒素记录(Toxin Card)包含 90 多个数据字段，包含诸如化学特性和描述符、毒性值、分子和细胞相互作用及医疗信息等信息。这些信息来源于其他化学数据库、政府文件、书籍和科学文献。T3DB 旨在为每种毒素提供毒性机制和靶蛋白，用户可通过该数据库检索到相关的文本、序列、化学结构和相互作用。T3DB 还可供毒素代谢预测、毒素/药物相互作用预测及公众对毒素危害的普遍认识，使其适用于各个领域。

10.5.3 临床研究数据库资源

新药的临床研究一般为 4～7 年，包括临床试验和生物等效性试验、剂量确定与安全性监测。临床试验分为 I、II、III、IV 期。I 期临床试验：为初步的临床药理学及人体安全性评价试验，即观察人体对于新药的耐受程度和药动学，为制定给药方案提供依据。II 期临床试验：为随机盲法对照临床试验，即对新药有效性及安全性作出初步评价，推荐临床给药剂量。III 期临床试验：为扩大的多中心临床试验，即遵循随机对照原则，进一步评价药物的有效性及安全性。IV 期临床试验：为新药上市后监测，即在广泛使用条件下考察疗效和不良反应。

1. 美国临床试验数据库

美国临床试验数据库(Clinical Trial.gov，https://clinicaltrials.gov/)是美国国立医学图书馆与美国食品与药物管理局(US Food and Drug Administration，FDA)1997 年开发，2002 年 2 月正式运行的临床试验资料库。向患者、医疗卫生人员和社会大众提供临床试验信息的查询服务；向医学科研人员和机构提供临床试验注册服务。ClinicalTrials.gov 是目前国际上最重要的临床试验注册机构之一，其注册和查询临床试验均为免费，被誉为公开化、国际化临床试验注册的典范。

2. 中国临床试验注册中心

中国临床试验注册中心(Chinese Clinical Trial Registry, ChiCTR)(https://www.chictr.org.cn/)，是由四川大学华西医院于 2005 年建立、2007 年由卫生部指定其代表我国参加世界卫生组织国际临床试验注册平台的国家临床试验注册中心，并于同年被认证为世界卫生组织国际临床试验注册平台的一级注册机构，是非营利性学术机构。中国临床试验注册中心的注册程序和内容完全符合 WHO 国际临床试验注册平台(WHO ICTRP)和国际医学期刊编辑委员会(ICMJE)的标准。中国临床试验注册中心接受在中国和全世界实施的临床试验注册，将临床试验的设计方案及一些必要的研究信息向公众透明；将注册试验信息提交 WHO ICTRP 供全球共享。香港中文大学临床试验注册中心和中国中医科学院针灸注册中心/中医药临床试验注册中心是中国临床试验注册中心的二级机构。

3. Pharma Pendium 数据

Pharma Pendium 数据(https://www.elsevier.com/solutions/pharmapendium-clinical-data)由 Elsevier MDL 公司研发，2007 年推出，Pharma Pendium 是以搜索美国食品与药品管理局和欧盟药品监督管理局(FDA & EMA)的批准信息包(FDA 为 1938 年至今，EMA 为 1995 年至今)为特色的产品，是唯一提供上市药物，临床前与临床药效、药物安全与药代动力学、药物代谢与转运酶、药物不良反应报告等数据的一站式平台；同时还收录此领域的权威期刊书籍内容，如 Meyler 副反应大全和 Mosby 用药参考等，助力药物筛选和研发进程。它包含以下子库：FDA 药物审批文件数据库、EMA 药物审批文件数据库、Meyler 药物副作用、Adverse Event Reporting System(AERS 数据库)、靶点信息库、毒性数据库、代谢数据库等。

10.5.4 药物申报和审批数据库资源

新药的申报与审批一般为 1~2 年，主要进行药物安全性、有效性评估，批准生产，上市后监测。一般通过Ⅲ期临床试验研究的新药产品可获得新药证书，并获得"试生产"文号，即可开始有限销售，同时在两三年内完成Ⅳ期临床试验研究。一旦顺利通过，即可申请转为"准字"号正式生产，公开出售，称为商业用药生产。新药上市后的监测为Ⅳ期临床试验的主要工作。药物申报和审批必须遵守各自国家相关新药申请的法律法规，接受相关国家机构的审理。

1. 美国食品与药品管理局

美国食品与药品管理局(https://www.fda.gov/)的下属机构——药品评审和研究中心(Center for Drug Evaluation and Research，CDER)是负责美国人用药(处方药、非处方药和生物制药)上市前审批和上市后监管的政府机构，提供大量的、有价值的免费信息，包括 FDA 批准上市的新药品种、通用药品、已批准具有等效性的药物(橙皮书：《经过治疗等效性评价批准的药品》)及其年增补本及每月增补和废止报告、药物副作用年度报告、药品缺陷年度报告数据库(主要来自执业医师的报告)、艾滋病和肿瘤临床试验信息、药品评审过程的信息、《政策和程序手册》(MaPPs)、药品法规索引、FDA 医药产品报告程序、新药专利和时效期、专利期延长的备案号、SAS 药物制剂稳定性、新药开发的相关规定等。CDER 对同类信息提供多角度、多方位的检索途径和检索入口，同样的信息可通过不同的途径和方法来获取。

2. 欧洲药品管理局

欧盟药品监督管理局(European Medicines Agency，EMA)(https://www.ema.europa.eu/en)，其前身为 1993 年成立的欧洲药品评价局(European Agency for the Evaluation of Medical Products，简称 EMEA)，2004 年 4 月 30 日，在颁布的(EC) No.2004/726 法令中，在保持 EMEA 标识和基本职能不变的前提下，将 EMEA 更名为 EMA。

EMA 主要任务是负责对申请上市的新药进行技术审评和监督管理，具体有以下六个方面。①向成员国当局和欧洲委员会提供人用药品和兽用药品在质量、安全、疗效方面的科学意见。②动员各成员国现有的力量，组建一支多国专家队伍，以实现对申请上市许可的新药申报资料实行一次性审评。③在欧盟范围内为药品审批、监督(或药品的撤销)建立一整套快速、高效、高透明度的工作程序。④加强对上市药品的监督，协调各成员国的药品事务工作和药品生产质量管理规范(GMP)、药物临床试验质量管理规范(GCP)、药物非临床研究质量管理规范(GLP)的监督工作。⑤为制药公司提供法规和科学技术方面的咨询服务；⑥建立必要的数据库，促进药品审评监督及管理的情报信息工作。欧盟各成员国有各自的药品监督管理机构，承担了所在国药品审批互认程序和非集中程序、EMA 委派的监督检查和所在国的日常监督检查、所在国药品上市后疗效与安全性监控等工作。

3. 中国国家药品监督管理局

国家药品监督管理局(https://www.nmpa.gov.cn/)是中国国家药品的监管机构，其网站提供数据查询。资源包括中国药品监督管理部门批准的药品、器械、保健品、化妆品、安全监管、市场监管等相关数据，负责药品(含中药、民族药)、医疗器械和化妆品安全监督管理。

4. Rxlist 网上处方药物索引

Rxlist 网上处方药物索引(https://www.rxlist.com/script/main/hp.asp)建于 1995 年，是美国的一个在线处方药物查询网站，其数据库含有 5000 种以上药物，提供有关品牌药和仿制药的详细且最新的药物信息，包括处方组成、原辅料所符合的标准、药物作用、作用原理(简述)、结构式、分子式、分子量、性状、溶解情况及该药物剂型、剂量。此外还包括临床药理、适应证、剂量和用法、包装、警告、禁忌证、注意事项、副作用、药物相互作用、过量、病人信息等内容。

RxList 于 2004 年被 WebMD 收购。Rxlist 以药剂师和医生撰写的文章及 FDA、Cerner Multum 和 First Databank, Inc.等可靠来源提供的数据为依据，不断地对处方药物进行更新，信息时效性强，可靠性高。在 RxList 上，可通过药品名称 Drugs A-Z 列表(品牌和仿制药名称的字母顺序列表)、颜色、外形、标记号(imprint)、商标等药丸识别信息(pill identifier)及疾病或症状(diseases & conditions)入手查找到有关药物的信息。

5. 药渡数据——全球药物&器械竞争情报平台

药渡数据——全球药物竞争情报平台(https://www.pharmacodia.com/)是基于大数据的药物研发信息数据库，以"药物"为主线，整合 20 多个生命科学专业领域知识，涵盖全球药物、全球器械、投资生态、药学研究、临床试验、专利文献、市场数据、政策法规和世界药闻等 50 多个板块。平台内容包括但不限于全球药物数据、国内外批准数据、临床试验数据、注册审评数据、靶点/适应症数据、专利/文献数据、市场数据等。通过输入药物名称，即可获得药物的相关信息，包括基本信息、主要国家批准情况、化学信息、专利信息、化合物的合成路线、临床试验信息等。支持多维度检索和精准筛选，更有下载、导出等人性化功能更好赋能科研工作。

6. 药融云数据平台

药融云数据平台(https://pharma.bcpmdata.com/)覆盖了医药生命周期的所有数据，囊括了药品研发、全球上市、一致性评价、生产检验、合理用药、原料药等几大模块。药品研发库群：全球药物研发、药代动力学、药效学、药物活性、药物安全性、不良反应报告、药物合成路线、全球临床试验、中国药品评审等。全球上市数据库群：全球上市药品、美国 FDA 批准药品、中国药品批文、美国 NDC 目录、日本药品、英国药品、德国药品等 40 多个国家及地区上市药品批准数据，涵盖药物名称、活性成分、企业、剂型、说明书等详细信息。一致性评价数据库群：一致性评价、仿制药参比制剂目录、产品制剂备案、美国橙皮书、美国紫皮书、日本橙皮书、BCS 数据等。合理用药数据库群：药品说明书、国外药品说明书、医保目录、医保药品分类和代码、药物 ATC 编码、基药目录、辅助用药重点监控目录、中国 OTC 目录、临床诊疗指南、临床路径、中药分类、中药保护品种等数据库。生产检验数据库群：药品标准、国外药典、马丁代尔药物大典、药包材标准、ICH 指导原则、中药饮片炮制规范等。药融云数据平台囊括生物医药近 6000 万条数据资源，药融云 AI 联动检索体系、成熟完整的数据更新体系能够使药物知识体系更加精准。

10.6 循证医学证据检索

10.6.1 循证医学的概述

1. 循证医学的概念

循证医学(Evidence-based medicine，EBM)，意为"遵循证据的医学"，又称实证医学，港台地区也译为证据医学，是一种医学诊疗方法，强调应用完善设计与执行的研究(证据)将决策最佳化。著名临床流行病学家 David Sackett 教授于 2000 年将 EBM 定义为"慎重、准确和明智地应用所能获得的最好研究依据来确定患者的治疗措施"，2014 年 Gordon Guyatt 将 EBM 定义为"临床实践需结合临床医生经验、患者意愿和来自系统化评价和合成的研究证据"。根据以上定义可以看出，循证医学是将当前可获得的最好、最新的研究证据，结合医生的专业技能和经验，充分考虑患者的价值观、期望，同时兼顾当地医疗卫生环境，形成证据、医生、患者三方面的有机结合，从而产生一个完美、正确、有效的诊疗方案的循证实践的医学过程。EBM 临床实践包含四个要素，即真实有效、重要适用的最佳证据；能发现问题、解决问题的临床医生；充分知情、积极合作的患者；具备条件、保证实施的医疗卫生服务环境。

2. 循证医学证据资源分类

证据是循证医学的基石，遵循证据是循证医学的本质所在。临床研究者和应用者应尽可能提供和应用当前最可靠的临床研究证据是循证医学的关键。

循证医学证据资源涉及的期刊和数据库较多，为方便指导临床研究者和应用者能快速而自信地查找他们所需的证据并判定证据资源的优先级别，加拿大 McMaster 大学临床流行病学和生物统计学教授海恩斯(Brain Haynes)提出了判定循证证据资源优先级别的"6S"金字塔模型。"6S"证据资源金字塔模型是按证据查找、评价、利用的快捷性、相关性和有效性进行排列的，层级越往上，对解决临床问题的时效性和可行性越强(见图 10-22)。

计算机辅助决策系统，位于"6S"最顶层。系统能根据个体患者的特征自动链接至当前与该患者具体情况相关的最佳证据，并提醒或告知医护人员治疗的重点。代表是整合了计算机决策支持系统的电子病历系统。目前这种系统还处于探索阶段，未能广泛应用。

循证证据整合数据库(summaries)，也称为"新型医学循证数据库"，是循证医学与临床紧密结合的产物。其主要针对某一具体疾病提供有关其治疗选择的全面证据，直接给出答案或给出专家的推荐意见和推荐强度。这类数据库通常是按照各临床问题，由检索专家完成相关文献检索、由方法学专家完成文献质量评价，再由临床专家撰写并给出推荐意见。因此，通过这类数据库检索获得的证据可以不经过质量评估直接用于临床，也不必阅读冗长的原始文献，极大地节约了临床医生的时间。代表性的资源有 Up To Date(www.uptodate.com)、DynaMed(www.dynamed.com)、BMJ Best Practice(https://bestpractice.bmj.com/)等。

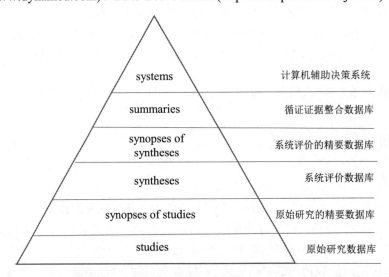

图 10-22 海恩斯"6S"证据资源金字塔模型示意

临床实践指南也可归属于这类资源。临床实践指南是针对特定的临床情况，收集、综合和概括各类临床研究证据，系统制定出帮助医师作出恰当处理的指导意见，其证据级别较高，可以直接用于指导临床实践。代表性的循证医学指南资源有国际指南协作网(http://www.g-i-n.net)、加拿大医学会临床实践指南网站(https://joulecma.ca/cpg/homepage)、苏格兰大学校际指南网 SIGN(https://www.sign.ac.uk/)、英国国家卫生和临床技术优化研究所 NICE(https://www.nice.org.uk/)等。目前此类资源数量还较少，主题覆盖面窄，内容比原始文献数据库少。

系统评价的精要数据库、系统评价数据库及原始研究的精要数据库合称"传统循证医学数据库"。系统评价是由多个证据合成的，如 Cochrane 系统评价及发表在各种期刊上的系统评价等，这类证据资源具有数量较多、报告冗长、质量参差不齐、需使用者自己判断、更新难以保障、易用性不佳等特点；系统评价或原始研究的精要，是对单个原始研究或系统评价进行简要总结及专家对证据质量和证据结论的简要点评和推荐意见，特点是较易使用，但分布零散、不够系统，且更新机制不佳。传统循证医学数据库可以提供高质量的循证证据，但与相比循证证据整合库相比，其内容较零散，且通常未给出分级推荐意见，需要专业循证医学知识才能解读检索结果。代表资源有 Cochrane Library、ACP Journal Club、Evidence-based 系列刊物等。

原始研究数据库(studies)：位于最底端，是指原始的单个研究，如 PubMed、Embase、中国生物医学文献数据库 Sinomed 等数据库里的资源，一般具有数量庞大，质量缺乏保障，易用性差，必须进行严格评价的特点。

除上述提及的各类型资源库外，近年来出现了一些新兴综合性数据检索平台，可同时提供原始研究、系统评价、临床实践指南等内容检索，且结果更加精准，在开展循证医学实践时利用更方便。如 SUMsearch2.0 循证数据库(http://sumsearch.org/)、TRIP Database (https://www.tripdatabase.com/)、Clinical Key(https://www.clinicalkey.com/)、深圳迈特思创科技公司开发的临床循证医学检索系统(Clinical Evidence Based Medicine Retrieval System，FEBM https://febm.metstr.com/)等，可以考虑优先使用。

证据检索时，应遵循省时、省力、高效原则。"6S"证据资源金字塔模型顶端工作量小，覆盖面小，越往底端工作量越大，覆盖面也越大。临床用证检索可从金字塔顶端向底端依次检索。一旦在某一层级获得可靠、有效证据，则可停止查证，回到临床解决实际问题。

10.6.2 常用循证医学证据资源介绍

1. Cochrane Library 数据库

1) 数据库简介

循证医学图书馆(Cochrane Library)是国际 Cochrane 协作网(The Cochrane Collaboration)的主要产品，由美国 Wiley 公司出版发行。Cochrane 协作网是以已故的英国著名流行病学家和内科医生 Archie Cochrane 的姓氏命名的，于 1993 年在英国正式成立的一个旨在制作、保存、传播和更新医学各领域的系统评价(systematic reviews)，为医学实践提供最佳证据的国际性、非营利性的民间学术团体。Cochrane Library 旨在将 Cochrane 证据置于全世界卫生决策的核心位置，使医疗决策得到优化。目标是产出可靠且及时的综合证据，解决最重要的健康和护理决策问题；提倡运用证据，成为全球领先的循证健康和护理倡导者；为健康和护理决策提供信息。它是一个包含不同类型的高质量、独立证据，为医疗保健决策提供信息的数据库合集，是循证医学重要的信息源，被公认为是循证医学领域的"金标准"。Cochrane Library 主要包含以下三个高质量子数据库。

Cochrane 系统评价数据库(Cochrane Database of Systematic Review，CDSR)：是医学保健领域系统评估的领先资源，提供 Cochrane 评价全文(包括方法，结果和结论)及研究方案。CDSR 几乎涵盖临床医学各专业，包含综述、研究方案计划书和部分社论及副刊。

Cochrane 临床对照实验数据库(Cochrane Central Register of Controlled Trials，CENTRAL)：提供成百上千个研究的书目信息，包括会议论文和其他文献数据库中未列出的其他来源的论文。其临床试验是国际公认系统评价撰写不可或缺的内容。

Cochrane 临床解答(Cochrane Clinical Answers，CCA)：为读者提供了一个易查询的、可读性强的、以临床为中心的、严谨可靠的研究数据库，其易于操作，有利于为即时诊断的决策提供信息。每条 CCA 都包含一个临床问题、一个精简的回答，以及来自 Cochrane 评论的结果，这些结果被认为与目标受众和医疗保健专业人员最为相关。

2) 检索方法

在浏览器地址栏中输入 https://www.cochranelibrary.com/，即可进入 Cochrane 图书馆主页面(见图 10-23)。

图 10-23　Cochrane 图书馆主页面

Cochrane library 检索方法主要为浏览和词语检索两种方式(见图 10-23)。其中，浏览可按主题 (topic) 或按 PICOs 模式浏览，直接选择相应主题或 P(Patient/Population/Problem)、I&C(Intervention & Comparison)、O(Outcome)即可分类浏览，比较简单；词语检索方式主要包括快速检索、高级检索，通过高级检索还可进行医学主题词(MeSH)检索及创建复杂检索策略。

(1) 快速检索模式。在主页右上方检索框内直接输入检索词，选择需要进行限制检索的字段(全文、标题、作者、摘要或关键词等检索字段)，单击"放大镜"按钮即可获得检索结果。当有多个检索词时，可使用逻辑运算符组成较复杂的检索式进行检索，系统支持常见的检索语法：布尔运算法(AND，OR，NOT)，优先运算用括弧，临近运算法(NEAR，NEXT)和截词符号(*或?)等。若输入的多个检索词无任何运算符号，则系统默认词与词之间自动进行"AND"逻辑"与"的运算；若要在检索词间进行逻辑"或"运算，也可用"，"代替"OR"逻辑运算符，例如：gene, therapy 可替代 gene OR therapy，检索词大小写不敏感。

(2) 高级检索模式。单击检索词输入框下面的"Advanced search"，可进入高级检索界面(见图 10-24)。在高级检索页面,系统提供四种检索模式,即 Search、Search manager、Medical terms (MeSH)、PICO Search,默认 Search 模式。通过高级检索可创建复杂检索策略和使用医学主题词进行检索。

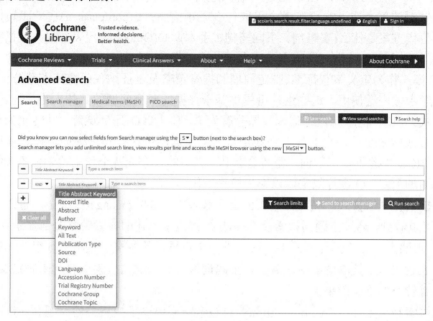

图 10-24　Cochrane library 高级检索页面

① Search 模式。Search 模式为检索者提供了十分方便的、能对检索范围进行各种限定或扩展的功能。该检索模式对检索字段和逻辑运算符的选择均可通过下拉菜单进行操作,快速检索模式在检索方面的特点同样适用于此检索模式。用户可以利用检索词输入框右边提供的下拉菜单进行检索词的字段限定,检索框内可使用星号、引号、逻辑运算符等构成检索表达式。在一个检索框内完成一个检索表达式之后,可以利用检索词输入框左边提供的下拉式菜单选择逻辑运算符"AND""OR"和"NOT"与另一个检索表达式进行组配。"Search limits"按钮可以根据特定数据库、文章状态、综述类型、Cochrane 综述组或出版日期进行检索限制。

② 主题词检索模式。单击高级检索页面上方的"Medical terms(Mesh)"按钮,进入主题词检索模式。在检索框内输入检索术语(主题词或关键词),自动完成程序会在输入时显示常见的检索术语,选择要检索的词语后,单击词表"Look-up"按钮,在检索词输入框下,就会显示与检索词精确匹配的主题词、主题词注释信息、匹配的短语及主题词树状结构等信息,而在检索词输入框右边提供的下拉菜单可显示与该主题词组配的副主题词供选择使用。

检索中,除可选择与某主题组配的副主题词外,还可选择是否对该主题词进行扩展检索及对某一具体树进行扩展检索,这些选项选择完成后,在右侧检索结果区即显示检索结果数量,单击"View results"即可见检索结果。单击"Add to search manager"可以将主题词检索结果新增到 Search Manager(检索管理器)中,以方便查看所有的检索结果及建立复杂的检索策略。

③ PICO 检索模式。PICO 检索模式(PICO Search)代表临床研究问题的四个不同的潜在组成部分：P(Patient/Population/Problem)代表患者、人群或问题，患者或人群的特征是什么(人口统计、危险因素、既往病史等)，感兴趣的病症或疾病是什么；I(Intervention)代表干预措施，针对该患者或人群正在考虑采取什么干预措施；C(comparison)代表比较措施，干预措施的替代方案是什么(安慰剂、不同药物、手术)；O(Outcome)代表结果，包括哪些结果(生活质量、临床状态变化、发病率、不良反应、并发症)。

PICO 模式作为定义审查标准、制定问题和搜索策略及表征纳入研究或荟萃分析的策略，在循证医学中被广泛使用，这些组件可提供基于证据的研究问题的具体人物、内容、时间、地点和方式。PICO 检索就是将临床问题分解为 P、I、C、O 几个要素，并转化为可以检索的术语，形成检索途径，它的最大好处是将问题聚焦，快速找到关键词。在具体检索中，通常选取 PICO 中的重要特征词，尤其是 P 和 I 当中的一个或两个作为检索元素，如果检索结果太多则加上 C、O 进行限定，以缩小检索范围。

④ 检索管理器模式。高级检索页面上方选择"Search manager"按钮，进入检索管理器页面。可以看到，通过主题词检索及 Search 模式检索创建的检索策略全部显示在"Search manager"页面上。在检索管理器中，可以进一步对显示的各检索策略进行组合，建立更复杂的检索表达式。在具体检索中常需要将主题词检索和关键词检索结合起来制定检索策略，从而保证有较好的检索效果。

(3) 检索结果处理。Cochrane library 对检索结果提供了按相关性、题名、出版时期等排序方式，并将结果按来源不同统计出来，包括 Cochrane Reviews、Cochrane Protocols、Trials、Editorials、Special collections、Clinical Answers 等，可对来源数据库进行选择。此外，Cochrane library 还在结果页面左侧提供了一些条件限定，如 date(出版时间)、status(状态)、language(语种)、type(类型)、topics(主题)等，供我们对检索结果进一步筛选。

2. 临床循证医学检索系统

1) 数据库简介

临床循证医学检索系统(Foreign Evidence-Based Medicine，FEBM)是由中国研究型医院学会主办，深圳市迈特思创科技有限公司承办的一个整合了循证信息资源及多种检索方式的一站式证据检索评价平台。该库整合了 PubMed、Cochrane library、ACP Journal Club、POEMs、Clinical Evidence 等的全部二次信息文摘资源及国际权威的临床试验注册资源，循证医学资源覆盖率达 90%，且每日更新。通过该一站式证据检索平台，不仅能够检索到已经发表的各个重要循证数据库的文摘资源，还能检索到未发表和正在进行的研究结果；不仅能够检索"6S"证据资源金字塔模型中各个层级的证据，还能检索特定的某个二次文献数据库和临床试验注册库。本平台为医生提供了多种人性化、本土化功能设计及医学聚类关联功能，如答案要点、中英文双语检索、机器翻译、划词翻译、证据强度显示、研究设计类型显示、影响因子排序、证据级别排序、出版日期排序、全文传递通道等功能，方便用户快速查找、筛选、使用国际权威证据资源，快速挖掘并持续追踪学科研究热点。

2) 检索方法

在浏览器地址栏输入 http://www.metstr.com，输入账号密码登录或在机构 IP 内点选 IP 登录，然后在首页资源中选择"临床循证医学检索系统"进入该数据库。FEBM 提供三种类型的检索方式,分别是:专业检索、导航检索、二次资源检索。三种类型检索方式构成了 FEBM 独特的证据检索体系,用户不仅能够通过快速精确检索得到临床答案,还能通过导航检索了解更多的相关知识。

(1) 专业检索。专业检索包括文本词检索、主题词检索、PICO 检索、临床查询检索等,它们各有特点,用户可以根据自己对知识或者证据的需求进行定向的资源查找(见图 10-25)。

图 10-25　FEBM 专业检索页面

① 文本词检索。文本词检索支持双语检索、通配符"*"检索、短语检索和词语间逻辑匹配检索等检索功能,同时提供检索字段限定和年代的限定检索。

② 主题词检索。主题词检索是用规范化的医学主题词进行检索,可实现对主题词进行副主题词组配检索,限定主要主题词和扩展检索,类似 PubMed 的主题词检索功能。

③ PICO 检索。同 Cochrane library 中 PICO 检索模式。

④ 临床查询检索。临床查询(Clinical Queries)检索是基于加拿大 McMaster 大学海恩斯教授等学者的研究结果,构建的一组预置的用于查找系统评价和临床试验的过滤器,与用户输入的检索式或检索词进行"AND"连接,同时提供精确检索(Narrow)和广泛检索(Broad)选项。通过此功能可达到精简检索结果的目的,帮助临床医生快速、准确地查找到针对诊断、治疗、病因、预后、临床预测指南等不同类型临床问题的证据答案。临床查询功能除在 FEBM 中应用外,在 PubMed 数据库中也有应用。

⑤ 检索历史。检索历史功能是与检索策略功能的整合。检索历史运算功能既可以保存检索的每一个步骤,又可以对检索步骤进行逻辑运算以达到实现复杂检索的目的。策略加载与策略保存功能可以实现对检索步骤的本地保存,下次应用这个检索策略的时候可以进行策略加载完成。

(2) 导航检索。导航检索包括 ICD-10 疾病分类导航、MeSH 疾病分类导航和药物分类导航。临床医生可以依据相关的导航树直接单击查找相关的知识和证据,不需要进行检索词的抽取、检索策略的构建等步骤,直接、方便、快捷地查找自己所需要的问题答案(见图 10-26)。

① ICD-10 疾病分类导航。国际疾病分类(International Classification of Diseases,ICD),是 WHO 制定的国际统一的疾病分类方法,它是一个根据疾病的病因、病理、临床表现和解剖位置等特性,将疾病分门别类,使其成为一个有序的组合,并用编码的方法来表示的系统。通过 ICD,FEBM 能够直接与医院的 HIS 系统相连接,真正实现床旁决策信息的快速精准查询。

图 10-26　FEBM 导航检索页面

② MeSH 疾病分类导航。MeSH 疾病导航是依据 MeSH 中疾病类的树状结构而设立的。通过单击 MeSH 疾病分类导航，可帮助用户从学科类的疾病入手，快速定位到要查找的主题词；若知道自己要检索的主题词，也可以通过主题词首字母 A-Z 的导航快速找到相应主题词。

③ 药物分类导航。药物分类导航是依据 MeSH 中药物类的树状结构而设立的。将药物以树状结构的形式进行相应分类，使药物的层次关系一目了然。可以通过单击查看某药物的相关属性，了解药物的疗效及临床疗效观察，查看药物的上一级、下一级对应的药物。

(3) 二次资源检索。二次资源检索主要是为满足具有特定需求的医生和科研人员而设定，使用者可以通过资源类型检索库入口查找具体证据数据库，获得特定的资源。二次资源库主要包括 Cochrane Library、Clinical evidence、ACP Journal Club、POEMs、临床指南等（见图 10-27）。

图 10-27　FEBM 二次资源检索界面

① Cochrane Library 是世界公认的有关临床疗效证据最好的信息源，是循证医学实践的最可靠证据来源。其主要包括 Cochrane 系统评价数据库(CDSR)、Cochrane 临床对照试验中心注册数据库(CENTRAL)、Cochrane 临床解答(CCA)等。

② Clinical Evidence 是一个不断更新的有关常见临床干预影响证据的最佳资源，提供病症的概述及用于该病症的预防和治疗干预手段的优缺点，强调支持特定干预手段的最佳可得证据，重在为患者带来最佳结果，涵盖了治疗和护理中的最常见病症。

③ ACP Journal Club 对每个学科内最好的 100 多种期刊进行定期筛选，选择符合循证医学要求的论著，对其进行详细摘要并评论其临床应用价值，便于临床医师快速了解并应用到临床实践。FEBM 对 ACP Journal Club 文献资源进行系统整合，并提供了学科导航和自

由词检索方式，用户可以快速、准确地获取 ACP Journal Club 中的重要证据资源。

④ POEMs(patient-oriented evidence that matters)证据是指面向患者的事件证据，POEMs 观察的是终点指标(发病率、死亡率、致残率、生命质量等)，即那些能帮助病人活得更长和活得更好的治疗结果，包括发病率的减少、死亡率的下降、病患症状的减轻、生活质量的提高或治疗费用成本的降低等。对疾病的结果起绝对作用的是基于病人的证据，现代疾病的诊治方案已向 POEMs 转移，医师和病人现在越来越怀疑基于疾病的证据(Does)，而更加重视 Poems 证据的应用。

⑤ 临床指南是针对特定的临床问题，由主题相关的多学科专家在综合当前可得最佳证据的基础上，充分考虑患者价值观，经系统研究后制定发布，用于帮助临床医生和患者作出恰当决策的指导性文件，具有很高的权威性和参考价值，对医学实践具有很强的实践指导意义。

3) 检索结果处理

FEBM 提供了标准的证据过滤及评价工具，帮助医生在查证、用证时能快速获得临床问题的答案。系统默认对检索结果按证据级别排序，将高级别的证据显示在最前面，此外，还可按相关度、出版日期、影响因子等进行结果排序；利用 FEBM 提供的重要循证医学二次文献过滤器、零次文献过滤器、一次文献过滤器及时间过滤器可对检索结果快速进行过滤，可快速查到当前最新、最佳的证据文献，极大地提高了临床医生查证的效率。同时，通过聚类关联，直观呈现相关疾病、相关药物、相关诊断方法、相关治疗方法、相关物质名词、代谢分析及其他、相关中药物质类等文献，使用户方便、快速、直观地浏览自己所需的临床信息，满足临床循证决策的文献需求(见图 10-28)。

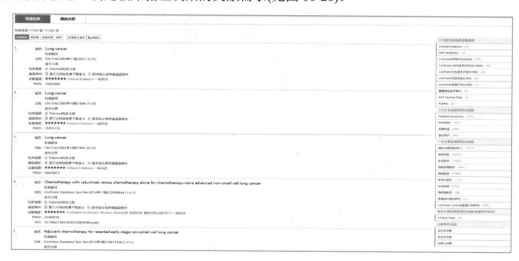

图 10-28 FEBM 检索结果排序与结果过滤页面

3. BMJ 临床实践库

1) 数据库概述

BMJ 临床实践库(BMJ Best Practice，BP)(https://bestpractice.bmj.com)是英国医学杂志(BMJ)出版集团于 2009 年出版的升级版循证医学数据库资源，它在 BMJ Clinical Evidence 中的治疗研究证据的基础上，整合了来自全球的最新的高级别临床研究成果、最佳指南和专家意见,是由国际医学专家和专业编辑团队整理并实时更新而成的一种循证证据总结库。其内容涵盖了80%以上的人类已知疾病的诊疗知识,包含1000余个专题、10000多种诊断方法、12500多个治疗方案、3000多项诊断性检测方法和6000多篇国际指南、250多种医学计算器,可为医疗卫生专业人士提供快速标准和临床计算支持。提供大量的病症彩色图像和数据表格、视频等资料,可观看常见临床操作(中心静脉导管置入)的动画演示,有效提供了医生在临床工作流程的各个环节需要的关键信息和知识。BMJ Best Practice 设计严格遵循临床诊疗思路及诊断流程,按步骤提供关于症状评估、检查、治疗方法和随访的建议,鉴别诊断、独特的治疗流程及分步治疗指导很好地支持真实世界的临床需求,被全球的使用者评为临床决策过程中重要的、可靠的、高效的临床支持工具。

2) 检索方法

在地址栏输入 https://bestpractice.bmj.com,进入 BMJ Best Practice 数据库首页(见图 10-29)。在首页可通过直接输入关键词检索、浏览导航栏的"临床内容"的方式获取平台内容。

图 10-29　BMJ Best Practice 首页

(1) 关键词检索。

直接在检索框输入疾病或症状名称关键词进行检索，平台会自动出现推荐主题，单击相应主题，进入结果页面。

(2) 分类导航。

单击网页导航栏"Browse clinical content"下拉菜单，浏览最近更新、学科分类、医学计算器、临床操作视频等。

"近期更新"是由 BP 编辑团队实时对主题内容进行评估并作出的相应更新，提供最新循证决策支持。在"最近更新"内可按时间和学科浏览重要更新和常规更新，通过单击"重要更新"可快速浏览改变临床实践的关键更新。

"学科分类"中，BP 将主题分为 30 余个临床学科，供按学科查找和浏览相关主题。每个学科内的主题按 A-Z 排序，在每个学科分类下，可以通过"急症主题"查找本学科内相关的急症主题。

BP 包括 250 个"医学计算器"，医学计算器采用量表评分或公式的计算方式，填写相关参数后系统会自动计算结果并给出相关参考区间。通过计算器可即时评估临床指标和疾病风险。所有医学计算器均和相关主题进行了关联，并在主题小结章节页面展示。可在"医学计算器"内按 A-Z 或学科浏览相关医学计算器或进行检索；

BP 覆盖常见临床操作视频。可在"视频"内进行相关视频的浏览。视频包括操作器械罗列、并发症、适应证、禁忌证和后续注意事项。所有视频均和相关主题进行了关联，并在主题小结章节页面展示。

3) 检索结果呈现界面

检索结果主要包括三种显示界面，即疾病诊治标准界面、症状分析评估界面、概述类主题界面。

(1) 疾病诊治标准界面。

BP 包含 800 多个疾病类主题，可覆盖大部分临床常见疾病。每个主题包括一个具体疾病从基础理论到预防、诊断、鉴别诊断、检查、治疗方案、随访、疾病预后等各环节的临床信息。通过标准导航菜单，可直接单击所需内容，一键直达相关章节。主题显著位置还标注了内容审核及更新日期、重要更新。

(2) 症状分析评估界面。

BP 包含 129 个症状评估类主题。每个主题为一类常见临床症状或表现提供详细的评估和诊断指导。"应急考虑"章节提醒在接诊患者时需优先考虑的诊疗信息，以避免疾病恶化或严重并发症的发生。"鉴别诊断"内容简明，且按相关疾病的发病率或类别进行排列，便于对疾病作出快速的诊断。

(3) 概述类主题界面。

BP 包含 26 个概述类主题。每个主题涵盖针对一类疾病的综合介绍，并可通过链接关联到相关的疾病类或症状评估类主题。

本 章 小 结

本章介绍了特种文献及专类信息的定义、特点、常用的网站资源及检索方法。首先，本章介绍了 4 类特种文献，主要包括会议文献、学位论文、专利文献、标准文献，它们具有专业性强、技术含量高、针对性强等特点，介绍了如何利用专业搜索引擎、专业数据库等工具进行有效的信息检索，如何利用关键词检索、布尔逻辑运算符等技巧提高检索效率。这类文献信息对于特定行业、特定人群具有重要的参考价值，可以为相关人员提供专业、准确、实用的信息支持。其次，强调了领域知识在专类信息检索中的重要性，介绍了药学信息检索，按照药物研发生命周期的不同阶段，分别介绍了各阶段主要应用的相关数据库资源。最后，介绍了循证医学证据检索，证据是循证医学的基石，为方便用户能快速而自信地查找证据并判定证据资源的优先级别，着重强调了循证证据资源分类的"6S"金字塔模型，并对目前常用的三个证据资源做了详细论述。

思 考 题

1. 请利用百度查询你感兴趣领域的专题医学会议信息。
2. 请结合自身专业，查找相关中外文协(学)会网站中学术会议的动态信息。
3. 检索有关中医药治疗鼻炎的学位论文，并列出其中一篇文章的文章名、作者、导师、学位授予单位及时间。
4. 通过 PQDT 数据库的基本检索途径查找有关肺癌的基因治疗方面的学位论文，请写出一篇文章的标题和指导老师。
5. 通过国家知识产权局网站查找 2023 年有关一种面向高血压问诊随访场景人机交互方法的中国专利，请写出一个专利的专利名称及申请人。
6. 利用相关标准网站分别检索一条有关医药学方面的中国国家标准、地方标准、行业标准及团体标准。
7. 利用有关药学信息资源数据库检索韦立得(Vemlidy)，即富马酸丙酚替诺福韦片(Tenofovir alafenamide fumarate tablets)的处方资料、新药报批、临床研究及不良反应等的研究文献。
8. 循证医学资源按海恩斯"6S"金字塔模型可分为哪几层，每层代表性资源有哪些？各有什么特点？
9. 利用 Cochrane Library、FEBM 数据库检索有关肺肿瘤化疗方面的临床研究证据。

第11章 医学信息资源管理与利用

本章要点

◎ 科研选题的原则、类型与程序

◎ 科研项目申报的意义及申报类型

◎ 科技查新的概念、作用和类型

◎ 医学论文的特征及种类、医学论著与医学综述的撰写技巧

学习目标

◎ 掌握科研选题的程序

◎ 了解科研项目申报的注意事项

◎ 掌握科技查新的作用

◎ 熟悉医学论文撰写的技巧

11.1 文献管理工具

11.1.1 云笔记

云笔记是一种在线文档和笔记管理工具，它能够让用户随时随地记录和编辑内容，并与他人共享和协作。以下是一些常见的云笔记软件。

(1) Evernote(印象笔记)。Evernote 作为一款备受欢迎的云笔记软件，Evernote 提供了多端应用，支持文字、图片、语音等多种方式记录。此外，它还支持标签、分类、评论等功能，使用户能够更轻松地管理笔记。其操作界面如图 11-1 所示。

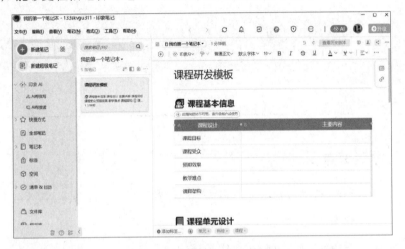

图 11-1　Evernote 操作界面

(2) OneNote。OneNote 是由微软公司推出的云笔记软件，其与 Office 套件深度集成，可以轻松创建、编辑和共享各种类型的笔记，包括文本、图片、音频、视频等。其操作界面如图 11-2 所示。

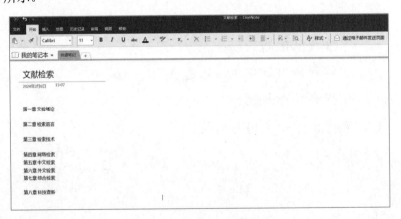

图 11-2　OneNote 操作界面

(3) Google Keep。Google Keep 是谷歌提供的一款云笔记软件，用户可以通过它创建多种类型的笔记，如文本、图片、语音等。此外，Google Keep 还支持通过 Google Drive 进行备份，确保你的笔记安全无误。其操作界面如图 11-3 所示。

图 11-3　Google Keep 操作界面

以上这些云笔记软件都有各自的特点和优势，用户可以根据自己的需求和偏好选择适合自己的软件。例如，Evernote 的多端应用和 OneNote 的 Office 集成功能可能会吸引部分用户，而 Google Keep 的简洁设计则可能受到其他用户的青睐。总的来说，云笔记软件为我们的生活和工作带来了极大的便利，使我们能够更高效地记录和整理信息。

11.1.2　思维导图

思维导图是一种高效且极具视觉冲击力的思维工具，它以中心主题为核心，通过延伸出相互关联的次级主题及其对应的子主题，将抽象思维转化为具体、可视的图像。这种图解方式有助于激发人们的创造力和记忆力，从而更高效地梳理、理解和解决问题。

在制作思维导图时，我们首先需要明确中心主题，它是整个思维导图的核心，代表着我们需要探讨和解决的主要问题。其次，我们需要围绕中心主题，逐个罗列出与之相关的次级主题，并进一步细分出更次级的子主题。在绘制思维导图的过程中，我们可以通过使用不同颜色、图案和字体等方式，使主题之间的逻辑关系更加直观。

思维导图的应用领域非常广泛，无论是个人的学习、工作，还是团队的沟通、协作，都可以借助思维导图来提升效率。例如，在个人学习中，思维导图可以帮助我们快速梳理知识点，加深记忆；在工作中，思维导图可以协助我们更高效地进行项目规划、任务分配等；在团队协作中，思维导图可以帮助团队成员更好地理解项目目标，促进沟通与合作。

总之，思维导图作为一种强大的思维工具，可以帮助我们更好地梳理、理解和解决问题，提升效率和创造力。无论是在生活还是工作中，掌握思维导图的技巧都具有重要意义。

常用的思维导图工具有以下三种。

（1）XMind。XMind 是一个全功能的思维导图软件，界面美观，绘制出的思维导图结构清晰，层次分明，可以快速创建思维导图，支持导出多种格式，如 PNG、JPG、PDF 等，并支持打印功能。其界面如图 11-4 所示。

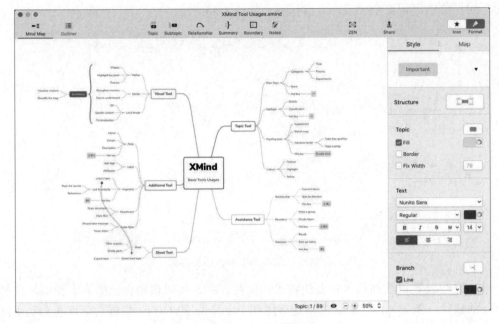

图 11-4　XMind 操作界面

(2) MindNode。MindNode 是一款极简主义的思维导图工具，具有优雅的界面和简单易用的操作，支持多种输入方式，如文本、图片、音频等，可以轻松创建思维导图并支持自由编辑，支持导出为图片、PDF 等格式。其操作界面如图 11-5 所示。

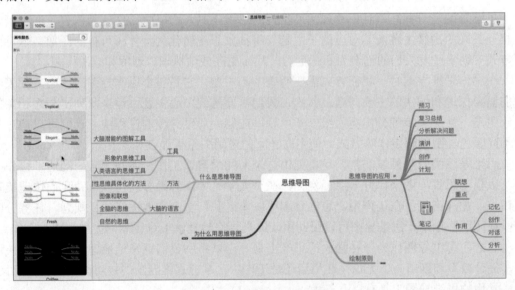

图 11-5　MindNode 操作界面

(3) MindMeister。MindMeister 是一个在线思维导图工具，具有丰富的功能和灵活的特性，支持多人协作和云端存储，可以轻松创建思维导图并支持自由编辑，支持导出为图片、PDF 等格式。其操作界面如图 11-6 所示。

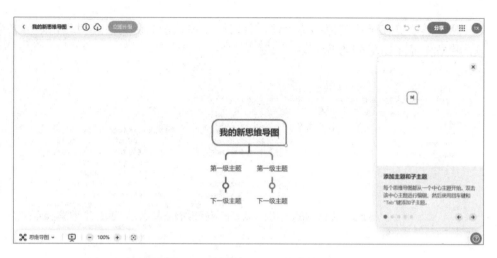

图 11-6　MindMeister 操作界面

11.1.3　个人文献管理软件

常用的个人文献管理软件包括 EndNote、NoteExpress、Zotero 和 Mendeley 等，具体介绍如下。

(1) EndNote。EndNote 是 SCI(Thomson Scientific 公司)的官方软件，支持国际期刊的参考文献格式达 3776 种，写作模板有数百种，涵盖各个领域的杂志。其优点在于功能强大，几乎能解决所有引文和输出格式的问题，并且可以加入文本、图像、表格和方程式等内容及链接等信息，与 Microsoft Word 完美无缝链接，方便地插入所引用文献并按照格式进行编排。此外，EndNote 支持将个人文献导出，支持 RTF、HTML、XML、TXT 四种导出格式，可以通过这种方式与他人共享文献。其缺点在于分组只支持二级目录，且不支持标签管理，当文献较多时，查找文献可能会不太方便。其操作界面如图 11-7 所示。

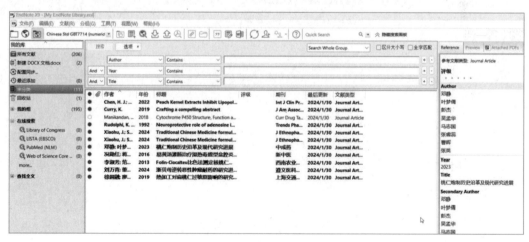

图 11-7　EndNote 操作界面

(2) NoteExpress。NoteExpress 是一款常用的文献管理软件。其优点在于可以建立各种参考文献库，并支持直接导入数据库检索的文献。此外，NoteExpress 还支持以各种形式导出参考文献。其缺点在于不支持标签管理，且对于一些复杂的引文格式处理起来可能会比较困难。其操作界面如图 11-8 所示。

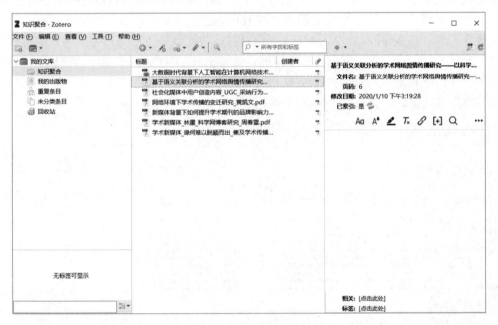

图 11-8　NoteExpress 操作界面

（3）Zotero。Zotero 是一款免费的开源文献管理软件。其优点在于可以快速创建参考文献列表，自动按照指定的格式排列参考文献。此外，Zotero 还支持在软件内直接搜索各大数据库，并支持导入各种文献数据格式。其缺点在于对于部分复杂的引文格式处理起来可能会有些困难。其操作界面如图 11-9 所示。

图 11-9　Zotero 操作界面

（4）Mendeley。Mendeley 是一款受欢迎的文献管理软件。其优点在于可以轻松地添加和组织参考文献，并且可以与各种文本编辑器兼容。此外，Mendeley 还支持实时协作和共享功能。其缺点在于对于部分特殊的引文格式处理起来可能会有些困难。其操作界面如图 11-10 所示。

图 11-10　Mendeley 操作界面

11.2　科研课题研究

科研课题研究是医学从业人员需要掌握的一项基本技能，其过程包括科研选题、课题检索、信息整理与分析等基本步骤。本节主要介绍科研选题、课题检索、信息整理与分析中的基本要求。

11.2.1　科研选题

科研的基本程序大致可分为选题、设计、收集资料、得出结论、撰写论文五个步骤。选题是科研的起点，决定着科研的进程和方向，是贯穿科研全过程的主线。因此，科研选题是影响论文质量的先决条件，是医学论文写作的关键一步。

1. 选题原则

科研活动的开展，掌握科学的选题方法为其基本前提。恰当且正确的选题，需遵循以下原则。

1) 创新性原则

研究者应以新颖的视角或方法进行探究，提出独特见解，得出新颖结论，以解决当前未能解决的问题。

2) 科学性原则

选题应严谨，以科学理论为依据，且具备明确的客观事实支撑。

3) 实用性原则

选题应满足社会实际需求，具备实际社会效益及经济效益，并对科技发展具有指导意义。

4) 可行性原则

选题需具备科研选题的主观条件和客观条件。主观条件包括研究者是否具备课题研究必需的知识水平与研究能力等。客观条件则涉及是否拥有必要的仪器、设备、实验对象、时间、经费等，以及可能的合作单位或协作单位。

2. 选题来源

在我国，医学科研选题主要包括指令性课题、委托课题及自选课题等类型。

1) 指令性课题

指令性课题又称纵向课题，是由上级单位或部门提出的。这类课题多为相关部门或行业的全局性或关键性问题，对解决迫切需求具有重要意义。通常，相关单位或个人需要在指定时间内完成针对性强的科研任务。此类课题包括国家自然科学基金、政府管理部门科研基金、单位科研基金等项目。课题经费额度较大，但获得指令性项目需具备雄厚的研究实力。血吸虫病防治、计划生育等课题均属此类。

2) 委托课题

委托课题，又称横向课题，来源于各级主管部门、大型企业和公司。委托单位看重受托单位的技术力量和设备优势，旨在研制新产品、新技术和新方法，或对某些产品进行测试分析。

3) 自选课题

自选课题是指研究者自发形成的研究课题。其主要包括从医学实践中选题、从疑问中选题、从文献空白点选题、从其他学科移植选题、从已有课题延伸选题，以及从文献调研中选题等。

3. 选题程序

无论哪种来源的选题，一般都遵循提出问题、验证问题、撰写开题报告的过程。

1) 提出问题

研究者根据自身需要或社会需要，或者是在文献研究中，对研究对象进行分析，发现需要解决的问题或者文献不能回答(或解释)的问题。

2) 验证问题

根据初步确定的课题，收集各种相关信息加以整理并分析，了解所提出的问题是否具备选题的原则性要求。通过全面、针对性地阅读信息，既从总体上认识和把握课题水平与难度，也以他人的研究成果修订并确定自己比较明确的研究内容。

3) 撰写开题报告

通过一定调研明确研究方向后，在选定的范围内根据主观条件和客观条件确定自己研究的突破口，初步确定科研题目。从课题的意义、立题依据、国内外研究进展，以及完成课题的主观条件和客观条件等方面撰写开题报告。

11.2.2　课题检索

课题检索是在选定选题后，针对具体研究需涉及的研究内容、技术手段、研究方法、指标体系等利用检索工具所进行的国内外相关文献信息的全面、准确的系列检索。

1. 信息源的选择

信息源选择，是对众多信息源进行对比、分析、鉴别后，筛选出适用信息源的过程。各类信息源具有各自的特性和适用范围，信息获取旨在满足应用需求，有价值的信息是在特定问题或状态下被利用并有效发挥其功能的信息，为实现目标所需的知识或启发性信息。

为在有限时间内获取更多有价值的信息，需要在信息源选择上作出取舍，挑选符合用户需求的合适信息源。在信息源选择上可遵循以下原则。

1) 按需选择

在科技信息检索过程中，信息需求的特点和各类信息源的特性应被综合考虑，从而作出有针对性的选择。例如，若是对新闻(包括科技新闻)和社会动态进行一般性了解或关注，网页浏览无疑是准确且高效的途径。然而，若要深入认识某一领域的最新研究成果，期刊或许更为适宜。在探寻某一研究领域的阶段性成果，尤其是正在进行的研究项目时，参加学术会议或获取会议文献是一种可行的选择。

学位论文往往具有选题新颖、论述系统、文献调研全面等特点，因此在学术研究中具有不容忽视的价值，尤其是对于准备撰写学位论文的学生，更应充分检索和了解，以避免重复。此外，专利文献也可为技术方法方面的信息提供详尽的说明。

综上所述，科技信息需求的复杂性和多样性决定了通常需要通过多种信息源的综合运用来完成检索。

2) 质量优先

面临知识爆炸式增长的趋势，在有限的预算和时间约束下，针对任何主题的信息获取均需注重效率。网络检索过程中，若限制过于宽松，往往会导致获取过量信息而难以逐一阅读和消化。为在特定效率指标下满足用户对信息利用的需求，提升检索效率，尤其是检索结果的质量，显得尤为关键。其中，选择高质量的信息源作为首要环节，以提升信息获取的品质。

依据"最省力原则"，人们在信息获取过程中往往倾向于首选最易获得的信息源。实际中，许多人首选的信息获取途径多为互联网和图书。尽管这两种工具能在一定程度上提供所需信息，但多数情况下，搜索引擎的结果过于繁多且不精确，图书提供的信息则难以及时反映最新进展。在科技信息获取方面，不仅要熟练掌握主要检索工具的特点并加以利用，根据课题内容适时选择相关权威检索工具，还需改变阅读习惯，优先利用核心期刊、重要期刊、经过同行评审的科技期刊及内容相对成熟的科技图书等，以获取较高价值的信息内容。

3) 善用服务

善用服务原则强调在适当时机寻求图书馆、专业情报机构及专业检索人员的支持，这是科研信息获取的关键途径。科技信息源，尤其是网络信息源的多样性，使用户难以把握信息质量。数据库自身发展导致检索工具方式不断变化，检索功能或升级或改版。科研人员难以紧跟信息源和检索系统的变化。图书馆服务优势在于拥有丰富信息资源，并对资源内容和使用特点熟悉。遵循图书馆员建议或利用图书馆信息导航，有助于节省科研人员信息查询的时间和精力。专业情报机构信息服务在解决问题的针对性、时效性，以及信息获取全面性和准确性方面，能协助科研人员克服专题信息获取难题。因此，与图书馆、专业情报机构及专业检索人员保持良好联系，将带来意想不到的收益。

2. 评估检索结果与调整检索策略

评估检索结果，即对检索结果的有效性进行评价。对信息检索结果进行评估的目标在于分析影响检索成效的因素，衡量检索结果的适用性，调整检索策略，以提升检索效果，并满足用户的信息检索需求。评估检索结果与调整检索策略是信息获取过程中紧密相连的环节。为提升检索效果，我们可以采取以下几方面的措施。

（1）选用适宜的检索工具。根据研究需求，选取具备较高质量的数据库与搜索引擎等。

（2）准确运用检索词汇。作为数据库核心检索项，灵活运用各类检索词汇将大幅提升检索效率。

（3）规划全面的检索策略。依据课题需求与检索条件，制定科学且合理的检索策略，有助于降低漏检与误检率，提升检索成效。

检索过程需随用户需求调整，用户满意度影响检索意图变更，通常体现在查全率与查准率的变动。提升查全率应注重放宽检索条件，运用同义词、近义词或上位词进行检索，并采取布尔逻辑"OR"策略。提高查准率则需增强检索词的专指性，增加限定条件，以及运用布尔逻辑"AND"策略等。

11.2.3 信息整理与分析

1. 信息整理

信息整理，也称为信息组织或文献控制，是指依据特定规则、方法及技术，对信息的外部特征及内容特征进行揭示、描述，并根据预设参数和序列进行排列，使信息从无序集合转变为有序集合的过程。信息整理的必要性主要体现在以下三个方面。其一，相关信息量急剧增长，获取信息的成本过高。以广泛应用的数据库检索为例，一次检索结果可能包含多达数千篇甚至更多文献，全面阅读和利用这些信息所需的时间和精力成本过高，难以实现。其二，信息质量存在差异。科研人员在处理信息方面投入了大量时间和精力，然而，质量不高、可靠性较低的信息不仅浪费精力，还可能引导研究方向出现偏差。其三，检索结果与课题的相关度不一。受时间、精力所限，研究人员需集中阅读和掌握与课题相关的内容，但现有检索技术在满足检索策略要求的同时，难以确保检索结果与课题的高度相关性。

信息整理所需的特征描述通常可通过数据库字段实现，如标题、刊名、分类号、关键词、叙词等。

1) 对外部特征进行评估

对外部特征进行评估主要是从期刊等级、作者及其单位、文献被引频次及浏览或下载次数等角度进行评价。一般而言，核心期刊、基金资助项目成果等具有较高的创新性、先进性和科学性，可信度和参考价值较高。

2) 对内容特征进行评估

对内容特征进行评估需评估文献的研究方法是否创新，研究设计是否合理，研究对象描述是否清晰，以及研究是否遵循基本的统计学要求，以有效避免系统性误差等。这些评估需要在阅读和理解文献信息的过程中进行，特别是对信息可靠性的鉴别，以剔除那些故意误导、拼凑、数据造假和无实际价值的资料。

2. 信息分析

信息分析是一项针对特定问题，对大量相关资料进行深度思维加工与研究的过程，旨在提炼出有助于问题解决的新信息。此过程是情报研究环节中的重要组成部分，侧重于信息的精致加工，与研究对象、研究目标和任务紧密相关。

信息分析在信息利用流程中起着举足轻重的作用，既承接了前序环节，又为后续环节奠定了基础。它是对特定研究主题的相关信息进行定向选择和抽象研究的科学活动，旨在从已知信息中发掘出更全面、更符合研究需求的新信息。信息分析还对筛选出的可靠、先进、实用的文献信息进行统计和分析，挖掘其中的隐含知识，从而实现文献信息知识的增值。

信息分析阶段采用多种方法，包括定性研究、定量研究等，如逻辑思维方法、德尔菲法、文献计量学方法、引文分析法、回归分析法、时间序列分析法、决策方法、层次分析法等。这些方法有助于判断信息价值，筛选有用信息，发现文献信息间的隐含关联，通过思维和推理产生新的理解与认识，揭示文献中的本质性事实或趋势。

当前，世界各国已开发出众多信息分析工具，主要借助计算机软件提高相关分析效率。常见软件包括文献信息管理软件(EndNote、NoteExpress 等)、引文分析工具(HistCite、BibExcel、CiteSpace 等)、基于文献的知识发现工具(Arrowsmith、BITOLA、MedlineR、GenClip 等)。这些软件可大幅提升信息分析效率，挖掘出通常难以发现的知识关联或趋势。关于信息分析方法的详细阐述超出了本书的编撰目的，有兴趣的读者可参考相关"信息分析"类书籍。

11.3 科研项目申报

11.3.1 科研项目申报概述

科研项目申报是指申报者依据科研项目申报渠道发布的科研项目指南或通知，撰写并提交项目申请书。医学科研课题申报范围根据医学领域的发展现状、趋势、研究对象及内容，主要可分为：基础医学、临床医学、预防医学、生物高技术、药物学与中药学等。

撰写项目申报书的过程对于申报团队具有重要意义：首先，它有助于凝聚课题负责人与项目成员的智慧，激发创新思维；其次，通过将隐性知识转化为显性知识，系统地归纳、整理与课题相关的研究资料及创新灵感，形成可行的研究计划；再次，明确项目成员的责任与分工；最后，为项目实施期间提供便于制度化和科学化管理的基础。

11.3.2 科研项目类别

按照联合国教科文组织的分类方法，科学研究可分为三大类：基础研究、应用研究、试验发展。

1. 基础研究

基础研究旨在获取关于现象和可观察事实的基本原理及新基础科学知识，不具备任何专门或特定应用或使用目的。基础研究可进一步划分为纯基础研究和定向基础研究。纯基础研究致力于推进知识发展，不考虑长期经济利益或社会效益，也不针对实际问题或成果应用。定向基础研究的目标是期望能产生广泛的知识基础，为解决已看出或预料的当前、未来或可能发生的问题提供资料。

2. 应用研究

应用研究旨在获取新知识，针对某一特定实际目的或目标进行创造性研究。简言之，应用研究是将理论发展成为实际运用形式的过程。其研究结果通常仅影响科学技术的有限范围，具有专门性质，针对具体领域、问题或情况。成果形式包括科学论文、专著、原理性模型或发明专利。应用研究旨在确定基础研究成果的潜在用途。

3. 试验发展

试验发展是指利用从基础研究、应用研究及实际经验所获得的现有知识，为产生新产品、新材料和新装置，建立新工艺、新系统和新服务，以及对已有产品、工艺和服务的实质性改进而进行的系统性工作。

基础研究、应用研究、试验发展三者之间的主要区别在于：基础研究注重原始性知识创新，研究人员关注期刊、专著、会议等文献；基础研究获取的知识需经应用研究才能确定潜在用途，应用研究注重基础研究成果的物化和规模化，研究人员关注期刊、专著、会议、专利等文献；试验发展侧重于为达到具体预定目标确定创新方法和技术途径，研究人员关注专利、期刊、图书、标准、药典、科技报告、产品样本等文献。

11.3.3 科研项目申报的注意事项

成功撰写科研项目申请书是一项具有极高挑战性的任务。我国政府机构、各类基金会及学术委员会收到的科研项目申请书数量庞大。为确保课题申报得以成功立项并提高中标概率，科研人员在撰写申请书时应关注以下要点。

1. 研究选题的设计需精细入微

项目申报的成功与否，在很大程度上取决于选题的确定及其创新程度。新颖的选题通常可分为以下四类：一是尚未有人涉足的研究领域或选题；二是涉及学科前沿的理论探讨；三是对传统问题采用新的研究视角、挖掘新材料或应用新技术、新方法；四是引入并推广海外的新理论、新观点。其中，第一类最具创新性，属于开创新的研究领域或研究方向，甚至创立新学科的研究项目，具有填补学术空白的价值，申报此类课题的立项可能性较高。因此，在确定选题前，应针对性地进行文献查阅和过往立项信息查询，以最大限度地避免重复性研究，并通过科技查新工作确保选题的新颖性。同时，信息查询和科技查新有助于全面、准确地了解国内外相关研究领域的研究状况和当前热点，进而辅助确定研究选题和方向，对撰写项目申报书中的研究背景和国内外进展情况也具有很高的价值。

2. 课题论证要力求准确、精练

课题论证的好坏是决定项目能否被评上的前提条件，是评审专家评定项目是否具有立项价值的重要依据。因为同样的选题申报者可能有几个甚至几十个，哪个能评上，哪些评不上，主要看论证。怎样论证，如何论证，重点是要说清楚以下几点。第一，你为什么要研究这个课题，研究的意义是什么？第二，你所研究的课题将主要解决什么问题？第三，解决主要问题的难点是什么，怎样解决，如何加以突破？第四，主要采用哪些研究方法？第五，研究所需的主观条件、客观条件是否具备或有办法解决。第六，整个课题完成后，预计有什么创新点？预估价值？这些问题在论证的时候一定要考虑周到，要让评审专家通过课题论证非常清晰地了解你这个课题所要解决的是什么，创新点是什么，难点是什么，而且课题组完全有能力解决。此外，需要注意的是，课题论证通常有明确的字数限制(国家社科基金项目申报限4000字)。因此，课题论证必须反复推敲，力求做到准确、精练，表述清楚、明白。

3. 合理配置课题组成员

在组织课题组成员时，需注重合理配置。课题组成员的结构是否合理是衡量其综合研究实力强弱、能否完成研究任务及能否产出高质量研究成果的关键因素。随着学科发展呈现日益明显的分支化和综合化趋势，各学科之间的交叉性和渗透性达到了前所未有的高度。因此，个体所掌握的知识已无法满足复杂科研工作的需求，科研项目研究更多地需要组成课题组进行联合攻关或集体研究。在科研活动中，课题组成员之间的相互配合、协调及充分发挥各自优势、弥补不足，将产生单一科研工作者在独立从事科研活动时无法达到的整体优势。在实际申报过程中，有些成功在于申报人员选题优良、课题论证合理，但由于课题组成员数量过少或综合水平较低导致申报未能成功的现象屡见不鲜。此外，项目申报水平越高，对项目负责人和主要成员的研究能力、专业职务及已取得成果的要求也相应提高。

4. 申报表填写需下功夫

在课题申报表的填写过程中，应当注重细节，以确保申报项目的成功率。评审专家对申报课题的评价依据仅为申报表，因此，填写过程不可草率从事，必须认真、如实进行。在选择项目级别时，建议科研人员遵循循序渐进的原则。首次申报或者前期研究成果较少的科研人员，应选择一般项目，而不是直接申报重点项目。在学科分类方面，单一学科的填写较为简单，若涉及多个交叉学科，建议选择申报者擅长且在该领域备受关注的学科，以提高项目立项的可能性。

在"条件论证"栏目中，应尽可能列出与申报项目直接或相关的研究成果。直接相关的成果表明研究具有良好基础，完成项目的可能性较大；相关成果至少能展示申报者的研究能力和知识广度，为评审专家提供参考。因此，该栏目的填写应尽量详尽。但与申报项目无关的成果不应列出，以免产生负面影响。

此外，在项目最终研究成果形式的选择上，也需谨慎。课题研究的成果形式通常包括研究报告、论文、专著等。研究报告和论文的完成时间一般为1～2年，专著一般为2～3年。除重要的基础性研究外，鼓励使用研究报告、调研报告等作为项目的最终成果形式。在研究计划的安排上，要根据研究目标、任务及可能遇到的困难，精确计算项目完成时间，有针对性地分工协作，合理规划研究阶段，确保课题研究工作的顺利进行和按计划、高质量地完成。

5. 项目经费预算需科学制定

随着我国经费管理制度的不断完善，各级科研管理机构对经费预算及支出方面的要求日益加强。一旦项目经费预算获得批准，通常情况下不再进行调整，且将作为后续研究经费支出的主要依据。因此，在制定项目经费预算时，务必遵循目标相关性、政策相符性和开支合理性的原则，以确保在预算约束范围内，科学合理地编制项目经费预算。

6. 申报课题的要求

（1）申报者应具备相应的前期研究成果。在评审过程中，前期研究成果是评估申报者研究能力、前期准备及能否高质量完成研究任务的重要依据。

（2）申报课题应具备特色，紧密结合申报单位或部门的研究优势与个人专长。课题设计不宜过大，力求以小见大，避免因研究时间、经费等因素影响研究成果质量。同时，应具备相应的实地调查资料，注重结合本地区、本单位实际情况开展调查研究。

（3）若依据《课题指南》选题，应尽量遵循其要求。《课题指南》如国家自然科学基金项目、省级科研管理机构如卫生厅、科技厅，以及本单位科研基金资助项目，均基于各学科发展需求，广泛征求各方意见，组织专家集中论证而成，是科研工作者的智慧结晶。所列课题为当前或未来一段时间内需研究的基础理论问题和现实重要问题，具有指导意义。在这种情况下，需认真研究《课题指南》要求，尽量符合研究方向或研究范围，结合个人特长和实际条件设计课题。

（4）重视申报材料的整体制作。项目申报材料质量在一定程度上反映申请人对申报工作的重视程度，同时，也给予管理工作人员和评审专家直观印象。然而，多数申请人在申报项目时，往往重视选题、设计论证等方面，却忽视申报材料的填写格式、排版、装订等细节，导致立项机会流失。因此，在填写申报材料前，要认真阅读申报通知，深入学习相关管理文件，切实掌握项目申报材料填写、制作等环节的具体要求，避免出现"硬伤"，以免产生不必要的负面影响，降低项目立项成功率。

11.4 科技查新

11.4.1 科技查新概述

"查新"一词，来源于专利审查，最早见于1970年6月签订的《专利合作条约》，其本意是新颖性检索(novelty search)。1985年，随着《专利法》的实施，我国一些科技情报机构配合各国开展了专利查新工作。

20世纪80年代后期，随着我国各领域对科学研究和技术开发投入的加大，各级科研管理部门为确保科研立项、成果鉴定与奖励的严肃性、公正性、准确性和权威性，采取了一系列措施，并制定了一系列科研管理办法和规定。其中，中共中央发布的《关于科技体制改革的决定》，对科技查新工作的启动和发展产生了积极的引导和推动作用。

1987年，国家科委颁布了《科学技术成果鉴定办法》，1988年3月又发布了《关于〈科学技术成果鉴定办法〉若干问题的说明》，对科技成果鉴定作出了许多新的规定，并赋予其法律效力。然而，当时评价科技成果主要仍依赖于同行专家评议和生产实践效益证明，这基本上属于"经验评价"的范畴，具有一定的局限性。

例如，尽管同行专家对自身专业有深入的了解，但随着科学技术的快速发展，专业划分日益细化且交叉渗透，很难期望专家对评议课题和成果的各个方面都具备深入而全面的了解。此外，社会上的不正之风也影响了某些被评议课题或成果的客观、公正、准确评价。因此，将科技查新作为科技项目的"情报评价"引入科研管理程序的方法应运而生。

1991年11月，国家科委选定了第一批科技查新机构。实践证明，通过查新得到的"情报评价"有效弥补了专家在信息掌握方面的不足，极大提高了专家评议的准确性和客观性。

自科技查新业务成立以来，我国科技查新行业已取得显著发展，尤其在科技查新机构数量、专业人员队伍及年度完成的科技查新项目数量等方面均有大幅提升。同时，科技查新工作涉及的各个环节也日益健全。教育、卫生、农业等承担科研管理任务的国务院职能部门，以及中国科学院、中国地震局等国管局直属事业单位，为满足部门科技创新管理需求，从各自专业角度出发，纷纷开展科技查新机构认定工作。这既体现了国家科技管理对科技查新业务的需求，也推动了科技查新工作更好地为科技管理工作提供服务。

1. 科技查新的概念

2003年，我国科技部在对《科技查新规范》的修订版中，对科技查新的定义作出了明确规定："科技查新(简称查新)，是指查新机构根据查新委托人的要求，遵循本规范，针对项目科学技术要点，就查新点进行核实，以确保其新颖性的信息咨询服务。"在此定义中，查新机构是指经国家或各级科技管理部门认证，具备科技查新业务资格的信息咨询机构，其根据查新委托人提供的需核实新颖性的科学技术内容，按照科技查新规范执行，为客户提供有偿科技查新服务。查新委托人则是指提出查新需求的自然人、法人或其他组织。查新项目是指需核实(待核实)的科学技术项目。项目科学技术要点包括查新项目的主要科学技术特征、技术参数或指标、应用范围，以及查新委托人自行判断的创新点等。新颖性是指在查新委托日之前，查新项目的科学技术内容部分或全部未在国内外出版物上公开发表。

科技查新是一项针对查新委托人提供的科研项目的科学技术要点，对其自认为的创新点进行客观、公正评价的信息服务工作。这一过程运用各种文献检索手段和文献分析方法，从文献角度审查其新颖性。与一般文献检索不同，科技查新不仅提供文献线索或全文，还对项目内容进行综合分析和评价。查新以文献为基础，结合信息调研，通过检索结果，对项目新颖性进行情报学审查，并撰写翔实的查新报告。这一过程旨在为科研单位、管理部门及评审机构提供鉴证依据。

科技查新具有严格的检索年限、范围和程序规定，尤其强调查准的要求。它不同于一般文献检索，后者仅关注项目需求，而科技查新则关注新颖性评价。查新离不开文献检索，但文献检索不能取代查新。这两者之间的关系在于，查新需要高水平的文献检索，而文献检索不能替代查新的综合分析和评价。

2. 科技查新的作用和类型

1) 科技查新的作用

科技查新将科技信息部门与科研工作有机地结合，既推动了科技信息的开发与利用，又在科研开发、科研管理中发挥着重要的作用。

(1) 为科研立题、立项提供客观依据。

(2) 为科研成果鉴定、评估、验收、转化、报奖等提供依据。

科技查新能保证科技成果、报奖等的新颖性、先进性、科学性和可靠性。传统的成果鉴定是由专家评审完成的，主要是专家依据本人的专业知识、实践经验、对事物的综合分析能力及所了解的专业信息，对被评对象的创造性、先进性、新颖性、实用性等作出评价，主观性较强。而科技查新是以文献检索和信息调研为手段，通过检出文献的客观事实来对项目的新颖性做出具有客观性和鉴证性的结论。在鉴定中，将高质量的科技查新与专家丰富的专业知识结合，便可保证鉴定、评估、报奖等的权威性和科学性。科技查新报告已成为我国各部门进行科技成果鉴定等工作的必要材料之一。

(3) 为科技人员进行研究开发提供可靠而丰富的信息。

科技查新作为一种基于文献检索的信息咨询活动，其主要职能在于为科研项目提供新颖性判断，同时也能为科研人员提供丰富的文献信息，从一次文献到三次文献，全方位地为科研人员提供服务。通过专业查新人员的精准查询，可以极大地节省科研人员查阅文献的时间。科研人员借助检索查新，可以借鉴已有的成果经验，吸收和引进最新的研究方法与技术，及时掌握新的研究数据和实验方法。因此，在研究过程中，科研人员应根据课题进展情况及时进行跟踪检索，通过系统检索和相关文献了解课题的研究现状与动态，从而有效调整研究思路、方法和手段，确保课题研究的顺利进行。

(4) 为抵制各种不正之风提供了强有力的手段。

科技查新秉持独立、客观、公正的原则，确保查新人员在执行查新任务时，不受任何行政部门的控制，也不受其他机构、企业、个人或查新委托人的非法干预。科技查新以公开发表的文献为基础，通过计算机检索和手工检索等方法，查找与委托项目相关的文献。查新报告中的所有分析、技术特点描述和结论，皆以客观存在的文献为依据，避免了查新人员的主观推断和评述，并在附件部分附上密切相关文献的原文。此举为评审专家和管理人员在立项、成果鉴定、报奖等环节提供了可靠的依据，有力地遏制了各类不正之风。

2) 科技查新的类型

依据查新委托人申请查新项目的目的和要求，可将科技查新分成科研立项查新，科技成果鉴定、科技奖励或转化查新，新药报批查新和专利申请查新等大类。目前，医药卫生科技项目的查新咨询主要有科研立项查新、科技成果查新和专利申请查新等。

(1) 科研立项查新。

科研课题立项查新，简称立题查新，是一种为科研课题立项提供论证依据的查新工作。科研立项是科学研究的基石，只有准确把控立项研究，对研究项目的先进性、创新性、实用性等特质进行严谨评估，才能确保科学研究的品质与水准。科研立项查新的目标在于为负责科研立题的专家及领导提供客观的文献信息依据，真实反映这些科研项目在国内外的发展现状与进展，防止科研项目重复，避免人力资源及物力资源的浪费。同时，有助于科研人员在立项前全面研究文献信息，实现优化科研项目的整体设计，缩短科研周期，减少弯路，以及加速成果产出。科研立项查新要求科研人员提交科研立项申请书，其中包括全面、充足的科研背景材料，明确的研究目标，以及具体的研究内容等。

(2) 科技成果查新。

科技成果查新是在申请科技成果鉴定之前，对成果创新性进行核查的过程，目的在于为评审专家提供相关事实依据，助力客观公正地评价研究成果，降低评审误差，确保成果品质，强化科学严谨性，真实反映科研水平。作为申报科技成果奖励的必备条件之一，以及成果鉴定和评审的重要依据和基础，成果查新需对成果进行全面系统的文献检索，以证实其"新颖性"。

检索范围广泛，文献类型多样，要求找出与申报成果密切相关的对比文献，以此证明申报成果实至名归。因此，科技成果查新委托人需提供科技成果申报书各项内容，包括主要研究内容、关键技术方法、主要技术指标、主要特点和技术创新等。此外，还需提供已在国内外发表的论著、专利证书、科研合作单位及其知识产权关系等证明材料。

(3) 专利申请查新。

专利申请查新是一项专业性强的任务，由我国专利局的审查人员负责执行。他们依据世界知识产权组织的规定，对包括美国、俄罗斯、英国、德国、法国、日本、瑞士等国和《专利合作条约》《欧洲专利公约》公布的专利文献、我国专利文献，以及全球重要科技期刊文献进行深入检索。这一过程旨在为提交的专利项目进行新颖性评估。

专利分为三类：发明专利、实用新型专利和外观设计专利。发明专利是对产品、方法或其改进提出的新的技术方案。实用新型专利是对产品的形状、构造提出的适于实用的技术方案。外观设计专利则针对产品的形状、图案或其色彩与形状、图案的新设计方案。

在进行专利查新时，委托人需要提供拟申请专利的具体类型及其全部资料。查新机构将根据专利类型进行相关内容和相应范围的检索，并据此出具查新证明。

11.4.2 科技查新的程序

科技查新工作程序包括查新委托、查新受理、文献检索、文献阅读与筛选、撰写查新报告、查新结果审核、提交查新报告、查新文件归档等。科技查新步骤如图 11-11 所示。

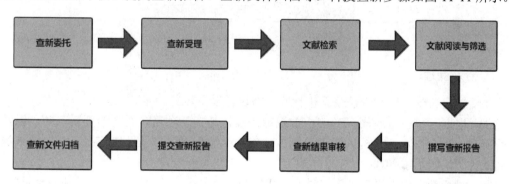

图 11-11 科技查新步骤

1. 查新委托

在遵循科研主管部门的规定基础上，查新委托人需判定查新必要性，并选择具备相应资质的查新机构，同时做好科技查新前的准备工作。具体要求如下。

(1) 查新委托人应如实、全面地向查新机构提供查新项目的科学技术资料、技术性能指标数据及查新所需的其他资料。例如，立项查新需提交立项申请书、立项研究报告、项目申请表、可行性研究报告等；成果鉴定查新需提交项目研制报告、技术报告、总结报告、实验报告、测试报告、产品样品、用户报告等；报奖项目查新需提交奖项申报书及有关报奖材料。若查新委托人无法提供与查新内容相关的技术资料，查新机构有权拒绝受理。

(2) 认真填写《查新课题检索咨询委托单》，委托单样式如图 11-12 所示。该表格的主要填写内容包括：委托日期、委托单位、项目负责人、联系人、电话、地址、邮政编码、查新项目类别(科研立项、成果鉴定、其他等)、查新项目级别(国家级、部省级、地市级、其他)、保密性期限、查新项目名称、查新要求(阐述查新项目内容、关键性技术指标或新颖性、先进性的简介)、检索词(中英文对照查新关键词、化学物质登记号、分类号)及参考文献(与查新项目密切相关的国内外文献)等。

查新咨询委托单(部分)

委托日期：				编号：	
查新项目名称	中文：				
	英文：				
委托人	委托单位				
	地　　址			邮政编码	
	项目负责人		电话	E-mail	
	联系人		电话	E-mail	
	项目成员				
查新项目类别	√□科研立项　□成果鉴定　□发表论文"快速通道"　□新技术应用　□其他_____				
查新项目级别	□国家级　□部省级　√□地市级　□其他			学科分类	耳鼻咽喉科
查新范围	√□国内文献　□国外文献			要否保密及期限	否
检索限制	1. 人　类：√□所有年龄组　□0—1月　□2—23月　□2—5岁　□6—12岁 　　　　　□13—18岁　□19—44岁　□45—64岁　□65岁以上 2. 动物类：专指动物_____ 3. 年　代：_____至_____年				

图 11-12　查新咨询委托单样式

2. 查新受理

在接受查新委托申请时，查新机构应严格执行以下步骤。

(1) 根据《科技查新规范》的相关规定，确认待查新项目是否属于查新范畴，以及项目所属专业是否在查新机构的受理范围内。若项目超出受理专业范围或缺乏必要的数据库或文献资源，则不予受理。

(2) 对查新委托人提交的资料进行初步审查，确认是否存在缺陷，是否满足查新要求，并核实资料内容的真实性及准确性。

(3) 指导查新委托人填写查新合同。合同内容应包括：查新项目名称、双方基本情况、查新目的、查新要点及要求、科学技术要点、提交的资料清单、合同履行期限、地点和方式、保密责任、报告使用范围、费用及支付方式、违约金或损失赔偿计算方法、争议解决途径、名称或术语解释等。对于有保密要求的委托人，应主动告知查新员，并在合同中注明保密期限。特殊情况下，可根据国家相关规定与查新单位签订项目内容保密合同。

(4) 查新人员需认真阅读委托人提供的相关材料，充分了解项目实质内容，明确项目特点、创新点或与同类研究的区别。如有疑问，应与委托人进行面谈，就相关问题达成共识，解决核心疑点。同时，查新委托人也需向查新人员详细介绍项目，如实提供技术细节。

3. 文献检索

在进行文献检索时查新人员要反复研读全部项目材料和查阅参考资料以及与用户讨论，透彻地理解和把握项目的关键内容，准确地分解查新咨询要点，然后根据检索目的、学科范围和客观条件，选择检索工具，确定检索方法和检索途径，制定最佳的检索策略。

4. 文献阅读与筛选

检索完成后，查新人员应结合查新要点，对检索到的相关文献摘要进行阅读，初步确定文献的相关程度。对密切相关的文献，应尽可能获取并阅读原文。按相关性程度分国内文献、国外文献两种情况进行整理。

5. 查新报告撰写

查新报告是查新机构用书面形式就查新事务及其结论向查新委托人所做的正式陈述。查新机构应当在查新合同约定的时间内向查新委托人出具查新报告。查新报告不仅是文献检索结果的具体体现，而且是针对查新委托人提出的查新点进行检索并进行科学、独立、客观、公正分析对比后的事实性描述，一般应具备以下内容。

(1) 基本信息。包括查新报告编号、查新项目名称、委托人名称、委托日期、查新机构名称及地址、联系方式、查新员和审核员姓名、查新完成日期等。

(2) 查新目的。查新目的主要类型包括立项查新、成果查新、专利查新等。

(3) 科学技术要点。一般根据查新委托人在查新合同中提供的资料进行简单描述。

(4) 查新点与查新要求。报告中的查新点与查新要求应与查新合同中的一致。查新要求一般根据查新委托人提出的愿望来描述，一般有以下四种情况：①说明国内外有无相同或类似研究；②分别或综合进行国内外文献对比分析；③根据分析对项目提出新颖性情报评价；④查新委托人其他愿望。

(5) 文献检索范围与检索策略。列出查新过程中所使用的数据库、检索工具、检索年限、检索词及检索策略等。

(6) 检索结果。根据查新项目的科学技术要点和查新点，将检出的相关文献(包括密切相关文献和一般相关文献)进行严格筛选，按照其相关性程度分别列出国内和国外的文献。对于每一篇主要相关文献，都要进行细致的描述和对比分析。对于密切相关文献，应摘录部分原文，并确保提供完整的原文复印件作为附录，以供后续参考。该过程必须以客观事实和文献为依据，严谨地描述检索结果，确保查新结论的准确性和可靠性。

(7) 文献对比分析。对照查新点，对各项内容和技术要素进行逐一比对分析，在此基础上，进行整体综合评估，以判断项目的新颖性。比对分析是撰写查新报告的核心环节，在确保查全与查准的前提下，它是衡量查新质量的关键。对比分析主要从以下几个方面展开：研究对象的对比，包括选择条件与样本大小的比较；研究方法的对比，涵盖实验方法、观察指标、处理手段及统计学技术的对比；研究结果的对比，涉及成果形式与结论意见的对比；研究成果的对比，包括应用范围、推广程度与社会经济效益的对比等。

(8) 查新结论。查新结论作为查新报告的纲领性部分，对科研项目的新颖性、先进性评估具有至关重要的意义。在撰写查新结论时，务必保持客观公正，严格依据文献事实与数据，排除各类主观因素与客观因素的影响。结论的准确性至关重要，需在对比、分析、综合的过程中，细心阅读文献、反复比对分析，确保结论的正确性与可靠性。同时，结论的表述应简洁明了，避免产生模糊、不确定之感。

针对某些查新点内容过于具体或细节，无法检索到相应文献进行对比的情况，应说明相关文献未涉及该部分内容，而非简单地给出未见报道的结论。通常，查新结论需针对每个查新点进行新颖性判断，如内容存在交叉重复，可出具综合性结论。若项目查新点已有密切相关文献，应比较两者内容差异及发表时间的先后，作出相应的文字表述。鉴于国内与国外科技水平尚存在较大差距，结论一般分别针对国内与国外情况进行撰写。

结论内容一般包括相关文献检出情况；检索结果与查新项目的科学技术要点的比较分析；对查新项目新颖性的判断结论。

(9) 查新员与审核员的声明。《科技查新规范》规定，查新报告应当包括经查新员和审核员的签字声明。声明的内容可以参考下面的内容撰写。①报告中陈述的事实是真实和准确的。②我们按照科技查新规范进行查新、文献检索分析和审核，并做出上述查新结论。③我们获取的报酬与本报告中的分析、意见和结论无关，也与报告的使用无关。

(10) 附件清单。查新报告中的附件清单主要是指密切相关文献的题目、出处和原文复印件等。

6. 查新结果审核

查新报告完成后，由审核员根据《科技查新规范》及相关文献与查新项目的科学技术要点的比较结果，对查新程序和查新报告进行审核，并签字、加盖"科技查新专用章"。经审核不合格的查新报告，审核员或委托人有权要求重查。

7. 提交查新报告

经审核员审核，出具正式查新报告。按查新机构与委托人订立的合同规定的时间、方式和份数向查新委托人提交查新报告及其附件。

8. 查新文件归档

查新员在查新工作完成后，及时将查新项目的资料、查新合同、查新报告及附件、查新员和审核员的工作记录等存档。

11.5 医学论文写作与投稿

医学论文是对医学科研或实际工作中得到的材料进行科学的归纳、分析、推理，形成的能反映客观规律论点的一种文字记录。它是科技文献的重要组成部分，是记录、保存、交流和传播医学科学技术及医学思想的重要形式之一，在传播科研成果、交流实践经验、启迪学术思想、推动社会进步方面起到了重要作用。医学论文的质量，不仅代表了作者的研究水平，也反映了作者本身的学术底蕴和内涵。

11.5.1 医学论文的特征及种类

1. 医学论文的基本特征

医学论文是作者表达自己科研成果和实践经验的文字记录，其特征是由科学研究的性质决定的，一篇高质量的论文应当符合以下要求。

1) 思想性

要体现党和国家有关卫生工作的方针、政策，贯彻理论与实践、普及与提高相结合的方针，反映我国医学科研工作的重大进展，促进国内外医学界的学术交流；同时，在医学科学研究工作中，必须理论联系实际，运用辩证唯物主义和历史唯物主义的观点分析问题。

2) 独创性

独创性要求其内容较已发表的文献有新的发现或发明。基础研究要求选题新，方法先进，有新观点；临床研究要求收集的病例数更多，观察研究更深入，诊断和治疗方法有创新，效果更佳，提出新见解等。

3) 科学性

科学性是科技论文的灵魂和生命，要求医学论文以实事求是的态度，正确反映客观事物，揭示其客观规律。主要体现在选题要有足够的科学依据；采用的材料和选择的方法要有充分的可比性和必要的随机性；如实反映研究过程，准确提供观察数据，全面分析研究资料；推理具有逻辑性，结论强调严谨性。

4) 实用性

发表论文的最终目的就是给同行参阅、效仿使用，推动医学事业的向前发展，取得良好的社会效益和经济效益。因此，除少量纯理论研究性论文外，大多数医学论文应结合临床、预防工作的实际。论文的实用价值越大，指导作用越强，读者越欢迎。

5) 可读性

撰写医学论文是为了交流、传播，存储新的医学信息，让他人用较少的时间和脑力就能顺利阅读，了解论文的内容和实质。这不仅要求论文结构严谨，层次清楚，用词准确；而且要求论文语言通顺，文风清新，可读性强。

2. 医学论文的种类

医学论文的种类较多，体裁各异，根据不同的分类方法，可以分为多种类型。例如，按写作目的的不同，可分为学位论文及学术论文；按论文的研究手段不同，可分为调查研究性论文、观察性研究论文、实验性研究论文；按论文的专业性质不同，可分为基础研究论文和应用研究论文；等等。发表论文以期刊论文为主，因此，我们主要按我国医学期刊文稿的分类方法，根据论文的内容和体裁，将医学论文分为以下八大类。

1) 评论类

评论类包括述评、专论、编者的话、编者按、编后语等。述评和专论是作者或编者针对某一科研项目或研究专题进行较为广泛而深入的阐述和精辟的评论；编者的话、编者按及编后语三者均是从编者的角度对某一刊物或某一组、某一篇具体文章的某个观点进行评论或阐述。编者的话一般涉及面较广，内容相对较全面，可以是编者在新的一年开始时对刊物的设想、安排，或是对读者、作者的要求与希望，也可以是对一年工作的回顾与总结，或是对某一期文章的内容进行介绍和评论；编者按和编后语的针对性很强，一般针对具体文章或文章中的某个观点或方法，提出编者明确的观点和见解；或者从具体文章引出带有普遍意义的问题，引导读者展开讨论。

2) 论著类

论著类又称为原著，包括基础理论研究、实验研究、临床研究、临床报告、防治研究、现场调查研究等，属于一次性文献，是在作者本人工作的基础上写成的，是报道基础、临床、预防等研究成果与实践经验的学术性论文。论著的内容必须真实可靠，结果可重复，具有一定的创新性。论著成为各种医学学术性期刊的核心。

3) 简报类

简报类主要有论著摘要、简报等。此类文稿是将论著中重要性相对稍差或同类内容已经报道，但仍有一定学术价值可供借鉴的文稿，以简报或论著摘要形式刊出。简报类语言简练，内容高度概括，提供了主要研究方法、重要结果数据、新的见解与结论。一般来说，以论著摘要或简报形式在一种刊物发表后，作者还可以在他刊发表全文。

4) 病例报告类

病例报告类主要有病例报告、个案分析、临床病理讨论。一般是介绍少见而典型的病例诊治经验。这类文稿具有实用价值，很受读者欢迎。特别是对某一疾病的首例报道，在国内外具有重要的影响力。

5) 综述、讲座类

综述是作者根据某一专题研究或学术问题所掌握的历史背景、研究现状、前景展望、争论焦点、已解决或尚未解决的问题结合自己工作实践中总结的观点或评论而撰写的论文。其特点是反映专题或课题的国内外最新研究动态，浓缩、概括了大量一次文献而成的报告。讲座主要是在某一领域学术造诣较深的专家就某专题内容结合自己的研究成果或实践经验撰写的论文。此类文稿对基层读者有指导和启迪作用。

6) 技术方法类

技术方法类包括新技术、新方法、技术与方法介绍等，是介绍新技术的应用方法，并对基本原理及有关知识进行阐述的文章。这类论文撰写范围广，既可写新诊疗方法，新的化验(诊疗技术)及其他辅助检查技术，新发展的手术方法，新型医疗器材和新的电子、激光医疗仪器的临床应用等，又可写在原有的技术基础上进行革新或改进的经验。撰写的重点在于使用方法或操作步骤、技术原理、临床应用及效果。

7) 会议纪要类

会议纪要是医学期刊中一种常见的报道形式，包括全国性编委会纪要、重要学术会议纪要。编委会纪要一般是期刊编辑人员亲自撰写，学术会议纪要可以由编辑或参会人员撰写。基本内容有交代会议的基本情况，包括会议召开的具体时间、地点及参会人数；描述会议的主要议题、重要实质性内容、讨论结果、会议收获及其总的评价；客观论述参会人员发表的不同意见及其论据。

8) 消息动态类

消息动态类主要有国内外学术动态、科研简讯、医学新闻、时讯、信息、消息、会议预告等。此类文稿特别强调即时性，具有报道及时、快速、简短扼要等特点。

以上各类型中，论著与综述是医学论文中最常见的两种类型，它们构成了各种医学学术性期刊的主体。作者如果掌握了论著及综述的基本特征和撰写规范，其他类型医学论文就可以举一反三，触类旁通。以下对这两种类型论文的撰写进行介绍。

11.5.2 医学论著的撰写

1. 医学论著的基本要素

1) 论点

(1) 论点的要求。

明确性：在医学论文中，论点必须明确、具体，能够清晰地表达研究的核心问题和目的。论点的提出应基于深入的医学知识和实践经验，确保论点具有明确的指向性和科学性。

客观性：医学论文的论点应以客观事实和证据为基础，避免主观臆断或偏见。论点的提出应基于严谨的科学实验、临床观察和数据分析，确保论点的客观性和可信度。

创新性：医学论文的论点应有新意，能够提出新的见解或观点。创新是医学研究的动力，论点的创新性能够推动医学领域的进步和发展。

(2) 论点常见的问题。

偏离主题：在医学论文中，论点应紧扣主题，避免偏离研究的核心问题。偏离主题的论点会使论文失去焦点，降低读者的阅读体验和理解程度。

缺乏依据：医学论文的论点应具有充足的证据支持，包括实验数据、临床观察结果和相关文献综述等。缺乏依据的论点会使论文失去说服力，降低论点的可信度。

逻辑不严密：医学论文的论点之间的逻辑关系应清晰，论证过程应严密。逻辑不严密的论点会使论文的论证过程出现漏洞，影响论文的整体性和连贯性。

2) 论据

在医学论文中，论据是用来证明论点的材料和依据，可以分为以下几种类型。

(1) 实验数据：是医学论文中最重要的论据之一。实验数据应具有可靠性、准确性和科学性，能够直接证明论点的科学性和有效性。

(2) 临床观察结果：是医学论文中常见的论据之一。通过观察病人的临床表现和疾病进程，收集相关数据并进行统计分析，可以得出支持论点的临床观察结果。

(3) 文献综述：是医学论文中重要的论据之一。通过对相关研究文献的梳理和分析，可以得出支持论点的结论和见解。文献综述应注意选择权威、可靠和最新的文献资料，确保论据的可靠性和准确性。

(4) 医学案例报告：是医学论文中具体的实例证明。通过报告和分析典型病例，可以得出支持论点的结论和见解。医学案例报告应注意选择具有代表性和说服力的病例，确保论据的有效性和可信度。

3) 论证

在医学论文中，论证是组织、安排和运用论据来证明论点的方法和过程，可以分为以下几种方法。

(1) 综合归纳法：通过对多个具体事实的分析、比较、归纳，得出一般性的结论，用以证明论点。在医学论文中，综合归纳法常用于对大量临床观察结果或实验数据的分析、总结和解释，从而得出普遍性的结论支持论点。

(2) 演绎推导法：基于已知的理论或规律，推导出与论点相关的结论，从而证明论点。在医学论文中，演绎推导法常用于根据已有的医学理论和研究成果，推导出与论点相关的结论，从而支持论点的成立。

(3) 比较分析法：通过对比不同的事物、事件或观点，找出它们的异同点，从而证明论点的正确性。在医学论文中，比较分析法常用于比较不同治疗方案或药物的效果和安全性，从而支持论点的正确性和有效性。

(4) 驳论反证法：通过驳斥反面的观点或论据，间接证明自己的论点正确。在医学论文中，驳论反证法常用于反驳反面的观点或证据，从而证明自己论点的正确性和可信度。这种方法需要准确反驳反面的观点或证据，确保反驳能够有效支持自己的论点。

2. 医学论著的基本内容

一般来说，医学论著都要回答以下四个问题：要研究什么？怎样研究？研究出什么结果？怎样解释和评价这些结果？这四个问题，反映了一项研究工作的全过程，也构成了一篇论著的基本内容。围绕这四个问题，医学论著已形成了一种固定的结构，即前言(introduction)、材料与方法(materials and methods)、结果(results)、讨论(discussion)，取其英文首字母，简称为 IMRaD，由国际医学期刊编辑委员会(ICMJE)推荐通用。IMRaD 格式的优点是作者、编辑和同行专家及读者三方面对文章有一个统一写作规范和标准，有利于国际、国内检索，便于作者模仿、专家及编辑审读。这一格式也称为"四段式"，对于大多数医学论著来讲，"四段式"普遍适用。

1) 前言

前言或称导言、引言、序言。前言一般包括以下内容：①本项工作提出的背景和理论依据；②本研究要解决什么问题；③本研究的重要性。彼得·梅达瓦曾告诫过年轻科学家："这个问题的答案，必须对科学或是人类都有意义。"前言的主要目的是使读者对本文的主旨和背景有概括的了解，以引出下文。要求点明主题，抓住中心，突出价值。可以少量引用以往的重要文献并加以分析，但不可长篇幅追溯历史，罗列文献，应紧扣本文主题。前言部分一般以 250 字以内为宜。

2) 材料与方法

材料与方法即研究方案，常用标题有时也用"对象与方法""资料与方法"等。主要介绍研究对象(人或实验动物，包括对照组)的选择及研究所采取的方法，目的是通过客观的描述，使读者清楚地了解本研究工作的对象和过程，以便理解和评价研究结果，使读者能够应用同样的材料和方法对研究结果进行验证和仿行。这一部分应包括下列内容。①临床研究必须介绍病例和对照者来源、选择标准及一般情况等，并应注明参与研究者是否知情同意。治疗性研究要说明是否为前瞻性的随机同期对照研究；诊断性研究则应交代诊断试验的金标准，新试验的理论依据和方法等。②实验研究需说明动物的名称、种系等级、数量、来源、性别、年龄、体重、饲养条件和健康状况等。③个人创造的方法应详细说明"方法"的细节，以备他人重复。改进的方法应详述改进之处，并以引用文献的方式给出原方法的出处。直接引用他人的方法，应以引用文献的方式标注方法的出处。④药品、试剂应使用化学名称，并注明剂量、单位、纯度、批号、生产单位及生产时间。⑤仪器、设备应注明名称、型号、规格、生产单位、精密度或误差范围，无须描述其操作原理。⑥应说明具体的统计学处理方法及其选择依据。需要注意的是，临床研究方法必须以不损害患者的利益为准则，实验研究方法应对临床工作有实际指导意义。这一部分占全文的 25%～35%。

3) 结果

结果是医学论文的核心部分，"四段式"结构的其他三段，实际上都是围绕这一部分展开的，论文的学术价值如何，是否有新的创见和新的发现，主要取决于这一部分。这一部分主要包括："方法"部分中所列检测与观察项目的结果、治疗结果、随访情况。研究结果不应简单地罗列研究过程中得到的各种原始材料和数据，而必须将其归纳分析，进行必要的统计学处理，得出相应的结论。然后，用文字和图表表达出来，结果的表达要真实、准确，不论结果是阳性还是阴性、是肯定还是否定、是符合预期还是不符合预期、临床应用成功还是失败，都应如实反映。所有数据都要经过统计学处理，对均数和百分率应进行显著性检验，否则易于造成假象。这一部分一般占全文的25%～35%。

4) 讨论

讨论主要是对本文研究结果或治疗结果进行评价、阐明和推论，是把研究结果进行分析、综合、探讨，使感性认识提高到理性认识的过程，是论文的精华部分。一篇论文学术水平的高低，对读者指导意义的大小，与讨论密切相关。这一部分大致可包括下述内容：本研究或治疗工作的原理和机制；本文材料和方法的特点、创新和不足；比较本文结果与他人结果的异同，分析各自的优越性和不足；对本文主要结果作简要总结，探究导致这些结果的可能机理或解释；将结果与其他相关研究进行比较和对照；说明研究的局限性；探索结果对未来研究和临床实践的意义；如有确实、充分的证据，可陈述新的假设，并清楚表明这些是新假设；将结果和研究目的联系起来讨论，但避免那些没有资料充分证明的陈述和结论。当然，并不是每篇论文都必须包括以上内容，应从论文的研究目的出发，突出重点，讨论紧扣本文结果，重点讨论研究中新的和重要的发现引出的结论，不要重复引言或结果部分已提出的数据和资料，以及过去文献已报道的内容，尤其不能停留在仅仅与他人的报告“相一致”“相符合”的水平。讨论一般不列图和表，这一部分占全文的30%～40%。

3. 医学论著的基本格式

我国国家标准和国际医学期刊编辑委员会对论著格式的要求基本一致，一般都由前置部分、正文部分和后置部分构成。

1) 前置部分

前置部分包括标题，著者，中、英文摘要，关键词，中图分类号等，如图11-13所示。

新冠肺炎确诊病例血液标本IgM和IgG动态检测结果分析

谢朝梅，覃平，曾希鹏，邓海斌，程思杰，谢燕湘

【摘　要】**目的**　分析49例新冠肺炎确诊病例不同时间段的114份血液标本IgM和IgG动态检测结果，为发现新冠病毒抗体的产生规律和特征，制定科学高效的防控策略提供依据。**方法**　收集湖南省常德市49例新冠肺炎确诊病例不同时间的血液标本114份，选择42份新冠病毒核酸检测阴性者血液标本作为对照，采用荧光免疫层析法分别检测新冠病毒IgM和IgG，分析抗体动态检测结果，并进行统计分析。**结果**　49例确诊病例114份血液标本中，检出IgM 96份，阳性率84.21%，检出IgG 108份，阳性率94.74%，两者阳性率比较，差异有统计学意义（$P<0.05$）；两种抗体的浓度差异有统计学意义（$P<0.05$），IgG高于IgM，IgM在不同时间段，抗体浓度差异有统计学意义（$P<0.05$），IgG在不同时间段，抗体阳性率差异有统计学意义（$P<0.05$）；另外，重复采血的病例中，其核酸转阴时间与IgM、IgG转阳时间有密切关系，IgM、IgG转阳时间越短，核酸转阴时间也越短。**结论**　IgM和IgG检测是新冠肺炎核酸检测方法的有效补充，抗体的动态监测有助于进一步了解抗体产生的规律，对疫情的流行病学调查、患者的疗效观察和疫苗的研制具有重要意义。

【关键词】新型冠状病毒；血液样本；IgM；IgG；动态检测

中图分类号：R 117　文献标志码：A　文章编号：1001-0580(2020)10-1396-03　DOI：10.11847/zgggws1130146

Dynamic changes of IgM and IgG in confirmed COVID-19 cases: detection results analysis

XIE Chao-mei, QIN Ping, ZENG Xi-peng, et al (*Laboratory Department, Changde Municipal Center for Disease Control and Prevention, Changde, Hunan Province* 415000, China)

【**Abstract**】 **Objective**　To analyze dynamic changes of immunoglobulin M (IgM) and immunoglobulin G (IgG) in 49 confirmed cases of coronavirus disease 2019 (COVID-19) during various periods of the disease and to explore regulations and characteristics of antibodies production against severe acute respiratory syndrome coronavirus 2 (SARS-CoV-2) for providing evidences for effective prevention and control of COVID-19 epidemic. **Methods**　Totally 114 blood samples were collected from 49 viral nucleic acid detection-confirmed COVID-19 patients (one sample for 17 cases and 2 – 7 samples for 32 cases) and blood samples from another 49 viral nucleic acid negative cases were also collected as controls in Changde city, Hunan province between January 24 and February 22, 2020. Fluorescent immunochromatography was used to detect serum SARS-CoV-2 IgM and IgG and dynamic changes in IgM and IgG were statistically analyzed. **Results**　Of the 114 serum specimens from 49 viral nucleic acid positive cases, 96 (84.21%) were IgM positive and 108 (94.74%) were IgG positive, with a significant difference between the two positive rates ($P < 0.05$). The titer of IgG antibody was significantly higher than that of IgM ($P < 0.05$) and the titer of IgM was significantly different in the cases at various periods of the disease. The positive rate of IgG varied significantly among the patients at different periods of the disease ($P < 0.05$). In addition, the results of repeated detection demonstrated that there was a close positive correlation of positive conversion period of IgM and IgG with negative conversion period of viral nucleic acid. **Conclusion**　The detection of IgM and IgG is an effective supplement to the nucleic acid tesing for COVID-19. The dynamic monitoring of SARS-CoV-2 IgM and IgG antibody are of significance for COVID-19-related epidemiological survey, therapeutic effect evaluation, and vaccine development.

【**Key words**】 severe acute respiratory syndrome coronavirus 2; blood sample; immunoglobulin M; immunoglobulin G; dynamic testing

图 11-13　医学论著前置部分

(资料来源：谢朝梅，覃平，曾希鹏，等. 新冠肺炎确诊病例血液标本IgM和IgG动态检测结果分析[J]. 中国公共卫生，2020，36 (10): 1396-1398.)

(1) 标题。标题是论文内容的高度概括和准确揭示，是论文主题和中心的缩影。论文的题目必须切合内容而简明扼要、突出重点，能够明确表达论文的性质和目的。题目一般都采用主要由名词组成的词组来表达，且标题不宜过长(一般少于 20 字)，英文以 10 个实词以内为宜，标题中一般不使用标点符号。英文标题应与中文标题内容一致，尽可能不设副标题，避免使用非公知公认的缩略语、字符、代号等。

(2) 著者。作者署名表示对论文内容负责，也是对作者著作权的尊重，并便于读者与作者直接联系交流。它关系到作者的考核和晋升，关系到著作权的归属，牵涉到有关政策问题。署名者不可过多，必须是参与选题和设计或参与资料的分析和解释者、起草或修改论文中关键性理论或其他主要内容者，能对编辑部的修改意见进行核修，在学术上进行答辩，并最终同意该文发表者。作者排序按贡献大小，在投稿时确定，不允许随意增删或改动。集体署名的文章必须明确通信作者，通信作者的姓名、工作单位和邮政编码脚注于论文题名页；整理者姓名列于文末，协作组成员在文后参考文献前逐一列出。作者中若有外籍作者，应附其本人同意的书面材料。作者工作单位应写全称并写明邮政编码。尽可能注明通信作者的 Email 地址。

(3) 中、英文摘要。摘要位于正文前，有相对独立性和自明性。摘要主要有非结构式摘要(unstructured abstracts)和结构式摘要(structured abstracts)两种类型。非结构式摘要包括信息性摘要(主要用于研究性论文)及指示性摘要(主要用于综述类文章)；结构式摘要包括四项：目的(objectives)、方法(methods)、结果(results)、结论(conclusions)。医学论著一般采用结构式摘要，结构式摘要有信息量大，格式统一，不易遗漏，层次分明，便于作者模仿、专家及编辑审读，检索准确而有效，自明性和独立性强等优点。在撰写中、英文摘要时，一般应采用第三人称写法，不列图、表，不引用参考文献，不加评论和解释。中文摘要如使用英文缩略语，应于首次使用时给出其中、英文全称；英文摘要中使用缩略语，应于首次使用时给出其英文全称。中文摘要在 400 个字左右；英文摘要可略详细些，在 600 个实词左右；中、英文摘要的主要内容应一致。

(4) 关键词。关键词是为了便于做文献索引，进行文献检索和阅读而选取的反映文章主题概念的词和词组。关键词要求用简洁、明确的专业术语将论文中可供检索的研究和讨论重点内容列出。一般每篇论著选择 3~8 个关键词(主题词)置于摘要之后。选词应尽量从美国国立医学图书馆编写的最新版《医学主题词表》中选取。中文译名可参照中国医学科学院信息研究所编译的《医学主题词注释字顺表》。中医药关键词可从中国中医研究院中医药信息研究所编写的《中医药主题词表》中选取。必要时，也可使用未被词表收录的词作为关键词。

(5) 中图分类号。准备在国内投稿的文献，为便于检索和编制索引，每篇论文还应按《中图法》给出分类号，对涉及多学科的论文可给出几个分类号。其中，主分类号应排在第一位。

2) 正文部分

论著正文部分主要包括前文基本结构中的前言、材料与方法、结果、讨论四部分内容，它是论文的主体。其内容如图 11-14 所示。

新型冠状病毒肺炎(coronavirus disease 2019, COVID-19)是由新型冠状病毒(severe acute respiratory syndrome coronavirus 2, SARS-CoV-2)引起的肺炎,其病原体从未在人类中发现,且具有人传人的特点,严重危害人类健康[1]。2020年3月3日,国家卫健委发布的《新型冠状病毒肺炎诊疗方案》(试行第七版)[2],新增加了抗体血清学检测作为诊断病毒感染确诊的另一关键依据。为了进一步了解新冠肺炎患者感染新冠病毒后,IgM和IgG产生的规律和特征,本研究对湖南省常德市2020年1月24日—2月22日确诊的49例新冠肺炎患者病例,采集了114份不同时间的血液标本,分别进行IgM和IgG检测,同时以42份新冠病毒核酸检测阴性者血液标本作为对照,结果报告如下。

1 材料与方法

1.1 样本 选取湖南省常德市2020年1月24日—2月22日确诊的新冠肺炎患者中49例作为病例组,采集患者不同时间的血液标本114份,其中17例只采集到1份标本,其他32例每例采集2~7

2 结 果

2.1 病例基本情况(表1) 49例确诊病例中男性25例,女性24例;年龄16~83岁((49.37±16.59)岁);核酸转阴时间为4~35 d((13.43±7.11) d)。

表1 49例新冠肺炎确诊病例基本情况

分组		病例数	%
性别	男性	25	51.02
	女性	24	48.98
年龄(岁)	≤30	6	12.24
	31~50	16	32.65
	51~	27	55.10
核酸转阴时间(d)	≤10	19	38.78
	11~20	24	48.98
	21~35	6	12.24

3 讨 论

新冠病毒属于冠状病毒β属,基因组为线性的单股正链RNA,是已知可感染人类的第7种冠状病毒。新冠病毒引发的肺炎疫情传播迅速,对人民群众生命安全和身体健康造成了严重威胁[3]。新冠肺炎临床以发热、乏力、干咳为主要表现,多数患者预

年10月第36卷第10期 Chin J Public Health, Oct 2020 Vol.36 No.10

回顾性诊断及流行病学调查具有重要意义[9]。(3)新冠病例核酸转阴,是病人痊愈的一个重要指标,本研究中,IgM、IgG转阳时间与核酸转阴时间有一定关系,IgM、IgG转阳时间越短,对应的核酸转阴时间也越短,提示IgM、IgG可能为保护性抗体,可以中和体内病毒,促进治愈,这对病人的治疗和疫苗的研究具有重要意义。

图 11-14 医学论著正文内容

(资料来源:谢朝梅,覃平,曾希鹏,等. 新冠肺炎确诊病例血液标本IgM和IgG动态检测结果分析[J]. 中国公共卫生,2020,36 (10): 1396-1398.)

从正文部分的整体来看,在撰写这部分内容时,应注意如下几点。

(1) 层次清晰。各节内层次序号依次使用层次标序法或数列标序法,列出适当的小标题,各层次内容按标题对号入座,避免混淆与交叉。前言是提出研究的目的、意义和历史背景,点明主旨,材料与方法则是完成主旨的手段。而方法中为阐明主旨而提出的各种指标,要在“结果”内容中与之呼应;“材料与方法”中的改进与创新,“结果”中的发现与特异,应在讨论的内容中与之呼应,从而使整篇文章从前言到结论一环扣一环。

(2) 重点突出。前言要突出研究目的与意义,以引导读者阅读下文。材料与方法或临床资料要突出可供读者重复验证的资料和某些细节。结果不是罗列所有的数据,要进行统计处理,详述真实的、有意义的结果。讨论要切题,用自己的实验与临床资料和结果,阐述自己的观点。

(3) 文字简洁,图表配合。论文宜以文字为主,凡文字可说明的问题,则不必用图表,但用文字说明太冗长,而用图表可一目了然者,宜用图表,但应压缩文字。图与表内容不宜重复。①表格:要求简单明了,主次分明,层次清楚,结构完整,具有自明性。一般采用三线表,即以表顶线、表头线及表底线3条横线为基本构架的表。每个表均应有表序和表题。表格中的数据、量、单位、符号及缩略语等,必须与正文一致。②插图:要求主题明确,起到说明和补充文字的作用,即只看图、图题及图例,不阅读正文,就可理解图意。图中的量、单位、符号及缩略语等必须与正文一致。病理图片应注明染色方法和显微镜下的倍数。

(4) 用语规范。语言准确、简洁、通顺,合乎语法和修辞。使用规范化的医学名词、简化字和计量单位。要使用公认的不易误解的缩略语和简称,在文中首次出现时,应先写全称,括号内注以简称,以后正文中再用简称。医学名词以全国科学技术名词审定委员会

审定、公布，科学出版社出版的《医学名词》和相关学科的名词为准。尚未通过审定的学科名词，可选用最新版《医学主题词表》《医学主题词注释字顺表》《中医药主题词表》中的名词。尚未有通用译名的名词术语，于文内第一次出现时注明原词或注释。中西药物名称应以最新版《中华人民共和国药典》和中国药典委员会编写的《中国药品通用名称》为准，不允许使用商品名称。计量单位必须执行国务院最新颁布的《中华人民共和国法定计量单位》，并以单位符号表示。

3) 后置部分

后置部分包括参考文献、致谢、附录等。

(1) 参考文献。参考文献是论文中某些观点、数据、资料和方法的出处，应于文章的最后一一列出，以便读者参阅、查找有关文献。作者通过引用参考文献反映论文的科学依据，体现尊重他人研究成果的态度。参考文献著录原则是引用文献应是作者直接阅读的原著，而不是间接转引他人阅读的原文，要以近3～5年的文献为主，尽量避免引用摘要作为参考文献。参考文献著录格式目前有两种标准：一种是国际通用的温哥华格式，即国际医学期刊编辑委员会在温哥华制定的《生物医学期刊参考文献排列格式》；另一种是《信息与文献参考文献著录规则》(GB/T 7714—2015)国家标准。作者可根据投稿杂志社的要求进行选择。

(2) 致谢(acknowledgments)。对本文研究和撰写过程有实质性贡献或帮助，但尚不足以列为作者的组织或个人，应在文后致谢。致谢对象包括：对本项科研及论文工作参加讨论或提出过指导性建议者；指导者、论文审阅者、资料提供者、技术协作者、帮助统计的有关人员；为本文绘制图表或为实验提供样品者；提供实验材料、仪器及给予其他方便者；对论文作全面修改者；对本文给予捐赠、资助者。致谢必须实事求是，并应征得被致谢者的书面同意。致谢置于文末，参考文献著录之前。

(3) 附录(appendix)。附录部分的主要内容包括实验中获得的大量第一手资料由于正文篇幅关系无法列入，又有旁证价值的内容；或论文完成后，发现有新的材料或遗漏材料需要补充的内容。

11.5.3 医学综述的撰写

前文介绍了医学论著的写作方法。在日常医疗、科研、教学工作中，还常常会涉及另一种类型的医学论文的撰写，它与论著不同，主要是取自他人的研究成果，对其加以综合评述并结合自己的认识整理而写成的特殊论文，这就是常见的医学综述。它的取材、基本格式都与论著不同，因此专门进行简单介绍。

1. 医学综述的特点

医学综述是作者针对某一专题，在大量阅读原始论文的基础上，经过自己的消化和吸收，综合分析，归纳整理后撰写成文。它不同于原始论文，既非某一科研课题的报告，也非原始论文的摘录汇集，而是将众多的、分散的国内外文献资料广泛收集并阅读后，有目的地加以取舍、分类、归纳、综合与整理，撰写成能够综合、系统地阐述某学科领域或某一专题学术研究状况的特殊论文，属于三次文献。其主要有如下特点。

1) 专题性

综述通常是由具有一定的专业理论基础的专家，针对某一个领域、某一专题、某一学说或一个方法的最新发展动态撰写的，通常范围不是很宽，具有很强的专业性和针对性。

2) 概括性

综述论文需要大量获取和掌握有关专题领域中各方面研究的最新资料，包括各个学派的主要论点、理论依据和争论焦点，经过作者自己的思索、归纳，系统地、有条理地选择、加工整理后，形成中心内容突出，引用和论证都恰到好处的完整论文。一篇好的文献综述可以概括地了解了该学科领域或专题学术研究的全貌，也相当于用较短的时间浏览了作者所引用的几十篇，乃至上百篇原始论文。

3) 客观性

综述作者在对原始文献整理的过程中，可以介绍原始文献中的不同观点，对个别作者持有异议，也可以加以评论，但必须保证读者能分清哪些是原著者的观点，哪些是综述者自己的观点。也就是说，要始终忠于原著，不能有任何歪曲。

4) 近期性

每一篇综述文章都有其特定的时间跨度，无论作者还是读者都希望通过文献综述的介绍了解某一专题的最新内容，因此综述的参考文献应以 3～5 年为主，至少 2/3 应为近 5 年的。

2. 医学综述的作用

要进行一项科研工作，必须不断收集和大量阅读有关的文献资料，从科研设计、选题，到具体的研究方法和步骤，都必须反复推敲和论证。因此，科研工作者最好围绕某一研究领域从不同的角度撰写有关文献综述。其作用有以下几点。

1) 为开展科研工作打下基础

综述可以帮助科研人员了解有关研究领域的历史和现状，争论的焦点和存在的问题，各种论点的理论依据和实验依据，解决问题可能的方法和途径，从而有利于科研人员的推理和判断，提出理论假设和拟定攻关方向，为研究工作打下良好基础。

2) 为领导决策提供依据

综述是领导做出正确决策的主要依据之一，是把握某领域动态、趋势的最重要的情报，是制定科技政策的必备参考。综述从内容到形式都有利于领导吸收理解。一篇综述往往要耗费情报人员或科技人员较长的时间和大量的精力，而吸收者只需要几小时或几十分钟。

3) 有助于提高学术水平和科学思维能力

科研工作者在拟定或已从事的研究领域，要有明确的思路和最佳的实验方法，尤其是青年科技工作者，除了导师的指导以外，要自己摸索出一套方法，不断完善自己的思维能力。撰写文献综述的过程，就是不断学习和提高的过程，从翻译外文原著，到文献整理、分析、综合、归纳、撰写综述，能不断提高自身综合分析思维能力和写作技能，培养科学思维方法。

3. 医学综述的类型

综述按加工深度不同，可分为概要性综述和评论性综述；按论述角度不同，可分为纵向综述和横向综述；按论述范围大小不同，可分为综合性综述和专题性综述。若按其他标准，还可以分出各种不同的综述类型，但常用的是以上几种，下面进行具体介绍。

1) 概要性综述

概要性综述是就某个课题对有关文献进行概要性摘录,再通过整合分析形成。这类综述的特点是,撰写者要客观地、善意地进行论述,不要掺杂自己的倾向和观点,对综述内容不做任何评价,由读者自己通过比较作出判断。

2) 评论性综述

评论性综述是对某一领域的研究情况作全面分析对比,是在概要性综述的基础上进行理论分析、数据分析和实例对比分析后,提出自己的观点和建议。

3) 纵向综述

纵向综述是对某一学科或某一问题,先从其历史渊源讲起,再论述其发展变化,从而展示这一学科的发展规律,为科技人员认识事物提供一面镜子。

4) 横向综述

横向综述是对某一专题的某一时期各个方面有关知识进行综合。

5) 综合性综述

综合性综述是从宏观着眼对某一领域进行综合论述。它不仅对本专题领域的知识进行综合,还要将其他相关因素考虑进去。它要求作者站在更高的视角去看待问题。

6) 专题性综述

专题性综述是针对某学科中的特定问题而言,综合叙述这一方面的有关情况。这种综述专业性强,针对性也强。

以上各种综述类型不是按一个标准划分的,因而各类之间有互相交叉关系。如一篇专题综述,可以是评论性的,也可以是概要性的。

4. 医学综述写作流程

与研究性论文相比,综述类文章的撰写过程更为复杂,图 11-15 为综述类文章的一般撰写流程。下面在此基础上对其进行具体介绍。

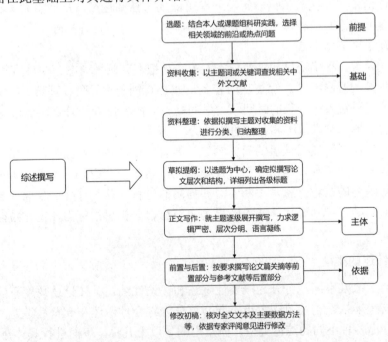

图 11-15　综述类文章的一般撰写流程

1) 选题

综述类文章在选题上应符合科研选题的基本要求，其选题方法和步骤与科研选题相同。一般来说，综述选题主要应考虑其必要性和可能性两个方面。所谓必要性，是指所选课题应该是那些进展较快，原始报告积累丰富，意见不一致或存在争议，人们较为关心而亟须加以综合整理的课题。所谓可能性，是指作者的资料来源有保证，而且在这个课题上作者具有相当的经验水平。综述的标题越具体、越明确，文献收集越容易，写作范围就越清楚，也越容易把综述的"焦点"写深、写透。此外，综述的标题必须准确地反映相关文献的内容，恰如其分地反映科学研究的范围和深度。

2) 收集资料

题目确定后，就应在可能范围之内广泛收集资料。文献收集是写好综述的基础，文献资料的数量和质量直接影响综述的质量。收集资料主要有两个原则。一是先中文后外文：先对国内相关工作进行收集整理，了解国内某领域的研究现状及发展历程；再通过查阅国外相关文献，了解其国际动态与前沿。这样才能全面把握有效信息，不会出现以偏概全等问题。二是先近期后远期：尽可能查阅和引用最新的文献资料。

文献资料收集应力求获取原始文献的论文、实验报告、技术总结、技术专利等。在可能的情况下，尽量不使用二次文献资料。作者必须注意把握主题，客观地对待材料，应注重所收集材料的新颖性、权威性、代表性和典型性，同时，要注意鉴别作者，善于利用权威作者的资料来保证文章的说服力及科学性。总的要求是收集的资料齐全、规范、可靠。

3) 整理资料

资料收集之后要进行阅读整理，去粗取精。通过确立合理的分类标准，筛选、整理和编排资料，并根据初定的主题对资料进行比较和辨别，筛选出新颖、典型、精当的资料详细阅读。

一般应优先阅读最新发表的文献，较有威望的专家的综述，重要的国际、国内学术会议论文等，通过阅读文献，充分了解课题的全面情况，把握课题的发展规律；熟悉已取得的成果和存在的问题，以及从事本课题工作的主要学者的成就和水平；了解与课题有关的情况和相关问题；分析不同作者的研究方法与结果，以及其对结果的逻辑推理、分析解释是否正确；等等。对于同类型实验研究，不同作者的结果有矛盾时，则应从研究的试验设计、方法、条件等方面查找原因，以便决定取舍。综述文章的完成虽然依靠大量的资料，但绝不是文献资料的罗列堆积，而是一种再创作。在整理资料时，应根据综述文章的需要将原始文献分别做题目索引、提要或摘录，为综述文章的写作做好充分准备。

4) 草拟综述的提纲

在进行文献综述写作之前，可以按照选题的中心意图，确定论文的层次和标题，草拟出综述的提纲，用以确立有关内容的逻辑关系，必要时可列出较为详细的各级标题。一般来讲，在大量获取文献的过程中，作者的构思与提纲已逐渐形成，对草拟的提纲经过仔细斟酌、推敲，必要时再调整或修正后，即可开始撰写综述。

5) 正文写作

正文写作是进行综述类文章创作的主体。综述正文的结构一般分为三个部分。①前言。前言是文献综述的开端，可用200字以内文字将综述的内容简明扼要地陈述，强调撰写的目的性及必要性。前言中应包括：写作目的，有关概念的确切定义，所涉及的内容，时间范围，扼要介绍有关问题的现状与焦点，为撰写正文打下基础。②正文。正文是综述的主体部分、核心部分，也是信息量最大、价值最高的部分。正文包括论证和论据两大部分，一般是先提出问题，然后围绕所提问题进行分析与论述。对于层次或观点较多的内容，可根据撰写目的，分别罗列小标题，组成若干个小部分，然后在每个小标题下论述一个观点、一个事件或一个侧面内容。不论以何种形式罗列和论述，都必须阐释论点双方的理论或实验依据，说明观点的来龙去脉，揭示问题的实质。对于纵向或横向比较资料可以采用必要的表格。依文章字数、内容、所涉及的范围及作者的写作技巧而有所不同可采用不同的写作方法，如可按选题所属学科的内在科学规律分层阐述，即该学科领域人们的常规思维程序及其之间的必然联系；按目前争论的焦点分别提出问题加以论述；按学科进展分阶段论述(时间顺序)；按临床诊疗工作程序分述；等等。不论采用何种写作方法，正文内容应着重论述专题的历史与现状，发展趋势，各学派的主要观点和依据，争论的焦点，当前研究的新发现和主要问题，存在的薄弱环节，对未来发展前景的展望。对于不同观点，一般是将肯定的意见写在前，否定的意见写在后，作者也可适当发表自己的意见，但应当避免只介绍符合自己观点的材料。③结语。结语主要简明扼要地总结出主体部分综述的主要内容，标明主要事实，使重点和要点突出；提出目前存在的问题、今后研究的方向、某一假设或新的问题，以启示新的科研课题；对有争议的观点，小结时要恰如其分，掌握分寸，注意留有余地。此外，应在综述文献的基础上，对所引用的原理、方法、成果或结论等发表自己的意见，切忌综而不述，但也不可以评述为主，致使文献综述不足。

  6) 前置部分、后置部分

  论著中的前置部分、后置部分也是一篇综述文章必不可少的内容，其内容和格式与论著相同，在此不做赘述。需要指出的是，综述的摘要多采用指示性摘要；参考文献是综述类文章的重要组成部分，是全文立题讨论的根据，是必不可少的部分，它除了具有增加综述的可信度，便于读者追踪之外，还是评价综述价值高低的重要因素之一。因此，综述所选列参考文献应注意以下方面。其一，以一手材料为主，二手材料为辅，三手材料少用或不用；以核心期刊为主，其他期刊为辅。其二，引用精读过的创新性、科学性、实用性强的文献，不可引用自己未读的文献。其三，应以引用新文献，一般选用近五年文献为主。其四，引用文献数一般至少20篇。

  7) 修改定稿

  初稿写成后，要对每一观点、数据进行核对，并在统观全文的基础上做必要的增删补正，文字润色，使用词更科学、更贴切，并请有关专家审阅后，再修改定稿。

  综述是医学文献中较常见的一种文章体裁，是一种颇具概括性、先导性和包容性的文体。一篇好的综述，其内容一般较丰富，能够把握该领域的国际前沿，及时传播广大医学工作者的创新成果，并且对该研究领域目前存在的问题及努力方向进行精辟的论述，可以对相关科研工作起到很好的启迪作用，有助于专业学科理论的提高和指导科研实践。综述类文章的撰写，具有很强的学术性和技巧性，可以体现作者的专业水平和综合、分析、归纳能力及语言文字、逻辑思维表达能力。广大医学工作者应该重视医学综述的写作，并全面了解综述的基本内容和书写规范，只有这样，才能做到事半功倍，经过反复锻炼，必能撰写出学术水平高、实用价值大，具有科学性及前瞻性的高质量医学文献综述。

11.5.4 病例报告的撰写

1. 病例报告的概念、类型和作用

1) 病例报告的概念

病例报告是一种医学文献形式,主要描述单个患者的疾病临床表现、诊断、治疗和预后情况。病例报告通常包括患者的病史、体格检查、实验室检查、影像学检查、诊断、治疗和随访等方面的信息。病例报告是医学文献的重要组成部分,可以为医生提供参考和借鉴,帮助他们更好地了解疾病的表现和治疗方法,提高临床诊疗水平。

2) 病例报告的类型

(1) 个案报告。

个案报告主要描述单个患者的疾病表现和治疗效果,内容较为简单,但可以提供第一手资料,为后续的研究提供参考。

(2) 病例分析。

病例分析是对多个相似病例进行分析和比较,探讨疾病的病因、病理生理机制、临床表现和治疗方法等方面的信息,为临床实践提供依据。

3) 病例报告的作用

(1) 开启医学科研之门:病例报告是医学研究的基础,通过观察和分析病例,可以发现新的疾病表现和治疗方法,为后续的科研工作提供思路和方向。

(2) 论证暴露疾病因果关系:通过对病例的深入分析,可以探讨疾病的病因和病理生理机制,为暴露疾病因果关系的论证提供有力证据。

(3) 病例报告的二次利用:病例报告可以记录患者的病理检查结果,为后续的病理学研究和教学提供参考和借鉴。

2. 病例报告的撰写格式与主要内容

病例报告的文字一般为1000字左右。病例报告的格式一般分为前置部分(题目、作者、单位、摘要)、正文(前言、病例介绍、讨论)、后置部分(参考文献)三大部分。

1) 前置部分

前置部分主要包括题目、作者、单位、摘要等。题目应简明扼要地概括病例的主要特点。作者和单位应提供完整的信息。摘要应简短地介绍病例的主要内容,包括患者信息、症状、诊断、治疗和预后等。

2) 正文

正文是病例报告的核心部分,一般包括前言、病例介绍和讨论三个部分。

(1) 前言。前言应对病例进行简要的背景介绍,说明病例的罕见性或新发现的重要性。此外,还应简要介绍病例报告的目的和意义。

(2) 病例介绍。病例介绍是病例报告的主体,其内容类似临床病例摘要,一般应包括:①一般资料,如姓名、年龄、住院号等,以表明资料的真实性,在公开发表的文献中此部分通常省略;②与该病有关的既往史、家庭史;③重要、特殊的临床症状、体征、辅助检验结果及病程、住院或就诊日期等;④疾病演变过程、治疗过程、治疗结果及预后。

病例介绍的要求:①不可照搬原始资料;②病例介绍要清楚地描写病程经过的细节。

首先，对于个别病例或病例数量较少时，病例介绍应将病例特点、病程经过、治疗经过及辅助检查等内容进行提炼，以体现病例的特殊性。对于较多或一组病例，病例介绍应总结归纳，或列表阐释以上内容。

其次，病例介绍要清楚地描写病程经过的细节：要有患者的发病、发展、转归及随访的结果，避免使用各种非客观性、怀疑性或推测性语句。病例报告所撰写的是罕见或有特殊意义的病例，应将特殊意义的症状、体征、检查结果、治疗方法详细描述。描述病史时，要交代清楚发病时间、主诉及病情经过。对反复发作性疾病和先天性疾病要重视既往史和家族史。外伤患者要写受伤情况。实验室检查及影像学检查通常只列阳性和必要的阴性结果，对有特殊意义的阳性结果要注意前后对比。手术治疗要说明手术名称、术前处理、术中发现、术后处理、术后反应。治疗结果既要说明疗效，还要说明副作用。

(3) 讨论。讨论部分应对病例的特点进行深入分析，探讨疾病的病因、发病机制、诊断和治疗方法。讨论的内容可以是以下任意一种：①讨论病例的特殊性及报告的目的；②对前人的报道提出自己的见解，分析总结诊治方面的经验与教训；③对该病的危害及预后进行分析；④还可以从理论上作进一步探讨。

讨论的写作要求：①讨论内容要与病例紧密联系，一般可围绕所报道的病例作出必要的说明，阐明作者的观点或提出新的看法；②讨论中要有充足的论据，说明病例的罕见性和特殊性。

3) 后置部分

文章的后置部分主要包括参考文献和致谢等内容。参考文献应列出撰写病例报告所引用的相关文献，以提供充分的理论依据和背景资料。致谢应对参与病例诊治的医护人员和提供帮助的其他人员表示感谢。

11.5.5 医学论文投稿

医学论文是医学科学研究工作的最后阶段，能否在期刊上发表主要取决于论文质量和所选择的期刊两个方面。掌握投稿技巧，就会提高论文的发表率。

1. 医学论文的投稿技巧

1) 了解期刊的性质和内容

我国科技期刊分五大类，即综合性期刊、学术性期刊、技术性期刊、检索性期刊和科普性期刊。有时学术类与技术类的论文内容有交叉性，界限不清，因此这两类杂志的性质不应绝对分清。学术期刊都有明确的办刊方针，撰写论文前最好了解它的性质、任务、特点、读者对象及报道范围等方面。每种期刊各有侧重点，专业性很强，专业分科也很细。例如，医学类的期刊通常有预防医学、基础医学、临床医学、护理学、药学、中医学、中西医结合、综合类等期刊。了解学术期刊的特色及稿约，研究和了解学术期刊的投稿要求，是作者向该刊投稿的基本前提。清楚所投的期刊对稿件的具体要求，做到有的放矢，增加稿件被录用的机会。

2) 了解期刊的分类，按质投稿

我国内地的期刊可以分为合法期刊和非法期刊两类。合法期刊分为正式期刊和非正式期刊两种，正式期刊由国家新闻出版署严格审批，既有国际标准刊号 ISSN，也有国内统一刊号 CN，是可以在国内外公开发行的刊物；非正式期刊是指通过行政部门审核领取"内部报刊准印证"作为行业内部交流的期刊，一般只限行业内交流，不公开发行，但也是合法期刊的一种。一般正式期刊都经历过非正式期刊的过程。凡是没有通过国家新闻出版署批准并编入"国内统一刊号"，也没有注册为"内部刊物"的期刊，都称为非法期刊。鉴别合法刊物和非法刊物，只要登录国家新闻出版总署网站(http://www.gapp.gov.cn)的"新闻机构查询"栏目，在"新闻机构查询"处选择相应的媒体类别(报纸或期刊)，填入出版物名称后单击"搜索"按钮即可。如果查询结果中出版物名称、刊号、出版地等信息与所核查出版物刊载的信息一致，该出版物则为合法刊物。如没有查询结果或与核查的出版物刊载信息不一致，即为非法刊物。

核心期刊是国内几所大学的图书馆根据期刊的引文率、转载率、文摘率等指标确定的期刊。通常说的核心期刊，是指"北大核心"，即北京大学图书馆"中文核心期刊"，这是由北京大学图书馆与北京高校图书馆期刊工作研究会联合编辑出版的《中文核心期刊要目总览》列出的期刊，《中文核心期刊要目总览》每四年修订一次。投稿时充分考虑自己论文水平的高低来选择期刊。质量高的论文投向公开发行的核心期刊和被 IM 或 MEDLINE 收录的期刊，也可以英文投向被 SCI 收录的期刊，最好争取投向影响因子较高的期刊。

3) 抓住投稿的时机

大多数学术期刊在年初都要规划每一期的主要侧重内容，作者及时了解这方面的信息，不要错过投稿时机而延误论文的发表。另外，作者还要常常保持与期刊编辑部的联系。投稿的时候要查看投稿杂志的文章格式，按照杂志的格式进行修改。

4) 不要一稿多投

如果同一作者的同一论文同时投向多家期刊，就容易造成重复发表，有损作者声誉和期刊的质量。期刊一般收到稿件后三个月内会通知作者是否采用，如过期不通知作者，作者可另行处理稿件。投稿时常常会要求附所在单位介绍信，注明稿件无侵权，无一稿多投，不涉及保密，无署名争论等内容。

5) 阅读"投稿须知"，了解投稿方式

投稿前应详细阅读拟投向的期刊近期的"投稿须知"(一般刊登在当年期刊的第一期)。了解该期刊的编排要求，并按要求将自己的论文修改好。目前投稿有两种方式：一种是传统的邮寄方式，一般以挂号邮寄；另一种是网上投稿，通过 Email 投稿，文稿以附件形式发送。网上投稿方便、简捷、快速，是传统的投稿方式无法比拟的，而现在的稿件时效性越来越强，早投稿被采用的机会就会高得多。为了适应信息时代学术期刊发展的需要，加快稿件审稿、修稿流程，缩短稿件的刊用周期，目前大多数学术期刊采用网上投稿。

6) 自留论文底稿

多数期刊编辑部收到论文后即使不使用也不退回稿件，一般是期刊编辑部收到稿件后，随即寄出一封关于稿件收到的信件，并在信件中声明收到稿件，3 个月(有的是 6 个月)未得到录用通知的可自行处理稿件，因此自留底稿可为日后投向其他杂志做准备。

2. 投稿结果及处理

1) 投稿结果

稿件投到编辑部后，一般需经过初审、复审(专家审理)、终审(主编审理)等严格流程，最终产生三种结果：一是采用；二是返修；三是退稿。对于采用稿和返修稿，期刊编辑部都会发出录用或返修通知。采用稿一般基本达到出版要求；返修稿是指论文的内容符合该刊的要求，有刊用的价值，但必须做进一步的修改、补充或删减等。编辑部将在不违背作者原意的前提下，提出具体的修改建议和要求。作者在收到返修稿件后，应当及时修改，并将修改稿及时返回期刊编辑部。编辑部排版打出清样后，一般要求作者亲自校对。学术期刊对稿件的采用率一般为 20%～30%，有的仅有 5%。当遇到退稿时，作者不要灰心，要认真分析原因，找出不足，并采取相应的措施。

2）分析编辑部不录用稿件的原因

(1) 稿件内容与本刊物的主题无关。

(2) 所投的稿件与本刊已发表的稿件类似。

(3) 稿件内容过于陈旧。

(4) 稿件分析缺乏深度。

(5) 统计数据或者事实过于陈旧。

(6) 无法实现的模型构建或者逻辑分析错误。

(7) 实证分析的缺陷：统计调查中过于小的样本量或者样本不具有代表性，典型案例分析中夸大事实的描述。

(8) 对策建议缺乏针对性，没有对现有政策中存在的问题进行梳理，提出一些不着边际或者过于宽泛的政策建议，或者提出的对策已经在各种法律法规中明确。

(9) 参考文献缺失：一篇综述性的论文，却没有列出近年内该领域中的经典文献，且文献的来源也不是该领域有影响的期刊，明显反映作者对该领域不熟悉；或者作者写文章引用别人文章中的内容，所附的参考文献不按照规定的格式。

(10) 存在明显的不良行为：抄袭或者整篇文章是将外国几篇报告内容直译过来，组成中文的一篇文章。

3）采取相应的对策

(1) 选择与稿件内容相关的期刊重新投稿。如果稿件是因不符合该杂志的专业范围或栏目设置被退稿，作者应该另选对口的杂志重新投稿。

(2) 进行修改，提升稿件质量后重新投稿。很多稿件没有被采用主要是因为稿件的质量问题。作者应该对稿件进行深入修改和补充，使文章主题更鲜明和突出。一篇优秀的文章，须经过至少 6 个月的时间完善，因此，文章完成后，不要匆忙投稿，而应仔细推敲，并与不同研究领域的人讨论，初步成果可以在会议上交流，经过进一步改进后再正式投稿。

本 章 小 结

本章主要介绍了与文献检索相关的科研活动，包括科研课题研究、项目申报、科技查新、论文撰写等。这些科研活动都需要在大量文献检索的基础上完成。通过本章的学习，读者应重点掌握科研选题的原则，了解项目申报的流程，理解科技查新的概念与程序，掌握科研论著的撰写技巧。同时，本章还介绍了目前主流的文献管理工具，读者可根据需要选择合适的检索工具，以完成文献整理工作。

思 考 题

1. 常见的文献管理工具有哪些？
2. 什么是科技查新？科技查新与一般文献检索的区别是什么？
3. 科技查新的程序是什么？
4. 医学论著的基本格式是什么？
5. 医学综述有什么作用？综述的写作流程是什么？
6. 病例报告的正文包括哪几个部分？各部分如何撰写？

参 考 文 献

[1] 黄如花，冯婕，黄雨婷，等. 公众信息素养教育：全球进展及我国的对策[J]. 中国图书馆学报，2020，46(3)：50-72.

[2] 胡树煜，张筠莉，付纯刚. 医学生信息素养评价指标体系的构建与应用[J]. 中华医学教育杂志，2017，37(1)：144-147.

[3] 维克托·迈尔-舍恩伯格，肯尼思·库克耶. 大数据时代：生活、工作与思维的大变革[M]. 盛杨燕，周涛，译. 杭州：浙江人民出版社，2013.

[4] 周开珍，曾玉珍. 信息素养范式转变：从标准到框架[J]. 图书馆建设，2016，(5)：24-30.

[5] 中华人民共和国教育部. 教育部关于印发《教育信息化 2.0 行动计划》的通知[EB/OL]. (2018-04-18)[2023-11-12]. http://www.moe.gov.cn/srcsite/A16/s3342/201804/t20180425_334188.html.

[6] 中华人民共和国教育部.教育部关于发布《高等学校数字校园建设规范(试行)》的通知[EB/OL]. (2021-3-16)[2023-11-12]. http://www.moe.gov.cn/srcsite/A16/s3342/202103/t20210322_521675.html.

[7] 教育部科学技术委员学风建设委员会. 高等学校科学技术学术规范指南[M]. 2 版.北京：中国人民大学出版社，2017.

[8] 韩占江，张晶. 文献检索与科技论文写作[M]. 成都：西南交通大学出版社，2022.

[9] 钟云萍. 信息检索与利用[M]. 北京：北京理工大学出版社，2019.

[10] 桂晓苗，陈玉顺. 医学信息检索与利用[M]. 武汉：华中科技大学出版社，2020.

[11] 陈光祚. 各种索引语言与标引系统的比较评价——著名的"克兰菲尔德试验"概述[J]. 图书情报知识，1983(1)：12-17.

[12] 罗爱静. 医学文献信息检索[M]. 2 版. 北京：人民卫生出版社，2010.

[13] 黄晓鹏. 医学信息检索[M]. 北京：人民卫生出版社，2010.

[14] 唐圣琴. 现代文献信息资源检索[M]. 贵阳：贵州大学出版社，2017.

[15] 张倩，徐云. 医学信息检索[M]. 3 版. 武汉：华中科技大学出版社，2021.

[16] 黄燕. 医学文献检索[M]. 3 版. 北京：人民卫生出版社，2014.

[17] 康桂英，明道福，吴晓兵. 大数据时代信息资源检索与分析[M]. 北京：北京理工大学出版社，2019.

[18] 卜冬菊，王露壮，沈毅. 云时代的图书馆新理论与新技术[M]. 长春：吉林人民出版社，2016.

[19] 樊瑜，吴少杰. 信息检索与文献管理[M]. 武汉：华中科技大学出版社，2021.

[20] 陈红勤，梁平，杨慕莲. 医学信息检索与利用[M]. 武汉：华中科技大学出版社，2014.

[21] 许旌莹. 网络信息检索与利用[M]. 北京：北京理工大学出版社，2022.

[22] 曲慧梅，徐小红，古春杰. 网络营销[M]. 长春：吉林出版集团股份有限公司，2022.

[23] 蔡丽萍. 文献信息检索教程[M]. 3 版.北京：北京邮电大学出版社，2022.

[24] 张毓晗. 信息检索、利用与评估[M]. 成都：电子科技大学出版社，2020.

[25] 施燕斌. 信息检索与利用[M]. 长沙：国防科技大学出版社，2021.

[26] 徐一新，夏知平. 医学信息检索[M]. 2 版. 北京：高等教育出版社，2009.

[27] 李红梅，胡笛. 医学信息检索与利用(案例版)[M]. 北京：科学出版社，2016.

[28] 阿丽塔, 许培扬, 孙灵芝. 药物研发过程中药学信息的利用[J]. 中国药房, 2011, 22(5): 466-468.

[29] 杨错, 佟岩, 胡艳. 药物研发数据库 Integrity 的检索与利用[J]. 中华医学图书情报杂志, 2012, 21(2): 46-49.

[30] 陈玉顺, 乔中. 医药学信息检索与利用[M]. 北京: 中国医药科技出版社, 2014.

[31] 陈燕. 医学信息检索与利用[M]. 西安: 第四军医大学出版社, 2010.

[32] 赵鸿萍. 新编药学信息检索教程[M]. 南京: 东南大学出版社, 2016.

[33] 刘海梅, 刘莉, 寇志敏. 信息检索与信息素养[M]. 北京: 清华大学出版社, 2022.

[34] 谢朝梅, 覃平, 曾希鹏, 等. 新冠肺炎确诊病例血液标本 IgM 和 IgG 动态检测结果分析[J]. 中国公共卫生, 2020, 36(10): 1396-1398.

[35] 孙思琴, 郑春彩. 医学文献检索[M]. 4版. 北京: 人民卫生出版社, 2018.

[36] 湖北医药学院图书馆[DB/OL]. [2024-3-7]. http://hbmu.edu.cn.

[37] 中国知网[DB/OL]. [2024-3-7]. http://www.cnki.net.

[38] 万方数据知识服务平台[DB/OL]. [2024-3-7]. http://wanfang.com.cn.

[39] 维普中文期刊服务平台[DB/OL]. [2024-3-7]. http://qikan.cqvip.com.

[40] 超星数字图书馆[DB/OL]. [2024-3-7]. http://www.sslibrary.com.

[41] 读秀数据库[DB/OL]. [2024-3-7]. http://www.duxiu.com.

[42] 中国科学引文数据库[DB/OL]. [2024-3-7]. http://sciencechina.cn.

[43] 中国社会科学引文索引[DB/OL]. [2024-3-7]. http://client.casb.nju.edu.cn.

[44] Web of Science 核心数据集[DB/OL]. [2024-3-7]. http://www.webofscience.com.

[45] Essential Science Indicators(ESI)[DB/OL]. [2024-3-7]. http://esi.clariva.

[46] EI Compendex[DB/OL]. [2024-3-7]. http://www.engineeringvillage.com.

[47] Elservier SD 全文数据库[DB/OL]. [2024-3-7]. http://sciencedirect.com.

[48] Springer 电子期刊/图书全文数据库[DB/OL]. [2024-3-7]. http://link.springer.com.

[49] EBSCO 全文数据库[DB/OL]. [2024-3-7]. http://search.ebscohost.com.

[50] ProQuest 博硕论文数据库[DB/OL]. [2024-3-7]. http://www.pqdtcn.com.

[51] 罗爱静, 于双成. 医学文献信息检索[M]. 3版. 北京: 人民卫生出版社, 2015.

[52] 赵玉虹. 医学文献检索[M]. 2版. 北京: 人民卫生出版社, 2013.

[53] 李小平, 胡德华. 科技信息检索[M]. 2版. 北京: 科学出版社, 2022.

[54] 林丹红. 中西医学文献检索[M]. 北京: 中国中医药出版社, 2012.

[55] 王黎霞, 成诗明, 何广学, 等. 中国结核病实施性研究手册[M]. 北京: 高等教育出版社, 2009.

[56] 陈玉顺, 乔中. 医药学信息检索与利用[M]. 北京: 中国医药科技出版社, 2014.

[57] 杨慧珍. 妇产科医生临床手册[M]. 太原: 山西科学技术出版社, 2013.

[58] 王宏宇, 张学兵. 电子商务网络技术[M]. 武汉: 武汉理工大学出版社, 2010.

[59] 金秋颖, 王园春. 信息资源检索与利用[M]. 北京: 石油工业出版社, 2010.

[60] 杨凝清. 医学信息教育 医学信息检索与利用[M]. 青岛: 中国海洋大学出版社, 2000.

[61] 王鑫. 地学信息资源检索与利用[M]. 北京: 地质出版社, 2019.

[62] 樊瑜, 吴少杰. 信息检索与文献管理[M]. 武汉: 华中科技大学出版社, 2021.

[63] 龚芙蓉. 信息素养与实践[M]. 武汉: 武汉大学出版社, 2022.

[64] UNESCO. Teacher Training Curricula For Media and Information Literacy[EB/OL]. (2008-6-16) [2023-11-12]. https://milunesco.unaoc.org/mil-resources/teacher-training-curricula-for-media-and-information-literacy-final-report/.

[65] Anne B., Muir G. What is the Role of the Librarian in 21st Century Healthcare[J]. Health Information and Libraries Journal. 2004, 21(2)：81-83.